古希腊名哲言行录

[古希腊] 第欧根尼·拉尔修 ◎ 著

王晓丽 ◎ 译

中国华侨出版社
北京

图书在版编目（CIP）数据

古希腊名哲言行录/（古希腊）第欧根尼·拉尔修著；王晓丽译.
—北京：中国华侨出版社，2021.2
ISBN 978-7-5113-8061-6

Ⅰ.①古… Ⅱ.①第…②王… Ⅲ.①古希腊罗马哲学—研究
Ⅳ.① B502.25

中国版本图书馆 CIP 数据核字（2019）第 227532 号

古希腊名哲言行录

著　　者 /（古希腊）第欧根尼·拉尔修
译　　者 / 王晓丽
责任编辑 / 黄　威
经　　销 / 新华书店
开　　本 / 670 毫米 × 960 毫米　1/16　印张 / 26　字数 /454 千字
印　　刷 / 三河市华润印刷有限公司
版　　次 / 2022 年 2 月第 1 版第 2 次印刷
书　　号 / ISBN 978-7-5113-8061-6
定　　价 / 68.00 元

中国华侨出版社　北京市朝阳区西坝河东里 77 号楼底商 5 号　邮编：100028
法律顾问：陈鹰律师事务所
编辑部：（010）64443056　64443979
发行部：（010）64443051　传　真：（010）64439708
网　　址：www.oveaschin.com　E-mail: oveaschin@sina.com

译者序

　　本书对希腊哲学、文化和思想，乃至对整个西方哲学、文化和思想进行了深入细致的研究和探讨，是重要的历史资料，其学术价值不容忽视。这部西方古典名著由第欧根尼·拉尔修所写，成书于公元 3 世纪上半叶。该书通过讲述著名的古希腊思想家的生平故事，将古希腊思辨思想的历史进程徐徐铺陈开来。以前有许多著作书写过这一主题，只有这一部在漫长的时光洪流中得以保存。

　　该书自问世以来的 1800 多年里，备受西方乃至世界学界关注，各种传抄、研究、考证、引用和翻译它的著作数不胜数。毫不夸张地说，任何一位学者，不管他来自哪个国家，不管他使用何种语言，只要他的文章或作品是对真正的古希腊哲学展开深入的研究，就或多或少要引用该书的内容。仅就我国学术界的情况而言，苗力田先生主编的《古希腊哲学》、北京大学哲学系编译的《古希腊罗马哲学》、杨适先生撰写的《古希腊哲学探本》等，都将该书作为重要的参考资料。

　　该书总计十卷，八十二章，50 余万字，较之其他哲学类著作，如下三个鲜明、突出的特征，赋予了该书持久的生命力。

　　第一，就性质而言，该书并不是由个人独立创作而成，主要是由引用性或转述性的资料汇编而成。也就是说，拉尔修不是以个人知识或具体事件为基础来写作，主要进行的是引用和摘录的工作。相关统计显示，该书总共引用了数十位著作家的作品，而转述或直接引用的文献资料则有 200

余处。这一特点,正是本书的一大优点。作为杰出的哲学家和思辨家,拉尔修没有对哲学的主观好恶与取舍,他一直站在更加客观的立场上对他人的资料进行转述或引用,其中不会夹杂过多的个人感情。对后世的读者和研究者而言,该书才更加确凿可信。

第二,就内容而言,该书的风格不是晦涩枯燥的哲学论述,而是生动鲜活的文学表达。作者着重介绍了哲学家的生平事迹、趣闻轶事、名言警句、师承关系等,而较少论述他们的哲学观点和思想活动。对后世从事哲学研究的学者来说,这个特点或许是一个缺点。然而,这一特点原汁原味地再现了古希腊哲人的生活图景乃至家长里短,让他们不再是高不可攀的智者,而是有血有肉的人。

第三,就结构而言,该书的叙述脉络不是单一的,而是网格状的,概而言之,拉尔修遵循的是以学派师承关系为主线,以雅典区域为中心的叙述原则,以此为基础,再按照时间的先后顺序和地域的分布情况徐徐展开。毋庸置疑,这种结构是合情合理的。要为近百位希腊哲人立传,并由此反映古希腊哲学的历史演变进程,师承关系和哲学派系必须放在首要地位。而就古希腊哲学而言,学派与师承总是与地域有着密不可分的关联,而时间顺序反而没那么重要。之所以以雅典为中心,则是因为雅典在很长时间内是整个古希腊社会的政治、文化中心,自然也是孕育古希腊哲学的摇篮。

我们简要地介绍了本书原著不容忽略的学术价值、史料价值以及主要特点,对国内学家而言,该书也具有不可或缺的思想学术价值。本着繁荣国内学术的精神,我们在之前翻译版本的基础上重新翻译了本书,以飨读者。

比起之前译本,该译本有三大特色。

首先,译文严格遵循原文,具有权威性。翻译时,同时参考了两个版本的希腊原文,即洛布古典丛书本和牛津古典本,这是学术界公认的最具权威的两个版本。对于上述两个版本的差异之处,也按照译者的理解有所取舍,并大多以注释的形式进行说明。

其次,翻译风格质朴清新。苗力田先生在《亚里士多德全集》的序中明确提出了"确切、简洁、清通可读"的翻译标准,我们严格遵循这一原则来翻译本书。具体来说,第一,我们尽量直译,保持原著的风格特色,只有必要情况下才增减词句或对句式有所调整;第二,遣词造句时,尽量保持原著朴实清丽的风格,不胡乱修饰。

最后,保证注释部分的务实性。为了让读者更好地阅读和理解本书,我们对该译本的不少内容加以注释,主要包括古代人名、地名、货币、重量单位、关涉人物、时间的年代、希腊词汇释义等。所有注释都以为读者提供更好的阅读体验、便于研究性读者进行扩展阅读为原则。

我们希望，该译本的出版，能为中国的古希腊哲学及思想史、西方哲学及思想史的研究，提供翔实可信、具有权威性的资料，也带领着读者去了解古希腊哲学史上那些不朽的思想者，让读者体会到，那些沉迷于理性思辨的智者，并非一味执着于思维王国的书呆子，也是有血有肉、有爱有恨的"凡夫俗子"。正是他们，用自己的执着与智慧，点亮了人类的智慧之光。

最后补充说明一下段前序号的问题。大凡西方的古典名著，都有被学界公认的标准本页码（例如，柏拉图著作的标准本是斯特方本，亚里士多德的是贝克尔本），无论一部名著被译成何种语言，都要严格标出这统一的页码，以便查阅。这是学术界的一个通例。

对于古典名著的标准页码，国内外学界的通行做法是标注在译本每页对应内容的旁边，故称为"边码"。这种做法固然合理，但有时准确性不强。因为原文与译文在字数和行数上不可能完全对应，所以，经常会出现错行的情况（如果考虑到打字排印时的差错，就更易错行了）。为了保证标准页码标注的准确性、杜绝错行的可能性，我们的译本，采取了把标准页码标注在文中的做法，并用方括号括出。例如，[1.16]指的是原希腊文第一卷第16节。

作者序

[1.1] 有人认为，哲学活动是从野蛮人开始的。[1] 他们列举说，祆教僧侣源于波斯人，[2] 迦勒底学派源于亚述人或巴比伦人，[3] 苦行僧源于印度，而德鲁伊达或者那些崇拜圣仪的人则源于高卢人和凯尔特人。[4] 亚里士多德[5]在他的《麦基库斯篇》和索提翁在他的《后继者》第二十三卷中都持有类似的观点。此外，他们认为，厄孔是腓尼基人，扎摩尔克斯是色雷斯人，阿特拉斯则是利比亚人。而埃及人普遍认为，赫淮斯托斯是"尼罗河之子"，同时，他是哲学的发端，他的代言人分别是祭司和预言家。[1.2] 赫淮斯托斯比马其顿的亚历山大早了四万多年出现，在这段漫长的岁月里，一共有373次日食、832次月食发生。

著名的柏拉图主义者赫尔谟多洛斯在他的一部数学著作中指出，在特洛伊沦陷前5000年，波斯人左洛阿斯特瑞斯就已经开始带领祆教僧侣开展

1　此处"野蛮人"泛指不说希腊语的非希腊人。这是几乎所有希腊著作家都认同的称谓，第欧根尼·拉尔修在此处只是沿袭了这种称谓（译者注，本书所有注释均为译者注）。

2　可以直译为"麻果斯"。这个词有两方面的意思，一方面指的是古代波斯一个被称为"麻果斯"的族人，另一方面指的是古波斯专门为人们解梦的僧侣、先知，又可以进一步理解为精通法术的巫师等。英文的"magic"（巫术、魔法）一词就源于此。

3　迦勒底人，古代闪米特人的一支，"迦勒底学派"指的是这个部族中精通占星的预言家。

4　德鲁伊达指古代高卢、不列颠和爱尔兰地区的僧侣团成员。有人说，这些成员擅长研究自然科学，通过某种僧侣式的牺牲方式化身为先知，多为教师、法官、男巫和术士等。

5　应该不是我们所熟悉的那个亚里士多德。

活动；然而，吕底亚人克桑托斯指出，从左洛阿斯特瑞斯一直到薛西斯远征，中间横亘着6000年的时间，当他提及远征事件之后，他又接着列举了多位袄教僧侣，比如阿斯特拉姆普苏库斯、帕扎塔斯、古布瑞阿斯和厄斯塔纳斯等，后来，亚历山大征服了波斯。

[1.3] 然而，上述作者忘记了一件至关重要的事，那就是他们归功于野蛮人的各种成就其实来自希腊人。实际上，希腊人不仅是哲学的源头，也是人类自身的缔造者。比如，密塞俄斯[1]是雅典人，而里诺斯[2]是忒拜[3]人。据说，密塞俄斯的父亲是欧谟尔珀斯，而他本人首先发明了地球仪并且编制了神谱，在他看来，万物源于一又回归到一。他在雅典西南部的法勒隆，他的墓碑上刻着这样的铭文：

在法勒隆这片土地之上，
欧谟尔珀斯之子密塞俄斯那虚弱的身躯正躺在那里。
雅典的欧谟尔匹底人就得名于密塞俄斯的父亲。

[1.4] 里诺斯是赫尔墨斯和缪斯女神乌剌尼亚两人的儿子。他写了一首诗，详细地描述了宇宙的形成、日月的行走以及植物的生长。

这首诗的开头是这样的：

时间起源之日，
亦是万物生长之时。

按照阿那克萨戈拉的观点，最初，万物是同一的，在"努斯"[4]的安排下，它们才有了秩序。其实，他的观点就来自此。

里诺斯在优卑亚死去，阿波罗射死了他，他的墓碑上刻着这样的铭文：

忒拜人里诺斯，他死后获得了这片土地，
他的母亲是头上佩戴着王冠的缪斯女神乌剌尼亚。

---

1 密塞俄斯，也可以译为穆赛俄斯。他是希腊神话里的诗人、预言家和歌手。
2 里诺斯，也可以译为利诺斯。他是希腊神话中一位英年早逝的美少年，后来也有神话将其描绘成一位哲学家。
3 忒拜，也可以译为底比斯，坐落在雅典的西北部地区，是古希腊一座著名的城市。
4 "努斯"的希腊原文是"νοῦς"，这里采用音译，也可以意译为"心灵、理性"等。

可见，哲学缘起于希腊人，而不是任何野蛮人。

[1.5] 然而，不少人执意认为发明哲学的是野蛮人，因此，他们又搬出了色雷斯人俄耳甫斯[1]，将他称为哲学家。在我看来，就他针对神的某些观点，我们很难判断是不是应该称他为哲学家：此人将人类遭受的所有苦难，就连个别人嚼舌根引起的罪恶都归罪于诸神的头上。据说，他被几个女人杀死了。但是，根据他在马其顿第厄的墓碑上的铭文记载，他是被雷劈死的。下面是这段铭文：

缪斯女神在此埋葬了行吟诗人色雷斯的俄耳甫斯，
高高在上的宙斯用一道霹雳结束了他的性命。

[1.6] 但是，还有不少人认为哲学源于野蛮人，他们在各国通过不同的形式散布着这种言论。据说，德鲁伊达和印度苦行僧通过猜谜语的方式来传递哲学观，要求人们侍奉诸神，惩恶扬善，践行勇敢。克雷塔尔科斯在他的作品的第十二卷提到，无论在何种情况下，苦行僧都无惧生死；他还提到，迦勒底人精通天文学，还有预测未来的能力；波斯祆教僧侣的主要工作是敬神、牺牲以及祈祷，此外，他们经常暗示人们，唯有他们能听懂神的声音。他们认为，神的本质是火、土和水；在他们看来，使用雕塑是有罪的，不认同男女之间的差别是因神而起的观点。

[1.7] 他们就正义展开探讨，指出火葬是一种亵渎神灵的行为，然而，按照索提翁在他作品的第二十三卷所写的，他们认为与自己的母亲或女儿结婚并无不妥。他们可以通过占卜预测未来，对外宣称神只在他们面前显现。此外，他们说，各种各样的形象弥漫于空气之中，就像蒸气那样到处飘逸，只有敏锐的先知可以捕捉到它们。他们不允许人们佩戴任何金银饰品。他们穿着白色的服饰；他们的床是树叶和干草铺成的，他们吃的是粗面包、干酪和蔬菜；他们的拐杖是芦苇秆制成的。据说，他们会将芦苇秆插入干酪之中，挑选出自己要吃的那一块，这是他们的风俗。

[1.8] 亚里士多德在他的《麦基库斯篇》中，还有希腊历史学家狄农在他的《历史》第五卷中都提到过，他们完全不了解所谓的"魔术"。按照狄农的说法，左洛阿斯特瑞斯这个名字可以直译为"星星的崇拜者"；赫谟多鲁也认同这个说法。亚里士多德在他的《论哲学》第一卷指出，波斯祆教僧侣比

---

1 在希腊神话里，俄耳甫斯发明了音乐以及诗歌。据说，他不愿参加秘祭，最终惹怒了酒神的狂女，被她们杀死。

埃及人更早出现,他们相信两种本原,分别是善的精灵和恶的精灵,前者被称为宙斯或厄洛马斯德斯,后者被称为哈德斯[1]或阿瑞马尼俄斯。关于这种说法,我们可以从如下著作找到佐证:赫尔米珀斯[2]有关祆教僧侣的著作的第一卷、欧多克索斯所著的《环球航行》,还有忒俄珀姆珀斯[3]所著的《菲利匹可》的第八卷。按照忒俄珀姆珀斯的说法,波斯祆教僧侣认为,[1.9] 人是不朽的,而且拥有来生,现已存在的事物将因为其各自的名字而一直存在下去。罗得斯[4]的欧德谟斯[5]也认同这一说法。但是,赫卡泰俄斯[6]指出,他们认为,神是由他们的出身决定的。按照索洛伊的克勒阿尔科斯在他所著的《论儿童教养》的说法,印度的苦行僧源于波斯祆教僧侣;也有人认为,犹太人也拥有相同的先祖。另外,那些写过波斯祆教僧侣方面的著作的人,还对希罗多德提出批驳。在他们看来,薛西斯决不会向太阳投掷标枪,更不会把镣铐投入海里,因为根据祆教僧侣的信条,太阳和大海都是神明。然而,薛西斯摧毁了神的雕像,这一点很有可能。

[1.10] 埃及人的哲学围绕着神和正义展开,在他们看来,质料乃是本原,进一步分化为四种元素,产生了形形色色的生物。日月都是神,分别被称为厄西里斯[7]和伊西斯[8];而马涅托斯在他所著的《自然学说摘要》中,还有赫卡泰俄斯在他所著的《埃及哲学》的第一卷中都指出,鹰、蟒蛇、甲虫还有其他动物都被他们视为神明,他们还为这些动物修建了庙宇和雕塑,因为他们不能凭空想象神的模样。[1.11] 在他们看来,宇宙是球形的,可以生成,亦可以毁灭;星星是火,根据火不同的组合情况,地球上有不同的事发生;当月亮进入地球的阴影之中,月食就发生了;灵魂是不朽的,可以在不同的躯体里寄居;大气的变化产生了雨。就像赫卡泰俄斯和阿里斯塔戈拉斯所说的,他们从自然的角度对其他各种现象加以说明。他们制定了各种关于正义的规

---

1 根据希腊文的构词,原意是"看不见的",引申义是"地狱、冥府"。

2 赫尔米珀斯,也可译为"赫尔米波斯"。他是古代希腊一位著名的立法者和传记作者,生活在公元前3世纪前后。他的著作被拉尔修和普鲁塔克大量引用。

3 忒俄珀姆珀斯,古希腊著名的历史学家和修辞学家,大约在公元前380年出生。

4 罗得斯,位于爱琴海东南部区域的一个岛屿,罗得斯城是其首府。

5 欧德谟斯,生活在公元前4世纪后半叶,亚里士多德是他的老师和朋友。

6 赫卡泰俄斯,大约生活在公元前550年至公元前476年。他是米利都人,是当时著名的哲学家、地理学家和历史学家。

7 厄西里斯,也可译为俄西里斯。他是古埃及掌管自然界的复活之神,希腊人经常将他和狄俄尼索斯(酒神)混为一谈。

8 伊西斯,丰收以及母性的庇佑者,主管生命和健康,是古埃及最重要的一位女神。

则,并将其归功于赫尔墨斯;他们将那些对人类有益的动物视为神明。他们对外宣称,天文学、算术和几何学都是由他们发明的。关于哲学的缘起,我们就说到这里。

[1.12]毕达哥拉斯是第一个以哲学家自居的人,也首次使用哲学这一术语,旁托斯的赫拉克勒德斯在他的《论无气息》一书中指出,在黑海南岸的西库翁,他与西库翁或佛利俄斯的王子勒翁交流时指出,除了神以外,没有任何智慧之人。不久后,这种研究和这类人就分别被人们称为"智者"和"贤者"。所谓"贤者",就是灵魂达到了完美的境地;至于那些从事这类研究的人,则被称为智慧的爱好者或者哲学家。"智者"是对智慧之人的另一种称呼,哲学家、诗人都在其列。因此,克拉提诺斯[1]在所著《阿尔希洛希》一书中赞美荷马和赫西俄德时,也是这样称呼他们的。泰勒斯、梭伦、佩里昂德洛斯、克勒俄布洛斯、喀隆、彼亚斯和皮塔科斯等人,都被人们赋予了"贤者"的称号,此外,还有司库塞人阿那卡尔西斯、赫恩人密松、叙利亚人斐瑞居德斯、克里特人厄皮美尼德斯以及僭主佩希斯特拉托斯。关于贤者,我们就说到这里。

哲学的起源有两个,其一是源于阿那克西曼德,其二是源于毕达哥拉斯。阿那克西曼德的老师是泰勒斯,而毕达哥拉斯的老师是斐瑞居德斯。源于阿那克西曼德的那一派被称为伊奥尼亚派,因为阿那克西曼德的授业恩师泰勒斯是米利都人,也就是伊奥尼亚人;而源于毕达哥拉斯的那一派,因为毕达哥拉斯一生之中的大部分时间都在意大利从事爱智活动,因此,他的学派被称为意大利派。[1.14]伊奥尼亚派直到克雷托马科斯、克律希珀斯和忒俄弗拉斯托斯结束;而意大利派直到伊壁鸠鲁结束。伊奥尼亚派始于泰勒斯,由阿那克西曼德、阿那克西美尼、阿那克萨戈拉、阿尔刻拉俄斯等人代代相传,而苏格拉底将伦理学引入其中;又从苏格拉底进一步发展为苏格拉底派,其中的佼佼者乃是柏拉图,即早期学园的创始人;此后,又由斯彪西珀斯、克塞诺克拉特斯、珀勒蒙、克冉托尔、克拉特斯以及中期学园的创办人阿尔克西拉俄斯代代传承,接着,传到了新的哲学学园创办者拉居德斯、卡尔涅阿德斯和克雷托马科斯那里。这一条脉络一直持续到克雷托马科斯那里。[1.15]而另一条脉络则一直延续到克律希珀斯那里,也就是从苏格拉底到安提司特涅斯,再到犬儒主义者第欧根尼,再经由忒拜的克拉特斯、基提翁的芝诺、克勒昂特斯,再到克律希珀斯。此外,另有一条脉络是在忒俄弗拉斯托斯那里结束的,即从柏拉图到亚里士多德,再到忒俄弗拉斯托斯。到这里,伊奥

---

[1] 克拉提诺斯,老式阿提卡喜剧时期的一位著名诗人。

尼亚学派就结束了。而意大利学派的师承关系如下：从斐瑞居德斯到毕达哥拉斯，再到他的儿子特劳格斯，接着是克塞诺法涅斯、巴门尼德、芝诺、留基伯斯，再到德谟克利特；德谟克利特门下弟子众多，瑙希法涅斯和瑙居德斯是其中的佼佼者，又经由他们传到伊壁鸠鲁那里。

［1.16］哲学家可以分为两类，即独断论者和怀疑论者。但凡对事物有所判断，认为事物是可知的人皆为独断论者；但凡对事物悬搁判断，认为事物是不可知的人皆为怀疑论者。另外，有的哲学家留下了作品，而有的没有留下。有人说，苏格拉底、斯提尔朋、菲利珀斯、墨涅德谟斯、皮浪、忒俄多洛斯、卡尔涅阿德斯、布律松身后都未留下著作，也有人说，毕达哥拉斯和开俄斯的阿里斯通也只留下了几封书信。而墨里索斯、巴门尼德、阿那克萨戈拉等人只留下了一两篇文章。芝诺可谓著作等身，克塞诺法涅斯、德谟克利特、亚里士多德、伊壁鸠鲁和克律希珀斯等人亦是硕果累累。

［1.17］在众多哲学学派之中，有的名称缘起于城市，比如埃利斯派、麦加拉派、厄瑞特里亚派和库瑞涅派；有的名称缘起于其办学地点，比如学园派、斯多葛派；有的名称是偶然得到，比如漫步学派；有的名称是他人取的绰号，比如犬儒学派；有的名称来自其观点和主张，比如幸福论者；有的名称来自其愿望，比如比对者、批判者、热爱真理者等；有的名称缘起于他们的老师，比如苏格拉底派、伊壁鸠鲁派等；有的名称缘起于他们对自然的探索，比如自然学家；有的名称缘起于他们对伦理的考察，比如伦理学家；而所谓的辩证家，就是那些精通语词技巧的人们。

［1.18］哲学由三部分组成，分别是自然学、伦理学、辩证法。自然学主要是就宇宙及其中的各种事物进行探讨；伦理学主要研究生活以及与我们有关的各种事物；辩证法指的是与自然学和伦理学有关的各种论理规则。在阿尔刻拉俄斯时期，自然学达到顶峰；而伦理学从苏格拉底开始；辩证法则从爱利亚的芝诺开始。有十个学派产生于伦理学领域，分别是学园派、库瑞涅派、埃利斯派、麦加拉派、犬儒派、厄瑞特里亚派、辩证派、漫步派、斯多葛派和伊壁鸠鲁派。

［1.19］上述学派的创始人分别是：柏拉图是早期学园的创始人；阿尔克西拉俄斯是中期学员的创始人；拉居德斯是新学园的创始人；库瑞涅的阿里斯提珀斯是库瑞涅派的创始人；埃利斯的斐多是埃利斯派的创始人；麦加拉的欧几里德斯[1]是麦加拉派的创始人；雅典的安提司特涅斯是犬儒派的创始人；厄瑞特里亚的墨涅德谟斯是厄瑞特里亚派的创始人；迦太基的克雷托马科斯

1　欧几里德斯，麦加拉人，比柏拉图年长，忠诚地追随苏格拉底，创办了麦加拉学派。

是辩证派的创始人；斯塔吉拉的亚里士多德是漫步派的创始人；基提翁的芝诺是斯多葛派的创始人；而伊壁鸠鲁正是伊壁鸠鲁派的创始人。

按照希珀伯托斯[1]在《论流派》一书中的说法，哲学家分为九个学派，分别是麦加拉派、厄瑞特里亚派、库瑞涅派、伊壁鸠鲁派、安尼克里派、忒俄多洛斯派、芝诺派或斯多葛派、老学园派、漫步派。而犬儒派、埃利斯派和辩证派并未列入其中。[1.20] 因为皮浪派的结论很不客观，因此，很多人不承认他们是一个独立的学派；有的人以他们提出的某些观点为基础，指出它是一个学派，但是，如果从其他观点出发，它又不是一个学派。我们认为，他们是一个学派，我们的标准是，面对事物或现象时，遵循某一种规则，它就能称为一个学派。以此为标准，我们可以称怀疑派为一个学派。但是，如果"学派"指的是一种遵循独断的倾向，那么，怀疑派就不可称作一个学派，因为他们完全不具备任何独断的信条。关于哲学的缘起、传承、各组成部分，还有各个哲学派别，就先说到这里。

[1.21] 前不久，亚历山大里亚的珀塔谟诺斯创立了一个折中学派，还从每个学派的学说观点中摘录了一些，汇编成一个精选集。按照他在《基本原理》一书的观点，真理有两条标准：第一，判断被其形成的东西，它是主导性的；第二，判断经由其形成的东西，比如最准确无误的知觉或意象。质料、性质、动因、地点是他遵循的原则，因为一个事物的产生和形成，指的是它源自何物，由何物所生成，又成为何种性质，在何处形成，必须具备如上四种要素。在他看来，万物的目的都是生命，生命在各种德性中趋于完善，然而，如果美誉符合自然的外界环境和身体状况，也无法达成这一目的。

---

1 希珀伯托斯，大约生活在公元前3世纪晚期至公元前2世纪早期，是希腊的一位哲学史家，他的《论哲学家的流派和著述》是拉尔修该书的重要来源。

目录

第一卷

第一章	泰勒斯	003
第二章	梭伦	012
第三章	喀隆	020
第四章	皮塔科斯	023
第五章	彼亚斯	026
第六章	克勒俄布洛斯	029
第七章	佩里昂德洛斯	031
第八章	阿那卡尔西斯	034
第九章	密松	036
第十章	厄皮美尼德斯	037
第十一章	斐瑞居德斯	040

第二卷

第一章	阿那克西曼德	045
第二章	阿那克西美尼	046
第三章	阿那克萨戈拉	047

第四章　阿尔刻拉俄斯　　　　　　　　050

第五章　苏格拉底　　　　　　　　　051

第六章　克塞诺丰　　　　　　　　　061

第七章　埃斯基涅斯　　　　　　　　065

第八章　阿里斯提珀斯　　　　　　　067

第九章　斐多　　　　　　　　　　　078

第十章　欧几里德斯　　　　　　　　079

第十一章　斯提尔朋　　　　　　　　082

第十二章　克力同　　　　　　　　　085

第十三章　西蒙　　　　　　　　　　085

第十四章　格劳孔　　　　　　　　　086

第十五章　西米阿斯　　　　　　　　087

第十六章　克贝斯　　　　　　　　　087

第十七章　墨涅德谟斯　　　　　　　088

第三卷

第一章　柏拉图　　　　　　　　　　097

第四卷

第一章　斯彪西珀斯　　　　　　　　129

第二章　克塞诺克拉特斯　　　　　　131

第三章	波勒蒙	134
第四章	（雅典的）克拉特斯	136
第五章	克冉托尔	137
第六章	阿尔克西拉俄斯	139
第七章	彼翁	146
第八章	拉居德斯	150
第九章	卡尔涅阿德斯	151
第十章	克雷托马科斯	153

第五卷

第一章	亚里士多德	157
第二章	忒俄弗拉斯托斯	167
第三章	斯特拉托	173
第四章	吕孔	175
第五章	德谟特里俄斯	178
第六章	赫拉克勒德斯	181

第六卷

第一章	安提司特涅斯	187
第二章	第欧根尼	193
第三章	墨尼谟斯	211

第四章	厄涅西克里托斯	212
第五章	克拉特斯	213
第六章	美特洛克勒斯	217
第七章	希帕基娅	218
第八章	墨尼珀斯	219
第九章	墨涅德谟斯	221

第七卷

第一章	芝诺	225
第二章	阿里斯通	265
第三章	赫里洛斯	267
第四章	狄俄尼西俄斯	268
第五章	克勒昂特斯	269
第六章	斯菲洛斯	272
第七章	克律希珀斯	273

第八卷

第一章	毕达哥拉斯	283
第二章	恩培多克勒斯	297
第三章	厄皮卡尔谟斯	306
第四章	阿尔库塔斯	307

第五章　阿尔克迈翁	309
第六章　希帕索斯	310
第七章　菲洛拉俄斯	310
第八章　欧多克索斯	311

第九卷

第一章　赫拉克利特	317
第二章　克塞诺法涅斯	322
第三章　巴门尼德	324
第四章　墨里索斯	325
第五章　爱利亚的芝诺	326
第六章　留基伯斯	328
第七章　德谟克利特	329
第八章　普罗泰戈拉	335
第九章　阿波罗尼亚的第欧根尼	337
第十章　阿那克萨尔科斯	338
第十一章　皮浪	339
第十二章　提蒙	353

第十卷

第一章　伊壁鸠鲁	359

第一卷

第一章 泰勒斯[1]

[1.22] 就像希罗多德、杜里斯和德谟克利特所说的,泰勒斯出生在腓尼基的塞利得家族,他的父亲是厄克萨谟斯,他的母亲是克勒俄布里涅,这个家族起源于卡德摩斯和阿格诺尔最高贵的后裔。泰勒斯是七贤之一,就像柏拉图所说的,以及法勒隆的德谟特里俄斯在他所著的《执政官名录》中提到的,达马西俄斯出任雅典执政官期间,逐渐形成了"七贤"的说法,而泰勒斯是其中第一个获得"贤者"之称的人。他和被驱逐出腓尼基的涅勒俄斯一同来到米利都,在这座城市获得了公民权。然而,在大多数著书立说之人看来,他是真正的米利都人,有着显赫的出身。

[1.23] 离开政坛以后,他变成了一位沉迷于自然的思考者。据说,他并未留下任何著述,而以他名义所写的那本《航海天象》真正的作者其实是萨摩斯的佛科斯。卡利马科斯[2]指出,小熊星座正是他发现的,他在《短长格诗集》里这样写道:

他说明了小熊座诸星,
遵循着它,腓尼基人在海上自如地航行。

但是,根据其他人的说法,他只写了《论冬至和夏至》和《论春分和秋分》这两篇文章。在他看来,除此之外的其他事物都是人类难以认识的。根据相关记载,他是研究天文学的第一人,也是历史上第一个预言日食以及确定冬至和夏至日期的人,欧德摩斯在《天文学史》中也提出了类似的观点。正因为这样,他让克塞诺法涅斯和希罗多德倍感惊讶与敬佩。赫拉克利特和德谟克利特也经常用他的说法作为依据。

---

1 泰勒斯,他的鼎盛年代大约是公元前585年。
2 卡利马科斯,大约生活在公元前310年至公元前240年,是古希腊著名的学者和诗人。

［1.24］也有人说，他是第一个提出灵魂不朽的人，诗人梭依里洛斯[1]就持有这种观点。他是第一个确定太阳从冬至到夏至的运行轨迹的人。另外，根据相关记载，他还第一个提出，太阳的大小相当于太阳所运行的轨道的七百二十分之一，月亮的大小与月亮运行的轨道的比例也类似。他是第一个把每个月最后那天确定为第三十天的人。就像有的人所说，他也是第一个试图探讨自然问题的人。

据亚里士多德和希皮阿斯所说，他还用琥珀和磁石作为依据，提出无生命的事物也拥有灵魂。帕姆菲勒[2]指出，他不仅从埃及人那里学会了几何学，还是第一个在圆周里画直角三角形的人，还因此用一头公牛作为献祭。

［1.25］还有的人指出，这个故事其实发生在毕达哥拉斯身上，比如算数家阿波罗多洛斯就这么认为。毕达哥拉斯在最大程度上发展了卡利马科斯在《短长格诗集》中归功于佛里基亚人欧福尔波斯的那些发现，比如"不等边三角形"，还有其他关于几何理论的内容。

也有人认为，他在政治领域也颇有见地。比如，当克洛伊索斯[3]提出要与米利都结盟时，他识破了这个阴谋，随着居鲁士获得胜利，有力地证明了正是他的做法挽救了整个城邦。就像赫拉克勒德斯对他所做的评价，他总是孤独一人，离群索居，尽可能地远离各种公共事务。

［1.26］有人说过，他结过婚，有一个儿子，名叫库比斯索斯；也有人说，他一生都没有结婚，只是领养了他的姐妹的儿子作为养子。每当有人问他，为什么不自己生一个孩子时，他总是说："因为我很爱孩子。"还流传着这样一个故事：他的母亲想要逼他结婚，他说"是"，"还没到时候"；但是后来，母亲再次催他的时候，他又说"已经过了时候了"。罗得斯的希罗尼谟斯[4]在《零散笔记》的第二卷中写道，他为了让人们明白从贫穷变得富有是如何困难，当他预感到下一个季节将迎来橄榄的大丰收后，他就提前将当地所有的榨油机都租了下来，并因此赚到了一大笔钱。

［1.27］他指出，水乃是万物之源，宇宙是有生命的，各种神灵充斥其中。据称，他探索到了一年四季的变化规律，并将一年划分为365天。

他去过埃及，并与当地的祭司们相处了一段时间，除此之外，他没有其

---

1 历史上有多位诗人都叫这个名字，此处指的可能是生活在公元前5世纪后期的萨摩斯的一位叙事诗人。

2 帕姆菲勒，大约生活在公元1世纪的一位历史学家和学者，尤其喜欢记载各种奇闻异事。

3 克洛伊索斯，米利都的邻国吕底亚的国王，大约公元前560年至公元前546年在位。

4 希罗尼谟斯，公元前290年至公元前230年，生活在雅典，是当时著名的历史学家、哲学家。

他导师。据希罗尼莫斯所说，他发现，每天的一个时刻，我们的影子与实际身高是一样长的，于是，他利用金字塔的影子测算出了它们的实际高度。米努俄斯说，他与米利都的僭主式拉叙布洛斯往来甚密。

还有一个有关渔夫发现了智慧之人的三角鼎并送给了米利都人的故事，这个故事流传甚广。

［1.28］这个故事说的是：有几个伊奥尼亚年轻人从一位米利都渔夫那里买了他们的捕鱼网，却因为捕鱼网的一部分——三角鼎而发生了争执。争执一番后，米利都人来到德尔斐神庙，请求裁决。神的谕示是：

米利都的子孙们，有关三角鼎一事，你们问过日神吗？
众人之中，谁的智慧第一，就将这只三角鼎给予他。

最终，他们将三角鼎给了泰勒斯，而泰勒斯又转手将它给了另外一个人，这样不断地传递下去，最终，它被送到了梭伦手里。在梭伦看来，神的智慧才是第一的，因此，他将它送到了德尔菲神庙。卡利马科斯是从米利都的麦安德里俄斯那里听说了这个故事，他在《短长格诗集》中提出了另一种观点。他指出，阿卡狄亚人巴图克勒斯在垂死之际留下了一只碗，另外，还留下了一道训谕："应该将它送给那个运用自己的智慧来行善而且行善最多的人。"

［1.29］所以说，人们最终把这只碗送给了泰勒斯。几经辗转，最终，它再次回到泰勒斯手里。在狄丢马，泰勒斯又将它送给了阿波罗，根据卡利马科斯的记载：

泰勒斯将先后得到的这两件奖赏，
都献给了尼琉斯[1]人的守护神。

然而，也有散文是这样记载这件事的："米利都人泰勒斯，厄克萨谟斯之子，将两次从希腊人那里得到的奖品，敬献给了德尔菲神庙的阿波罗。"接着，巴绪克勒的儿子提里翁随身携带着这只碗到处漂泊。埃琉西斯在他所著的《论阿喀琉斯》以及闵狄亚人阿勒克松在他的著作《传闻集》第九卷中都提出了类似的观点。

但是，克尼底俄斯人欧多克索斯和米利都的欧安赛斯认为，克洛伊索斯的一个朋友从国王处获得了一只金酒杯，只是为了将它送给最有智慧的希腊

---

[1] 尼琉斯，也有人译成涅琉斯，指希腊神话里提洛和波塞冬之子，同时也是涅斯托耳之父。

人。因此，这只金杯就被这个人送给了泰勒斯。

[1.30] 几经辗转，金酒杯被送到了喀隆的手上。接着，喀隆来到皮提亚人的神庙面前，询问谁是比他更有智慧的人，神回答他，那个人是密松。关于密松，我们有必要多讲几句（在欧多克索斯提出的七贤名单之上，克莱俄布罗斯被密松取而代之；同时，柏拉图也用他代替了佩里昂德洛斯）。关于他，皮提亚给出的神谕是：

我认为，在厄依特的赫恩，有一个名叫密松的人，
他比你更加精明。

这是针对阿那卡尔西斯的问题给出的答案。马科斯和克勒阿尔科斯都是柏拉图主义者，他们都认为，克洛伊索斯把一只碗送给了皮塔科斯，而这只碗的传递就是从他那里开始的。

安德戎[1]在《三角鼎》中写道：阿尔戈斯人提供了一只三角鼎，将它作为对人类品德的奖赏，要将它送给最有智慧的希腊人，最终，斯巴达的阿里斯托德谟斯被认定应当获得这份奖赏，但是，他把它送给了喀隆。[1.31] 阿尔开俄斯这么描述阿里斯托德谟斯的。

我认为，这断然不是斯巴达人阿里斯托德谟斯愚蠢的言论：

财富是男人的价值，
贫穷不会高贵。

也有人说，佩里昂德洛斯送给米利都的僭主式拉叙布洛斯一艘船，船上满载着货物，而这艘船在科安水域发生了事故，后来，几名渔夫在那里发现了那只三角鼎。但是，法诺狄科斯指出，实际上，人们是在雅典的水域里找到了它，接着，它被送到了这个城市的市民手上。[1.32] 因此，人们专门举行了一次集会，很快，它被送给了彼亚斯。至于为什么会这样，在有关彼亚斯的讲述中我们将进一步说明。

另外，还有一种说法，据说，是神制造了这只三角鼎，并在佩洛普斯[2]的婚礼上将它作为礼物送给了他。不久以后，它又被送给了墨涅拉俄斯，接着，又和他的妻子海伦一同被亚历山大[3]掠夺走了，而海伦则将它扔入科斯海里，

---

1 安德戎，雅典著名的学者，他比较活跃的年代大约为公元前440年。
2 佩洛普斯，也可以译为珀罗普斯，是希腊神话里的一位英雄。
3 《荷马史诗》中对特洛伊王子帕里斯的称呼。

这是因为，她认为它是会引发战斗的不祥之物。又过了一段时间，有几个勒柏多斯人在那片海域周围买了一个捕鱼器，并获得了这只三角鼎。因为它的归属问题，他们跟渔夫发生了争执，最终，它被带去了科斯。然而，他们之间的争执依然没有得到解决，这件事被上报到了母邦——米利都。因为米利都人派出的使节遭受了侮辱，于是，他们向科斯发动了一场战争。在这场战争中，大多数人持观望态度。最终的神谕，这只鼎应该送给最有智慧的人，争执的双方欣然接受了泰勒斯给出的建议。这只三角鼎在诸位贤者之间传递过几次之后，它又被泰勒斯送给了狄丢玛的阿波罗神庙。

［1.33］科斯人得到了这样的神谕：

赫淮斯托斯将这只三角鼎投入大海之中。
将它送走之前，麦洛托人与伊翁人之间的争端是难以平息的，
一直要等到将它献给庙宇中的那个人为止，
他拥有无比的智慧，能洞悉过去、现在和未来。

前文已经援引过给米利都人的神谕，它的开头是这样的：

米利都的子孙们，有关三角鼎一事，你们问过日神吗？
关于这个故事，我们就到此为止。

赫尔米珀斯在《生平》一书中写道，有一个人名叫苏格拉底，他讲述了一个关于泰勒斯的故事。据说，泰勒斯总喜欢感叹，他一生之中有三桩幸事，这完全是命运女神对他的眷顾："第一，我能够生而为人，而不是牲畜；第二，我是男人，而不是女人；第三，我是希腊人，而不是野蛮人。"

［1.34］据说，有一天，有一个老妇人将他赶了出去，让他去看一看屋外的星星，结果，他不小心掉进了眼前的沟里，只能高声呼喊。然而，这位老妇人却责骂他，说："泰勒斯啊，就连眼前的东西你都看不清楚，你如何能知道天上发生的事？"提蒙[1]认为他是杰出的天文学家，他在《讽刺诗》中大力赞扬他：七贤之中，泰勒斯是智慧的天文学家。

根据阿尔戈斯[2]的洛本所说，他的作品有大约两百行。

据说，他的雕像上面篆刻的铭文是这样的：

---

1 提蒙，大约生活在公元前320年至公元前230年。他著有《讽刺诗》三卷，拉尔修在著作中经常引用他的观点，可以参看本书第九卷第十二章。

2 阿尔戈斯，指伯罗奔尼撒半岛上的古时候的一座名城。

这里是米利都和伊奥尼亚所养育的泰勒斯，
他的智慧深受每一位天文学家所尊崇。

［1.35］在那些用来吟唱的诗歌之中，以下这些诗句属于他：

多谈看法是不明智的；
不如去追寻唯一的智慧，
不如去选择唯一的心爱之物；
唯有如此，你才能制止巧舌如簧之人的唠叨。
据说，下面的格言也是他说的：
神是最古老的存在，因为他永恒不朽。
宇宙是最美好的，因为它是神的作品。
空间是最巨大的，因为它可以容纳万事万物。
心灵是最迅速的，因为它四处漂泊。
时间是最智慧的，因为它能彰显所有。

在他看来，生与死并无区别。一个人问他："那么，为什么你不去死？"他说："因为生与死没有区别。"

［1.36］有人问他，白天与黑夜，哪一个先出现？他回答："夜晚出现在一天之前。"有人问他，面对诸神，一个人能否掩藏他的恶行？他回答："不能，就连恶念都不能掩藏。"有一个奸夫问他，能不能否认对誓言提出的控告？他回答："和通奸一样，发假的誓言也很坏。"当他被问到烦恼究竟是什么时，他回答："认识自己。""神圣之物是什么？""没有开始也没有终结的东西。"当有人问他，他放在心头的新奇之物是什么？他回答："那是一位年迈的僭主。"一个人如何才能更轻松地承受不幸呢？"当处于更坏的境地中，他能更容易认清他的敌人。"我们如何才能善良而正直地生活呢？"如果有人做了某些我们所谴责的事情，那么，我们无论如何不要去做。"怎样的人才是幸福的？

［1.37］"有强健的体魄、豁达的灵魂、温文尔雅性情的人。"他告诉人们，要惦记着朋友，无论他们是否在场；不要炫耀自己外表的美丽，而应该让生活的习惯或方式变得更加美好。"不要通过不正当的方式获取财富，"他说，"也不要利用言语欺骗那些拥有与你一样信念的人。"他指出："为了供养你的父母，你付出了什么，你就会从自己的儿女那里获得同样的回报。"对于尼罗河的泛滥成灾，他解释说：因为季风冲着反方向吹，因此，河水才会倒流。阿波罗

多洛斯[1]在《编年史》中指出,他于第39届奥林匹亚赛会的第一年出生。

[1.38]他在七八岁那年死去(或者,根据索希克拉特斯[2]所说的,他直到90岁才去世),因为他是在第58届奥林匹亚赛会期间去世的,他和克洛伊索斯生活在同一个时代,此外,他还向克洛伊索斯提出,用不着架建桥梁,只需要让河流改道,就可以从哈利斯河上渡过。

根据马格涅西亚的德谟特里俄斯在他所著的《同名者》中记载的,另外还有五个名为泰勒斯的人。他们分别是:

来自卡拉提亚的一个修辞学家,文风矫揉造作;
来自希库俄的一个画家,拥有很高的天赋;
第三位的年代更加久远,他和赫西俄德、荷马以及留库古斯生活在同一个时代;
第四位是杜里斯在他所著的《论绘画》一书中提及的一个人;
……

更晚一些时候,还有一个不甚瞩目的人,不过,狄俄尼西俄斯在《评论集》中提到了他。

[1.39]我们的贤者泰勒斯去世的时候,他正在观看一场体育比赛,他感到酷热难耐、口干舌燥,最终,因为年老体衰去世了。刻在他的坟墓上的碑铭是:

敏锐多思的泰勒斯正躺在这座狭窄的坟墓里,
然而,他的名望与天同高。
我还可以从我的第一本书《碑铭体诗》中援引一段铭文:
当时,贤者泰勒斯正在观看体育比赛,
啊,日神!
啊,宙斯!
你把他从场地里抓走了。
我称赞你把他带到了你的身边,
因为这位老者从此以后再也无法从地面仰望星空。

---

1 阿波罗多洛斯,大约生活在公元前180年至公元前120年,著名历史学家,他首先提出了用"鼎盛年"来纪年的方法。

2 索希克拉特斯,他比较活跃的时间是公元前180年前后,是希腊的历史学家。

[1.40] 他提出了"认识你自己"这句箴言，但是，安提司特涅斯在《传言的后继者》中指出，这句箴言是斐谟诺俄提出的，虽然他也认同喀隆盗用了它。

就七贤来说，我们在这里对他们进行一些一般性的评论也不为过，人们主要的说法如下。库瑞涅的达蒙[1]在他的著作《论哲学家》中，批判了所有贤者，特别是七贤。阿那克西美尼指出，他们把所有的精力都放在写诗上面；狄凯阿尔科斯则指出，他们既不是贤者，也不是哲学家，只是一些精明人，在立法方面尤其擅长。根据叙拉古的阿尔克提谟斯的记载，他们曾经在库普塞洛斯[2]的宫廷里举办过聚会，那一次，他本人刚好也在场；厄佛洛斯则指出，是在克洛伊索斯的宫廷里举办的聚会，但是泰勒斯并没有参加。也有人宣称，他们在泛伊奥尼亚节期间举办了聚会，[1.41] 聚会的地点是科林斯[3]以及德尔斐。关于他们的言论，各种不同的说法都有，有时候被认为是这个人说的，有时候又被认为是那个人说的，比如下面的例子：

拉刻代蒙尼[4]的喀隆是智慧的，他这么说道：
切记，不可过度，任何美善都来自恰当。

他们之中到底包括了哪些人，人们也有多种说法。比如，麦安德里俄斯认为克勒俄布洛斯和密松都不在其列，而勒柏底斯或爱菲斯人高尔西亚达斯的儿子勒俄方托斯以及克里特人厄皮美尼德斯都是其中一员；在《普罗泰戈拉篇》中，柏拉图算上了密松，而将佩里昂德洛斯排除在外；而厄佛洛斯则指出，应该让阿那卡尔西斯代替密松；还有的人，将毕达哥拉斯也视为七贤之一。狄凯阿尔科斯确定了四个为人们所公认的名字，分别是泰勒斯、梭伦、皮塔斯科以及彼亚斯。此外，他又挑选了额外的六个人，并且从中挑选了三个，这六个人分别是佩里昂德洛斯、帕姆菲洛、克勒俄布洛斯、阿那卡尔西斯、拉刻代蒙尼人喀隆、阿里斯托德谟斯。另外，还将阿尔戈斯的卡巴斯或斯卡布拉的儿子阿库希拉俄斯作为候选。

---

1 库瑞涅的达蒙，雅典音乐学当之无愧的开拓者，深受苏格拉底和柏拉图推崇。他表面上只是当时的执政者伯里克利的音乐教师，实际上，他对政治问题也有着浓厚兴趣，而他的观点也对伯利克里产生了深远的影响。

2 库普塞洛斯，科林斯的僭主，大约在位时间是公元前657年至公元前627年。

3 科林斯，又被译为哥林多，处于伯罗奔尼撒半岛的东北部地区。科林斯在希腊神话里是宙斯之子，创造了科林斯城。

4 因为首府是斯巴达，故而也可以意译为斯巴达。

[1.42] 在《论贤哲》中，赫尔米珀斯一共举了十七个人，他提出，人们可以根据自己的标准从中挑选七个人。这十七个人分别是泰勒斯、梭伦、彼亚斯、喀隆、皮塔科斯、密松、佩里昂德洛斯、克勒俄布洛斯、斐瑞居德斯、阿库希拉俄斯、厄皮美尼德斯、勒俄范图、阿里斯托德谟斯、阿那卡尔西斯、卡尔芒提德斯、毕达哥拉斯或者西叙姆布里诺斯的儿子拉索斯（或者按照阿里斯托克色诺斯所说，是卡布里诺斯的儿子，在赫密俄尼出生）、阿那克萨戈拉。在《哲学家名录》里，希波伯图[1]列举的人名分别是：梭伦、里诺斯、俄耳甫斯、阿那卡尔西斯、佩里昂德洛斯、泰勒斯、彼亚斯、密松、皮塔科斯、厄庇克萨姆、克勒俄布洛斯、毕达哥拉斯。

下面是一封得以保留的泰勒斯的书信。

泰勒斯致斐瑞居德斯

[1.43] 我听闻，你希望自己能成为从广泛的角度向希腊人解释神学理论的第一个伊奥尼亚人。或许，这个决定是很公允的，那就是，把所有书写的资料提供出来，作为大家共同享有的公共财富，而不是将它们托付给任何人，这是没有丝毫益处可言的。只要你愿意，我也很乐意就书中任何问题与你探讨；哪怕你让我前往苏罗斯，我也愿意。雅典的梭伦和我一同航海，去克里特，我们在那里进行科学探讨，接着，又乘船来到埃及，与那里的祭司们以及天文学家们交流切磋。此后，如果我们在航海前不去拜访你，那么，恐怕我们的脑子是真的出问题了。[1.44] 如果你同意，梭伦也会一同前往。当然，你并不喜欢四处漫游，也很少去伊奥尼亚，也从不渴望会见陌生人，正如我对你的了解，你总是全身心地投入同一件事情，那就是写作。和你不同，我们不写任何东西，只是在希腊和亚洲四处旅行。

泰勒斯致梭伦

如果你从雅典离开，那么，我认为，你在米利都定居是最合适的，因为那里是你们的诸多殖民地之一，你在那里不会遇见任何危险。我知道，你憎恨一切统治者，如果米利都人处于僭主的统治下这一点让你感到困扰的话，那么，你至少会喜欢与我们这些朋友共度余生。彼亚斯曾经给你写信，邀请你去普里耶涅，如果你更愿意在普里耶涅人的城市里居住，我也会去那里定居。我们住在一起。

---

1 希波伯图，大约生活在公元前3世纪后期至公元前2世纪早期，是著名的哲学史家。他著有《论学派》和《哲学家名录》，当第欧根尼·拉尔修撰写本书时，这两本著作被他作为重要的资料来源。

第二章 梭伦[1]

[1.45] 梭伦出生在萨拉米斯，是厄克塞克斯提德斯的儿子。他的第一项成就是撰写了《摆脱债务法》并在雅典推行相关法令，他的目的是赎回人身和财产。这是因为过去的人们经常用自己的人身作为担保来贷款，因此，很多人从穷人沦为奴隶。他率先放弃了他父亲的 7 塔仑特[2] 债权，并鼓励其他人效仿他，采取一样的行动。为什么他的这部法律名为《摆脱债务法》，原因再明显不过。

之后，他又制定了一系列法律（如果详细地讲述这些法律，叙述会过于冗长），而且将它们在旋转牌[3] 上发布。

[1.46] 他毕生最伟大的成就是下面要讲的这件事。长期以来，他的出生地［萨拉米斯］的归属问题让麦加拉人和雅典人不断发生争执与冲突。在经过多次战争之后，雅典人投票通过了一项法令，目的是对人们进行劝告：如果就萨拉米斯问题有人希望重新开战，就将他判处死刑。于是，梭伦装作发了疯，头上佩戴着一个花环，冲进了公民大会的现场，在那里，他让传令官向在场的雅典人朗读了他创作的诗歌，诗歌的主旨是呼吁人们为了萨拉米斯而战，从而成功地激发了人们的愤怒情绪。正是在梭伦的努力下，他们才再次向麦加拉人宣战，并战胜了对手。[1.47] 下面就是他创作的诗歌，这些诗歌很容易就激发了雅典人的昂扬斗志：

我愿意失去故土，放弃雅典人的身份，

---

1 梭伦于公元前 594 年在雅典执政。

2 古希腊的货币单位以及重量单位。塔仑特作为货币单位，1 塔仑特相当于 60 米那或 6000 德拉克马。也就是说，梭伦放弃了一笔相当可观的财产。

3 一些能够转动的木牌，当时雅典用来公布各种法律条款。

012

成为弗勒格人或西基里特人¹吗!
因为人们马上会充满蔑视地议论我的出生:
"你这放弃萨拉米斯的阿提卡傻子。"
此外,还有:
来吧!让我们为萨拉米斯而战,
夺回那座可爱的小岛,克服困难,洗刷耻辱!

在他的劝说下,雅典人攻克了色雷斯半岛。[1.48] 为了不让人们觉得他不是依靠公正,而是依靠武力夺回了萨拉米斯,他挖掘开几处坟墓,向人们展示埋葬时死者的脸面向东方的这一事实,而这就是雅典人埋葬死者时所遵从的风俗;另外,这些坟墓也是面向东方的;再者,墓碑上还铭刻着死者的故乡是哪里,从而可以很容易就辨别他们的身份,这也是雅典人的一种特殊做法。有人指出,荷马的船舰登记表上有这样一句话:

埃阿斯指挥着从萨拉米斯而来的十二艘舰船,
而梭伦在这句话后面又加上了一句话:
并且紧紧挨着雅典人的队伍来安排他们的阵地。

[1.49] 接着,公民们对他越来越敬重,希望他能作为僭主对他们进行统治,但他并没有这么选择。就像索希克拉特斯说的,很早之前,他就察觉到了他的同族人佩希斯特拉托斯²的阴谋,而且竭尽全力地阻止。他手持盾牌和长矛,冲入公民大会的现场,将佩希斯特拉托斯的阴谋公之于众。

此外,他还对外宣称,可以提供各种援助。他说了一番话:"雅典人啊,我比你们之中的有些人更聪明,比另一些人更勇敢:比起那些不能识破佩希斯特拉托斯诡计的人,我更聪明,比起那些识破了诡计却因为害怕而选择沉默的人,我更勇敢。"而议会的成员和佩希斯特拉托斯是一伙的,他们对外宣称梭伦疯了,因此,他说了以下这番话:

我到底疯没疯,
不久后,真相就将大白于天下。

---

1 指来自蛮荒之地的野蛮人。
2 佩希斯特拉托斯,雅典僭主,大约执政时间是公元前569年前后,他创建的独裁政制持续了大约三十年,于公元前527年去世。在《历史》一书中,希罗多德生动翔实地描述了他上台前后的相关情况,说他"先后三次成为雅典的主人"(第一卷第59—64节)。

[1.50] 他在一首诗中早就预言了佩希斯特拉托斯的专制独裁，诗中有这样的句子：

闪耀的闪电紧随着轰鸣的雷鸣，
柔软的白雪和晶莹的冰雹却带来了乌云；
而自大的人将带来毁灭，
他们的城邦丝毫没有察觉专制与奴役。

随着佩希斯特拉托斯确立起他的独裁统治，而梭伦却没能够说服人们，他在将军府的前面堆起一堆高高的兵器，说道："啊，我的祖国，我用言语和刀剑来侍奉你！"接着，他乘船前往埃及，还去了塞浦路斯，在那之后，又前往克洛伊索斯的宫廷。克洛伊索斯在那里问他："你认为，到底谁是幸福的？"他回答："雅典的特洛斯、克勒俄比斯和彼同。"他还说了许多其他的话，口若悬河。

[1.51] 据说，克洛伊索斯身上佩戴着五颜六色的装饰物，端坐在王位上，问梭伦有没有见过比他更美丽的。梭伦说："肯定见过，雉鸡、孔雀和公鸡呀，它们身上闪烁的是大自然的色彩，这些色彩比你美丽万倍。"离开那里之后，他在奇里乞亚住了一段时间，还在那里建立了一座小镇，并且根据自己的名字为当地命名，称为梭里。他将几名雅典人安顿在这座小镇里，随着时间的流逝，这些人糟蹋了阿提卡方言，据说还经常犯一些低级的语法错误。必须说明的一点是，这座小镇的居民被称为梭勒斯人，而从塞浦路斯而来的人则被称为梭里人。当梭伦得知佩希斯特拉托斯已经当上了僭主时，他写了这样一番话给雅典人：

[1.52] 如果你们因为自己犯下的种种恶行而遭受折磨，
丝毫不要怪罪诸神。
因为放弃拯救的正是你们自己，并且助长了敌人的强大，
这就是为什么你们遭受奴役。
你们每一个人都踏上了狐狸设下的陷阱，完全失去了理智的清醒。
你们听到的是巧舌如簧的骗子的言论，
却全然不顾既成事实。

梭伦就是这样一个人。当他被流放之后，佩希斯特拉托斯给他写了一封信：

佩希斯特拉托斯致梭伦

[1.53] 我不是唯一希望建立僭主政制的希腊人，作为科德鲁家族的后裔，我也并不是不适合扮演这个角色。我所做的，不过是夺回了雅典人曾经发誓要给予科德鲁及其后代的特权罢了，尽管他们后来又取消了这些特权。其他任何事，无论是与神有关的，还是与人有关的，我都丝毫没有过错；相反，我允许雅典人根据你制定的法律来处理各种公共事务。比起民主制度，他们得到了更妥善的管理，因为我的统治不允许任何人胆大妄为。我虽然是僭主，但是，我绝对不享用任何不恰当的声望或荣誉，而只是享有当前规定的国王的特权。每一位雅典公民都要为他的财产缴纳什一税，但是，这不是交给我的，而是作为公共祭祀的支出，或者其他公共事务的费用，又或者作为可能发生的战争的花销。

[1.54] 你揭露了我的意图，但我不会因此而责怪你。因为你的所作所为完全是为了城邦，而不是因为仇恨我个人，除此之外，也是因为你并不了解我所要建立的统治的性质。这是因为，如果你真的了解，你或许就会默许我的想法，也不会被流放异乡。所以，请回到你的家园吧，相信我，虽然我的话并不是担保：佩希斯特拉托斯绝不会伤害梭伦。因为其他任何一个敌人也没有受到过任何伤害，你完全可以相信这一点。如果你愿意成为我的朋友，你将会担当要职，因为我在你的身上没有发现丝毫欺骗的迹象；或者，如果你愿意另择时日返回雅典，我也将允许。但是，一定不要因为我的原因，就与你的祖国断绝了关系。

[1.55] 关于佩希斯特拉托斯，我们就说这么多。我们现在重新回到梭伦，他有一句格言是：人生的界限是七十年。他颁布了一些很有效的法律，比如，如果有人不供养自己的父母，就会失去公民权；或者，如果浪子肆意浪费祖上的产业，也会遭受类似的惩处。再者，懒汉不干活儿，也会被定罪，任何人都有投状公诉的权利。但是，吕西阿斯在他发表的一场反对尼基斯的演讲中指出，德拉科才是上述法律的制定者，而梭伦制定的是另一条法律，那就是剥夺那些浪子在公民集会上发表演讲的权利。他减少了参与运动会的运动员的奖金，奥林匹亚赛会获胜者的奖金被固定在500德拉克马，伊斯特摩斯运动会[1]的获胜者则获得100德拉克马作为奖励，至于别的赛会，也有相应的

---

1 伊斯特摩斯运动会是古希腊一种地方性的运动会，每隔两年，就于春季在科林斯附近的一处地峡举办，比赛项目主要包括赛车、体育竞赛以及音乐比赛。伊斯特摩斯原本的意思是"狭窄之处""地狭"，后来成为专名，即科林斯附近的伊斯特摩斯地峡。

奖金比例。在他看来，提高这些获胜者的奖金并没有好处，只有那些战死沙场的人，才应该获得重赏，而且国家还应该负责抚养并教育他们的儿子。

［1.56］这一法令推行的结果就是，很多人在战场上奋勇杀敌，表现得十分出色，比如库涅格洛斯、珀吕泽洛斯、卡里马科斯，还有所有参与马拉松战役的勇士，再比如米尔提阿德斯、阿里斯托格同和哈尔谟狄俄斯等，以及其他许许多多人。此外，在接受训练的过程中，运动员的花费巨大，即使他们最终取得胜利，也会造成经济损失，他们之所以得到表彰，是因为他们为了国家取得了胜利，而不是因为他们打败了自己的对手；更何况，按照欧里庇德斯的说法，随着他们逐渐老去，他们衣衫褴褛，昔日油亮的软毛都已经磨光。梭伦很早就意识到了这点，因此，他主张给予他们适当的奖励。还有一个规定也取得了很好的效果：作为失去了父亲的孤儿的监护人，不能与孤儿的母亲结婚，［1.57］在监护人死后，监护人的财产继承人将不再有资格充当监护者。此外，雕刻者在售卖了他雕刻的戒指之后，不能再保留这枚戒指的盖印；如果独眼人的另一只眼睛被人弄瞎了，将挖去对方的一双眼睛。任何人都不能随意取走其他人的财产积蓄，如果违反，会被处以死刑。如果官员酗酒、醉酒，也会被处死。

他还规定，不得代替他人诵读荷马作品，应该依次诵读，比如，第二个诵读者要从第一个诵读者停止处开始诵读。所以，就像狄欧基达斯[1]在《麦加拉史》的第五卷中所写的，梭伦比佩希斯特拉托斯做得出色得多。荷马史诗最广为人知的段落的开头是这样的："那些住在雅典的人……"

［1.58］梭伦是称每个月的第三十日为新旧之交日的第一个人，正如阿波罗多洛斯在《论立法者》第二卷中指出的，他也第一个召集九位执政官一同做出决议的人。内战爆发之际，他既没有支持城市派，也没有支持平原派，更没有支持海岸派。

他所奉行的格言是：言语是行动的镜子；只有最强大的人和最有能力的人能成为王者。在他看来，法律与蜘蛛网很相似，如果一种比较轻巧的东西落在上面，它们依旧牢固，可以承受，如果是一个更大、更重的东西，就会将它们撕扯开并且逃走。他指出，沉默是言语的封条，时机是沉默的封条。［1.59］他曾经说，与僭主们为伍的人就像是被用来计数的小鹅卵石。鹅卵石有时候表示一个较大的数值，有时候又表示一个较小的数值，僭主们对待那些人也是一样的：有时候举重若轻，有时候一文不值。有人问他，为什么不制定法律，阻止弑父的罪行？他回答："我不希望有这么做的必要。"当有人问

---

1 狄欧基达斯，大约生活在公元前4世纪，是麦加拉人，当时知名的历史学家。

他，如何有效避免不道义的行为发生？他回答："当不是受害者的人与受害者怀有同样的怨恨。"对此，他又补充："财富生饱足，饱足生暴行。"他要求在雅典推行阴历和月历。他认为虚构的假话是有害的，因此，他禁止塞斯匹教人如何表演悲剧，[1.60]所以，当佩希斯特拉托斯带着自己制造的伤口现身时，他说："这出戏就来自悲剧表演。"就像阿波罗多洛斯在《哲学流派》中说的，他提出了不少忠告给人们。比如，比起信任誓言，更应该信任美好、善良的品德；绝对不要撒谎；要追求有意义的目标；不要急着结交朋友，然而，一旦交上了朋友，就不要随便断交；发号施令之前，要先学会服从；给人提出忠告是帮助对方，而不是取悦；要乐于接受理性的指导；不要结交邪恶之人；予以父母尊重，予以诸神荣耀。有人说，他对米姆勒尔谟斯[1]下面的对句也持批评态度：

如果不再有疾病和焦虑的折磨，
我要活够60岁，才会死去。
对此，他的回答是：
噢，你如果愿意，不妨接受劝告，抹去这行字，
如果我所说的比你说的更合适，请不要生气；
经过改造的更美好的愿望不妨这么来吟唱：
我要活够八十岁，才会死去。
在众多吟唱歌曲中，有一首是他创作的：
留心每个人，
看看他的内心是否隐藏着憎恨，
虽然讲话时满脸仁慈，
嘴里吐出的两面三刀的言辞，
却源于灵魂阴暗的悲鸣。

很明显，那些法律的作者就是他。他的演讲和挽歌体诗，还有一萨拉米斯和雅典政治为主题发表的演说，总计五千行，此外，他还创作了短长格诗和吟唱诗。

[1.62]他的雕像上刻着这样的铭文：

---

1 米姆勒尔谟斯，一位出生在小亚细亚西海岸斯米尔拉的哀歌诗人，他比较活跃的时间大约为从公元前632年至公元前629年。

在萨拉米斯，波斯人的实力遭受重创，
在那里，立法者梭伦却孕育了圣望。

就像索希克拉特斯说的，他的黄金时代大约是第46届奥林匹亚赛会期间，在赛会的第三年，他当上了雅典的执政官；他就是在那时制定了一系列法律。在塞浦路斯，他的生命走向了终点，享年80岁。他给亲属留下的遗嘱是：把他的尸骸运往萨拉米斯，焚化成灰，撒入土里。所以，克拉提诺斯在《赫罗斯人》这一剧本中为他安排了这样的台词：

这就是我的岛屿居所；就像人们说的，埃阿斯城的每一寸土地上都撒有我的骨灰。

[1.63] 我创作的一首铭文诗也被收录在前面提到的诗集《碑铭体诗》中，我在这本诗集里谈到了每一位去世的优秀诗人，他们采用各种各样的节奏和韵律，书写铭文诗和吟唱诗。下面是我写的铭文诗：

在异乡的塞浦路斯，梭伦的遗体熊熊燃烧；
在萨拉米斯，他的尸骸化作灰尘，又变为谷穗。
车轮指引着他的灵魂，直上九霄；
他制定的法律这般美好，给人们带来的负担最轻。

有人说，"切勿过度"这句格言就是他创作的。狄俄斯库里德斯[1]在他的《回忆录》里写道，当他因为儿子的夭折而悲泣时（我们对他的儿子一无所知），有人跟他说，"你哭也没用"，他回答，"这正是我为什么悲泣，它的确没有用"。

下面的信件是梭伦所写。

梭伦致佩里昂德洛斯

[1.64] 你告诉我，很多人在密谋，试图反对你。如果你试图将他们都赶走，就要先下手为强。一个密谋反对你的人，比如，一个担忧自身安全的人，或者一个不喜欢你做事犹豫不决的人，或许就是你从来不曾怀疑过的人。人们如果发现你没有丝毫猜疑，也许整座城市都会对他心怀感恩。最有效的办

---

1 狄俄斯库里德斯，一位历史学家，对荷马作品有很深的研究，生活的年代是公元前1世纪或公元1世纪。

法就是放下权力，免得遭受人们的谴责。如果你打算毫无顾忌地继续当僭主，就要好好考虑一下，如何从异乡招募雇佣军，让他们具有比本邦更雄厚的实力。这样一来，你就不用再顾虑任何人，也不必流放任何人。

梭伦致厄皮美尼德斯

看来，比起你通过净化城邦让人们获利，我通过颁布法律带给雅典人的利益或许并没有更多。这是因为，就其本身而言，宗教和立法无法让城邦获益，总是那些根据自己的意愿来引领民众的人来负责实现它们。所以，如果情势尚好，宗教和立法就会带来好处，如果情势不妙，它们就一无是处。

[1.65] 无论是我的法律或是其他措施，都没有取得很好的效果。但是，那些因为一味的宽容与纵容而取悦人们的领导者，损害了共同体的利益，他们也没能制止佩希斯特拉托斯建立僭主政权。当我早先提醒他们时，没有人相信我。他谄媚雅典人，而我却把真相告诉他们，因此，他赢得了人们的信任。因此，我将武器堆在将军府的前面，只是为了告诉人们，比起那些没有识破佩希斯特拉托斯试图建立僭主制度的人，我更聪明；比起那些不敢反抗他的人，我更勇敢。然而，他们指责说，梭伦发疯了。最后，我发出抗议："啊，祖国，我，梭伦，已经准备用言辞与行动来保护你，但是，他们以为我疯了。因此，我将离开他们，单枪匹马与佩希斯特拉托斯战斗；如果他们愿意的话，就做他的守卫吧。"我的朋友，你肯定了解，这个人十分可怕，他野心勃勃，一心想成为僭主。[1.66] 当他出任大众的领导者时，他的一步棋就是故意把自己弄伤，出现在海利亚伊法庭前，大声告诉众人，这些伤来自敌人；因此，他提出要求，为他成立一支包括400个年轻人的警卫队。没有人听从我的劝告，为他提供了他要求的警卫队，还用棍棒等器械进行武装。从那之后，民主政体被他彻底摧毁。我试图解救他们之中沦为佣工的穷人，但是，我付出的努力都是徒劳，这是因为，迄今为止，他们所有人都沦为同一个人的奴隶，那个人就是佩希斯特拉托斯。

梭伦致佩希斯特拉托斯

我坚信，你不会伤害我，因为当你成为僭主之前，你我就已经是朋友，如今，我更加不会与你不睦。然而，其他那些雅典人，因为对僭主制感到不满，势必会与你产生分歧。对他们而言，到底是处于某个人的统治之下更好，还是在民主制度下生活更好，每一个人都可以自己进行判断。我认为，你是所有的僭主之中最好的那一个。但是，我也知道，返回雅典对我来说并不是一桩好事。我曾经将平等的权利带给了雅典人，在早些时候，我也曾经拒绝成为僭主，现在，如果我返回雅典，迎合你所做的一切，哪里能不被人们指责呢？

梭伦致克洛伊索斯

我深深地赞美你向我表达的友好与关爱；更何况，以雅典娜的名义起誓，要不是我渴望着完全在民主制度下生活，那么，比起处于佩希斯特拉托斯暴力的僭主统治下的雅典，我更愿意居住在你的官殿里。然而，生活在一个每个人都享有平等与公平的地方，确实是我平生的抱负。不过，我肯定会去拜见你，我盼望着结识你。

第三章　喀隆

[1.68]喀隆，是拉刻代蒙尼人，达马各塔斯的儿子。他曾经创作了一首长达200行的碑铭体诗。在他看来，人的不同凡响之处就是可以理性地预知未来。当他的兄弟向他抱怨，自己不能像他一样成为监督官时，喀隆说："我知道应该怎样反抗不正义，但是你不知道。"在第55届奥林匹亚赛会期间，他当选为监督官。不过，据帕姆菲勒说是在第56届。根据索希克拉特斯所说，在欧叙德谟斯执政期间，他是监督官的不二人选。此外，他还是第一个提议设置监督官来辅佐国王处理公务的人，但是，据萨提洛斯所说，这一点是琉库古斯提出的。就像希罗多德在他的著作的第一卷里记载的，当希波克拉底在奥林匹亚献祭时，他的那几口大锅莫名其妙地沸腾了。喀隆建议，让他不要结婚，如果他已经结婚了，就与妻子离婚，还要和他的子女断绝关系。[1.69]据说，喀隆曾经问伊索，宙斯正在干什么？伊索回答他："他正在让高贵者变得低贱，让低贱者变得高贵。"有人问，接受过教育的人与没有接受过教育的人，有何区别？喀隆回答，"区别在于是否拥有美好的希望"。那么，烦恼之

事是什么？"保守住秘密，安排好闲暇时光，可以忍受伤害。"下面来说一说他给人们的告诫。要控制好你的言论，特别是在宴席上。［1.70］不要乱说邻居的坏话，要不然，人们的流言蜚语会让你不堪其扰。不要试图威胁其他人，这是女人的风格。要尽快去拜访深陷不幸之中的朋友，而不要经常去拜访春风得意的朋友。婚宴不要操办得过于奢侈。不要说死者的坏话。要尊敬老人。要保护好你自己。宁愿蒙受损失，也不要获取不义之财，这是因为前者智慧造成一次的伤害，而后者则会造成终生的伤害。不要嘲笑其他人遭受的不幸。当你强大的时候，想要获得周围人的敬重而不是恐惧，就要懂得慈悲。在自己家中，要学着做一个善良的主人。不要让你的舌头比你的思想更快。要懂得控制愤怒的情绪。不要对神的预言心怀憎恨。不要渴求任何不可能的事情。不要在别人面前行色匆匆。说话时，不可张牙舞爪，那会让人感到疯狂。要遵纪守法。要保持宁静的心态。［1.71］他创作的一首歌曲很有名："可以用磨石检验金子的真伪，也可以用金子检验人心的善恶。"有人说，当他逐渐老去，他跟人说，他完全没有意识到，他的一生都没有遵纪守法；然而，在这一点上，他困惑不已，因为有一桩案件牵涉他的朋友，一方面，他根据法律进行了裁决，然而，另一方面，他又尽力说服身边的朋友和同事，宣判对方无罪，使结果两全其美，一方面维护了法律，另一方面又保全了他的朋友。因为他曾经就临近拉科尼亚[1]海岸的库特拉岛预先向人们发出了警告，他也因此在希腊声名大噪。他很熟悉这座岛屿的自然属性，曾经对外宣称："它根本不可能处于那个位置，要不然，恐怕早就沉入大海。"这个警告意义非凡。这是因为，当德马拉托斯从斯巴达被放逐的时候，［1.72］他曾提议，让薛西斯在这座海岛附近将舰队锚泊，薛西斯要是听取了他的建议，恐怕早就顺利地征服了希腊。后来，尼基阿斯在伯罗奔尼撒战争中攻克了这座岛，并让一支雅典军队驻扎在那里，这种布阵的方式，给拉刻代蒙尼人带来了很多的麻烦。

他说话总是简短精练，因此，他的这种说话方式被米利都的阿里斯塔戈拉斯称为喀隆式……[2] 他同建造了布兰格赫达庙宇的布兰革霍斯[3]是一样的人。等到第52届奥林匹亚赛会期间，喀隆已经年迈，而那时候，著名的寓言作家伊索正值壮年。据赫尔米珀斯所说，他在比萨去世，当时，他的儿子在一次奥林匹亚的拳击赛中取胜，他为儿子庆祝之后，就死了。他去世，一是因为

1　拉科尼亚，处于伯罗奔尼撒半岛的东南部，北边与阿卡狄亚接壤。

2　此处希腊原文有缺漏。

3　"布兰革霍斯"的希腊原文是"βραγχοσ"，当该词被用作普通名词时，表示"喉咙痛，嗓音嘶哑"的意思。因此，此处"布兰革霍斯"比喻"嗓音嘶哑之人"，从而巧妙地描述他说话之精炼。

兴奋过度，二是因为年老体弱。在场的所有人都参加了他的葬礼游行。

我也为他写过一首碑铭诗：

[1.73] 我感激你，将光明带给人们的珀吕丢克斯[1]，因喀隆之子在拳击赛中获胜，得到了橄榄枝花冠。

千万别认为，死亡是这位父亲遭受的报应，——他在快乐中死去；我也渴望这种死亡。

他的雕像上刻着这样的铭文：

喀隆，斯巴达的勇士，站在这里，
他在七贤之中位列第一。

他信奉的格言是："言而有信。"据说，他曾经写过一封短信：

喀隆致佩里昂德洛斯

你给我写信，告诉我，你马上要亲自率领着军队远征，与敌人战场厮杀。我认为，独裁统治者是很容易在治理国内事务上犯错的；我还认为，无论是哪一位僭主，如果他能在自己的房间里安然死去，那就是幸福的。

---

1 珀吕丢克斯，指希腊神话里的狄俄斯库里兄弟之一，另一个是他的孪生兄弟卡斯托耳。宙斯曾经赐他永生，但是，卡斯托耳在一场搏斗中被伊达斯杀死了。而他失去了兄弟，不愿意孤独地活着，就请求宙斯将他赐死。宙斯允诺，将他的永生分一半给他的兄弟。从那以后，他们兄弟二人就一天在奥林匹亚的诸神之列，一天在地狱之中。为了褒奖两兄弟的情深义重，宙斯允诺他们成为双子星。关于这两兄弟的神话故事，预示着光明与黑暗、生与死的更迭。

第四章　皮塔科斯

［1.74］皮塔科斯是希拉狄俄斯与一个密提勒涅人所生的儿子。据杜里斯所说，他的父亲是色雷斯人。在阿尔开俄斯[1]兄弟的帮助下，他推翻了勒斯博斯僭主墨拉格克洛斯的统治；后来，在密提勒涅与雅典争夺阿赫勒斯领土的激烈战争中，他出任密提勒涅的总司令，率领雅典军队的是佛儒农，他曾经在一次奥林匹亚的拳击赛中获胜。皮塔科斯提出与他单打独斗。他把一张网藏在盾牌后，缠住了佛儒农，杀死了他，最终夺回了那片土地。正如阿波罗多洛斯在他的著作《编年史》中所记载的，雅典人和密提勒涅人将他们的领土要求诉诸仲裁。听取了他们的诉求以后，佩里昂德洛斯做出了对雅典有利的裁决。［1.75］当时，密提勒涅人很崇拜皮塔科斯，还让他掌握了统治权。他的统治持续了十年，城市的一切都变得井然有序，接着，他不再做官。退位以后，他又活了十年，密提勒涅人送给了他一片地，这片地被他奉为圣地。直到现在，它依然被称作皮塔科斯。据索希克拉特斯所说，他从这片地里划分出一小片留给自己。还有，他拒绝了克洛伊索斯赠送给他的一大笔财产，而且据她所说，他拥有的财产是他本应该拥有的两倍之多，这是因为，他的兄弟去世了，却没有留下子嗣，于是，他继承了他们的财产。

［1.76］帕姆菲勒《回忆录》第二卷中说道，有一次，他的儿子图奈俄斯在库墨的一家理发店里坐着，这时，一个铁匠用斧头劈死了他。凶手被人们扭送到皮塔科斯那里，他得知了事情的原委，最终放走了那个人，对此，他说："宽恕好过悔恨。"然而，根据赫拉克利特说的，是在阿尔开俄斯掌权以后，那个人才被释放了，而且他说的是另外一番话："宽恕好过报复。"

他制定了一系列法律，其中有一条法律是专门针对酗酒者制定的：如果有人因为喝醉酒而犯了罪，他会遭受加倍的惩罚。他制定这条法律就是为了阻止人们酗酒，因为那座岛盛产酒。他还有一句名言："做善事很难"。在西蒙

1　阿尔开俄斯，一位来自密提勒涅的抒情诗人，大约在公元前625年至公元前620年间出生。

尼德斯的引用中，这句话发生了变化："皮塔科斯有一句格言：'说实在的，想要成为一个品德高尚的人，很难。'"［1.77］在《普罗泰戈拉篇》中，柏拉图也引用了他说的话："诸神从不与必然性作斗争。"另外，还有一句是"官职显示人"。有人问，世界上最好的事情是什么？他说："把手头的所有事情都做好。"克洛伊索斯提问他，哪种统治权力是最强大的，他说，"是上面有花纹的木头的统治权力"，他指的是法律。此外，他还劝告人们，要通过不流血的方式获取胜利。一个佛开亚¹人说，我们需要寻找一位好人。他回答："如果你太过较真儿，就不可能找到。"对于人们所提的各种各样的问题，他的答案如下：什么东西最令人喜爱？"时间。"什么东西是无法看见的？"将来。"什么东西是最令人信赖的？"大地。"什么东西是最不可靠的？"海洋。"他曾说，精明的人，总是会预先有所准备，防止令人困扰的事情发生；［1.78］而当它们发生以后，如何才能妥善处理，是勇敢者的做法。不要先说出你要做某件事的打算，因为你一旦半途而废，就会被人们嘲笑。不要责骂不幸的人，要不然，天神会惩罚你。要及时归还其他人托付给你的财物。不要说朋友的坏话，就连对手的坏话也不要说。努力虔诚。懂得克制。追求忠心、真理、经验、灵活、朋友和细致。

他创作了不少歌曲，其中以下面这首最受欢迎：

拿着弓，带着满装的箭袋，
我们势必向敌人进攻。
别相信他的巧舌如簧，
他的心里藏满了骗人的鬼把戏。

［1.79］他还写过碑铭体诗，加起来大约六百行，还写了一本散文体著作《论法律》献给城邦的公民们。他最活跃的时期大约是第42届奥林匹亚赛会期间。他在阿里斯托美涅斯执政期间死去，当时是第52届奥林匹亚赛会的第三年，一共活了七十多年，而且晚年生活很安逸。他的纪念碑上刻着铭文：

神圣的勒斯博斯，有一位母亲深感痛苦，
族人们为她的皮塔科斯而悲鸣，死神已经带走了他。

此外，他还有一句箴言："认识你的适当。"

1　佛开亚，处在伊奥尼亚地区最北端的一个城邦。

诚如法伯里诺斯[1]在《回忆录》第一卷，还有德谟特里俄斯在他的著作《同名人》中说的，除了他以外，还有一个名叫皮塔科斯的人，他是一个立法者，人们称他为少小者，多多少少带有安慰的性质。现在，我们继续回过头来，谈论这位贤者。卡里马科斯在《碑铭体诗集》中写道，一个年轻人曾经向他请教与结婚有关的事情，他的回答是：

［1.80］一个阿塔尔纽斯的陌生人曾经这么问希拉狄俄斯的儿子，密提勒涅人皮塔科斯：

尊敬的老人家，有两个求婚的选择摆在我的面前。有一位新娘家庭很富裕，而且是我的同龄人；另一位比我年龄大。究竟哪一位更适合我呢？请给我一些建议，我应该选哪一位新娘结婚。

这个陌生人说完上面这番话，皮塔科斯举起了手杖，这是他的武器，对它说："那里的孩子会告诉你如何选择。"

几个孩子正在一片开阔的三岔路口的平地上抽打着陀螺，陀螺飞快地旋转着。皮塔科斯说："快过去。"于是，陌生人凑了过去。这时，孩子们正在说："守住你的本分吧。"陌生人听到这句话，欣然接受了孩子们的呼唤，不再想与有钱的姑娘结合。就像他迎娶了那位地位低下的新娘那样，狄翁，你也要这么做，守住你的本分。

［1.81］或许，这个建议就是皮塔科斯根据他本人的情况提出的。因为他就与一位比他年龄大的女人结婚了。这个女人就是佩恩提洛斯的儿子德拉孔的姐妹，然而，她对他非常傲慢无礼，而且性格很暴躁。

阿尔开俄斯给他取了很多绰号，其中一个叫"八字脚"，这是因为他是扁平足，走路时一拖一拖的；还有一个绰号叫"手脚病"，因为他的脚上布满了裂口，与之对应的词语是"手上的裂口"；另外，还有一个绰号叫"自大狂"，因为他总是自命不凡、扬扬得意；还有"壶腰"和"大肚皮"，因为他长得又矮又胖；还有"黑暗中的进食者"，这是因为他进餐的时候从来不点灯；还有"邋遢鬼"，这是因为他脏兮兮的，很不整洁。就像哲学家克勒阿尔科斯说的，他唯一的锻炼就是磨谷物。

下面这封短信也是他写的。

皮塔科斯致克洛伊索斯

你让我来到吕底亚，看一看你的幸福生活；其实，我用不着看，就可以确定，阿吕阿特的儿子是财力最雄厚的国王。在我看来，前往萨尔迪斯旅行，

---

1 法伯里诺斯，大约生活在公元80年至160年，是希腊化时期的一位哲学家。

毫无益处可言，因为我们并不缺钱，我的财物已经足够我自己以及我的伙伴的开销。但是，不管怎样，我还是会来这里，既是为了得到你的款待，也是为了与你聊天。

第五章　彼亚斯

[1.82]彼亚斯是透塔谟斯的儿子，在普里耶涅[1]出生，萨提洛斯将他列为七贤之首。有人说，他的家庭很富有，但是，根据杜里斯所说，实际上，他只是那个富裕家庭的邻居。按照法诺狄科斯的说法，他将几名在战争中被俘虏的麦色涅少女赎回，当成自己的女儿，把她们抚养长大，还为她们置办嫁妆，最终，还送她们回到麦色涅[2]的亲生父亲们那里。就像我之前提到的，一天，有一些雅典的渔夫发现了那只上面刻着"送给最具智慧的人"的三角鼎，根据萨提洛斯的说法，以及包括法诺狄科斯在内的其他记述，是那些少女以及她们的父亲，自发地来到公民大会，讲述了他们不平凡的人生经历，并且告诉众人，彼亚斯是最有智慧的。因此，他获得了那只三角鼎。然而，彼亚斯随后说，阿波罗才是最有智慧的人，因此，拒绝接受这只三角鼎。

[1.83]另外，还有的人说，他将这只三角鼎献给了忒拜的赫拉克勒斯[3]神庙，因为他是那些在普里耶涅建立殖民地的忒拜人的后代。这一说法是法诺狄科斯提出的。据说，当阿吕阿特[4]围攻普里耶涅时，彼亚斯把两只骡子养肥了，将它们赶去敌方阵营里。当那位国王看到它们，大吃一惊，因为根据这两只骡子的状态，他推测它们到目前为止都生活得很优渥。因此，他希望议

1　普里耶涅，伊奥尼亚地区的一个城邦。

2　麦色涅，伯罗奔尼撒半岛西南部的一个城邦。

3　赫拉克勒斯，希腊神话里最有名的民间英雄，在忒拜出生。他是一位大力士，深受当地人推崇。

4　阿吕阿特，吕底亚的第四任国王，大约生活在公元前610至公元前560年。

和,还派出了使者。彼亚斯堆了很多沙堆,在上面撒上一层谷物,再带着使者去观看。最终,当使者传达了此事之后,阿吕阿特与普里耶涅人签订了和约。不久之后,阿吕阿特邀请彼亚斯去他的宫廷里做客,他回答,"传我的话,告诉阿吕阿特,让他吃洋葱"[1.84](言下之意,他会因为后悔而泪流满面)。据说,他还拥有极佳的辩护能力,常常让他的对手害怕,但是,他总是用言辞的力量来实现某些善良的目的。正是因为这样,在下面这段文字里勒洛斯的德谟多科斯才用称赞的语气提到这一点:

如果你恰好在打官司,就要学着像他们在普里耶涅那样来辩护。希珀纳克斯[1]则说:"你提出的辩护理由要比普里耶涅的彼亚斯的更强大、更有力。"最终,他是这样死去的:虽然已经年迈,他依然出庭,为某个委托人进行辩护。他陈述完之后,头靠在孙子的胸膛。对方的辩护人也进行了辩护,接着,法官进行投票,最终的裁决是对彼亚斯的委托人有利的。当法庭休庭以后,人们却发现他已经靠在孙子的手臂上去世了。

[1.85]整个普里耶涅城为他举办了一场宏大的葬礼,并且在他的墓碑上刻上了铭文:

普里耶涅的彼亚斯躺在土地里,他声望颇高,甚至遍布整个伊奥尼亚世界。

下面是我为他写的碑铭诗:

彼亚斯安息在这里。他安详地由赫尔墨斯引入哈德斯,
如雪的白发,点缀着他苍老的面容。
他高声辩护,为了同伴而辩护,
他的头靠在孩子的臂弯里,开始长眠。

他写了一首长达两千行的诗,讨论通过哪些方式让伊奥尼亚繁荣起来。在他创作的歌曲里,最受欢迎的是:

想要获得所有公民的认可……[2]
无论你处于哪个城邦。

---

1 希珀纳克斯,爱菲斯的一位诗人,生活的年代大约是公元前6世纪后期。
2 此处希腊原文有缺漏。

因为这会让你获得最真挚的感激。

傲慢的性格是有害的,要时刻杜绝。

[1.86] 力量的增长是水到渠成的。但是,利用言辞来为国家谋福利,是灵魂与思考所独有的功能。对很多人来说,钱财的富有是随着运气而来的?他还指出,一个不堪承受不幸的人,乃是真正不幸的;痴迷于不可能的事物,是灵魂的疾病;不要忘记别人的不幸。有人提问,什么事情是最困难的,他说:"眼睁睁看着事情变得越来越糟糕,却只能绅士般地忍受。"一天,他与一群不虔诚的人一同乘船,中途遇上了风暴,顿时人声嘈杂,那些人纷纷祈求诸神庇佑。"安静!"他说,"不要让他们发现,你们待在这条船上。"还有一次,一个并不信奉诸神的人问他,虔诚到底为何物?他只是沉默;还有一个人问他为什么沉默?他说:"我沉默,是因为你们问的问题与你们毫无关系。"

[1.87] 有人问他,对人来说,什么东西是香甜的?他说:"希望最香甜。"他说,如果非要做出决裁,他宁可在敌人之间,而不是在朋友之间;因为对后者来说,肯定会有一位朋友变成他的敌人;而前者,他还有可能让一个敌人成为他的朋友。有人问他,什么最让人高兴?他说:"赚钱。"他劝告人们,要将日子看得又短又长,如此这般,度量生命;要将朋友视为日后反目成仇的敌人,如此这般,珍爱友情,这是因为大部分人都是坏的。另外,他还有如下忠告。制定计划,要放缓步调,但是,一旦确定了,就要坚持完成。[1.88] 说话的速度不要太快,这是疯子的作为。要珍爱智慧。要坚信诸神的存在。不要因为财富而称赞一个并不值得称赞的人。想要获取的事物,不要通过无为,而要通过说服。如果你有任何善举,要归功于诸神。当你从年少到老迈的人生历程中,要懂得抓住智慧,因为比起其他的钱财,它更靠得住。

我们上文所说的是希珀纳克斯记载的关于彼亚斯的情况,而赫拉克利特总是很难对其他人满意,却用下面这番话来称赞他:"透塔谟斯的儿子彼亚斯在普里耶涅居住,比起其他人,他是一位极具理性的人。"普里耶涅人划分出一片地献给了他,这块地被称为是透塔谟斯家的。他有一句箴言:大多数人是坏的。

第六章　克勒俄布洛斯

［1.89］克勒俄布洛斯出生在林多斯[1]，是欧阿戈拉斯的儿子。但是，按照杜里斯的说法，他是卡里亚人[2]。据说，他认为自己的祖先是赫拉克勒斯，此人仪表堂堂，力大无比，而且精通埃及人的哲学。他膝下有一个女儿，名叫克莱俄布勒妮，她创作了六音步谜语。克拉提诺斯曾经提起过她，还用她的芳名为自己创作的一个剧本命名，但是，采用了复数形式。克勒俄布洛斯重新修建了达那俄斯[3]曾经建造的雅典娜神庙。他创作过一些歌曲和谜语，总计大约三千行。

据说，他还创作了米达斯坟墓上的铭文，具体内容如下：

我是一个青铜少女，在米达斯的坟前驻守。
只要水还流动，只要树还在生长，
［1.90］太阳依然升起并闪闪发光，月亮依然明亮，
河水还在奔流，海浪依然汹涌，
我就一如既往，在这片无比悲凉的坟场驻守，
告诉来来往往的路人：米达斯埋葬在这里。
他们引用西蒙尼德斯的一首诗作为证据，他在诗中说：
如果相信自己的理性，
谁会如此称赞林多斯居民克勒俄布洛斯？
把流动的河水、

1　林多斯，罗得斯岛最重要的城市之一。
2　卡里亚人主要分布在小亚细亚西南部的多山地区。
3　此处应该指希腊神话中埃及国王柏罗斯的儿子，后来，他去了阿耳戈斯，教那里的民众如何掘井，最终成为了那个国家的国王。

春天的鲜花、
太阳的光辉、金色的月亮
和海洋的漩涡
与墓碑的力量相抗衡？
世间万物都比不上诸神之力，
纵然凡人的手掌能砸碎碑石，
但是，这是蠢人的把戏。

上述铭文的作者不可能是荷马，这是因为他生活的年代远远比米达斯早。帕姆菲勒的集子里收录了克勒俄布洛斯创作的一个谜语：

［1.91］一位父亲有十二个儿子，每个儿子又都生了三十个孩子，而且都拥有两张可以替换的面孔，有的是白面孔，有的是黑面孔；他们所有人都是永恒不朽的，却又都会死去。

这个谜语的答案是"年"。

他创作的歌曲中，有的很受欢迎，比如：大多数凡人与众多言辞都无比粗俗，但是，恰当的季节可以使之平衡。把心计施加在好的地方。不要让自己变得粗鲁、愚蠢。他说，我们嫁出去的女儿需要达到这样的标准：是年纪上的处女和智商上的妇女。这说明，和男孩一样，女孩也应该接受教育。他还说过，我们应该对朋友友善，如此一来，朋友也会变得更友好；也应该对敌人友善，如此一来，就能化敌为友。另外，我们还要提防朋友的怪罪和敌人的阴谋。［1.92］当有人离家远行时，他应该先问问自己，打算做什么；当他返回家里，他应该问问自己，究竟做了什么。他劝告人们，要勤加锻炼；宁愿做倾听者，也不要做好辩者；要好学，不可无知，不可说不吉利的话语；要使品德如密友，要使邪恶如敌人；对于不义，要敬而远之；要将好的建议献给国家；要懂得控制快乐；不要仗势欺人；要教育孩子；要平息仇恨。其他人在场的时候，不要与妻子亲密，也不要与她争吵，前者意味着愚蠢，后者意味着疯狂。喝了酒，绝对不可以惩罚奴仆，因为会让其他人觉得你在借酒发疯。他还说，婚姻必须门当户对，如果你娶的妻子地位比你更高，［1.93］她的亲戚就会成为你的主子。不要嘲笑遭受愚弄的人，这会让他们憎恨你。交了好运，不要招摇过市；深陷困境，不要自暴自弃。要学会承受命运的变化无常。

他在70岁高龄的时候去世，他的墓碑上刻着这样的铭文：

智慧之人克勒俄布洛斯长眠于此，
他以海为荣的家乡林多斯正在碑铭。
他的箴言是：适度最好。

他给梭伦写了一封信。

克勒俄布洛斯致梭伦

无论身处何处，你都会拥有一个家和很多朋友，但是我坚信，推行民主政治的林多斯是最适合你的。这座岛屿位于海上，这里的居民丝毫不用担心来自佩希斯特拉托斯的危险。从五湖四海而来的朋友会为你捧场。

第七章　佩里昂德洛斯

[1.94]佩里昂德洛斯在科林斯出生，是库普塞洛斯的儿子，属于赫拉克利达家族。他的妻子是吕西黛，他称呼她为梅利莎。梅利莎的父亲是厄皮道洛斯僭主，名叫普洛克勒斯，母亲是厄里斯特涅亚，她是阿里斯托克拉特斯的女儿，有一个姐妹是阿里斯托德谟斯。就像旁托斯的赫拉克勒德斯在《论政府》一书中提到的，几乎整个阿卡狄亚[1]都处于这两个人的统治之下。佩里昂德洛斯与他的妻子膝下有两个儿子，他们分别是库普塞洛斯和吕科佛隆，其中大儿子有点傻，但是小儿子聪慧过人。但是，一段时间以后，他在一场盛怒中杀了他的妻子。据说，他踢了她一脚，或者用一只凳子砸了她，当时，她正怀有身孕。这件事情的起因是，她听信了丈夫在外面养情妇的传闻。但是，他后来把这些情妇们都烧死了。他的儿子吕科佛隆为母亲的死深感悲痛，于是，他将儿子流放到了克尔库拉。[1.95]等到他逐渐老去，他才派人去把

1　阿卡狄亚，地处伯罗奔尼撒半岛的中部地区。

儿子接了回来，准备接替他的僭主之位，然而，在他的儿子起航之前，克尔库拉人就杀死了他。他对此万分愤怒，于是，派人将对方的儿子押送到阿吕阿特，准备阉割他们。然而，当船抵达达萨摩斯时，他们逃脱了，躲藏在赫拉神庙里，最终，萨摩斯人救了他们。

从那以后，他变得郁郁寡欢，80岁时死去。据索希克拉特斯所说，他死在克洛伊索斯前面41年，也就是第49届奥林匹亚赛会前夕。希罗多德在他的著作的第一卷里提到，他是米利都的僭主式拉叙布洛斯尊贵的客人。

［1.96］阿里斯提珀斯在《论古代奢侈》的第一卷中讲述了一些有关他的故事，说他对自己的母亲克拉特娅心怀爱怜，并且与母亲偷情；另外，还补充说，当这件事泄露之后，他恼羞成怒，大施淫威。厄佛洛斯把他的誓言记录了下来，据说，他许诺如果在奥林匹亚的战车大赛中取得胜利，就要修建一座金的雕像。后来，他果然取得了胜利，却无法获得足够的金子，就从地方性节日遇见的妇女身上掠夺了她们随身佩戴的饰物当作贡品。

有人说，他不想让别人知道自己死后埋葬的地点，因此，就想出了一个办法。他派了两个青年晚上外出，在他专门指定的一条道路上反复行走，并将他们遇见的所有人都杀死并掩埋。接着，他又派出四个人，跟随之前的两个人，杀死并掩埋他们；接下来，他又派了一批人，将之前的四个人杀死。就这样，他的布置完成之后，自己却偶然间遇见了最先派出的那两个年轻人，反而被他们杀害了。科林斯人在一座空墓上为他留下了铭文：

［1.97］佩里昂德洛斯正躺在大地的怀抱里，
他的故乡是海滨之城科林斯，
他是那里富有而充满智慧的君王。
我也为他写了铭文：
不要因为你没有达成的目的而悲伤，
要像神赐那般，愉悦地接受所有；
贤者佩里昂德洛斯的懊恼是对世人的警示，
他因为意想不到的结局而死。

他有一句箴言：绝不为了钱而做事，因为唯有挣钱这件事，才能挣到钱。他写了一首足有两千行的忠告诗。他说，那些身为僭主的人，想要平安无事，就应该用善意来守卫自己，而不是武器。当有人问，为什么他要做僭主？他说："因为主动退位与被动下台的危险是一样的。"他还说过一些别的格言：宁静是美丽的。轻率容易摔跟头。利益是可耻的。民主制好过僭主制。荣誉永恒不朽，快乐转瞬即逝。[1.98]适度对好运，明智度逆境。对待朋友要一视同仁，不管他们是大难临头还是春风得意。无论你承诺了何事，都要信守承诺。不要泄密。不但要纠正已经犯错的人，还要纠正即将犯错的人。

他是第一个将政权改为僭主制的人，同时，也是第一个拥有专门的护卫队的僭主。按照厄佛洛斯和亚里士多德所说，只要没有经过他的允许，无论什么人都不能在城里生活。他比较活跃的时间是第38届奥林匹亚赛会期间，做了40多年的僭主。索提翁和赫拉克勒德斯，还有帕姆菲勒在《评注集》的第五卷中提到，实际上，有两个名叫佩里昂德洛斯的人，其中一个是僭主，[1.99]而另一个是贤者，出生在安布拉基俄特。库日科斯的涅昂特斯也持有相同的观点，他还补充了一点，实际上，这两个人是堂兄弟。亚里士多德明确指出，来自科林斯的佩里昂德洛斯是贤者；但是，柏拉图不这么认为。

他有一句箴言：操练一切。他曾经计划挖一条可以横穿伊斯特摩斯地峡的运河。

现在留存着他所写的信件。

佩里昂德洛斯致智慧之人

当我发现，你们聚在了一起，我对皮提亚人的阿波罗满怀感激之情。我写信邀请你们来到科林斯。如你们所知，在这里，我会让你们享有最民主的待遇。我知道，去年，你们曾经前往萨尔迪斯的吕底亚宫廷参加一场聚会。因此，不妨经常来我——科林斯的统治者这里做客。如果科林斯人能看到你们经常在佩里昂德洛斯家里做客，他们都会很开心。

佩里昂德洛斯致普洛克勒斯

[1.100]请听好了，我并非故意杀害我的妻子；但是，当你让我儿子跟我反目成仇时，你是故意伤害我。所以，或者你尽快停止粗鲁地对待我的儿子，或者我来报复你。因为我早就把对你的赔偿支付给了你的女儿——在她的火葬中焚烧了所有科林斯妇女的衣裳。

还有一封信是忒拉叙布洛斯写给他的。

忒拉叙布洛斯致佩里昂德洛斯

我并没有答复你的信使，但是，当他在我身边时，我带着他来到了一片庄稼地里，还用手中的权杖打断了长得太高的谷穗。如果你想问他的所见所闻，他会向你报告。如果你的愿望是强化你的统治，那么，你要做的就是：

将公民之中的佼佼者除掉，无论他们是不是对你心怀敌意。这是因为，对一个统治者而言，哪怕是身边的同伴，也不可掉以轻心。

第八章　阿那卡尔西斯

[1.101] 斯库提亚[1]人阿那卡尔西斯是斯库提亚的国王，古努若斯的儿子，卡都伊达斯的兄弟。他的母亲是希腊人，所以，他精通两门语言。他写了一首诗，总共800行，主要阐述希腊人和斯库提亚人的法律和风俗，围绕着节俭生活和军事问题展开。他说话直来直去，从而产生了一句名言，那就是"要像斯库提亚人那样说话"。据索希克拉特斯所说，大约在第47届奥林匹亚赛会期间，也就是他在欧克拉特斯执政期间，他曾经去过雅典。根据赫尔米珀斯所说，当他来到梭伦家门口的时候，他派出一个仆从，让他去告诉梭伦，阿那卡尔西斯来了，希望与他会面，如果有可能的话，也盼望着去他家中做客。[1.102] 那个仆从为他传了话，但是，梭伦让仆从转告阿那卡尔西斯，人们的客人都是从自己国家的公民之中挑选的。这时候，阿那卡尔西斯站了起来，说他已经在他自己的国家，因此是可以成为客人的。他敏捷的思维彻底打动了梭伦，因此，请他进屋，还与他成了朋友。不久后，阿那卡尔西斯重新返回斯库提亚。因为他积极地效仿希腊社会的一切，有的人认为他要抛弃自己国家的法律和风俗，所以，当他与兄弟去打猎的途中，他的兄弟杀死了他。当他被利箭射中的时候，他大声疾呼："因为言辞，我安全地从希腊归来，而在自己的家园，忌妒却毁灭了我。"但是，根据有的人的说法，他是在国内推行希腊的法律与风俗时被杀害的。

我为他创作了一首碑铭诗：

[1.103] 阿那卡尔西斯结束了四处云游，重新回到斯库提亚，

1　斯库提亚，泛指黑海以北的地区，那里是古代的游牧人放牧之处。

他迫切地想让人们仿效希腊人生活。
他口若悬河,还未见成效,
一支利箭夺走了这位不朽者的生命。

他有一句箴言:葡萄树上结了三种葡萄,分别是快乐、麻醉和厌恶。他深感好奇,为什么有技巧的希腊人在参与竞技比赛,而没有技巧的希腊人却是决裁者。有人问,一个人如何做,才能不成为嗜酒者?他说:"将那些酒鬼丢人的样子呈现给他看。"他还说,有些事让他惊讶不已:为什么希腊的立法者要惩罚侮辱或伤害的行为,却又予以那些互相打斗的运动员至高无上的荣耀。当他知道船只的厚度只有四个手指的时候,他坦言说,乘客距离死亡也只有这么远的距离。

[1.104] 他认为,橄榄油是会让人发疯的药物,因为运动员把它涂在身上,就会疯狂地殴打对手。他说,为什么希腊人不允许撒谎,却在零售买卖中胡乱说谎?他说,还有一点让他很惊讶,为什么宴席开始的时候,他们喝酒用的是小杯子,当他们吃饱喝足,却开始用大杯子喝酒。他的雕像上刻着这样的铭文:"控制好你的舌头、肚子和生殖器。"有人曾经问他,斯库提亚有没有笛子?他说:"没有,也没有葡萄树。"有人问他,哪种船是最安全的?他说:"是被拖到岸上的船。"他说,他在希腊所见的最令人吃惊的事情是,人们将烟火留在了山里,却把燃料运回了城市里。有人问,是活人的数量多,还是死人的数量多?他反问:"你认为海上的人应该属于哪一类?"有一个阿提卡人羞辱他,说他是斯库提亚人,他回答说:"好啊,如果我的国家是我的耻辱,[1.105] 那你就是你的国家的耻辱。"有人问:"人群中的什么东西是又好又坏的?"他说:"舌头。"他指出,拥有一个挚友,比拥有很多泛泛之交要有意义得多。他还说,如果对市场的定义是:一个人们可以欺骗对方并从中获利的地方。有一个小孩因为酒水而羞辱他,他说:"孩子啊,年轻的时候,如果你连酒都不会带走,那么当你老去,你可能只能把水带走了。"据说,他还发明了锚和陶工旋盘。

下面这一封信是他写的:

阿那卡尔西斯致克洛伊索斯

啊,吕底亚人的国王,我来到了希腊,到这里学习他们的风俗、性情和生活方式。来到这里,我绝不是为了获取金银财富。相反地,如果等我学习完毕,重新回到斯库提亚,我能成为一名更善良的人,我就满意了。不管怎样,我已经来到萨尔迪斯,我热切地期盼着结识你。

035

第九章 密松

[1.106] 根据索希克拉特斯所说，密松的父亲是斯特如蒙，他是厄依特或拉科尼亚地区的一个名叫赫恩的村庄的当地人的后裔。他也是七贤之一。有人说，他的父亲是一位僭主。据说，阿那卡尔西斯到处打听，有没有人比他更智慧。这时，皮提亚的女巫回答说：

如我所说，在厄依特的赫恩那里，有一个名叫密松的人，
他比你更加精明。

因为喜欢管闲事，一个夏天，阿那卡尔西斯去了那个村庄，当时，他见密松正在为犁安装犁头，于是，他说："喂，密松，现在并不是需要用犁的季节啊。"密松回答："现在恰好是修理犁的季节。"[1.107] 有的人引用了一道神谕的开头："我确信，在埃提斯。"他们还问"埃提斯"指的是什么。对此，巴门尼德给出的解释是，埃提斯是位于拉科尼亚的一个乡村，那里就是密松的出生地。索希克拉特斯在他的《后继者》中记载道，对他的父亲来说，他是属于埃提斯的；对他的母亲来说，他是属于赫恩的。按照旁托斯的欧叙弗戎的儿子赫拉克勒德斯的说法，他是克里特人，这是因为埃特亚只是一个小镇，属于克里特。而阿那克西劳则指出，他是阿卡狄亚人。希珀纳克斯也提起过密松，他说：根据阿波罗的说法，密松是所有人之中最精明的。

根据阿里斯托克色诺斯在《碎片》中的说法，他和提蒙或阿培曼托斯都不一样，因为他对人心怀恨意。[1.108] 有人在拉刻代蒙尼看见他一人独处的时候自顾自地发笑，一个人突然问他，为什么在独处的情况下要发笑？他回答："我就是因为这样才笑的。"阿里斯托克色诺斯说，一般人不认可他的主要原因是，他住在乡村，而不是城市，而且那是一个毫不起眼的小村庄。也就是因为他没有太大的名气，有些人就将一些原本由密松创作的东西归功于僭

主佩希斯特拉托斯。不过,柏拉图并没有这么做。这是因为柏拉图曾经在《普罗泰戈拉篇》中提起过他,并用他取代了佩里昂德洛斯,作为七贤之一。他时常劝告人们,不要以理论为出发点寻找事实,而要以事实为出发点探索理论;因为事实不是因为理论而存在的,相反地,理论是因为事实而存在的。

他直到97岁高龄时才去世。

第十章　厄皮美尼德斯

[1.109]根据塞奥波姆普以及其他很多人说的,厄皮美尼德斯是斐斯提俄斯之子,不过,也有人指出,他其实是多西阿达斯之子;甚至有人指出,他是阿格萨尔科斯之子。实际上,他是克里特的克诺索斯本地人的后裔,但是,他盘着一头长发,形象上与克里特人相去甚远。有一天,他的父亲让他去一个村庄寻找一只离群的绵羊,到了中午,他钻进沿途的一个山洞里睡觉,一睡就是57年。之后他醒了,继续出发去寻找绵羊,他以为自己只是小憩了片刻。当然,他没有找到绵羊,到了那个村庄,那里的一切早已物是人非,村庄也早已易主。他困惑不已,万般无奈只能返回镇里。等他回到镇里,迈入家门,遇见了一些人,这些人询问他是谁。最终,他找到了他的弟弟,然而,弟弟已经变成老者,[1.110]并告诉了他事情的来龙去脉。因此,一时之间,他成了希腊的名人,在人们看来,他是神最眷顾的人。

因此,当一场瘟疫突然降临雅典,而皮提亚女祭司告诉他们应该净化城邦时,他们派出了一艘船,船长是尼克拉托斯的儿子尼基阿斯,赶去克里特,向厄皮美尼德斯寻求帮助。第46届奥林匹亚赛会期间,他赶到了雅典,帮助他们净化了城邦,并采取了一系列方式来阻止瘟疫的大肆蔓延:他选出了一群羊,有的羊是白色的,有的羊是黑色的,带着它们来到了阿勒俄斯山[1]上。他让羊群在山上到处走动,还命令人们跟随着羊群,将每一只绵羊躺下的地

1　阿勒俄斯山,颇负盛名的战神山,地处雅典卫城的西北边,雅典最高法庭就坐落在那里。

方都标记出来，然后献祭给相关的神灵。最终，他成功地阻止了瘟疫的蔓延。所以直到现在，在雅典的某些乡间，我们还可以发现一些没有刻名字的祭坛，实际上，它们就是这场赎罪活动的见证。据说，他曾经说，这场瘟疫之所以暴发，是因为库隆[1]污染了这座城市，并且告诉人们应该如何摆脱这场浩劫。因此，人们将名叫克拉提诺斯和克特西比俄斯的两个年轻人处死，最终使城邦摆脱了瘟疫的影响。

[1.111]雅典人经投票决定要给他一塔伦特的钱作为感谢，还要专门派一艘船把他送回克里特。他拒绝了这笔钱，却促使克诺索斯人与雅典人达成了一个友好攻守同盟。返回家园后，他很快就去世了。按照佛勒贡在《论长寿》中的说法，他足足活了157年；而根据克里特人所说，他的寿命是299年。另外，科洛封人克塞诺法涅斯还指出，他应该活到154岁。他创作了一首名为《论库里特和科里班特的诞生》的诗以及一本名为《神谱》的著作，总计大约五千行，他还写了一本以阿尔戈斯人造船和伊阿松航行前往科尔西斯为主题的著作，一共是六千五百行。[1.112]他编辑有两本散文著作，分别是《论献祭和克里特政制》和《论米诺斯和赫那达曼索斯》，总共大约四千行。

根据阿尔戈斯人洛本在《论诗人》中的记载，他还在雅典修建了三位复仇女神色姆娜[2]的神庙。有人说，他还是第一个对房屋和农田进行净化的人，也是第一个修建庙宇的人。甚至还有人指出，实际上，他根本没有睡着，只是离开了一段时间，忙着在深林里采摘药草。现在还留存着一封他写给当时的立法者梭伦的信件。内容是米诺斯[3]为克里特人所拟定的一个政府方案。然而，马格涅西亚人德谟特里俄斯在他讨论同名诗人与同名作家的一本著作中，竭力试图证明，这封信并不是出自厄皮美尼德斯之手，他的理由是，这封信的年代比较晚，而且并不是用克里特的方言写成的，而是用新阿提卡方言。但是，这里还有另一封他所写的信：

厄皮美尼德斯致梭伦

[1.113]我的伙伴们啊，勇敢些！如果说，雅典人依旧还是佣工并且没

---

1 库隆是一位雅典贵族，曾在公元前640年奥林匹亚运动会上获胜。

2 "色姆娜"的英文通常翻译为"Eumenides"，根据英文音译，也有译者翻译成"欧墨尼得斯"。在希腊神话里指的是住在冥府的女神，专司报仇。关于女神的数量，可谓众说纷纭，后来的人们普遍认为是三位，分别是提西福涅、阿勒克托和墨该拉。实际上，这些名字最早是在欧里庇得斯的作品中出现的。

3 米诺斯，希腊神话里的克里特国王，宙斯与欧罗巴的儿子。在很多神话里，他被描述成一位公正明智的君王。

有建立完善的法律之前,佩希斯特拉托斯就早早地凌驾于人们之上,那么,他就会让所有公民沦为奴隶,才能让他的权力得到永久的巩固。当前的现实是,情况还没有糟糕到人们会沦为他的奴隶的地步。他们不是懦夫,虽然感到羞耻与痛苦,却牢记梭伦的教诲,绝对不会接受僭主的统治。虽然佩希斯特拉托斯有能力镇压住城邦,我也丝毫不认为他能够将权力交给他的孩子,这是因为我们根本无法想象,当自由人在良好的法律环境下成长起来,还甘愿沦为奴隶。然而,请你不要继续云游了,不妨赶来克里特与我碰面。你在这里再也不用担心独裁君王,相反,你如果继续云游,万一你不巧遇见他的朋友,我真的担心你难免受到伤害。

[1.114] 这封信的大概内容就是这样。德谟特里俄斯讲述了一个故事,说的是他从留姆福斯[1]诸女神那里获得了一种很特别的食物,还将它放在牛蹄里保存起来。他只吃一点食物,就不用再吃别的了。不过,人们从没亲眼见他吃过。蒂迈欧也曾经在书中提起过他。据说,克里特人将他看成神,将他供奉起来,这是因为,克里特人认为他拥有神奇的预言能力。比如,当他来到雅典的穆尼西亚[2]时,他说,雅典人并不知道,那个地方在未来会给他们带来多少厄运;但凡他们知道了,一定会摧毁它,哪怕只能用牙齿将它磨平。他说这番话的时候,是事情发生很久之前。还有人说,他是第一个使自己成为埃阿科斯的人;他曾经预言,阿卡狄亚人会打败拉刻代蒙尼人;他还说,他的灵魂拥有很多个化身。[1.115] 根据塞奥波姆普在《奇闻集》中的说法,当时,他正在为留姆福斯诸女神修建神庙,天际传来了一个声音:"厄皮美尼德斯,不要为留姆福斯修建神庙,而要为宙斯而修建。"就像前面提到的,他曾经预言,阿卡狄亚人会打败拉刻代蒙尼人,实际就是这样,在奥尔赫美诺斯,他们惨遭失败。

经历了与他在洞穴中睡眠的时间一样长的岁月,最终,他变得年迈,这是塞奥波姆普指出的。密洛尼阿诺斯在《相似者》一书中说,克里特人称他为库里特人。拉科尼亚人索希比俄斯说过,在一道神谕的启示下,拉刻代蒙尼人亲自守护着他的尸体。除此之外,还有两个名为厄皮美尼德斯的人,其中一个是谱系学家,还有一个用陶里斯方言创作了有关罗得斯岛的作品。

---

1 留姆福斯作为普通名词时,指的是"新娘""达到结婚年龄的少女"等;作为专用名词时,指的是希腊神话里展现各种各样的自然力量与自然现象的神女,比如森林、群山、泉水、河流、海洋等神女。她们数目众多,地位也比较低,但是大多数性情温柔、大方活泼。

2 穆尼西亚,一座陡峭的山,坐落在柏劳优斯港东北部,山下分布着穆尼西亚港。

第十一章 斐瑞居德斯

[1.116] 按照亚历山大在《后继者》中的记载,斐瑞居德斯是叙洛斯[1]人,巴比斯的儿子,也是皮塔科斯的学生。忒俄珀姆珀斯指出,他是就自然与神进行书面论述的第一人,关于他有很多传说。据说,有一次,他一路沿着萨摩斯海滩前行,看见一艘船顺着风向航行。他说,这艘船很快就会沉没。果不其然,这艘船尚未离开他的视野就沉没了。还有一次,他取井水来喝,预言等到第五天会发生地震。结果,到了第五天,地震果真发生了。当他从奥林匹亚返回麦色涅的中途,他劝说殷勤地招待他的佩里拉俄斯把所有家当赶紧搬走,但是,佩里拉俄斯没有采纳他的建议,最终,麦色涅被攻克,外来者无法进入。[1.117] 就像塞奥波姆普在《奇闻集》中提到的,他劝告拉刻代蒙尼人,不要太看重金银财宝。他还说,赫拉克勒斯在梦里向他下达了这个指令;同一天夜里,赫拉克勒斯还再三嘱咐国王们,一定要听命于斐瑞居德斯。然而,也有人说,这个故事是在毕达哥拉斯身上发生的。

根据赫尔米珀斯所说,当爱菲斯人与马格涅西亚人之间的战争爆发前夕,他希望爱菲斯人能取胜,因此,他问一个路人从何而来,当对方回答他"来自爱菲斯"时,他说:"请拽着我的腿,把我带去马格涅西亚人的地盘;请带一个口信给你的同胞,等他们胜利以后,把我埋在那里。这就是斐瑞居德斯留下的遗言。"[1.118] 最终,那个人把这个口信送到了他的同胞那里。一天以后,爱菲斯人开始进攻,最终战胜了马格涅西亚人。结果,他们发现,斐瑞居德斯已经死去,于是,他们满怀着敬意,让他在那里安息。但是,按照有的人的说法,他来到德尔斐,从科律科斯山上一跃而下。然而,阿里斯托克色诺斯[2]在《论毕达哥拉斯及其学派》中指出,他是身患重病而死的,随后

---

1 叙洛斯,属于爱琴海南部基克拉迪群岛之中的一座岛屿。
2 阿里斯托克色诺斯尤其擅长音乐,同时,还是著名的历史学家、哲学家和传记作家。

被毕达哥拉斯安葬在德洛斯[1]。还有一些人说，他是因为患上了一种由害虫引发的疾病而去世的。当时，毕达哥拉斯也在现场，还多次询问他感觉怎么样，他用手指指向门口，回答："我的皮肤说明了一切。"接着，这个短语被文法学家引申为"一切变得更加糟糕"的同义语，然而，有的人误解了它的含义，认为是"一切都好"的意思。［1.119］据他所说，桌子受到了诸神的召唤，专门来照看祭品。根据爱菲斯的安德戎说的，还有两个名为斐瑞居德斯的叙洛斯人：其中一个是天文学家，另一个是神学家，他是巴比斯的儿子，还是毕达哥拉斯的老师。然而，根据厄拉托斯特涅斯的说法，只有一个斐瑞居德斯在叙洛斯，另一个斐瑞居德斯在雅典生活，他是一位谱系学家。现在，一本叙洛斯的斐瑞居德斯撰写的著作依然得到妥善的保存，它开篇这样写道："宙斯、时间和大地都是永恒不朽的，之所以将大地称为……[2]，是因为宙斯将土地作为奖品赏赐给了他。"由他制作的日晷依然保留在叙洛斯岛上。

杜里斯在他的著作《时序诸女神》的第二卷中写下了他的碑铭文：
［1.120］我是所有智慧的终点；

而毕达哥拉斯宣称，他是希腊这片土地上当之无愧的头号人物，
我敢说，这绝不是谎言。
开俄斯的伊翁也讨论过他说：
如果智慧如毕达哥拉斯，真的能判明所有人的定数，
那么，纵然他的生命已经消逝，灵魂却是幸福的，
远远胜过凡俗的尊严与勇敢。
我这里还有一首根据斐瑞克拉底的韵律写成的诗：
盛名的斐瑞居德斯，
叙洛斯生养了他，
当害虫摧毁了他昔日的容颜，
他下达了一道命令：
［1.121］直接把他送去马格涅西亚人那里，
从而让高贵的爱菲斯人赢得最终的胜利。
有一道神谕，
他是唯一的知情人，
那就是指令。

---

1 德洛斯是一座岛屿，据传说，这座岛屿也是阿波罗的诞生地。
2 此处是一个外文单词，Word 系统无法显示，也无法输入。

他死在了他们之中。
真理或许就是如此：
但凡智慧之人，
无论活着，或是死去，
都受到神的眷顾。

他比较活跃的时间是第 59 届奥林匹亚赛会期间。他写了这样一封信：

斐瑞居德斯致泰勒斯

［1.122］当你大限将至，能够将人生最后一笔债务偿还清，或许也是一种幸福吧。自从我收到你的信件，我就被病魔缠住了。害虫纠缠着我，重感冒折磨着我，我总是瑟瑟发抖。因此，我告诉我的仆从，等他们将我埋葬以后，要送给你我的作品。如果你和其他贤者表示认可，我希望你能将它们公开；如果你们不认可，就别公开了，因为我自己对它们也不太满意。事情远远不是完全真实的，我也不敢断定自己发现了真理的奥秘，实际上，我只是发现了一些粗浅的东西，如果有人对关于神的问题进行思考，可以作为参考。就其他事情来说，也必须审慎地思考，这是因为所做的都只是猜测罢了。当我的病越来越严重，我不允许我的伙伴或医生踏入我的房间半步，他们只能站在房间的门口，询问我的病情，我把手指从钥匙孔里伸出去，让他们看看害虫是如何侵蚀着我。我还对他们说，如果来得太晚，唯一能做的就是为斐瑞居德斯收尸。

有的人还将僭主佩希斯特拉托斯列为贤者，针对那些贤者，我们就说到这里。接下来，我们来讨论哲学家，首先从伊奥尼亚哲学开始讨论。泰勒斯是它的开创者，他有一个名叫阿那克西曼德的学生。

第二卷

第一篇

第一章　阿那克西曼德

[2.1]阿那克西曼德是米利都人，是普拉克斯阿德斯的儿子。他提出，元素和本原都是无定的，认为它们是水或者气，或者别的什么东西。在他看来，部分是变化的，而整体是稳定不变的。大地是球形的，位于中部区域，是中心位置；月亮的光辉来自别处，那就是太阳；另外，太阳与地球的大小一样，都是由最纯粹的火组成的。法伯里诺斯在他的著作《杂记》中指出，他是第一个发明日晷指针的人，还将日晷指针安装在拉刻代蒙尼的一个日晷上，用来测定冬至、夏至以及春分和秋分。另外，他还发明了时钟。[2.2]他是第一个描绘出大陆和海洋的大致轮廓的人。另外，他还制作了地球仪。他将自己主要的学术观点浓缩成一本摘要公之于众，包括雅典的阿波罗多洛斯在内的很多人都读过这本摘要。阿波罗多洛斯在《编年史》中指出，第58届奥林匹亚赛会的第二年，也就是阿那克西曼德64岁那年，他去世了。因此，他比较活跃的时期与萨摩斯僭主珀吕克拉特斯几乎是一致的。还有一个故事指出，有的孩子嘲笑他的歌声，他回应说："为了孩子们，我也要把歌唱得更好听。"另外还有一个叫阿那克西曼德的人，他也是米利都人，是一位著名的历史学家，经常用伊奥尼亚方言进行创作。

第二章 阿那克西美尼

[2.3] 阿那克西美尼是米利都人，他是欧儒斯特拉托斯的儿子，也是阿那克西曼德的学生。也有人说他是巴门尼德的学生。在他看来，无数的星辰并不是在大地之下运行的，而是围绕着大地。他通常采用质朴无华的伊奥尼亚方言进行写作。正如阿波罗多洛斯所说，他生活的年代正是萨尔迪斯城[1]沦陷的时期，最终，在第63届奥林匹亚赛会期间死去。除了他之外，还有两个名为阿那克西美尼的人，他们都是拉姆帕萨科斯人，一个人是修辞学家，他详细地记述了亚历山大生平的赫赫功绩；还有一个是一位历史学家，也是那位修辞学家姐妹的儿子。

哲学家阿那克西美尼写了这样一封信件。

阿那克西美尼致毕达哥拉斯

[2.4] 当厄克萨谟斯的儿子泰勒斯到了垂暮之年，他昔日的好福气已经不再。有一次，他按照惯例在夜间走出房间，带着他的女仆外出看星星。当他仰望星空时，全然忘记了他身处何处，不知不觉间走到一处陡峭的悬崖边，结果坠落下去。对米利都人而言，他们这位伟大的天文学家就这样结束了他的一生。他们让我们这些学子牢记此人，让我们的孩子和学生牢记此人，让我们用他说过的话语作为人生的座右铭，让我们都以提及泰勒斯的所作所为作为言谈的开端。

他还写过一封信：

阿那克西美尼致毕达哥拉斯

---

1 萨尔迪斯是位于小亚细亚西部的一座古城。

[2.5]当你从萨摩斯离开,前往克洛同[1]时,比起我们,你是最深思熟虑的,因为你在那里能平安地生活。埃阿克斯的子孙们正为非作歹,米利都人缺少统治权威。对我们而言,波斯人的国王可怕至极,这并不是由我们是不是愿意缴纳贡赋所决定的。但是,为了确保人们的自由,伊奥尼亚人决定向波斯人宣战,然而,一旦战争打响,我们获救的希望也极其渺茫。所以,当深陷在被奴役或被毁灭的恐惧的阴影中,阿那克西美尼又哪里还有心思和精力去探索天空呢?然而,你在此刻却赢得了克洛同人以及在意大利的其他人的欢心,很多学生从四面八方赶来,听你授课。

第三章 阿那克萨戈拉

[2.6] 据说,阿那克萨戈拉是欧布洛斯或者赫格西布洛斯的儿子,他是克拉佐门奈[2]人。阿那克西美尼是他的老师,他也是第一个将努斯[3]列在质料前面的人。他的一篇论文是以大气磅礴的语言风格写成的,他在开篇处说道:"本来,所有东西都是同一的;后来,努斯出现了,它们才变得秩序井然。"这让他本人也获得了一个别名,那就是"努斯"。在《讽刺诗》里,提蒙这样评价他:

我认为,阿那克萨戈拉,是一位勇士,
人们称他为努斯,因为在他那里,
心灵在突然间惊醒,
将曾经混杂的一切凝聚起来。

[2.7]他有着显赫的财富和高贵的出身,从而在人群中鹤立鸡群,而且

---

1 克洛同,意大利南部的一座城市,毕达哥拉斯的辉煌成就就是在此完成的。
2 克拉佐门奈,一座位于爱琴海东部伊奥尼亚地区的城市。
3 努斯有"心灵""心智"的意思。

格外从容大度，他甚至将祖上的产业分给了自己的亲戚。当他们责怪他不重视祖上产业时，他说："为什么你们自己不去看管呢？"他最终选择退隐，专注于研究自然，而远离繁杂的公共事务。有人问："难道你不关心你的家乡？"他回答："问得很好，我很关心我的家乡。"他所说的"家乡"是天空。

有人说，薛西斯渡海入侵那年，他才20岁。他在72岁死去。阿波罗多洛斯在《编年史》中提到，他在第70届奥林匹亚赛会期间出生，在第88届奥林匹亚赛会的第一年死去。当卡里阿斯开始上台执政时，他在雅典开始了哲学的讲授工作，当时，他才20岁。关于这一点，法勒隆的德谟特里俄斯在《执政官名录》中也提到过。他在雅典生活了10年。

[2.8] 他说，太阳是一块被烧得通红的炽热金属，面积超过了伯罗奔尼撒半岛。但是，也有人指出，是坦塔洛斯提出了这个观点。他还指出，月亮上分布着峡谷和山脊，还居住着人。他将同质体[1]视为本原，就像金粉等细微的颗粒构成了金子那样，在他看来，整个宇宙都是由微小的物体组成的，而同质体就是这些微小的物体。而努斯就是运动的本原。据他所说，有的物体更重一些，比如土，就处于比较下层；还有的物体更轻一些，比如火，就处于上层；水和气则处于中间的位置。[2.9] 因此，海洋就是说平坦的大地之上，比起太阳蒸发而形成的湿气，海洋又处于下层。最初，天空中的星星就像是沿着一个旋转的圆形屋顶在不断地移动，那是一根竖立着的轴心，然而，它之后又发生了倾斜。星星的反射光形成了银河，然而，这些星星的光亮并不源于太阳。喷射火焰的行星结合成为彗星。流星是由空气发出的一种亮光。当太阳将空气炙烤得很稀薄时，风就产生了。云的碰撞会产生雷声，而云的剧烈摩擦则会产生闪电，空气进入大地，就会发生地震。动物源自于热、湿气以及一种土质实体，之后，开始生息繁衍，雌性源自左边，雄性源自右边。

[2.10] 据说，他曾经预言，会有陨石掉入埃哥斯河，是从太阳上跌落的。所以，在《发光体》一文中，他的学生欧里庇得斯将太阳描述为金色的土块。还有，他来到奥林匹亚，坐在地上，身上披着一件羊皮斗篷，给人感觉很快就会下雨。结果，很快就下雨了。有人询问，拉姆帕萨科斯的山丘会不会成为海洋？他说："是的，只是需要一些时间。"当有人问他为何而生，他说："为了思考天空、太阳以及月亮。"还有人提问："你是不是失去了雅典人的社会？"他说："其实是他们失去了我的社会。"他来到毛索洛斯的坟墓前，说："一座富丽堂皇的坟墓，[2.11] 是变成了石头的财产的象征。"有人因为要客死异乡而满面愁容，他说："不管我们来自何方，前往地狱的道路都是一样的。"

---

1 可以直译为"具有相同性质的部分"。

法伯里诺斯在《历史杂记》中指出，阿那克萨戈拉首先提出，荷马在史诗中对德性和正义进行了探讨。他的朋友拉姆帕萨科斯人美特洛多洛斯进一步发挥了这一个观点，此人是历史上对荷马的自然学说进行专门研究的第一人。阿那克萨戈拉还是第一个将自己的著作公开发表的人。西勒诺斯[1]在他的著作《历史》的第一卷中指出，德美洛斯开始执政的第一天，[2.12]一块陨石从天上坠落；根据阿那克萨戈拉的说法，天空是由石头组成的，当处于快速旋转的状态时，它们就紧密地聚合起来，当速度逐渐减慢，它们就会掉落。有关他受审一事，有不同版本的说法。索提翁在《哲学家的后继者》一书中提到，克勒翁起诉了他，起诉的罪名是对神不恭敬，主要依据就是他曾说过太阳是一块被烧得通红的金属。他的学生伯里克利极力为他辩护，但是，他还是被处以五塔仑特罚款并且被流放。然而，萨提洛斯[2]在其《列传》中指出，是修昔底德提出了起诉，实际上，他是伯里克利的政敌，除了对神不敬以外，控告的理由还包括他的亲波斯倾向；[2.13]最终，在他缺席的情况下，做出了死刑的判决。当他知道自己的孩子们已经死了以及自己被判处死刑的消息时，他说："其实，很久之前，自然早就宣判了我和那些人的死刑。"针对自己的孩子，他说："我早就知道，他们生出来，最终都会死去。"但是，有人认为这个故事发生在梭伦身上，还有人认为这个故事发生在克塞诺丰[3]身上。法勒隆的德谟特里俄斯在《论老年》中指出，他亲手埋葬了自己的孩子们。尔米珀斯在《列传》中则指出，当他被关押在监狱里，等待执行死刑的时候，伯里克利走了进来，询问其他人，纵观他的整个执政生涯，是否有任何问题。人们纷纷摇头。接着，伯里克利又说："我就是他的学生，请不要被虚假的指控迷惑了，不要处死他，请允许我说服你们，饶了他。"所以，他果然被释放了。[2.14]但是，他难以忍受这种屈辱，最终选择了自杀。希罗尼谟斯在其《零散记忆》第二卷中写道，伯里克利带他来到法庭，他身患重病，骨瘦如柴，最终法庭宣判无罪释放。很明显，这种判决是因为法官的悲悯，而不是因为案件的真相。关于他被审判的这个问题，我们就说到这里。

有的人认为，他怨恨着德谟克利特，这是因为他拒绝与他探讨相关问题。最终，他来到拉姆帕萨科斯，过上了隐居的生活，并最终在那里去世。

城邦的官员问他，有什么可以帮他做的事情时，他说："希望他们能在他死去的那一个月份，每一年都给孩子们放假，让他们可以尽情地玩耍。"[2.15]

---

1 西勒诺斯，卡拉提亚人，曾经亲身经历过汉尼拔战争。他写过有关西西里的书，还写过一本历史著作。

2 萨提洛斯，一位漫步学派的学者，被认为生活在公元前3世纪左右。

3 克塞诺丰，也可以译为色诺芬，是苏格拉底的学生。

时至今日，这个习俗依然保留着。他去世以后，萨科斯人为他举办了一场隆重的葬礼，他的坟墓上刻着这样的碑文：

阿那克萨戈拉安息在这里，
他一生追求于探索宇宙天体，获得了诸多真理。
我为他创作的铭文如下：
当阿那克萨戈拉指出，太阳是一块烧红的热铁，
也造就了他的死亡。
虽然伯里克利竭力挽救，
奈何他的心智衰竭，放弃了自己的生命。

此外，还有三个名叫阿那克萨戈拉的人，第一个是一位雕刻匠人；第二个是一位伊索克拉特斯学派的修辞家；第三个是一位文法学家，同时也是芝诺多托斯的学生。

第四章　阿尔刻拉俄斯

［2.16］阿尔刻拉俄斯是阿波罗多洛斯的儿子，也有人说，他是米冬的儿子，他是米利都人活着的雅典人。他是阿那克萨戈拉的学生，苏格拉底的老师。阿那克萨戈拉是第一个将自然哲学从伊奥尼亚引到雅典来的人。阿尔刻拉俄斯被称作自然学家，随着苏格拉底将伦理学引入，自然哲学也就终结了。实际上，阿尔刻拉俄斯本人也涉猎过伦理学，他对善良、正义和法律都进行过哲学性的思辨。苏格拉底继续进行这个主题，将它推向了极致，所以才被人们看成创始人。阿尔刻拉俄斯认为，热和冷都是导致生成的原因。生物源自黏土。卑鄙与正义的基础不是自然，而是法规。

［2.17］以下是他的学说。他认为，水因为热而溶化，会因为火而下沉并

凝聚，最终产生了土，也会因为到处流动，而产生气。所以，气控制着土，而火控制着气。他认为，当土经过加热之后，就会生成一种与乳液近似的溶液，作用与食物的营养成分类似，生物就从中产生；土也是这样生成了人。他首次用空气的振动来解释声音的产生。他认为，海洋形成于凹地，是因为它可以将土过滤掉。太阳是最大的天体，而宇宙是无边无际的。另外还有三位叫阿尔刻拉俄斯的人，其中一位是地形学者，他详尽地描绘出了亚历山大去过的土地轮廓；还有一位是修辞学家，他详尽地记录了有关技巧；最后一位创作了《天赋特质》这篇文章。

第五章　苏格拉底

[2.18] 柏拉图在《泰阿泰德篇》中记载，苏格拉底是雅典人，他的父亲是雕刻匠人索佛隆尼司科斯、母亲是助产妇斐娜瑞特。他出生在阿罗卑克镇。有人说，他曾协助欧里庇得斯进行创作，因此，墨涅希洛科斯[1]才这样说：

欧里庇得斯的新剧本叫作《佛里基亚人》，
……正是苏格拉底
为他的创作添了一把火。

按照他的说法，"欧里庇得斯是苏格拉底紧紧盯着的人"。卡里阿斯[2]在《戴脚镣者》中是这样写的：

A. 为什么你的思想这般宏大，这般神圣？
B. 因为我能，因为我有苏格拉底相助。

1　墨涅希洛科斯，一位喜剧作家。
2　卡里阿斯，大约生活在公元前5世纪，是一位雅典喜剧诗人。

阿里斯托芬在《云》里是这样写的：

正是在他的帮助下，欧里庇得斯创作了那些悲剧，
口若悬河，巧妙绝伦。

[2.19]据说，他的老师是阿那克萨戈拉，然而，按照亚历山大在《后继者》里的说法，他的老师是达蒙。阿那克萨戈拉被判刑之后，他又投身自然学家阿尔刻拉俄斯门下。阿里斯托克色诺斯认为，阿尔刻拉俄斯对这个聪慧的少年宠爱有加。根据杜里斯说的，他曾经是一个奴隶，还去做过石工。还有人说，他亲手创作了雅典卫城上那些身着华裳的美惠女神的雕像。所以，提蒙在《讽刺诗》中说：

因此，这个雕刻匠人从人群中分离，
一个法律的创立者，希腊的巫师，精准言论的打破者，
他装作无知的样子，对精妙的演讲嗤之以鼻，
是一个内心无比高傲的人。

就像伊多美纽斯[1]说的，他拥有极其高明的公共演讲的技巧。另外，[2.20]克塞诺丰指出，僭主严厉地禁止他传说他人任何论说的技术。阿里斯托芬在他的喜剧中讽刺苏格拉底，总是能把坏的说成好的。法伯里诺斯在《历史杂记》中记载，苏格拉底与他的学生埃斯基涅斯是首先教授修辞学的人；伊多美纽斯著有专门讨论苏格拉底学派的著作，他在书中也持有相同的观点。另外，苏格拉底首先针对生活的各个主题进行论述，也是第一个接受审判并且被处以死刑的哲学家。按照斯皮塔洛斯的儿子阿里斯托克色诺斯的说法，他生财有道：他把本金投出去，慢慢积累利息，再把利息花光，把本金再次投资出去。按照拜占庭的德谟特里俄斯的说法，克力同对他高贵优雅的灵魂称赞不已，[2.21]把他从工场解救出来，亲自教诲他。于是，他经常跑去集市和工场，从哲学的角度探讨伦理问题，他坚信，对自然进行研究是毫无意义的。他致力于探究如下问题：

一栋大房子里发生的事情，究竟哪些是善的，哪些是恶的[2]。

---

1 伊多美纽斯，伊壁鸠鲁的学生和挚友，比较活跃的年代是公元前310年至公元前270年。
2 荷马：《奥德赛》，第392页。

他在与人辩论时总是言辞激烈，因此，时常被人殴打甚至被扯掉头发。在大多数情况下，人们总是嘲笑他、鄙视他，但是，他忍受了所有的一切。有一次，当又有人踢打他时，他还是选择了忍受。这时，一个路人倍感惊讶，苏格拉底告诉他："难不成他踢了我一脚，我就应该效仿驴子的习惯？"关于他，德谟特里俄斯就说了这些。[2.22] 他并不像其他哲学家，经常外出游学，除非应召入伍。他一生的大多数时间都在自己国内，热切地与所有愿意跟他交谈的人探讨。他的目的不是为了掠夺他人的想法，而是为了说服对方，探寻真理。据说，欧里庇得斯曾把赫拉克利特的文稿送给他，询问他的看法。他说："我已经理解的部分是好的，我还敢断定，我没能理解的部分也是好的。现在，他所需要的是一个得洛斯岛上的潜水者，潜进去，探索它的深处。"

他经常锻炼，体格健壮。他还参加过远征，前去攻打安菲波利。[2.23] 在得洛斯岛战斗中，克塞诺丰从马背上跌落，他赶了上去，救了对方一命。当雅典人狼狈逃窜时，他从容地撤退，每当遭遇袭击时，总是能适时转身，很好地保护自己。他还渡过海洋，参与了波提代阿战争，当时，战事阻断了陆路交通。有人说，他曾经在那里整晚站立着，纹丝不动。因为勇敢，他还荣获过奖励，但是，他又把奖励让给了阿尔基比亚德斯[1]，按照阿里斯提珀斯在《论古代显贵》第四卷的说法，苏格拉底对阿尔基比亚德斯很钟爱。开俄斯人伊翁说过，苏格拉底在年轻的时候曾经陪着同阿尔刻拉俄斯一同前去访问萨摩斯；据亚里士多德所说，他去过德尔斐；法伯里诺斯在《回忆录》的第一卷中说过，他还去过伊斯特摩斯。[2.24] 他效忠于民主，有着坚定的意志，这些都能通过如下事实反映出来：克里提阿斯和他的同僚下令，让他将一个名为萨拉米斯的勒翁的富商带到他们面前处死，却被他断然拒绝；另外，唯有他一人投票，认为十将军是无罪的；此外，他虽然有机会从监狱里逃跑，但是，他没有那么做；当他的朋友为他悲惨的命运而哭泣时，他反而责备他们，还在身陷囹圄的情况下向他们发表了那番最美好、最高贵的言论[2]。他有着高尚的品德，自给自足。根据帕姆菲勒在《记忆集》第七卷中所记载的，阿尔基比亚德斯送给他一大片地，让他修建房屋，他说："如果我需要一双靴子，你却送了一张完整的兽皮给我，[2.25] 用它制作成一双靴子，放到我的面前，让我接受它，这件事难道不荒谬？"当他看到集市中各种代售货物时，他时常对自己说："这些东西都是我不需要的呀！"他热衷于引述各种各样的短长格诗句，比如：

---

1 阿尔基比亚德斯，比较活跃时间大约是公元前450年至公元前404年，他是苏格拉底的学生和密友，还曾经出任过雅典将军。

2 见柏拉图的《斐多篇》。

那紫色的长袍和闪烁的银盘，
适合悲剧演员使用，却不是我生活的必需。

  他很瞧不起拉利萨的欧儒洛科斯、马其顿的阿尔刻拉俄斯和卡拉农的斯科帕斯，面对他们送来的钱财，他拒不接受，也不肯前往他们的宫殿。他的生活井然有序，就连雅典多次暴发的瘟疫，他也是少数没有感染的人。[2.26] 亚里士多德说过，他娶过两任妻子，前一任妻子名叫克珊西帕，两人生了一个名叫拉姆普洛克勒斯的儿子；第二任妻子名叫密尔托，她是法官阿里斯特德斯的女儿，结婚时，他没有送彩礼给她，他和她生了两个孩子，分别叫索佛隆尼司科斯和墨涅克塞诺斯。也有人说，他的第一任妻子是密尔托。包括萨提洛斯和罗得斯人赫弱鲁谟在内的一些人说，他同时拥有两位妻子。据他们所说，雅典男丁稀少，为了增加人口，就颁布了一道法令，让公民与一个女人结婚，再与另外一个少女生孩子。苏格拉底就是这么做的。[2.27] 对那些嘲笑他的人，他有充分的理由藐视他们。他为自己朴素的生活而骄傲，他未曾向任何人索要金钱。他经常说，他最钟爱的是不使用任何调味品的菜肴，最喜欢的是不会引发渴望的饮料。据他所说，因为他离神最近，因此，他的需求也最少。从很多喜剧诗人的作品中也可以找到关于这一点的证据，那些人虽然时常嘲笑他，但是，又经常在不经意间称赞他。阿里斯托芬是这么说的：

噢，那个渴求着大智慧的人，
你在雅典人和希腊人之中悠闲度日，
是何其幸福，
你思维缜密，有着惊人的记忆力，
甘愿忍受贫穷与辛劳；
无论是站立还是行走，你不知疲倦；
你不为餐食而饥渴，不因寒冷而冻僵；
你杜绝美酒，从不贪食，远离任何愚蠢的举动。

  [2.28] 阿美帕西阿斯让他披着一件旧斗篷，站在舞台上，他是这样评价苏格拉底的：

  A. 苏格拉底，你是世间罕有的高尚之人，

大部分人是愚蠢的！来吧，
请加入我们的队伍，请坚持。
我们去何处为你寻找一件合适的外套呢？
B. 你的境况如此糟糕，这是对皮匠的羞辱。
A. 这个人虽然饥饿至此，也不愿意溜须拍马。

阿里斯托芬也发现了他的高尚与张狂，因此，他说：

你趾高气昂地走在路上，
转动着双眼，
赤裸着双脚，忍受着困苦，却庄严地盯着我们。

当然，他偶尔也会穿一件得体的衣服，只是为了与场合匹配，比如柏拉图在《会饮篇》中细致地描述了他去阿伽同家中做客时的穿着。

［2.29］他能力非凡，尤其擅长劝阻与鼓动。比如，柏拉图说过，他和泰阿泰德探讨关于知识的问题，等他离开后，泰阿泰德产生了一种冲动。当欧叙弗戎控告自己的父亲杀人时，苏格拉底就与他探讨虔敬是什么，最终，他放弃了审判的要求。另外，在他的鼓励下，吕西斯成为了最有道德的人之一。他尤其擅长以事实为根据来寻找理论。就像克塞诺丰说的，当他儿子拉姆普洛克勒斯仇视自己的母亲时，在他的劝说下，他的儿子倍感羞愧。克塞诺丰说过，柏拉图的兄弟格劳孔希望涉足政坛，然而，苏格拉底劝阻了他，因为他经验不足；相反，他积极地鼓动卡尔米德斯从政，这是因为，后者在这方面有着特殊的天赋。

［2.30］他成功地激发了将军伊菲克拉特斯的斗志，他采取的具体方法是，带着他前去观看理发师美狄阿斯的斗鸡扇动着翅膀，反抗卡里阿斯的斗鸡发出的攻击。在格劳孔尼德斯看来，他的状态与孔雀或雄鸡很类似。他说过，有的事情让他倍感惊讶：当你询问某个人，他拥有多少只羊，结果对方轻易地报出了那个数字；然而，他却叫不出身边朋友的名字，也不能说出具体拥有多少个朋友，可见朋友在他眼里的价值有多低。他发现，人们争论不休的理论让欧几里德斯萌生了浓厚的兴趣，就对他说："欧几里德斯，虽然你有能力与智者相处，却完全没有与人相处的能力。"就像柏拉图在《欧叙德谟斯篇》中说的，在苏格拉底看来，这种喋喋不休的话题没有丝毫意义。［2.31］另外，卡尔米德斯曾送给他一批奴仆，让他通过他们来获得收入，但是他拒绝了。有的人说，他很看不起阿尔基比亚德斯的美貌。克塞诺丰在《会饮篇》

中指出，他曾经称赞，世间最珍贵的财物是闲暇时光。他说过，只有一种善，那就是知识，也只有一种恶那就是无知；良好的出身和巨额的财富都不会带来高尚，相反地，邪恶会随之而来。有人告诉他，安提司特涅斯的母亲是色雷斯人，他说："难道在你看来，一个高贵的人的父母双亲都必须是雅典人？"斐多在战争中成为俘虏，在监狱中饱受奴役之苦，他说服克力同赎回了他，还教授给他哲学。

[2.32]到了老年，他学会了弹七弦琴，还说，他不认为学会某项技艺是荒唐之举。克塞诺丰在《会饮篇》中说过，他长期坚持跳舞，他认为，锻炼能够让身体保持在最佳状态。他说，他拥有一种预测未来的天赋；不能小瞧了一个好的开端；除了知道自己无知之外，他一无所知。他说过，当人们花了一大笔钱购买早熟的水果时，看到当季水果会深感绝望。有人问他，"什么是年轻人的德性"，他说，"不要过度。"他说，人们学习立体几何的目的，是用来丈量拿到或交割出去的土地。[2.33]欧里庇得斯的戏剧《奥格》探讨了德性，其中有一句话：

最好让她随意地闲逛。

他站起身，从剧院离开，他认为，四处寻找一个丢失的奴隶是愚蠢之举，如果也以同样的方式失去了德性，就更加荒唐。有人问，应不应该结婚？他说："无论你作何选择，最后都会后悔。"有一件事让他非常费解：雕刻者将会想方设法地将大理石块雕刻成近似于人的模样，他们自己却毫不在乎，完全不关心他们在别人眼里像石块，而不像人。他说过，年轻人要经常照照镜子，这样一来，英俊者就要努力提升，变得与面容匹配，丑陋者就可以通过接受教育来掩饰自己的缺点。

[2.34]他曾经邀请几个富人来家里吃饭，他的妻子克珊西帕感到自卑，他鼓励她："有点信心吧，他们如果是通情达理的，就会体谅我们的情况；他们如果是庸俗不堪的，我们也不用因为他们而烦恼。"他说，他是为了活而吃，而其他人是为了吃而活。对于一文不值的芸芸众生，他说，这就像是一枚四德拉克马的银币被看成假钱并被拒绝了。埃斯基涅斯对他说："我是个打工仔，穷困潦倒，身无长物，只能把自己送给你。"苏格拉底说："不，你难道没有发现，你送给我的正是最珍贵的礼物？"三十僭主篡权之后，有的人抱怨说，他们瞧不起他，苏格拉底跟他说："但你并没有后悔，不是吗？"[2.35]针对"雅典人判了你死刑"这个说法，他说："他们其实也一样，不过判决他们的是自然。"然而，也有人说，这是阿那克萨戈拉说的。他的妻子说，"判你死刑是

不公正的。"他说："难不成你想让我公正地死去？"他曾经做过一个梦，梦里有一个人跟他说：到了第三天，你将会来到弗西亚[1]的原野之上。

因此，他跟埃斯基涅斯说："我会在第三天死去。"他正要喝下毒芹汁[2]时，阿波罗多洛斯送给了他一件漂亮的外衣，想让他穿上它去赴死。他说："有什么外衣是适合穿着去生，而不是去死的呢？"有人告诉他，某个人说了他的坏话，[2.36]他说："是的，因为他根本就不会讲好话。"安提司特涅斯翻动了他的斗篷，人们看到了从中洒落的泪水，他说："我从你的斗篷里看到了你的虚荣。"有人跟他说："难道你没有发现某人正在羞辱你吗？"他说："并没有，因为我从来不关心这类事。"他曾经说，我们应该将自己当成有价值的素材送给那些喜剧诗人，这是因为，他们如果讨论了我们身上的缺点，会敦促我们改正；他们如果没有那么做，就不会对我们产生任何好处。克珊西帕先骂他，接着又用水泼他，就这一情况，他说："我以前就说过，克珊西帕的雷声会带来一场大雨。"阿尔基比亚德斯说克珊西帕的责骂是不可忍受的，他说："我早就习惯了，就像习惯了听到滑轮被卡住的声音。[2.37]但是，你呢？"接着，他又说："却试图阻止鹅叫声。"对此，阿尔基比亚德斯反驳说："然而，鹅可以为我生小鹅和鹅蛋。"他又说："克珊西帕也给我生孩子。"一天，在集市中，他将他的外套撕扯下来，他的朋友都让他还手，他说："是的，我以宙斯的名义发誓，我们如果真的开打了，你们都会说，'打得好，克珊西帕！''好样的，苏格拉底！'"他说，就像马夫喜欢烈马，他与泼妇一同生活。"然而，等他们将烈马驯服，就能轻松自如地驾驭其他的马，我也是一样的，与克珊西帕一同生活，让我学会了如何自我调节，从而能更好地适应其他人。"上述种种，就是他的言谈举止。对此，皮提亚的女巫做了证明，她命令凯瑞丰传播了她的一种阐释——

苏格拉底是所有人之中最有智慧的。

[2.38]也就是这句话，所有人都嫉恨他。他不停地与那些自认为拥有大智慧的人展开辩论，最终结果证明，实际上，他们都是愚蠢至极的，柏拉图就曾在《美诺篇》中讲述过他与阿尼图斯[3]的故事。苏格拉底曾经讽刺过阿尼

---

1 弗西亚，阿喀琉斯的家乡，位于帖撒利亚。
2 雅典人从毒芹花中提炼出一种毒药，用来处死罪人。
3 阿尼图斯，也可译为安尼图斯。他原本是一个硝皮匠，曾经与三十僭主进行顽强的斗争，等到雅典恢复民主政制之后，曾经出任检察官，他也是当时位高权重的两位领导人之一，为人很骄傲，苏格拉底曾经讥讽过他。

图斯，这让他难以忍受，因此，他怂恿阿里斯托芬和他的朋友一同反对他，还劝说墨勒托斯[1]一同指控他，控诉他对神不敬，还侵蚀了年轻人的内心。法伯里诺斯在《历史杂记》中说过，是墨勒托斯提出了诉状，而珀吕欧克托斯进行了宣读。然而，根据赫尔米珀斯所说的，智者珀吕克拉特斯撰写了控词；不过，还有人说，控词由阿尼图斯所写。煽动家吕孔负责一切的准备工作。

[2.39]安提司特涅斯《哲学家的后继者》中，还有柏拉图在《申辩篇》中都说过，控告他的人有三个，分别是阿尼图斯、吕孔和墨勒托斯。阿尼图斯怒火中烧，他代表着工匠和政治家；吕孔[2]代表修辞学家；而墨勒托斯代表诗人。苏格拉底曾经讽刺过这三个阶层的人。法伯里诺斯在《回忆录》的第一卷中指出，珀吕克拉特斯提出指控，说苏格拉底所写的那篇演讲词与实际不符，因为他在文中提到了由科隆完成的重新修建城墙的工作，然而，苏格拉底死后六年，这件事才发生。事实确实是这样的。

法伯里诺斯在《美特隆篇》中指出，这个案件的誓言至今依旧得到妥善保留，它的具体内容是这样的："庇托斯人墨勒托斯的儿子墨勒托斯提出了这次的诉状和誓言，阿罗卑克的索佛隆尼司科斯的儿子苏格拉底是他的指控对象。苏格拉底犯下的罪行是，拒绝承认城邦所认可的神灵，也拒绝引入其他的神灵。他还有一项罪状，那就是败坏年轻人。提出对他予以死刑的惩罚。"他读完吕西阿斯为他而写的辩护词之后，他说："这篇辩护词的言辞写得很好，但是，吕西阿斯，它并不适合我。"因为它显然不是哲学思辨性质的，而是法庭申辩性质的。[2.41]吕西阿斯说，它如果真的是一篇很好的言辞，怎么会不适用于你呢？他回答："没错，精美的靴子和衣服就是不适合我呀！"

提柏里阿斯人伊乌斯托斯在《花冠》里说过，审判进行过程中，柏拉图来到了审判台，他刚刚张嘴说："雅典人啊，登上这个台子的所有人之中，我是最年轻的那一个……"结果，法官们大声呼喊："下去！快下去！"最终，他以218票被判处有罪，远远高于那些判他无罪的票。接着，法官们开始讨论他应该受到怎样的惩罚或者应当支付多少罚款，这时，他提出支付25德拉克马，这是因为欧布里德斯提出他可以支付100德拉克马。结果，刚刚提出，就遭到了法官们的起哄，[2.42]他说："我仔细研究过这个问题，我是根据主席厅[3]公餐的费用来估算施加给我的惩罚的。"接着，处以死刑的判决通过了，而且票数增加了80张。他被关押在监狱里，在接下来的几天里，他进行过几

---

1 墨勒托斯，又可译为美勒托，是一位雅典的悲剧诗人。
2 吕孔，也可译为莱康。他是一位修辞学家，但是没有多少名气。
3 这是希腊城内的一处公共建筑，主要供奉着灶神赫斯提娅，为她点着长明灯。每天，主席团都会在大厅里设宴，用来款待有功绩的公民、外邦使者以及战死沙场的英雄的儿子。

次友善而美好的谈话，最终喝下了毒芹汁。而柏拉图在《斐多篇》中记载了他的这几次谈话。另外，还有人说，他创作了一首颂歌，开头是这样的：

别了，阿波罗和阿耳忒弥斯！
别了，提洛岛[1]上这一双孩儿。

狄俄尼索多洛斯说，其实，这首颂歌并不是他创作的。另外，他还创作过一则伊索寓言，它的开头是这样的：

"你们这些科林斯城的人，"伊索喊道，"不要效仿诡诈多端的平民法庭，试图审判德行。"

[2.43] 就这样，他与人们告别了。不过，雅典人很快就后悔了，他们意识到，这实际上意味着自己的训练场和摔跤学校都被关闭了。于是，他们又将墨勒托斯处死并流放了其他几个控诉者；他们修建了一座铜像，用来纪念苏格拉底，还把它安放在用来存放各种游行所用的器皿的礼堂之中。这尊铜像是由吕希珀斯创作的。阿尼图斯刚刚在赫拉克勒亚定居下来，就在同一天，该城的人们就把他赶了出去。雅典人在包括苏格拉底这件事在内的很多事情上都追悔莫及。据赫拉克勒德斯所说，他们认为荷马发了疯，并让他交了50德拉克马的罚款，还说图尔泰俄斯犯了欺诈的罪行；在埃斯库罗斯及其同行诗人面前，他们还用铜像来表达对阿斯图达马的思念与敬重。[2.44] 欧里庇得斯在《手法》中是这样斥责他们的："你们亲手杀死了他，杀死了这位智者、无悲苦者、缪斯女神的夜莺。"不过，这也只是众多记载中的一种而已。按照菲洛科洛斯的说法，其实，欧里庇得斯死在苏格拉底之前。

阿波罗多洛斯在《编年史》中说过，苏格拉底在阿普色菲翁执政期间出生，具体来说，是第77届奥林匹亚赛会的第四年，萨尔格利翁月[2]的第六天。当时，雅典人正忙着净化整座城邦，但是，按照提洛人的说法，那一天恰好是阿耳忒弥斯的生日。第95届奥林匹亚赛会的第一年[3]，他去世了，那一年他70岁。对于这个说法，法勒隆的德谟特里俄斯表示赞同。但是，也有人说，他在60岁就死了。

---

1 提洛岛，阿波罗和阿耳忒弥斯的诞生地。

2 阿提卡历法的11月，也就是公历的从5月的半个月到6月上半月这一个月，在此期间，雅典人会过节，主要是祭拜阿波罗和阿耳忒弥斯。

3 公元前400年至公元前399年。

059

[2.45] 苏格拉底和欧里庇得斯的老师都是阿拉克萨戈拉，欧里庇得斯在第 75 届奥林匹亚赛会的第一年出生，当时的执政者是卡里阿德斯。

我认为，苏格拉底曾经就关于自然的问题展开过讨论，因为他就某些天命展开过对话，而克塞诺丰也持同样的观点，不过，他认为苏格拉底只是讨论过一些理论问题。而柏拉图在《申辩篇》中提到阿那克萨戈拉以及其他几位自然学家，并且讨论了不少自己感兴趣的话题，虽然苏格拉底并不认可这些话题，但是这一切他都是以苏格拉底的名义说的。据亚里士多德所说，一名巫师从叙利亚赶到雅典来，在苏格拉底面前预言了很多灾难，接着，又对他说，他的死带有强迫性。

[2.46] 我为他创作了一首诗文：

噢，苏格拉底，现在喝吧，站在宙斯的宫殿里；
神本身就是智慧，而神早已宣称你是最具智慧的。
当你坦然地喝下这杯毒芹汁时，
你告诉雅典人的是，他们自己喝下了它。

亚里士多德在《论诗》的第三章中说过，勒摩诺斯[1]的安提洛科斯和占卜家安提丰尖刻地批评了他，就像克洛同人库隆曾经猛烈地抨击毕达哥拉斯那样，或者就像苏阿格洛斯批评荷马那样。实际上，荷马死后又被科洛封[2]人克塞诺法涅斯攻击过。赫西俄德也是这样，生前，他遭到了克尔科普斯尖锐的批评；死后，他又遭到了克塞诺法涅斯的批评。品达被科斯人安菲美涅斯所批评，泰勒斯被斐瑞居德斯批评，彼亚斯被普里耶涅人萨拉洛斯批评，皮塔科斯被安提美尼达斯和阿尔开俄斯批评，阿那克萨戈拉被索希比俄斯批评，还有西蒙尼德斯被提谟克瑞翁批评，等等。

[2.47] 有一批人继承了他的衣钵，因此被人们称为苏格拉底学派，其中最有名的人物是柏拉图、克塞诺丰和安提司特涅斯；另外，还有一个广为流传的十人名单，其中最有名的四个人分别是欧几里德斯、阿里斯提珀斯、斐多和埃斯基涅斯。首先我要先说一说克塞诺丰，等到之后的犬儒派再来讨论安提司特涅斯。我接下来先说说苏格拉底学派的相关成员，从而过渡到谈论柏拉图，十流派就是从他开始的，而且他本人还创建了第一学院[3]。我之后具

---

1 勒摩诺斯，爱琴海北部的一座岛屿。

2 科洛封，伊奥尼亚地区的一座城市。

3 指柏拉图在雅典创建的学园，因为以前的场地是不固定的，但是教学规模很大，影响也很深远，故而被第欧根尼·拉尔修称作"第一学园"。

体的叙述顺序就是这样的。

还有一些人也叫苏格拉底,其中有一个是漫步学派的成员,是比图尼亚人;另一个是历史学家,曾经著有一本有关阿尔戈斯的地理学著作;第三个是科斯人,他曾写过一些有关诸神名称的作品;最后一个是诗人,以创作碑铭诗为主。

第六章　克塞诺丰

[2.48] 克塞诺丰是雅典人,厄尔西亚镇公民,是格鲁洛斯的儿子。他长得英俊,远远超出一般人的相貌,性格却很内敛。据说,在一段羊肠小道上,苏格拉底遇见了他,伸出手掌拦住了他的去路,问他可以从哪里购买各种食物;得到回答以后,苏格拉底又问,人们在什么地方可以变得善良而美好?他被彻底弄糊涂了,于是,苏格拉底又说:"不如跟着我学习吧。"于是,他成了苏格拉底的学生。他是第一个详尽地记录了与苏格拉底之间的对话,编撰成《回忆录》,公开出来。另外,他还是首次撰写哲学史的人。阿里斯提珀斯在《论古代显贵》第四卷中指出,[2.49] 克塞诺丰对克雷尼阿斯很痴迷,还指出,他曾经说过这样一番话:"对我来说,比起人世间所有美好的事物,看看克雷尼阿斯才是最美妙的。如果我能独自凝视他,我愿意付出代价,在看其他东西时都模糊不清。我很憎恶夜晚与睡眠,因为这两件东西让我看不见他,而我尤其感激白昼和太阳,因为是它们将克雷尼阿斯清晰地呈现在我眼前。"他想办法结识了居鲁士[1]。他有一个名叫普洛克塞诺斯的好朋友,这个人

---

[1] 波斯君主,有好几个人的名字与之相同。

是波依俄提亚[1]人，他的老师是勒昂提诺伊[2]的高尔吉亚[3]，也是居鲁士的朋友。当时，他居住在居鲁士坐落于萨尔迪斯的宫廷，百无聊赖地消磨着时光，他给克塞诺丰写了一封信，送到了雅典，邀请他前去做客，以便能结识居鲁士。[2.50]克塞诺丰让苏格拉底看这封信，希望他给出意见。苏格拉底说，他应该去德尔斐神庙请求神谕。克塞诺丰前去神庙，拜见了神。但是，他问的并不是应不应该前往，而是应该怎么做。苏格拉底因此责备了他，不过还是建议他这么做。他来到了居鲁士的宫廷，结识了居鲁士，他得到的待遇跟普洛克塞诺斯差不多。他还详细地叙述了自己在远行以及返回家中的途中所发生的各种事情。在整个远行的过程中，他都很怨恨雇佣军的统帅法尔萨拉的美诺，经常斥责他，辱骂他的宠妾比他本人更年长。另外，一个名叫阿波罗尼德斯的人也经常被他责骂，说他的耳朵不好。

[2.51]结束了远行，在旁托斯遭遇了种种不幸，还有奥德鲁西人的国王修特斯背信弃义等各种磨砺之后，他又回到了亚细亚，他花重金召集居鲁士的士兵服务于拉刻代蒙尼国王阿格希拉俄斯，因为他是这位国王的挚友。几乎在同一时间，因为他支持拉刻代蒙尼人，雅典人流放了他。他在爱菲斯时得到了一大笔钱，他将其中的一半交付给了阿耳忒弥斯的祭司墨伽布若斯，拜托他保管这笔钱，直到他回到那里；如果他最终没有回来，就用这笔钱修建一座雕像，来纪念这位神明。他用剩下的一半钱财来还愿，献祭给了德尔斐神庙。那之后，他与阿格希拉俄斯一同前往希腊，而阿格希拉俄斯是接受召唤前去与忒拜作战的。拉刻代蒙尼人安排给了克塞诺丰一个外邦客人的重要职位。[2.52]后来，他又从阿格希拉俄斯出发，前往斯克洛斯，这个地方离城市很近，属于埃利斯。根据马格涅西亚人德谟特里俄斯所说，他有一个妻子名叫菲勒西亚，陪着他一同去了那里；此外，德纳尔科斯为被克塞诺丰指控为背叛者[4]的人写了一篇东西，其中提到，他的两个儿子格鲁洛斯和狄俄多洛斯也陪同他们一同前往，这两个儿子被人们称为狄奥斯库若兄弟。接着，墨伽布若斯来到斯克洛斯，去那里参加一个节日，他将克塞诺丰的那笔钱还

---

1 波依俄提亚，位于希腊中部。

2 勒昂提诺伊，位于西西里的东部地区。高尔吉亚是前期智者运动的主要代表，尤以对爱利亚学派"存在论"的否定著名，在希腊哲学发展史上有重要地位。不知为何，第欧根尼·拉尔修的这本传记没有介绍他。

3 高尔吉亚，前期智者运动的代表人物之一。他以否定爱利亚学派提出的"存在论"而闻名，在希腊哲学发展史上占据着重要的地位。但是，第欧根尼·拉尔修并没有在传记里提到他。

4 这里提到的关于对"背叛者"的指控，指当时的雅典法律对背叛原本的保护人而另外投身新保护人的获释奴隶提出的控告。

062

了回去。而克塞诺丰用这笔钱修建了一座气派的庄园，作为给女神的献祭，一条河流从庄园里流过，它与爱菲斯的塞里诺斯河有着相同的名字。从那以后，他不断结识朋友，举办宴会，还经常写作各类历史著作。不过，据德纳尔科斯的说法，他是从拉刻代蒙尼人那里得到了田地和房屋。

[2.53]也有人说，在斯克洛斯，斯巴达人佛洛匹达斯送给了他一些从达尔达洛斯俘虏来的奴隶，而他最终妥善地安排了他们；另外，埃利斯人进攻了斯克洛斯，拉刻代蒙尼人的行动太过缓慢，最终，这个地方被攻克了。因此，他的两个儿子带领着几名家仆来到了勒普瑞俄斯，克塞诺丰以前曾经去过埃利斯，接着他又赶到勒普瑞俄斯，在那里与他的孩子们会合，再与他们一同逃往科林斯，之后定居在那里。在这段时间里，经过投票，雅典人决定向拉刻代蒙尼人提供援助，[2.54]于是，克塞诺丰的两个儿子又被他送到雅典，让他们参军，一同保卫拉刻代蒙尼人。狄俄克勒斯在《哲学家的生平》中写道，他们在斯巴达本土接受了有关训练。狄俄多洛斯在惨烈的战争中活了下来，但是并没有收获战绩，不久后，他生了一个儿子，取了与他兄弟相同的名字。厄佛洛斯在他的著作的第二十五卷中写道，格鲁洛斯是骑兵，在一场在曼提尼亚周边打响的战斗中，他奋勇杀敌，最终战死沙场。克菲索多洛斯是这场战斗的骑兵统帅，赫格希拉俄斯则是总司令。厄帕美农达斯也在这次战斗中死去。据说，克塞诺丰当时正在做献祭，当他听闻儿子的死讯，就摘下了头上佩戴的花环。随后，他得知自己儿子的死是无比高尚的，又重新佩戴上了花环。[2.55]有人说，他甚至没有落泪，而是说："我知道，我的儿子终有一死。"亚里士多德说，很多人为格鲁若斯写过墓志铭和颂词，不过，其中有的只是为了取悦他的父亲。赫尔米珀斯在《论忒俄弗拉斯托斯》中指出，伊索克拉特斯也为格鲁若斯创作过一首颂词。不过，提蒙写了如下文字，来嘲笑克塞诺丰：

说了一些软弱无力的言论，又写了两三本书，
比如克塞诺丰或者埃斯基涅斯，
其实，毫无说服力……

关于他的生平事迹，就先说到这里。他最风光的时期是第94届奥林匹亚赛会的第四年，在克塞奈涅托斯执政期间，他参加了居鲁士的远征，具体来说，就是苏格拉底死的前一年。

[2.56]雅典人斯特希克雷德斯说过，他在第105届奥林匹亚赛会的第一年死去，当时的执政官是卡里美德斯执。同一年里，阿明塔斯的儿子菲

利珀斯成为了马其顿的国王。马格涅西亚的德谟特里俄斯说过,他在科林斯死去,虽然当时已经年迈,但他是当之无愧的优良之士,游戏热衷于赛马和打猎,还是一位战术家,精通排兵布阵,我们可以从他的著作中清楚地发现这一切;他很虔诚,热衷于献祭,同时也擅长占卜;他视苏格拉底为偶像。他平生一共创作了大约四十本书,分类却有很大差异。主要包括[2.57]《远征记》,他为每一卷都创作了序言,却没有为全书作总序。此外,还有《希腊人》《会饮》《居鲁士的教育》《回忆录》《骑兵将领的职责》《苏格拉底的辩护》《论收入》《家庭管理》《神圣》《狩猎》《论马术》《阿格希拉俄斯》《雅典和拉刻代蒙尼政制》或《僭政》。不过,按照马格涅西亚人德谟特里俄斯的说法,《雅典和拉刻代蒙尼政制》并不是出自克塞诺丰之手。据说,这本修昔底德的历史著作曾经并不为人们所知晓,而他将它公之于众,最终,这本著作享有盛名;或许,他也从中摘取了部分内容占为己有。他阐述的风格活泼自然,因此,被人们称为"阿提卡的缪斯"。因此,他与柏拉图都嫉恨着对方,我们在谈到柏拉图时再来讲述相关情况。[2.58]我也为他创作了一首碑铭诗:

克塞诺丰赶赴波斯,不仅为了居鲁士,
也是为了寻找通向宇宙住所的归途。
种种迹象表明,希腊的宏图大业仰仗于他的指导,
他回想起,苏格拉底的智慧是何其美好。
另外还有一段诗文与他的死有关:
克塞诺丰,他是克拉劳斯[1]的刻克洛普斯[2]的同乡,
你因为是居鲁士的朋友而被放逐,
但是,热情好客的科林斯热烈地欢迎你,
你流连于寻欢作乐,最终决定在这里度过余生。

[2.59]我还在其他地方发现了这样的说法:他与其他苏格拉底的信徒比较活跃的时间都是第89届奥林匹亚赛会期间。根据伊斯特若斯的说法,欧布卢提议投票,最终决定放逐他,后来,欧布卢又提议投票,决定召回他。一共有七位名叫克塞诺丰的人。第一位就是我们正在讨论的;第二位是皮托斯特拉托斯的兄弟,他是雅典人,曾经创作过《色塞伊德》,当然,他也有其他

---

1 克拉劳斯,原本的意思是"多岩石的",后来引申为"阿提卡的、雅典的"。
2 刻克洛普斯,雅典人的首位国王,创造了雅典城。

著作，还创作过佩洛匹达斯和厄帕米农达的传记；第三位是生活在科林斯的一位医生；第四位是一位专门记载各种奇闻异事的作家；第五位是汉尼拔历史的创作者；第六位是一名旧喜剧诗人；第七位是一名生活在帕洛斯的雕刻匠人。

第七章　埃斯基涅斯

[2.60] 埃斯基涅斯的父亲是腊肠商贩卡里诺斯，也有人说他是吕萨尼阿斯的儿子。他是雅典人，从小就异常勤奋刻苦。他从来没有离开过苏格拉底。也是因为这样，苏格拉底说："只有腊肠商贩的儿子懂得怎么尊敬我。"伊多美纽斯说过，当苏格拉底身陷囹圄时，是埃斯基涅斯而不是克力同劝说他逃走。柏拉图之所以指出是克力同说了这番话，是因为埃斯基涅斯与阿里斯提珀斯更亲密，而不是他。包括厄瑞特里亚的墨涅德谟斯在内的一些人造谣说，是苏格拉底从克珊西帕那里得到了手稿。那些对话都没有开头，读起来很马虎，与苏格拉底的一贯风格根本不符合。爱菲斯的佩希斯特拉托斯说，实际上，它们并不是埃斯基涅斯写的。[2.61] 佩尔塞俄斯说过，这七篇对话的大部分出自厄瑞特里亚的帕西丰之手，而他又将它们加在埃斯基涅斯的作品里。另外，埃斯基涅斯还对安提司塞尼的《小居鲁士》《小赫拉克勒斯》《阿尔基比亚德斯》以及其他一些人的作品加以利用。不管怎么样，埃斯基涅斯的对话之中，有七篇明显是模仿苏格拉底的一贯风格：其中最明显的是《米尔提亚得》，所以，它读起来就显得软弱无力；另外，《阿尔基比亚德斯》《特劳格斯》《阿丝帕希娅》《赫瑞农》《卡里阿斯》《阿克西俄荷斯》也是如此。据说，他因为穷困潦倒而赶去西西里，来到了狄俄尼西俄斯[1]的宫廷。当时，柏拉图并没有关注他，不过，阿里斯提珀斯为他做了引介，[2.62] 他也因为贡献出了某些对话而获得了狄俄尼西俄斯给予的奖品。接着，他回到雅典，但是，柏

1　狄俄尼西俄斯，也可译为狄奥尼修，西西里的僭主。

拉图和阿里斯提珀斯在那时都已经小有名气，他却没有公开授课的勇气。他从自己的听众那里得到费用，接着，他开始为那些遭受不公正待遇的人书写法庭辩词。因为这一点，提蒙是这么评论他的："……或者埃斯基涅斯，他写的东西并不缺乏说服力。"据说，苏格拉底看到他穷困潦倒，就劝他节衣缩食。阿里斯提珀斯也对他那些对话的真实性表示怀疑。有人说，在麦加拉，阿里斯提珀斯读了他写的一篇对话，于是嘲讽他说："你这个小偷，这些东西究竟是从哪里弄来的？"

[2.63]门代俄斯人波纽克里托斯在《论狄俄尼西俄斯》的第一卷中写道，埃斯基涅斯在被放逐之前，一直与这位僭主生活在一起，这种状况一直持续到狄翁[1]回到叙拉古；还说，悲剧诗人卡尔基洛斯也和他在一起。埃斯基涅斯写给狄俄尼西俄斯的一封信被保存下来。在修辞学方面，他接受了大量的训练，他为将军斐阿克斯的父亲以及为狄翁所作的辩护中就可以清晰地反映出这一点。他尤其擅长模仿勒昂提诺伊的高尔吉亚。

吕西阿斯写了一篇题目是"论告密"的演讲，其中对他进行了攻击。通过这些可以发现，他是一名修辞家。吕西阿斯还提起了他的一个名为亚里士多德的门徒，此人有一个绰号，就是"言辞"。

[2.64]帕奈提俄斯指出，在形形色色的苏格拉底式对话之中，柏拉图、克塞诺丰、安提司塞尼和埃斯基涅斯所写的那些，其真实性都是可靠的；而斐多和欧几里德斯所写的那些，真实与否他持怀疑态度；至于其他人所写的，他都持否定态度。

一共有八位名叫埃斯基涅斯的人。第一位就是我们上文所讨论的这位；第二位是一名著作家，他撰写过修辞技巧；第三位是那位反对德谟斯特涅斯的演说家；第四位是伊索克拉特斯的学生，他是阿卡狄亚人；第五位是密提勒涅人，人称修辞学家的天敌；第六位是一位学园派哲学家，是涅阿珀里斯人，深受老师罗得斯的墨朗提俄斯的宠爱；第七位是米利都人，曾经写过一些有关政治学的东西；第八位是一个雕刻匠人。

---

[1] 狄翁，柏拉图的追随者，也是狄俄尼西俄斯的姻弟和大臣。

第八章　阿里斯提珀斯

[2.65] 按照出生来说，阿里斯提珀斯是库瑞涅[1]人，但是，根据埃斯基涅斯的说法，他深深地被苏格拉底的名声所吸引，来到了雅典生活。而漫步学派成员厄瑞索斯人斐尼阿斯说的是，他做过智者，虽然苏格拉底的追随者甚众，但他是第一个收取学费并把钱交给老师的人。有一次，他给苏格拉底送去了20米那[2]，结果被退回来了。苏格拉底说，他心中的灵异不允许他收下这笔钱。不过，事实上，是这次送钱的举动惹怒了他。克塞诺丰和他的关系很不好，所以，他写了一篇讨论来谴责快乐，文中安排苏格拉底对阿里斯提珀斯进行驳斥。我们在其他地方已经说过，忒俄多洛斯在《论学派》以及柏拉图在《论灵魂》中都辱骂过他。

[2.66] 他对不同的时间、地点和人物都有很强的适应能力，也能在任何环境下扮演恰如其分的角色。因此，比起其他人，他更受狄俄尼西俄斯的重视，这是因为他总能恰当地处理各种突发事件。他热衷于从当下的事物中获得快乐，从不劳心劳神地从当下并不存在的事物中得到任何享受。所以，第欧根尼[3]称他为国王的狗。因为他太过自负，提蒙写了如下文字讽刺他：

这就是阿里斯提珀斯的骄奢本性，
他总是满嘴谎言，得心应手。

据说，他有一次花了50德拉克马购买了一只鹦鹉，当有人责骂他时，他回应说："难道你只愿意花一个奥卜尔[4]吗？"对方给予肯定回答之后，他说："对

1　库瑞涅，也可译为居勒尼。
2　米那，希腊货币单位。1米那相当于100德拉克马，60米那相当于1塔仑特。
3　此处指犬儒学派的第欧根尼。
4　奥卜尔，一种古希腊的钱币，6个奥卜尔相当于1个德拉克马。

我来说，50德拉克马是微不足道的。"［2.67］另外一次，狄俄尼西俄斯让他从三个妓女之中挑选一个，他却把三个妓女都带走了，甚至说："因为三挑一，帕里斯付出了惨重的代价"[1]。但是，有人说，他带着她们来到门廊处，又赶走了她们。他这么做是因为要表现出既重视自己的选择，又蔑视妓女。所以，斯特拉托或者柏拉图才这样评价他："唯有你拥有这般天赋：既穿着时下流行的斗篷，又披着破旧的衣裳。"狄俄尼西俄斯冲着他吐唾沫，他忍受了，有人却责怪他，他回答说："为了捉住白杨鱼，渔夫要长时间浸泡在海水里；而我为了捉住鲶鱼，就不能忍受掺入了水的酒吗？"

　　［2.68］有一天，第欧根尼恰好在洗菜，他从旁路过。于是，第欧根尼跟他说："如果你能够吃这些食物，就不会跑去国王面前谄媚了。"有人问他从哲学中获得了什么，他说："获得了从容应付一切的能力。"有人责备他生活作风骄奢淫逸，他说："如果说，奢侈是卑贱的，它就不会出现在诸神的节日里。"有人问他，哲学家的长处是什么？他说："即使所有的法律都被废除，我们还是可以一切如常地生活下去。"［2.69］狄俄尼西俄斯问他，为什么哲学家会去拜访富人，而富人却从来不拜访哲学家？他说："这是因为，有一种人知道自己需要的是什么，而另一种人却不知道。"柏拉图也斥责他生活太过奢侈，他却反问说："你认为，狄俄尼西俄斯是不是好人呢？"对方表示肯定后，他说："但是，他远远比我奢侈啊！所以说，任何事物都不能阻止一个人渴望过上奢侈的美好生活。"有人问，人们有没有接受过教育有何区别？他说："这就相当于被驯服的马匹与没有被驯服的马匹的区别。"他有一次来到妓女的屋子里，一个跟他前往的年轻人感到害羞了，他说："最困难的不是走进来，而是走不出去。"［2.70］有人问他，应该怎么出谜语而且把问题解开？他回答说："解开？傻瓜，你为什么要想着解开？难道你没发现它给我们带来了一大堆麻烦？"他说，做乞丐也好过做没有修养的人，因为前者只是需要钱财，而后者则需要知道如何成为人。他有一次被人责骂，于是想要悄悄溜走，另一个人追问他："为什么你要逃走呢？"他说："因为你们拥有说坏话的权利，而我也拥有不听的权利。"人们讨论说，在富人的门口总是能看到哲学家的身影，他回答说："病人的门前也经常出现医生，但是，不会有人因此而愿意生病或不愿意成为医生。"［2.71］有一次，他乘船去科林斯，中途遇上了风暴，他惶恐不已。有人说："我们这些普通人都不觉得害怕，你们哲学家为什么这么胆小？"他说："因为我们两种人的灵魂是不对等的，因此，不能相提并论。"有人在他面前炫耀

---

1 希腊神话中，一个上面题有"献给最美丽女神"字样的金苹果被特洛伊王子帕里斯判判给了阿佛洛狄忒，这让女神赫拉和雅典娜愤懑不已，最终导致了特洛伊战争。

自己的博学多识，他说："有的人吃得很多、运动量很大，也有的人只是获取所需之物，但是，前者未必比后者更健康，一样的道理，饱学之士并不是最有价值的人，而是学以致用之人。"一名律师为他进行辩护并最终胜诉，顺便问他："你从苏格拉底那里获得了什么益处？"他说："你在演讲中提到的与我有关的事情都是真实的，也就是这样罢了。"［2.72］他给予女儿阿勒特最中肯的建议是告诫她要对大多数的东西保持蔑视态度。有人问，怎么教育儿子比较好，他说："最好的方式就是，当他坐在剧场里，不像是一块石头坐在另一块石头上面。"有人把儿子送到他那里学习，他收取了500德拉克马作为学费。那个人说："我用这笔钱可以买一个奴隶了。"他说："去买吧，这样一来，你就会拥有两个奴隶了。"他说，他从熟人那里索取银币，不是自己要花销，而是要让他们明白，应该将钱财花在什么地方最合适。有人对他邀请修辞学家来处理案件的时候，他说："没错，当我举办宴会时，我会聘请厨师。"

［2.73］一次，狄俄尼西俄斯迫使他对某个源自哲学学说的含义进行阐述，他说："如果你试图从我这里学习说什么，反而却知道我应当在何时说，这实在是荒谬。"对此，狄俄尼西俄斯很恼怒，一拳将他打倒在床榻的一端，他反而说："你肯定希望在此处安排一个更荣耀的位置。"有人夸夸其谈，说自己精通潜水，他说："炫耀自己会做一件海豚擅长的事情，难道你不觉得羞耻？"有人问他，智者与愚人的差异是什么？他回答："让这两类人浑身赤裸地置身于一群不熟悉的人中间，你就会发现答案的。"当有人夸耀说自己的酒量很大时，他说："骡子也这样。"

［2.74］有人责怪他与妓女同住，他说："请问，住在一间没有人住过的房间里，或者住在一间曾经很多人住过的房间里，究竟有没有区别？"此人回答没有。他接着问："那么，乘坐一艘一万人坐过的船，或者一艘从没有人坐过的船，有没有区别？""没有区别。"他说，"所以啊，与你一同生活的女人，无论曾经是否跟人交易过，都没有区别。"面对"他虽然是苏格拉底的学生，但是四处索要银币"这一类的责备时，他说："我确实收取了学费，其实苏格拉底也是这么做的，但是，当有人送谷物和酒水给他时，他只拿很少一部分，而把剩下的都退掉。因为他的财务管家是一些精明的雅典人，但是，我的管家确实用银币买回了奴隶欧提赫德斯。"索提翁在《后继者》第二卷中说，［2.75］他享受着来自他的性伴侣莱斯的温情。面对人们就此对他提出的谴责，他说："是我拥有莱斯，而不是她拥有我；最绝妙的情况并不是不享受快乐，而是可以自由地支配快乐，却不会被快乐所征服。"有人指责他的宴会过于奢侈，他说："如果只需要花3个奥卜尔，你就可以拥有它，你会买吗？"得到肯定的答案后，他说："那么，我不再是热衷于快乐的人，你却是热衷于银币的人。"

一次，狄俄尼西俄斯的管家西谟斯带着他前去参观一处地面上镶嵌着各种石头的奢华房屋，他将一口浓痰吐在西谟斯的脸上。对此，西谟斯感到很愤怒，阿里斯提珀斯说："我找不到更合适的地方了。"

［2.76］面对卡隆达斯（也有人说是斐多提出这个问题的）"这个浑身充满胭脂气的人到底是谁"的提问时，他说："是我，一个不幸的人，不过，波斯国王比我更不幸。就像其他动物或多或少地在这方面有所欠缺一样，人也是如此。让那些哄骗我们涂脂抹粉的淫荡者都死去吧。"柏拉图责备他挥霍无度，他说："这不是刚好能向你彰显狄俄尼西俄斯的好处吗？"当人们不断斥责他时，他说："不，对我来说，活着就是奢侈，因此，不可能放弃奢侈的美好生活。"有人问，苏格拉底是怎么死的？他说："就像我盼望着自己死去一样。"有一次，智者珀吕克塞诺斯去他家里做客，但看到他家里的情妇以及奢侈的食物之后，就马上数落他。他沉默片刻，说:［2.77］"你今天能和我们一同进餐吗？"珀吕克塞诺斯接受了他的邀约，他接着说："那么，为什么你要找碴呢？实际上，你所谴责的并不是宴席上的食品，而是它的费用。"就像彼翁在《讨论集》中所说的，他发现奴隶正在运送银币，负载得过于沉重，于是，他大声喊道："把多余的那部分放下，只拿你力所能及的那部分。"还有一个有趣的故事，有一次，他在航行途中发现海盗控制了自己的船只，于是就掏出钱来点数，接着，他看似不经意地将钱掉落海水里，表现出悲痛欲绝的模样。对于这个故事，也有人这么评价：比起阿里斯提珀斯因为钱而消失，钱因为阿里斯提珀斯而消失要好得多。有一次，狄俄尼西俄斯询问他，为什么要到这里来？他回答，为了将我拥有的一切都给予出去，［2.78］并且获得我没有的一切。不过，也有人说，他是这么回答的："当我需要智慧时，就去苏格拉底那里；当我需要金钱时，就来你这里。"他责备人们，选购器皿的时候，尚且要听听它们的鸣响声，从而甄别其质量的真伪优劣，却没有任何检测生活的标准。但也有人说，是第欧根尼说了这番话。有一天，狄俄尼西俄斯喝了很多酒，他下令让所有人都穿上一件紫袍来跳舞。柏拉图拒绝了，还引用这样的诗：

我不能弯下腰，穿上女人的袍子。

但是，阿里斯提珀斯不仅穿上了紫袍，而且在跳舞之前说了这样一番一针见血的话语：

即使身处巴库斯[1]信徒的狂欢之中，
也不会失去真正的清醒。

[2.79] 有一次，他为了一个朋友而向狄俄尼西俄斯求助，最终没能成功，于是，他跪在他面前。面对人们的嘲笑声，他说："应该被谴责的并不是我，而是狄俄尼西俄斯，他的耳朵长在了脚上。"他有一段时间待在亚细亚，在那里消磨光阴，接着，又被总督阿尔塔斐涅斯送进了监狱。有人问："面对这种情况，你还高兴得起来吗？"他说："当然了。你这个傻瓜，比起其他任何时候，我现在最高兴的。因为我很快就可以与阿尔塔斐涅斯交谈了。"他认为，那些接受了普通教育却缺乏哲学训练的人的情况与珀涅罗珀的求婚者类似。这是因为，虽然这些求婚者获得了墨朗托、珀吕多瑞还有其他女仆的欢心，[2.80] 却最终都没能与这位女主人步入婚姻。阿里斯通也持有类似观点。他说过，当奥德修斯来到冥府时，他关注每一位死者，与他们相聚起来，却忘了关心女王本人。

有人问阿里斯提珀斯，那些长得漂亮的孩子应该学习哪些课程时，他说："学习那些他们长大以后能学有所用的课程。"面对那些责备他离开苏格拉底却追随狄俄尼西俄斯的责难，他说："我跟随苏格拉底，是为了接受教育；跟随狄俄尼西俄斯，是为了玩乐。"他经常授课，赚了很多钱，苏格拉底问他："你从哪里赚到了这么多钱呢？"他反问："那你为什么赚得那么少呢？"[2.81] 一个妓女对他说："我怀孕了，是你的孩子。"他说："如果你跑着从这片芦苇丛中穿过，却还试图说其中的某一株芦苇把你刺伤了，你的判断就不会如此肯定了。"有人斥责他，抛弃了自己的儿子，就好像那并不是自己的骨肉。他说："我们都知道，痰和虱子都是从我们身上产生的，但是，因为它们毫无益处可言，我们就把它们远远地扔到了一边。"他从狄俄尼西俄斯那里获得了一大笔钱，而柏拉图得到的却是一卷书，有人因此而讽刺他，他说："没有关系，柏拉图所需要的是书卷，而我需要的则是银币。"有人问，狄俄尼西俄斯为什么要驳斥他，他说："原因和其他人驳斥他一样。"

[2.82] 有一次他跑去找狄俄尼西俄斯要钱，狄俄尼西俄斯反驳他说："我不能给你，你说过的，智慧的人从来都不缺钱花。"他说："给我吧！先给我，我们再来讨论这个问题吧！"当他拿到钱之后，他说："你看，我现在真的不缺钱，没错吧？"于是，狄俄尼西俄斯回敬了他下面的诗句：

---

1 巴库斯，酒神狄俄尼索斯的别名。

谁投身于君王的宫廷，
都会沦为奴隶，虽然来时还是自由身。

对此，他反驳说：

如果他来时尚且自由，那么，就绝不会沦为奴隶。

狄俄克勒斯在《哲学家生平》中讲述了这些话，还有人认为，这个故事发生在柏拉图身上。他与埃斯基涅斯大吵了一架，不久之后，他又对后者说："我们是继续不和解，并且继续胡言乱语好呢，还是等着其他人端着酒杯来为我们进行调解呢？"[2.83] 对此，埃斯基涅斯回答："我同意。"阿里斯提珀斯又说："请记住，虽然我的年纪比你大，却在你之前为和解而努力。"因此，埃斯基涅斯说："我以赫拉的名义发誓，你做得太对了。你比我好太多了。因为是我引起了争吵，而你却开启了友谊。"上述就是他说过的妙语。

一共有四位名为阿里斯提珀斯的人：除了我们上面讨论的这一位，第二位是《论阿卡狄亚》的作者；第三位是本书详细讨论过的阿里斯提珀斯的外孙，他的老师就是自己的母亲；第四位是一位从新学园而来的哲学家。这位库瑞涅哲学家的有些著作依然广为流传：包括一部三卷本的利比亚史，这本书被送给了狄俄尼西俄斯；一部著作包括二十五篇对话，其中有一部分是用阿提卡方言写成的，还有一部分是用多利安方言写成的。这些对话包括如下内容：

[2.84]《阿尔塔巴若斯》《致海难者》《致流亡者》《致乞丐》《致莱斯》《致波若斯》《致莱斯，论镜子》《赫尔米阿斯》《梦》《致欢宴的主人》《菲洛美洛斯》《致亲属》《致指责其嗜好老酒和妓女的人》《致指责其生活奢侈的人》《致女儿阿勒特的信》《致为奥林匹亚赛会训练的人》《询问》《其他询问》《应狄俄尼西俄斯所需之作》《另论雕像》《另论狄俄尼西俄斯之女》《致妄自菲薄者》《致欲提劝告者》。

据说，除此之外，他还写了六部短论集；包括罗得斯的索希克拉特斯在内的一些人则认为，他其实什么东西都没写过。[2.85] 根据索提翁在他的著作的第二卷中还有帕奈提俄斯的说法，他写了如下论文：

《论教育》《论德性》《劝导》《阿尔塔巴若斯》《海难者》《流亡者》《短论六章》《应需之作三篇》《致莱斯》《致波若斯》《致苏格拉底》《论命运》。

他认为引起感觉产生的平滑运动是目的。

我们已经讲述完他的生平，接下来，我们开始讨论以他为发端的库瑞涅学派的众多哲学家，虽然其中有一部分人号称他们是赫格希阿斯的信徒，还有一部分人号称自己是安尼克里斯的追随者，还有一部分人号称他们是忒俄多洛斯的门徒[1]。此外，源于斐多的那些人也值得引起我们的关注。[2.86]其中最主要的成员是厄瑞特里亚学派。大概的情况就是这样的。阿里斯提珀斯的学生主要包括：他的女儿阿勒特、托勒密的埃提俄普斯以及库瑞涅的安提珀特若斯。阿勒特有一个学生也叫阿里斯提珀斯，有的人说，他是他的母亲教授的，而忒俄多洛斯是他的学生，这是一个无神论者，后来却变成了"神"。库瑞涅的厄皮提米德斯是安提珀特若斯的学生，帕奈巴特斯是厄皮提米德斯的学生，而信服自杀者赫格希阿斯和救过柏拉图的安尼克里斯则是帕奈巴特斯的学生。有的人被称为库瑞涅学派，他们听从阿里斯提珀斯的教导，持有如下观点。在他们看来，境况可以分成两种，分别是快乐与痛苦，快乐是一种平滑运动，[2.87]而痛苦是一种粗糙运动；快乐与快乐之间是没有差异的，一种快乐并不比另一种快乐更快乐。对所有的生物来说，一种境况是欢欣鼓舞的，另一种境况却是让人避之不及的。然而，帕奈提俄斯在《论学派》中指出，以肉体快乐为目的的快乐并不是伴随着痛苦的消失而萌生的稳定的快乐，也不是恐惧消除之后获得的自由（伊壁鸠鲁也认可这种观点，并称以这种自由为目的）。此外，他们还认可，目的与幸福之间是有区别的，这是因为，目的是以部分为基础而产生的快乐，而幸福是由各部分的快乐的总和而产生的，这包括过去的快乐与未来的快乐。

[2.88]可以通过自身而获得部分的快乐，但是，幸福不是源于自身，而是要以部分快乐作为基础才能获得。如下事实可以说明快乐是人们的目的：我们从孩童时期开始，就本能地被快乐所深深吸引，但是，我们一旦得到了快乐，就不再追求其他的任何东西，甚至对它的反面，也就是痛苦，也不再害怕。希珀伯托斯在《论学派》中指出，虽然快乐源自最丑陋的行为，但是，它依然是善的。因为哪怕行为是荒唐的，但是，其产生的快乐是可以通过自身而获取的，因此也属于善。[2.89]不过，他们和伊壁鸠鲁持有相同的观点，痛苦的消除并不意味着得到快乐，不快乐也不意味着痛苦。在他们看来，这两者都处于不断的运动之中，而不快乐就像不痛苦那样，并不处于运动的状态，也就是说，不痛苦就好像一个人睡着之后所处的状态。他们指出，有的人灵魂扭曲了，因而无法选择快乐，但是，这并不意味着所有的灵魂快乐或痛苦都是通过肉体方面的快乐或痛苦而获得的。这是因为，我们可以从国家的欣欣向荣之中获得纯粹的快乐，就如我们可以从自己获得的特殊荣誉中获

---

1 赫格希阿斯，又可译为赫格西亚，生活在公元前3世纪初期；安尼克里斯，也可译为安尼凯里，生活在公元前4世纪初期；忒俄多洛斯，也可译为第奥多罗，生活在公元前4世纪末期。这三个人的思想都被归入小苏格拉底学派中的库瑞涅学派。

得快乐一样。他们认为,快乐并不源于对善的期盼或回顾,而伊壁鸠鲁也持这一观点。[2.90]因为在他们看来,在时间的流逝之中,对灵魂产生影响的运动也会随之消逝。他们还说,快乐并不是单纯地源自于听觉或视觉。我们虽然快乐地聆听哀歌,但是,根据真实的情况来说,并不是快乐的。不快乐和不痛苦被他们称为中间状态。在他们看来,肉体快乐远远好过灵魂痛苦,肉体痛苦远远糟糕于灵魂痛苦,因此,他们主张惩处犯人的肉体。也是因为这样,他们更关注肉体,而非精神。所以,虽然可以通过自身获得,但是,他们指出,那些会萌生某一种快乐的事物往往会有相反的烦恼随之而来,因此,他们认为,费心费神地营造可以滋生幸福的快乐才是最折磨人的。[2.91]他们不认同智慧的人的生活都是快乐的,所有愚蠢的人都是痛苦的,只是认为大多数情况是这样。哪怕有的人只是享受每一种单一出现的快乐就够了。他们指出,审慎也是一种善,虽然它不是源于自身,而是从其结果中获得的。我们出于自身的需求而结交朋友,这是因为,一旦拥有了,我们就像珍爱身体的一部分那般依恋着他。我们甚至可以在愚笨之人身上发现某种德性。身体的训练也可以增进德性。智慧的人不会嫉妒、迷信或爱恋,因为这些都源于空虚的意见,但是,他也会感受到恐惧与痛苦,因为这源自于自然。[2.92]财富能够产生快乐,虽然这并不是来自于自身。他们指出,情感是可以把控的,但是,产生感情的东西是不能把控的。他们放弃了探索自然,因为这种探索带有显而易见的不确切性。他们将全副精力投入到对自然的研究中,因为这种研究是有意义的。然而,墨拉格克洛斯在《论意见》的第二卷中,还有克雷托马科斯在《论学派》的第一卷中都指出,辩证法与自然学一样,都是没有意义的。这是因为,只要一个人学会了关于善恶的理论,就可以说话友善,避免迷信,并且免于对死亡的恐惧感。

[2.93]他们还指出,世界上没有什么是生来就公正的、美好的或可耻的,而是受到风俗和法律的影响。诚然,当善良之人遭受伤害或舆论的压力时,也可能做出荒诞不经的事。也的确存在智慧之人。他们认为,无论是哲学或其他方面都是循序渐进的。他们还指出,一个人的痛苦可能超过另一个人的痛苦;感觉也不是绝对真实、可靠的。赫格希阿斯学派也拥有同样的目标,那就是快乐与痛苦。在他们看来,感恩、友情与善行都不存在,我们之所以做某些事,不是因为它们本身,而是出于对它们的需求,一旦远离这些需求,它们也就不会再发生。[2.94]在他们看来,幸福是不可能实现的,因为苦难纠缠着肉体,而灵魂为肉体分担苦难,惶恐充斥其间,因为有所期盼,运气也时常落空,因此,由以上种种可以得出结论,那就是幸福根本就不存在。生或死,都是既定的。在他们看来,从本质上来说,没有任何事物是快乐的或是不快乐

的；因为匮乏、款待或酒足饭饱等缘故，就会使一部分人快乐，也会使另一部分人痛苦。从快乐理论来说，贫穷和富有都与此无关，这是因为，穷人也好，富人也罢，都没有享有任何特殊的快乐。从快乐的量度而言，自由或奴役、高贵或低贱、荣耀或耻辱，[2.95]都是相等的，并不存在区别。对蠢人来说，生命有诸多益处，对聪明人来说，也相差无几。聪明人的所作所为都是为了他自己，因为他认为自己的价值远远超过其他人。这是因为，哪怕他从别人那里得到了最大的好处，也远远比不上他所献给自己的。因为通过感觉不能得到精妙的知识，他们决定抛开感觉，让自己的所作所为都符合理性。他们说，应该宽恕偶然发生的错误行为，因为没有人故意犯错，而是受限于某些境况。不要憎恨对方，而应该好好教导他。比起避恶，智者在择善方面并不比寻常人拥有更显著的优势，他生活的目的就是没有辛劳、没有痛苦。[2.96]有的人从不试图区分那些产生快乐的因素，这也正是他们的优势。安尼克里斯学派的主张在其他方面与以上观点一样，不过，他们也指出，在人们的生活中，仍旧存在友情、感恩还有对父母的敬重，就连某种爱国行为也是存在的。正是因为这个原因，即使智慧的人受到困扰，也不会有损于他的幸福，虽然他享有的快乐少之又少。朋友的幸福是自身无法得到的，就连他的邻居也丝毫感受不到。理论本身是不足信的，甚至还不如大众的意见。随着我们逐渐长大，很多坏的情况也逐渐形成，因此，我们必须培养好习惯。[2.97]应该珍惜朋友，不仅因为他们对我们有用（如果连这一点都不成立，我们恐怕早已转身离去），而且是为了美好的感情，为了这种感情，我们还要忍受其他苦难。不仅如此，虽然快乐被我们设为目的，而且当快乐被掠夺时让人心烦意乱，但是出于对朋友的感恩与爱，我们还是会选择忍受。

忒俄多洛斯学派不仅名称来自我们在前面提到的忒俄多洛斯，而且对他的学说进行了广泛运用。忒俄多洛斯彻底抛开了有关诸神的信念。我恰好读过他所写的《论神》一书，该书不可小觑。据说，当伊壁鸠鲁谈论这个主题时，从这本书中引用了很多内容。[2.98]安提司塞尼在《哲学家的后继者》中指出，忒俄多洛斯曾经听过安尼克里斯与辩证论者狄俄尼西俄斯的授课。他认为，愉悦与忧伤都是目的，前者来自聪明，后者来自愚蠢。他认为，聪明与公正是善，而与之相反的情况则是恶，快乐与痛苦则处在一种中间状态。他否定友爱的存在，认为无论是聪明之人还是智慧之人，都根本不存在友爱；这是因为，对前者来说，随着需要的消除，友爱也渐行渐远，而后者本身就是自足的，并不需要朋友。他指出，卓越之人从不用自己的性命去冒险捍卫国家，这一点是合情合理的，这是因为他断然不会为了捍卫不聪明之人的利益而抛弃自己的聪慧。

[2.99]他说，宇宙就是他的祖国。有时候，偷盗、通奸以及偷窃庙里的圣物也是合情合理的，因为一旦你抛开了对于它们的种种偏见——之所以形成这种偏见，其实是为了控制那些蠢人——就很容易发现，从本质上来说，这些行为并不可耻。智慧之人会开诚布公地拥有情人，毫无顾忌。所以，他得出了下面的论证："一个女人精通语法，对她精通语法这一点是否有用？""是的。""一个孩子和青年精通语法，对他们精通语法这一点是否有用呢？""是。""那么，一个女人拥有美貌，对她美丽这一点是否有用？""是。""一个孩子和青年拥有美貌，他的价值是不是在于他的美貌呢？""是。""那么，有用的事物就是值得亲近的。"随着这些论证被人们接受，他得出了这样的结论："如果有人因为肌肤是有用的，而亲近它，他并没有做错什么；所以，如果说，某一件东西是有用的，就其有用这一点来说，不将它放置在家中慢慢享用，就是大错特错。"经过一连串环环相扣的发问，他让自己的观点变得更强大、更有力。

　　甚至有人认为他是神，这是因为斯提尔朋曾经问他："忒俄多洛斯，你是你曾经断言自己所是的那种东西吗？"他点头，表示同意。"你曾经断言过你是神吗？"他也承认了。于是，斯提尔朋说："所以说，你是神。"忒俄多洛斯欣然同意，斯提尔朋却嘲笑他："不过，根据这一理论来说，你是痛苦的，你等于承认了自己是一只穴鸟，还有一万种其他的东西。"

　　[2.101]还有一次，忒俄多洛斯坐在祭司欧儒克勒德斯身边，对他说："欧儒克勒德斯，告诉我，究竟是谁亵渎了神秘事物？"欧儒克勒德斯说："是那些将之公布于未入教的世俗之众的人。"于是，他说："所以，亵渎它们的正是你，因为你为那些未入教者解说它们。"但是，要不是法勒隆的德谟特里俄斯解救了他，他恐怕就被送到战神山顶的最高法庭。安菲克拉特斯在《论名人》中指出，他被判处了死刑，要饮下毒芹汁。[2.102]有一段时间，他住在拉戈斯的儿子托勒密[1]的宫廷里，还作为使者被派去拜见吕希马科斯。有一次，因为他说话过于直接，以至于吕希马科斯问他："告诉我，你是不是那个从雅典被放逐的忒俄多洛斯？"他回答："你得到的消息千真万确，这是因为，雅典城无法像塞谟勒包容狄奥尼索斯那样来包容我，于是一脚把我踢了出来。"于是，吕希马科斯对他说："小心一点，你也不要再来我这里。"他说："我不会再来了，除非托勒密派我来。"管家米特拉斯站在吕希马科斯的旁边，他说："看起来，你好像不仅看不起神，还看不起国王。"他说："当我根据习俗认为你对

　　1　托勒密，即托勒密一世，马其顿大帝国时期的埃及国王，生活在公元前367年至公元前282年，他是亚历山大大帝儿时的挚友以及麾下的重要将领。

神心怀憎恨时,你又如何能说我看不起神呢?"有人说,有一次,他在科林斯带着很多学生出游,恰好遇到犬儒主义者美特洛克勒斯在洗野萝卜。美特洛克勒斯对他说:"你这个智慧之人啊,你如果洗过菜,就不会想要拥有这样一批学生了。"对此,忒俄多洛斯反驳说:"你啊,如果懂得与人交往的道理,就不用在这里洗菜了。"［2.103］我们在前面也说过第欧根尼和阿里斯提珀斯类似的轶闻。

关于忒俄多洛斯的故事,我们先讲到这里。最后,他来到库瑞涅隐居,和马伽斯一起住,还是有很多人尊敬他。当有人第一次将他从那里赶走时,他还说了一句很讨人欢心的话:"库瑞涅人,多谢你们把我从利比亚赶到了希腊。"

一共有二十位名叫忒俄多洛斯的人。第一位是萨摩斯人,他的父亲是赫洛伊科斯。他提议将一些木炭的灰烬撒在爱菲斯神庙的地基下面,这是因为,当地面变潮的时候,木料燃烧后所剩的灰烬就会逐渐凝结成硬块状,这种硬块有很好的防水效果。第二位是库瑞涅人,是一位几何学家,柏拉图曾经听过他的课。第三位就是我主要谈论的这位哲学家。第四位是一位著作家,［2.104］他写了一本优秀的著作,讲述如何练习发声。第五位是一位作家,是特尔旁德洛斯之后出现的又一位权威人物,他重点讲述歌曲的创作。第六位是一位斯多葛主义者。第七位是一位著作家,致力于论述罗马人。第八位是一位叙拉古人,他写过排兵布局方面的文章。第九位是一位拜占庭人,他因为发表政治演讲而名声大噪。第十位同样声名显赫,亚里士多德曾经在《演说家摘要》中提过他。第十一位是一位雕刻家,是忒拜人。第十二位是一位画家,波勒蒙曾经提到过他。第十三位也是一位画家,不过是雅典人,美诺多托斯写过文章来讨论他。第十四位还是一位画家,是爱菲斯人,忒俄法勒斯在他的绘画著作中提过他。第十五位是一位诗人,尤其擅长写碑铭诗。第十六位是一位专门论述诗人的著作家。第十七位是一位医生,他的老师是阿特奈俄斯。第十八位是一位斯多葛派哲学家,是开俄斯人。第十九位也是斯多葛派哲学家,是米利都人。第二十位是一名悲剧诗人。

第九章　斐多

[2.105] 斐多出身显赫，是埃利斯[1]人，出身高贵，但是，随着这座城市沦陷，他成了俘虏，只能住在一间马厩里。他足不出户，只是想要融入苏格拉底的圈子，最终，在苏格拉底的劝说下，才和朋友一同将他赎救出来。他从那时起获得了自由，并开始致力于研究哲学。希罗尼谟斯在《论判断的悬置》中称他为奴隶。有人说，他写了很多对话，其中《佐普若斯》和《西蒙》是真实的；《尼基阿斯》是令人怀疑的；有人说《美迪俄斯》是埃斯基涅斯所写，还有人说是波留埃努斯所写；另外，《安提马荷斯》和《长者》的真实性也有待商榷；还有人说《皮匠论说》是埃斯基涅斯所写。

埃利斯人普雷斯塔诺斯是他的继承者，厄瑞特里亚的墨涅德谟斯和佛利亚色俄斯的阿斯克勒皮阿德斯是他的第三代继承人，后者属于斯提尔朋的学派。到了那时候，人们才称他的学派为埃利斯派，但是，到了墨涅德谟斯，就开始称为厄瑞特里亚派。我们将在后面谈到墨涅德谟斯，实际上，他也开创了一个学派。

1　埃利斯，位于伯罗奔尼撒半岛的西北部。

第十章　欧几里德斯

[2.106]亚历山大在《后继者》中说过,欧几里德斯来自伊斯特摩斯地峡,是麦加拉人,也有人说他是格洛[1]人。他长期研究巴门尼德的作品,他的追随者被人们称为麦加拉学派,后来又被称为论辩派,再晚一些还被称为辩证论者。最初,卡尔克同人狄俄尼西俄斯为他们取了这个名称,这是因为他们经常用问答的方式进行辩论。赫尔谟多洛斯指出,在苏格拉底死后,柏拉图和其他哲学家都很害怕残暴的僭主们,纷纷去他那里寻求庇护。他指出,实际上,善只有一种,虽然它拥有多个名字。有时候,它被称为智慧;有时候,它被称为神;还有的时候,它被称为理性等。他否定所有与善矛盾的事物,认为它们并不存在。[2.107]当他要驳斥别人提出的证明时,他往往从结论入手,而不是前提。他不认可运用类比的方式来论证,认为它或者从类似的东西,或者从不类似的东西之中得出。如果源于类似的东西,那么就应该论及这些东西,而不是反过来讨论它们的相似;如果源于不类似的东西,那么就没有必要进行比较。因此,当提蒙谈到他的时候,说了这样一番话(也顺带捎上了其他的苏格拉底派哲学家):

然而,我丝毫不关心这些饶舌之人,当然,也不关心其他人,
我不关心斐多,且不论他是谁,
不关心热衷于争吵的欧几里德斯,
他痴迷于辩论,最终创立了麦加拉学派。

[2.108]他先后写过六篇对话,分别是《拉姆普里亚》《埃斯基涅斯》《长生鸟》《克力同》《阿尔基比亚德斯》《恋爱对话》。米利都人欧布里德斯是欧几里德斯的继承者。他运用问答形式创作了众多辩证式论证,比如《说谎者》

1　格洛,处于西西里岛的南海岸。

《伪装者》《厄勒克特拉》《遮面人》《诡辩法》《有角者》《秃头》等。有一位喜剧诗人曾经提到他：

> 论辩派的欧布里德斯谈论过有关角的遁词，
> 运用虚假的、傲慢的论证，让演说家们无所适从，
> 与爱吹牛的德谟斯塞勒一同离开。

[2.109] 德谟斯提尼似乎是他的听众之一，还终结了他因为发不出字母"P"的音而在发音上产生的错误。欧布里德斯还与经常与亚里士多德展开争论，对他多有诽谤之辞。埃利斯的阿勒克西诺斯也是欧布里德斯的后继者之一，他特别热衷于辩论，故而被人们称为埃勒革克西洛斯[1]。他尤其喜欢与芝诺进行辩论。赫尔米珀斯说过，他为此离开了埃利斯，来到了奥林匹亚，在那里进行哲学研究。这让他的学生深感困惑，于是问他，为什么要去那里住？他说，他打算创立一个学派，命名为"奥林匹亚学派"。

但是，他们最后耗尽了钱财，而那个地方疾病肆虐，只能离开。在生命最后的那段日子里，阿勒克西诺斯的生活很孤独，只有一个家奴陪伴在他身边。不久后，他去阿尔菲俄斯河里游泳，身体被一根芦苇尖刺进，就这样死了。

[2.110] 我为他写了如下文字：

> 那件事并不是胡编乱造的：
> 曾经，有一位不幸之人，
> 潜水的时候，钉子扎破了他的脚；
> 那庄严之人阿勒克西诺斯啊，
> 从阿尔菲俄斯河游过之前，
> 就被芦苇刺中而死去。

他写了一部回应芝诺的著作，还创作了其他多部著作，其中有一部著作主要是反驳历史学家厄佛洛斯。

奥林托斯人欧凡托斯也属于欧布里德斯学派，他写了一部关于他生活的时代的历史著作。此外，他还写了几部悲剧，他凭借着这几部悲剧在赛会等节日场合赢得了好名声。他是安提戈洛斯国王的老师，还将自己所写的一部名著《论王权》献给了他。他因为年老体衰而去世。

---

1 将他姓名的字母从"Αλε"改写成"Ελεγ"，从而表示"辩驳、指责"的意思。

[2.111] 欧布里德斯学生众多，阿波罗尼俄斯就是其中之一，他有一个绰号是克洛诺斯。阿波罗尼俄斯有一个学生，名叫狄俄多洛斯，他的父亲是伊阿修斯的阿美尼俄斯，这个人的绰号也叫克洛诺斯。卡里马科斯在《碑铭体诗集》中提起过他。

摩谟斯在墙上写下一句话："克洛诺斯是智慧的。"

他也是一名辩证论者，有人说，他还是第一个发现"遮面人"和"有角者"这两个著名论证的人。他曾经与托勒密·索特尔国王闲聊，斯提尔朋向他提出了一些极具辩证性的论题，但他没能现场解答出来，因此被国王斥责，还遭受其他人辱骂，因此得到了克洛诺斯的绰号，沦为人们的笑柄。因此，他匆匆从宴会离开。

他还创作过一本有关逻辑的小册子，最终，他的生命在懊恼中结束。我为他写了下面的诗句：

狄俄多洛斯·克洛诺斯，
悲惨的命运将你埋葬在懊恼之中，
难道因为没有解开斯提尔朋的谜语，
你就跌入了地狱的深渊？
如果去掉 K 和 ρ，
你那克洛诺斯的绰号会变得更值钱[1]。

墨塔洛斯的儿子伊克提阿斯是欧几里德斯的后继者，这是一位优秀之士，犬儒主义者第欧根尼为他创作了一篇对话；另外，他的后继者还有图里翁[2]人克雷诺马科斯，他在历史上第一次就公正、判断以及这类东西展开著述；还有麦加拉的斯提尔朋，这是一位颇负盛名的哲学家，我们下面会提到他。

---

1 在这里，第欧根尼·拉尔修其实是在暗讽。"克洛诺斯"的原文是"Κρόνοσ"，指的是自认为聪明同时被人们认为是智慧的。然而，狄俄多洛斯却因为没有解开谜语而当场丢脸，并且懊恼不已，最终丧命。把"Κρόνοσ"开头的两个字母"Κ"和"ρ"都去掉，那么，就剩下"όνοσ"了，而希腊文中这个"ὔνοσ"，指的是"驴"的意思。此处，他说"更值钱"，可能含有两重讽刺的意义：其一，指的是驴还具有实际的用途，至少可以卖钱，不像滔滔不绝的争辩那样毫无意义；其二，虽然驴很笨，但是相较于自认为聪明的"克洛诺斯"，或许更有价值。

2 图里翁，希腊人在公元前 444 年或 443 年在意大利南部所所建的一个殖民地。

第十一章　斯提尔朋

　　［2.113］斯提尔朋是来自希腊的麦加拉人，他的老师是欧几里德斯的某些追随者。有人说，他本人就是欧几里德斯的忠实听众，也有人说，他的老师是科林斯的忒拉叙马科斯。根拉克勒德斯指出，这个人与伊克提阿斯也很熟悉。在发现理论方面，他拥有惊人的能力和过人的智慧，几乎整个希腊都被他深深吸引，最终加入麦加拉学派中去。麦加拉派的菲利珀斯曾经就这一点说过这样的话："从忒俄弗拉斯托斯那里，他带走了理论家美特洛多洛斯和格拉的提马戈拉斯；从库瑞涅派的亚里士多德那里，他带走了克勒塔尔荷斯和西米阿斯；从阿里斯特德斯那里，他带走了优秀的辩论者派俄涅俄斯；包括欧凡托斯的儿子、博斯普鲁斯的狄菲洛斯以及厄克塞涅托斯的儿子密尔谟克斯在内的许多人，都纷纷赶来与他进行辩论，最终成为他最忠实的信徒。"
　　［2.114］除了上述这些人之外，在漫步学派颇有建树的自然学家弗拉西德谟斯和希腊最有影响力的演说大师、修辞学家阿尔基谟斯都被他拉拢了过去；克拉特斯还有其他很多人都掉入了他的圈套；他还和这些人一同拉拢了腓尼基人芝诺。
　　在政治学方面，他也享有极高的名望。
　　厄涅托尔曾经说过，他结了婚，有了妻子，另外还有一个情妇，名叫尼卡瑞特。他生了一个放荡的女儿，最终，把她嫁给了他的老熟人——叙拉古的西米阿斯。她不遵循当地风俗，因此，有人跟斯提尔朋说，她是他的耻辱。他回答："不是。与其这么说，不如说我是她的荣耀。"
　　［2.115］托勒密·索特尔对他很认可，当他前去占领麦加拉时，还送给他一大笔钱并邀请他一同前往埃及。不过，他仅仅收下了这笔钱中的很小一部分，并谢绝了一同前去旅行。托勒密返航之后，他又搬到埃吉那。另外，当安提戈洛斯的儿子德谟特里俄斯攻克麦加拉时，他下达了一道命令：必须保护斯提尔朋的住宅，还要将他所有被掠夺的财产悉数归还。但是，当他让斯

提尔朋提交一份丢失的财产清单时，斯提尔朋却说，他失去的东西都不是他真正拥有的，因为他的学问是任何人都拿不走的，他仍旧拥有自己的知识与理论。

［2.116］国王与他一起讨论对人行善的问题，最终被他征服，认真地听他说话。关于他运用询问的方式来进行论证，还有一个关于菲狄阿斯所雕刻的雅典娜神像的故事。他问："这不是宙斯的女儿雅典娜吗？她是一位神吗？"别人说："是的。"接着，他说："但是，至少这不是宙斯的，而是菲狄阿斯的。"得到了肯定的回答后，他总结说："所以，这不是神。"他因此而被传唤到战神山顶的雅典最高法庭。他并没有否定对他提出的控告，但是，他为自己辩护。他指出，他的推理是正确无疑的，因为雅典娜是女神，而不是神；只有男性神灵才能称为神[1]。然而，最高法庭的法官们最终下令，让他即刻离开城邦。还有一次，绰号是"神"的忒俄多洛斯嘲弄他，说："斯提尔朋到底从哪里得知了这一点呢？难不成他想撩开她的衣襟，看一看里面的花园？"实际情况是，斯提尔朋最精明，忒俄多洛斯最放肆。

［2.117］克拉特斯曾问他，诸神是否愿意接受崇拜与祈祷？他说："你这个傻瓜，别在大路上问这种问题，要等我们独处的时候。"有人说，也有人问过彼翁类似的问题，那就是神是否存在，他说：长者啊，你吃够了苦头，就不能将乱成一团的人群从我这里赶走吗？

斯提尔朋性格耿直，生性单纯，与平民百姓相处得很好。比如，有一次，有人提问犬儒主义者克拉特斯，他非但不回答，反而还羞辱对方，于是，斯提尔朋说："我就知道，你会唠唠叨叨，［2.118］却唯独不说本来应该说的事情。"还有一次，克拉特斯一边问他问题，一边递给他一颗无花果，他接了过来，把它吃了。克拉特斯见状大声喊道："天啊，我的无花果完蛋了！"他说："完蛋的不仅有无花果，还有你的问题，无花果不过是你提出的问题的定金罢了。"另外，冬天里，他看到克拉特斯在寒风中瑟瑟发抖，就说："喂，克拉特斯，看来你需要一件新的外套。"实际上，他指的是对方需要一件思想的外套[2]。

听了他的话，克拉特斯很不高兴，就回敬了他一段滑稽文：

我凝视着，只见斯提尔朋在麦加拉含辛茹苦，

---

1 在此，他利用希腊语的名词词性是有区分的来进行辩论。这是因为他在之前询问雅典娜是不是"神"以及接着否认她是"神"的时候，都是采用了阳性，也就是男性，但是，她是女性，是阴性的，因此，并不属于阳性意义上的"神"。

2 这里是希腊语的双关语。

那里的人说，图拂斯[1]的床是真实存在的。
他与那群围绕在身边的伙伴，争论不休。
尽力追求字符上虚无的德性，筋疲力尽。

［2.119］有人说，他在雅典拥有惊人的吸引力，人们甚至会纷纷从商铺和工场跑出来围观他。有人跟他说："斯提尔朋，他们紧紧地盯着你，好像你是一只野兽。"他说："不，反而我才是那个真正的人。"他是一个高明的辩论天才，他不认可所谓的理念，还说确定"人"存在的人所指的必然不是个人，他所指的不是这个人或者那个人的存在。原因在于，为什么这个人或那个人就一定存在呢？所以，他指的并不是单个的人。另外，"蔬菜"并不是呈现在我们眼前的事物，早在一万年前蔬菜就存在了。所以，这种东西不是"蔬菜"。有一次，他与克拉特斯正在辩论，辩论进行到一半，他突然停下来，准备出去买鱼。克拉特斯努力挽留他，还说"你这是放弃辩论"，他却说："我没有。我虽然离开了你，但是留下了辩论；因为辩论是可以保留的，但是鱼很快就会被卖光。"

［2.120］他被保存下来的对话一共有10篇，风格都是冰冷而呆板的，分别是《墨斯科斯》《阿里斯提珀斯》《卡里阿斯》《托勒密》《海瑞克拉底》《美特洛克勒斯》《阿那克西美尼》《厄皮戈涅斯》《致他的女儿》《亚里士多德》。赫拉克勒德斯说过，他是斯多葛派的创建者芝诺的老师。赫尔米珀斯指出，斯提尔朋年事已高，酷爱饮酒，而饮酒又使他更迅速地死去。

我为他写了如下诗文：

你肯定听说过，麦加拉人斯提尔朋，
年迈与疾病，这是一对难缠的兄弟，将他击倒。
但是，他认为酒有更强大的力量，可以将这对使坏的兄弟控制；
他贪婪地将酒水一饮而尽，随后驾鹤西去。

喜剧诗人索斐洛斯在戏剧作品《婚礼》中讽刺他：

卡里诺斯说的正是斯提尔朋的木塞。

---

1 图拂斯，希腊神话里的百头巨神，他的父母是该亚和塔尔塔若斯，宙斯将他打入了地下的深坑里。

第十二章　克力同

［2.121］克力同是雅典人，从情感上来说，他深切地爱着苏格拉底，他无微不至地照顾着对方，甚至为其准备每一件必需品。而且他的几个儿子都是苏格拉底的学生，他们分别是克里托布洛斯、赫尔谟格涅斯、厄皮戈涅斯和克特希珀斯。克力同共创作了21篇对话，它们都是单卷本形式，分别是：《人之善并非来自教诲》《论奢侈》《什么合宜》《政治家》《论美》《论作恶》《论整齐》《论法律》《论神圣》《论技艺》《论社交》《论智慧》《普罗泰戈拉》《政治家》《论信函》《论诗歌》《论美》《论学问》《论知晓》《论知识》《什么是知识》。

第十三章　西蒙

［2.122］西蒙是一个补鞋匠，他是雅典人。有一次，苏格拉底来到他的小作坊里，与他谈论某问题，而他尽可能地把谈论的内容都记了下来。正因为这样，有人称他写的对话为"皮革的"。他一共写了32篇对话，现存的都是单卷本形式，分别是：《论诸神》《论善》《论法律》《论美》《论爱情》《论哲学》《美是什么》《论德性的不可教》《论勇敢三篇》《论引导民众》《论正义两篇》《论享乐》《论知识》《论荣誉》《论诗歌》《论音乐》《论诗歌》。［2.123］《什么是美》《论交谈》《论判定》《论经营》《论劳作》《论教学》《论数字》《论贪

娄》《论存在》《论美》《论吹嘘》。

除此之外，还有《论议事》《论理智》《论合宜》《论作恶》。

据说，他是第一个通过谈话的方式来介绍苏格拉底式对话的人。伯里克利曾经答应要支持他，还催促他前往他那里，但是，西蒙说，我不会因为钱而放弃自由的演讲。

另外，还有几个名叫西蒙的人。其中有一个写了一篇名为《论修辞技巧》的论文；另有一个是医生，他生活在塞留科斯·尼卡诺的时代；此外，还有一个是雕刻家。

第十四章　格劳孔

格劳孔是雅典人。他写了9篇对话，目前保留的都是单卷本形式：《菲迪洛斯》《欧里庇得斯》《阿明提科斯》《欧提阿斯》《吕希特德斯》《阿里斯托芬》《克发洛斯》《阿那克西斐谟斯》《墨涅克塞诺斯》。除了上述对话，目前流传于世的对话还有另外32篇，但被认为是伪作。

第十五章　西米阿斯

西米阿斯是忒拜人。他的 23 篇对话目前以单卷本的形式留存于世，分别是：《论智慧》《论推算》《论选择与逃避》《论善的生活》《论音乐》《论知晓》《论灵魂》《论哲学》《论真理》《论友谊》《论信函》《论教学》《论技艺》《论主持》《论金钱》《论生命》《论显现》《论字词》《论勇敢》《什么是美》《论经营》《论可能》《论爱情》。

第十六章　克贝斯

［2.125］克贝斯是忒拜人。他所写的对话流传于世，分别是：《第七日》《佛儒尼荷斯》《匾额》。

第十七章　墨涅德谟斯

墨涅德谟斯属于斐多学派，他的父亲是塞奥普洛匹德家族的成员克雷斯特涅斯，他的父亲有着显赫的出身，而他本人是一名建筑匠人，十分贫寒。也有人说，他是一名负责布景的画匠。还有人说，墨涅德谟斯精通上述两个行当。所以，当他提出一条法令时，遭到了一个名为阿勒克西内俄斯的人的攻击，说哲学家不适合从事舞台布景或法令设计。厄瑞特里亚人派墨涅德谟斯去麦加拉当防卫兵，他前往学园，拜访了柏拉图。他深深被柏拉图所吸引，甚至放弃服役。[2.126] 后来，在佛利俄斯的阿斯克勒皮阿德斯的再三邀请下，他前往麦加拉，与斯提尔朋一同住在那里。他们两个都去听阿斯克勒皮阿德斯讲课。不久后，他们又从那里出发，乘船来到埃利斯，在那里见了斐多学派的阿格基普洛斯和墨斯科斯。我们在上文介绍斐多时提起过，在他们到来之前，这个学派被称为埃利斯派；而在他们到来之后，就开始被称为厄瑞特里亚学派，这个名称来自这里谈到的主人公所属的城邦。墨涅德谟斯表现得很傲慢。如此，克拉特斯用一种听上去很滑稽的口吻嘲讽他：

佛利亚斯的阿司克勒彼亚得和厄瑞特里亚的公牛。

提蒙也说过：

这是一个傲慢、欺世盗名、自夸自卖的粮商。

[2.127] 他拥有惊人的威严，当安提戈洛斯邀请卡桑德里亚的欧儒洛科斯跟随着同库日科斯的小伙子克雷皮德斯一同前去他的宫殿时，欧儒洛科斯婉拒了，这是因为他担心耿直犀利的墨涅德谟斯会知道此事。一个年轻的献媚者来到他的面前，口无遮拦，他沉默不语，只是从地上捡起一根树枝，在

地面上画了一幅画来侮辱他。在场所有人都死死地盯着那幅画,那个年轻人也发现自己被侮辱了,仓皇逃走。

他和珀奈欧斯的希罗克勒斯一起在安菲阿刺俄斯的神殿里来来回回地走着,口若悬河地讨论着厄瑞特里亚的俘虏问题。他却不置可否,而是问,如果安提戈洛斯像他那样没完没了,什么时候才能结束。

[2.128]一个奸夫向他炫耀,他说:"你知不知道,要把那件事做成,一是卷心菜要好,二是小萝卜也不能太差。"面对一个大声叫嚣的青年,他说:"你看看你身后是什么东西。"安提戈洛斯向他请教是否应该加入狂欢的队伍,他沉默不语,只是告诉对方:他是国王的儿子。面对一个向他提出漫无边际问题的傻瓜,他问:"你是否拥有田地?"那人说:"有,另外还有一群牛。"于是,他说:"你赶快去照料它们,要不然它们会饿死,还会失去一个好农夫。"有人问,优秀的人是否应该结婚?他反问对方:"那么,你认为我是不是优秀的人?"得到对方肯定的答案后,他说:[2.129]"那好,我已经结婚了。"有人说,世界上有很多美好的事物,他追问对方,具体的数目是多少,是不是超过了一百?有人邀请他前去参加宴会,但是,他没能阻止这场奢侈的宴会,于是,当有人呼唤他的名字时,他沉默不语,只是自顾自地吃着橄榄,心里谴责举办这场宴会的主人。但是,他说话肆无忌惮,有一次,他和朋友阿司克勒彼亚得差一点儿在塞浦路斯的尼科克勒翁宫廷里完蛋了。那天,按照惯例,这位国王正在举办每个月一次的宴会,邀请他们与其他哲学家一起进餐,墨涅德谟斯说道:如果这些人聚在一起是好事,那么,就应该每天举办这种宴会;如果不是好事,那么,就连目前的这次也是多余的。[2.130]僭主针对这个问题说,他这天刚好有空闲时间,想来听一听哲学家们的谈话。他却得寸进尺,在宴会上说,无论是何时、何地,都应该虚心地听一听哲学家的高见。最终,要不是一位吹奏长笛的人带走了他们,他们可能早就被国王处死了。正因为这样,按照阿司克勒彼亚得的说法,当他们坐在一艘小船上遭遇了一场暴风雨时,是那个吹奏长笛的人用美妙的音乐挽救了他们,要不然,墨涅德谟斯的口无遮拦早就让他们命丧黄泉了。

据说,他消极怠工,对自己的讲学毫不在意,他的课堂乱糟糟的,毫无秩序可言,也没有座位;相反地,他经常四处讲课,人们也可以随意听课,可以坐着,也可以随处走动。[2.131]也有人说,他在某些方面显得很紧张,尤其爱惜自己的声誉。有一次,他的一位建筑匠人朋友正在盖房子,墨涅德谟斯和阿司克勒彼亚得去给朋友帮忙,阿司克勒彼亚得赤裸着身体站在屋顶上,抹着水泥,而墨涅德谟斯每当看到有人走过来,就会努力将自己遮掩起来。每当参加公共事务时,他也表现得很紧张,甚至在献祭乳香的时候弄错了香炉。有一次，克拉特斯站在他身边，批评他干涉政务，他下令用枷锁捆住克拉特斯，把他关在监狱里，成为囚犯。但是，当他从监狱门口经过时，恰好被克拉特斯看到了，于是，后者踮起脚尖，辱骂他是赫格希珀利斯和阿伽门农第二。

[2.132] 他还有一点迷信。一次，在不知情的情况下，他与阿司克勒彼亚得在一家酒馆里吃了其他人剩下的肉，当知道这件事实以后，他感到恶心难受，面色苍白，而阿司克勒彼亚得却指责他说，并不是肉扰乱了他，而是他对肉的猜疑。他在其他方面大度而慷慨。他的身体一直很健康，到了晚年，还像一个运动员，体格健硕，黝黑结实，身体时刻保持在最佳的状态。他有着匀称、健美的身材，厄瑞特里亚古运动场上的雕像就可以证实这一点。因为这座雕像就是以他为原形雕刻而成的，几乎是一尊裸体，从而将他身体的健美展现得淋漓尽致。

[2.133] 他热衷于呼朋唤友、宴请宾客。而且，厄瑞特里亚当地不是很太平，他在自己身边集结了一大批党羽，其中有不少乐师和诗人。他还热情地邀请阿拉托斯、悲剧诗人吕科佛隆和罗得斯的安塔戈拉斯。

在所有人中间，他尤其重视对荷马的研究，接下来是抒情诗人，再者是索福克勒斯。在众多剧作家中，他认为埃斯库罗斯应该排在第一，而阿凯俄斯应该排在第二。为了反驳他的政敌，他还引用过如下诗句：

不久之后，柔弱者就会追赶上快捷者，
燕子会撕咬老鹰，疼痛难耐。

[2.134] 以上这两句诗来自阿凯俄斯所写的一部讽刺剧《肚脐眼》。因此，有的人提出的如下观点是错误的：除了欧里庇得斯所写的《美狄亚》（也有人说这部作品出自西库翁的涅俄弗若诺斯之手）之外，他并没有读过其他任何东西。他蔑视来自柏拉图学园的教师和克塞诺克拉特斯，也看不起库瑞涅派的帕奈巴特斯，却很崇拜斯提尔朋。有一次，有人跟他讨论有关斯提尔朋的事情，除了说对方高尚之外，他没有给出其他任何回答。墨涅德谟斯总是云里雾里，让人看不透，对手很难在辩论中击败他。他很擅长牵强附会、偷换概念，特别是从细微处发现新的论证。安提司特涅斯在他的著作《后继者》中指出，他是最善于争斗的辩论家。他尤其擅长运用下面这种问答式进行辩论："两个东西之中，这一个与那一个是不是不同？""是的。""帮助别人是不是与善不同？""是的。""那么，帮助别人就不是善。"

[2.135] 据说，他拒不承认否定命题，还轻松地将其转换成肯定形式，在

众多肯定命题之中，他也只承认简单命题，而不承认非简单命题（此处所指是假言命题）和复合命题。赫拉克勒德斯认为，从学说内容来说，他是柏拉图主义者，他却曾经对辩证法表示蔑视。所以，当阿勒克西诺斯有一次询问他是不是已经不再殴打他的父亲时，他说："不过，我从来没有打过他，也就从来没有停止过。"阿勒克西诺斯又一次向他强调，他必须明确地使用"是"或者"否"来回答，从而避免模棱两可的情况，于是，他说："如果我在门口就能回击你，还要去服从你制定的规则，这难道不荒谬吗？"当他看到彼翁谨小慎微地攻击预言家时，他说，他这是在屠杀死尸。

［2.136］有一次，一个人对他说，最大的善莫过于获得你所渴望的一切，他说："渴望你应得的东西是一种更大的善。"卡瑞斯托斯人安提戈洛斯说，他从来没有写作或编撰过任何东西，因此，他也从来不受任何一种教条的束缚。安提戈洛斯还指出，与他人探讨问题的时候，他极其好斗，只有被狠揍一顿之后，才会退缩。但是，他虽然在理论方面显得很狂妄，在行为方面表现得尤为温和。比如，虽然他几次三番地取笑阿勒克西诺斯，还曾戏弄过他，但是，平日里对他还是很友好。而阿勒克西诺斯的妻子曾经在路途上被歹人袭击并抢劫，而他挺身而出，将她从德尔斐护送到卡尔基斯。

［2.137］他是一个热心肠的朋友，从他对阿司克勒彼亚得所表现出的深情厚谊里也可以看出这一点，这种情义与皮拉德斯的温情并没有什么不同。也有人说，因为阿司克勒彼亚得比较年长，因此，扮演了剧作家的角色，而墨涅德谟斯则扮演了演员。有一次，阿尔基珀里斯将一张 3000 德拉克马的票据交给他俩，而他俩却就到底是谁先提出这要求争论了好半天，最终，两个人都错过了那笔钱。据说，他们娶的妻子是一对母女，墨涅德谟斯娶的是母亲，而阿司克勒彼亚得娶了女儿。不过，阿司克勒彼亚得的妻子后来死了，很快，他将墨涅德谟斯的妻子占为己有；后来，墨涅德谟斯成了城邦的领袖，又迎娶了一位富婆。然而，他们两家人还是住在一栋房子里，于是，墨涅德谟斯便委托他的前妻负责操持家务。［2.138］阿司克勒彼亚得年纪很大的时候在厄瑞特里亚死去，他与墨涅德谟斯在一起生活，虽然他们拥有一大笔财产，但是日子过得很节俭。不久之后，阿司克勒彼亚得生前钟爱的一个人赶来参加一场聚会，而墨涅德谟斯的学生却将他拒之门外。于是，他吩咐学生让客人进来，还说道，现在，阿司克勒彼亚得已经在地下长眠，但是，我还是会为他打开大门。马其顿人希珀尼科斯和拉米亚人阿格托尔是他们主要的支持者，其中阿格托尔分别给了他俩 30 米那，而希珀尼科斯送给墨涅德谟斯 2000 德拉克马，作为他女儿的嫁妆。赫拉克勒德斯说，他与一个厄若珀斯的妻子生了三个女儿。

［2.139］他常常呼朋唤友，提前与几个朋友吃完早餐，慢慢等着白天的到来，接着，有人会将那些后面到达和已经吃过饭的客人召集起来。如果有人来得太早，就会在那里悠闲地散步，时不时地询问从屋子里出来的人，餐桌上摆着什么东西，现在是什么时间了。如果桌上只是摆着咸鱼和蔬菜，他们就会悄然离开；如果还摆放着肉，他们就会走进屋子里。到了夏天，每一张长凳上都摆放一张草席，冬天还铺上暖和的羊皮。有的客人还随身携带垫子。转圈轮饮所用的酒杯并不比1科图勒[1]大。餐后甜点经常是羽扇豆或黄豆，［2.140］有时还有各种水果，比如石榴、梨、干无花果或者浅黄色豆等。上述种种情况，我们都是通过吕科佛隆在《墨涅德谟斯》的描述中得知的，这部剧本是献给这位哲学家的颂词。下面摘录剧本中的一端：

吃过节俭的聚餐，
一只小小的酒杯在人群之间小心地转圈传递着，
甜点是这位训导者的高谈阔论。

人们一开始有点看不起他，听说，厄瑞特里亚人还曾骂他是鬼话连篇的骗子和不知羞耻的狗杂种。但是，人们后来慢慢开始尊敬他，甚至将城邦最重要的事务交付给他。他曾经担任使节，前往托勒密和吕希马科斯，每次都是荣耀而归。此外，他还以使节的身份前去拜见德谟特里俄斯，那个城邦曾经给德谟特里俄斯的年贡是200塔仑特，而他直接将年贡削减到150塔仑特。曾经有人去德谟特里俄斯那里控告，说他试图出卖城邦给托勒密，他写了一封信为自己进行辩护，信的开头是这么写的：

［2.141］墨涅德谟斯致德谟特里俄斯王，您好！听说，一个有关我的控告被传到了您那里。

还有人说，是一个叫作埃斯库罗斯的反对派成员控告了他。欧凡托斯在《历史》一书中写道，他曾经去德谟特里俄斯出访，很多人认为，他在厄若珀斯这一问题上表现得很有尊严。安提戈洛斯也很仰慕他，自居为他的学生。安提戈洛斯征服了留西马赫亚镇附近的野蛮人，墨涅德谟斯写了一条议案献给他，这条议案用词简洁、精妙，［2.142］毫无谄媚之言，这是它的开头："将军们和预审议案的委员们，安提戈洛斯王征服了野蛮人之后就要重返自己的

---

[1] 1科图勒大约是0.28升。

国家，他在其他各方面都按照自己的意愿进行了安排，而议事会和公民已经颁布了……"不过，正是因为这样，还有他在其他方面与安提戈洛斯的友谊，有人甚至怀疑他意图出卖城邦给安提戈洛斯。当阿里斯托德谟斯对他横加指责之后，他离开了该城，在厄若珀斯的安菲阿剌俄斯神庙里住了一段日子，过着离群索居的生活。赫尔米珀斯说，后来，那座神庙的几只金酒杯丢失了，波依俄提亚人通过公民投票的方式，下令让他离开了那里。他倍感绝望，悄悄地拜访了他的母邦，接着，与他的妻女一同来到了安提戈洛斯的宫廷，他在那里度过了余生。

[2.143] 然而，赫拉克勒德斯说的是一个完全相反的故事。据他所说，他当上了厄瑞特里亚人的预审委员会委员，几次三番劝说德谟特里俄斯，最终从僭主制的统治下拯救了该城邦。所以，他不可能将城邦出卖给安提戈洛斯。也就是说，错的控告害了他。他曾去拜访安提戈洛斯，迫切地想要恢复自己城邦的自由。因为被对方拒绝了，他绝食了七天，在绝望中死去。卡鲁提俄斯人安提戈洛斯的记载与上述说法类似。因为仅仅和佩尔塞俄斯展开过远距离的交战，安提戈洛斯说，墨涅德谟斯原本想把民主制交还给厄瑞特里亚人，[2.144] 但是，有人阻止了他。所以，有一次喝酒的时候，墨涅德谟斯在辩论中驳斥了佩尔塞俄斯，还滔滔不绝地说了其他很多话，其中有一句是："身为哲学家，他也就是这样了，但是，身为人，他是现在以及未来所有的人中最坏的那一个。"

赫拉克勒德斯说，他去世时74岁。下面是我为他所写的诗句：

墨涅德谟斯，我听闻你的悲剧，你心愿去死，绝食七日。
你的所作所为是为厄瑞特里亚人献祭，但是，身而为人，这么做是不值的；
但是，绝望引领着你，催促着你赴死。

以上介绍的是苏格拉底派的成员以及他们的继承者。接下来，我们继续介绍学院的建立者柏拉图以及他的后继者们，他们都是一些有名的人物。

第三卷

第一章 柏拉图

[3.1] 柏拉图是雅典人，他的父母是佩里克提俄涅（或波托涅）和阿里斯通，他的血统可以一直向上追溯到梭伦。梭伦有一个名叫德洛庇德斯的兄弟，就是克里提阿斯的父亲，而克里提阿斯又生了一个名叫卡莱斯克洛斯的儿子，卡莱斯克洛斯的儿子是后来成为三十僭主的克里提阿斯和格劳孔，而格劳孔又有两个孩子，分别是卡尔米德斯和佩里克提俄涅。柏拉图是佩里克提俄涅和阿里斯通之子，也就是说，他是从梭伦开始的第六代。而梭伦本人的血统可以一直追溯到涅琉斯[1]和波塞冬。据说，柏拉图的父亲应该属于从墨朗托斯[2]的儿子科德洛斯开始的直系，而按照忒拉叙洛斯的说法，他们也将血统追溯到波塞冬。

[3.2] 斯彪西珀斯在《柏拉图的丧宴》里，克勒阿尔科斯在《柏拉图颂》里，还有阿那克西莱德斯在《论哲学家》的第二卷里都指出，雅典当地流传着一个故事，说阿里斯通有一次曾经想要强暴佩里克提俄涅，但是，她那时还是花季少女，身强体健，最终失败了；放弃强暴后，他产生了幻觉，阿波罗出现了，因此，他让她保持自己的贞洁，一直到结婚。

阿波罗多洛斯在《编年史》中指出，柏拉图在第88届奥林匹亚赛会期间[3]，是萨尔格利翁月[4]的第七天；德利斯人[5]说，阿波罗在这一天出生。赫尔米珀斯说，他在第108届奥林匹亚赛会的第一年[6]去世，在一场婚宴上死去，享

---

1 涅琉斯，希腊神话里的皮罗斯国王。他的父母是波塞冬和提洛，他的儿子是涅斯托尔。

2 墨朗托斯，是希腊神话里的国王。后来，赫拉克勒斯族将他从墨塞涅驱逐，他来到了阿提卡。他打败了入侵的破俄提亚人，被人们选举成为阿提卡国王。

3 大约是公元前427年。

4 也就是现在的5月。在雅典当地，每到萨尔格利翁月就会举办敬拜阿波罗和阿耳忒弥斯的大型节日。

5 德利斯人，指生活在阿波罗的诞生地德洛斯岛上的人。

6 公元前347年。

年81岁。[3.3]涅昂特斯却说,他是在84岁那年去世的。他指出,柏拉图比伊索克拉特斯小6岁,而后者是在吕希马科斯执政期间[1]出生的,而柏拉图出生的时候正值阿美尼俄斯执政期间,也就是伯里克利去世那年[2]。安提勒翁在《论时代》第二卷中指出,他是科鲁图斯镇上出生的。另外,也有人说,他出生在埃吉那[3],而法伯里诺斯在《历史杂记》中指出,他出生在泰勒斯的儿子菲狄阿德斯的房间里,因为他的父亲和其他很多人一同被派遣到埃吉那,并且在那个岛上定居。但是,后来拉刻代蒙尼人开始支持埃吉那人,包括他父亲在内的雅典人都被驱逐,最终,他们都回到了雅典。阿特诺多洛斯在《漫步》第八卷中指出,[3.4]在雅典,他曾出任过合唱团指挥,而狄翁负责支出花费。他还有两个兄弟,分别叫阿得曼托斯和格劳孔,另外,还有一个名叫波托涅的妹妹,她是斯彪西珀斯的母亲。狄俄尼西俄斯教会了他识字,而他曾经在《敌手》一书中提起过这个人。后来,他又跟随阿尔戈斯的角力士阿里斯通学习体操。他有着强健的体魄,因此,阿里斯道给他取名为柏拉图[4]。亚历山大在《后继者》中指出,这个原名来自于他的祖父。而涅昂特斯指出,他之所以被称为柏拉图,是因为身材敦实,或者因为有一个宽阔的前额。还有人说,他曾经在科林斯的伊斯特摩斯地峡运动会上参加摔跤比赛。狄凯阿尔科斯在《论生平》的第一卷指出,[3.5]他曾热衷于绘画与写诗,一开始写的是酒神颂,接着开始创作抒情诗和悲剧。雅典人提谟特俄斯在他的著作《论生平》中指出,他说话的声音低沉结巴,嗓音枯涩。有人说,苏格拉底有一天做梦梦见自己的膝盖上站着一只天鹅,它突然之间展开双翅,发出一声长长的鸣叫,就马上飞走了。第二天早上,就有人把柏拉图带到了他那里,要拜他为师。因此,他认为这个人就是梦里出现的天鹅。

亚历山大在他的著作《后继者》中指出,他一开始在阿卡德米[5]进行哲学研究,接着,他来到科洛诺斯的花园,拜赫拉克利特为师。后来,他曾打算创作悲剧来为自己赢得荣誉,然而,当有一天他在狄俄尼索斯剧院前听了苏格拉底的谈话之后,他转身就将自己的诗作投入了火盆里,还说:

---

1 公元前436年到公元前435年。

2 公元前429年。

3 埃吉那,雅典周边的一座岛屿。

4 在希腊文中,"柏拉图"有"宽肩膀"的意思。

5 阿卡德米,指位于雅典西北郊的一个体育场,后因柏拉图在这里办学讲课而声名大噪。很多古代典籍都用"学园"或"阿卡德米学派"来称呼以柏拉图为创始人的学派。在之后的西方语言里,"阿卡德米"还有"学会、学院、学术研究"之意。

啊，赫淮斯托斯，请你走出来吧，现在柏拉图需要你。

［3.6］据说，他当时正好20岁，他从那时起成了苏格拉底的学生。苏格拉底死后，他又投身赫拉克利特派哲学家克拉底鲁和精通巴门尼德哲学的赫尔谟格涅斯。赫尔谟多若斯说，他在28岁那年跟随苏格拉底的一些门徒来到了麦加拉，成为欧几里德斯的追随者。不久后，他又前往库瑞涅拜访了数学家忒俄多洛斯。他从那里出发，来到意大利，拜访了定居在那里的毕达哥拉斯学派的菲洛拉俄斯和欧律托斯。从那之后，他又去过埃及，向当地人求教神的旨意，有人说，他那一次与欧里庇得斯结伴而行。他在那里生了一场大病，而当地的祭祀用海水治好了他的病。

病好之后，他引用了如下诗句：

海水可以清除人类的所有毛病。

［3.7］他还指出，根据荷马的看法，在所有人之中，埃及人是最擅长医疗的。柏拉图原本打算与波斯祆教的僧侣结为朋友，但是，受到亚细亚战争的影响，他的打算落空了。回到雅典之后，他在阿卡德米定居。这是一座位于城墙之外的体育馆，附近有一片郁郁葱葱的树林，这座体育馆得名于一个名为赫卡德谟斯的英雄人物。在戏剧作品《未服兵役者》中，欧珀利斯是这样写的：

在圣洁的赫卡德谟斯的林荫跑道上。

提蒙也为柏拉图写过如下诗句：

这位拥有宽肩膀的人是所有人的领袖，也是有着美妙声音的演说家，他创作优美的散文，朗朗上口，就像在赫卡德谟斯树上栖息的蝉和悄然绽放的百合花。

［3.8］因为这个地方最初被称为赫卡德米（'εκαδη'μεκχ），开头是字母 ε。柏拉图与伊索克拉特斯是朋友。在普拉克斯法涅斯的安排下，他们在一间乡间小屋里展开了关于诗人的对话。阿里斯托克色诺斯说，他曾参加过三次服役，第一次去了塔纳格拉，第二次去了科林斯，第三次去了德立昂。第三次，他因为英勇而赢得了人们的赞誉。他结合赫拉克利特、毕达

哥拉斯和苏格拉底等人的学说：有关可感事物的学说，他遵循赫拉克利特的观点；有关可思事物的学说，他根据毕达哥拉斯的说法；有关政治哲学方面，他继承了苏格拉底的看法。

[3.9]包括萨提洛斯在内的一些人认为，他曾经写了一封信给西西里的狄翁，托他用100米那向菲洛拉俄斯买三本毕达哥拉斯的著作。据说，他很富裕，厄涅托尔曾经在《智慧之人会否赚钱》这篇短文中提到，狄俄尼西俄斯曾经送给他80多个塔仑特。阿尔基漠斯则在他为阿明塔斯写的四篇论著中提到，喜剧诗人厄皮卡尔谟斯让他受益良多，他的很多作品是从后者那里抄录、改写而来的。阿尔基漠斯在其中的一篇论著中写道："柏拉图大量引用厄皮卡尔谟斯的话语，只需要进行对比就会发现。柏拉图认为，可以感知的食物，在数量和性质上都不能保持不变，[3.10]而是始终处于流动与变化之中。换而言之，你如果从那些事物中拿走一定的数量，它们就不再是原本的某物，也不再是原本的数量与性质。这些事物处于不断生成的状态，而完全不是无本质[1]的东西。可以思想的东西才是永恒不变的，它既不会增加，也不会减少。这就是永恒的不朽之物的本质，它们的属性总是相似的，甚至是相同的。"

有关可感物和可思物的区别何在，厄皮卡尔谟斯也阐明了自己的观点：

A. 但是，神始终存在，无论什么时候，他们都毫无欠缺；但是，世界上的各种事物总是由相同的原因而产生，因此，也总是相似的。

B. 但是，有人说，最初是混沌产生了诸神。

A. 为什么会这样？没有何物源于它，亦没有何物归于它的事物，即是最初。

B. 那么，没有什么东西是第一个产生的吗？

A. 以宙斯的名义起誓，没有第一个，也没有第二个，[3.11]至少我们目前所讨论的事物是这种情形；它们是永恒存在的……如果有一堆含有奇数或偶数的鹅卵石堆，无论你从现在的石碓里拿走一颗，或者加入一颗，这些鹅卵石的数量还会保持不变吗？

B. 不会。

A. 我也这么认为。如果有人想给肘尺量具减少一点长度，或者增添一点长度，那么，原本已有的尺寸还会存在吗？

B. 当然不会。

A. 现在，我们不妨用同样的方式来思考一下我们自身。一个人长大了，

---

[1] 也可译为"实体"。

另一个人缩小了。无论在什么时间，他们都处于变化中。但是，一个因为自然而发生变化的事物或者从来不曾保持相同状态的事物，与已经发生了变化的事物一定不同。同样的道理，昨天，你我是两个人；今天却变成了另外两个人；到了明天，又会变成不同于今天的两个人，我们无法保持自身不变。

[3.12] 对此，阿尔基谟斯又进行了更深入的阐述："那些智慧之士指出，对于有的事物，灵魂是通过肉体来感知的，比如可以观看或聆听的事物；而对于有的事物，灵魂则是通过自身来思考的，根本无须肉体的加入。所以，在存在的各种事物之中，有的是感知的对象，有的是思想的对象。因此，柏拉图才说，如果我们希望能洞悉万物之本原，我们首先要从理念自身出发来区分理念，比如单一、复多、相似、静止、运动和大小；其次，我们可以假设，[3.13]美、善、公正等理念，都是根据自身得以存在的；再者，我们要了解，有的理念之间是有联系的，比如主人、大小或知识（需要注意的一点是，在我们经验范畴之内的事物，它们有与之对应的理念存在，比如，正义的事物对应着正义的理念，美的事物对应着美的理念等）。每一个理念都是永恒的，它们是抽象的概念，而且不会变化。（所以，他指出，从本质上来说，理念与原型类似，其他的一切事物则是模仿它们，因此，看上去很像）。以下是厄皮卡尔谟斯有关善和理念的观念：

[3.14] A.吹笛是一种事物吗？
B.当然。
A.那么，人是不是一直吹笛呢？
B.肯定不是。
A.那么，请告诉我，吹笛手是什么呢？你认为他是谁，是一个人吗？
B.当然。
A.既然如此，难道你不觉得，关于善也有类似的情况吗？依据其自身，善也是某一种事物。知道这一事物并且能够掌握它的人，就会变得善。这是因为，就像有人学会了吹笛而变成了吹笛手，或者学会了跳舞而变成了舞蹈家，或者学会了编织而变成了编织匠等，一样的道理。他如果学会了你所说的这类东西，那么，他就不仅掌握了那项手艺，还会成为手艺人。

[3.15] 柏拉图回应理念的挑战时说道，既然记忆存在着，那么，现存的事物之中就势必存在着理念，因为记忆就是一种永久的稳定事物，但是，除了理念以外，没有东西是永久的。他说："如果说，动物不能领悟理念，也没

有被赋予理智，那么它们将如何存活下去？事实上，它们能够记住某些类似的事物以及食物的模样，这说明动物也具有辨别相似事物的自然能力。所以，它们总是能准确地感知它们的同类。"而厄皮卡尔谟斯又是如何论述的呢？

[3.16]欧迈俄斯，智慧并不局限于一种生物，
而是任何一种生物都具有认知能力。
这是因为，你专注地研究母鸡，
就会发现，她生产的不是活的小鸡，
而是蹲在一堆蛋上，"咯咯哒"地高声叫着，将蛋壳里的生灵唤醒。
这种智慧，唯有自然知道，
这是因为，母鸡是通过她自己学会的。

还有：

我们如此言谈，毫不令人奇怪，
自我陶醉，扬扬自得，
自认为是优良的族类。
因为狗会在狗面前展现出美好的事物，
牛对牛、猪对猪、驴对驴，也是如此。

[3.17]通过上述四本论著举出的各种例子，阿尔基谟斯明确指出了柏拉图从厄皮卡尔谟斯那里继承的优势。我们从以下文字就可以发现，厄皮卡尔谟斯也知道自己拥有惊人的智慧，并预言未来会有人模仿他：

我对此看得很透彻，我认为，
终有一天，人们会想起我说的这些话，
并把它们从现有的韵律中剥离开来，
披上优美的辞藻与华丽的紫色外套。
因为他很难被征服，其他人将落荒而逃。

[3.18]索佛隆的模拟剧著作曾经少有人关注，而柏拉图率先将它们带回了雅典，还用作家特有的风格来塑造人物的性格。人们也的确在他的枕头下面发现过这类剧作。他先后三次乘船前往西西里。第一次，他去那里参观岛屿与杯口状的火山口，当时的僭主是赫尔谟可拉特斯之子狄俄尼西俄斯，他

迫使柏拉图与他结交。但是，柏拉图毫无惧色，对僭主制发表了一通长篇大论，并指出统治者只是为了自己谋求利益并不是好事，除非他拥有崇高的品德，这番说辞激怒了对方，他高声斥责柏拉图："你的这些话听起来像一个老糊涂！"［3.19］柏拉图反驳他说："你是不折不扣的暴君。"这时，这位僭主火冒三丈。一开始，他打算处死柏拉图，在狄翁和阿里斯托美涅斯的竭力劝阻下，他才放弃了这么做，只是将他交到了新上任的拉刻代蒙尼人的使节珀利斯手里，下令将他作为奴隶出售。珀利斯带着他来到了埃吉那，准备把他卖掉。但是，卡尔芒德里德斯的儿子卡尔芒德洛斯又跳了出来，根据一条在当地有效的法律控告了柏拉图，希望能处死他。这条法律的大概意思是，对于第一个来到这座岛屿的雅典人，可以在未经判决的情况下将其处死。而法伯里诺斯在《历史杂记》中指出，实际上，只有起诉者本人通过了这条法律。因为有人开玩笑说，这个罪犯是一位哲学家，最终法院赦免了他。也有人说，他被带到了公民大会上，受到了严苛的审判，但是，他沉默不语，做好了接受审判结果的充分准备。最终，他们决定不将他处死，而是将他作为战俘卖掉。

［3.20］当时，库瑞涅人安尼克里斯恰好在现场，他当场掏出了20米那，赎回了柏拉图，还送他去了雅典的朋友家。柏拉图的朋友当场就要还那笔赎金，但是他谢绝了，而且说，并不是只有你们才能关照柏拉图。也有人说，狄翁和想偿还那笔钱，但是安尼克里斯也没有收，而是用这笔钱为柏拉图在阿卡德米置办了一个小花园。据说，卡布里阿斯打败了珀利斯，后者在赫利克的潮浪中被淹死了。然而，法伯里诺斯在《回忆录》的第一卷中指出，他对那个哲学家的所作所为，激怒了天神。［3.21］而狄俄尼西俄斯也没有善罢甘休。当他知道了那件事之后，他给柏拉图写了一封信，警告他不要说他的坏话。而柏拉图回复他说，他没有那么多闲心记住狄俄尼西俄斯。

柏拉图第二次去西西里，前去拜访了年轻一代的狄俄尼西俄斯，请求赐给他人民与土地，在那里实现他理想国的宏伟蓝图。虽然狄俄尼西俄斯嘴上答应了他，却没有采取实际行动。有人说，他在那里还遭遇了一场危机，因为有人怀疑他试图说服狄翁和忒俄多塔斯一同将这座岛屿解放。他被关押后，毕达哥拉斯学派的阿尔库塔斯给狄俄尼西俄斯写了一封信，他最终被宽恕了，而且安全地回到了雅典。那封信是这么写的：

阿尔库塔斯致狄俄尼西俄斯，祝您安康。

［3.22］作为柏拉图的朋友，我们已经派出拉米斯科斯和佛提达斯赶去您那里，希望能按照你们商量好的，将他带走。我想，您肯定还记得，您当时

热切地催促我们，要确保让柏拉图来到您那里；您试图说服他，只要他与您待在一块儿，您就会负责他的安全以及其他事宜，还确保送他回去。希望您能记住这一点，为了邀请他前往您那里，您做了很多，从那一刻开始，没有其他任何人比他更加得到您的关注。他如果对您有所冒犯，请您像对待其他人一样，仁慈地对待他，让他毫发无伤地回到我们中间。您这么做，就是最公正妥当的行为，同时，也是对我的恩赐。

［3.23］他第三次前往西西里，是去为狄翁与狄俄尼西俄斯之间的矛盾进行调解，但是最终没有成功，只能又回到了自己的国家。他在那里没有参与过政治，尽管他写的对话明确表示，他的确是政治家。主要原因是，当地的民众已经对其他的政治举措驾轻就熟。帕姆菲勒在《回忆录》第二十五卷中指出，当时，阿卡狄亚人和忒拜人正在建造美加洛[1]城，曾邀请他前去那里为他们立法，但是，他得知了他们并不愿意平等地分配财产，于是就拒绝了。还有人说，将军卡布里阿斯被处以死刑，他为他进行了辩护，［3.24］然而，这个城邦的其他人都没有想过要这么做。有一次，他与卡布里阿斯结伴去卫城，告密者克洛布洛斯在中途遇见了他，说："天啊，你来这里为被告进行辩护？你不怕苏格拉底喝下的毒芹汁也在等着你？"他回答道："我服兵役的时候，也遭遇过不少危险，我为朋友效劳时，也曾经面对过它们。"法伯里诺斯在《历史杂记》第八卷中写道，他是第一个在论证过程中使用问答法的人。他也首先向塔索斯的勒俄达马斯就用来解决问题的探询方式进行解释。他还首次将神意、性质、元素、辩证法、对反、椭圆数、边界的平面等术语运用于哲学中。

［3.25］他是第一个对克发洛斯的儿子吕西阿斯的演讲进行反驳的哲学家，而且，他在《斐德洛斯篇》中逐字逐句地再现了这篇演讲。他也第一次对文法的含义进行思辨。他对在他之前所有人的观点进行了彻底的反驳，那么，有一个问题有待于进一步探究，那就是他为什么没有提到德谟克利特。正如库日科斯人涅昂特斯所说的，在他赶往奥林匹亚的途中，每一个希腊人都注视着他，因为他当时碰巧遇见了前去征伐狄俄尼西俄斯的狄翁。法伯里诺斯在《回忆录》的第一卷中记载说，波斯人米特里达特斯在阿卡德米修建了一尊柏拉图的雕像，在雕像上刻下了一段文字："赫洛多巴特斯的儿子波斯人米特里达特斯，将一尊西拉尼翁所雕刻的柏拉图雕像献祭给缪斯女神。"

［3.26］赫拉克勒德斯说过，年轻的时候，他腼腆害羞、恪守规矩，甚至

---

1 即"宏伟、高大"的意思。

人们从来没见他放声大笑过。即使这样，喜剧诗人还是经常对他冷嘲热讽。忒俄珀姆珀斯在《赫度卡瑞斯》中写道：在柏拉图看来，一其实并不是一，二也好不容易才能是一。

阿那克桑德里德斯所著的《忒修斯》中也写道：

他吃橄榄[1]正像柏拉图。
另外，提蒙用他的名字大做文章，创造了一个双关语：
因为柏拉图将自己塑造[2]得就像他素装出来的那副让人钦佩的模样。

［3.27］阿勒克西斯在《美若匹斯》中写道：

你来到的时间恰到好处。
我走来走去，早已无计可施，就像是柏拉图那样，
无论如何都找不到智慧的计策，只是让双腿疲倦。

在《安格库利翁》中则写道：

你对正在谈论的东西根本不了解。只是跟随着柏拉图乱跑一通，
你所能知道的，只有苏打和葱头。

在《昂菲克拉底》中，安菲斯说的是：

A.虽然由于她你注定会得到善，无论它是什么，但是，主人啊，我对它的了解，与柏拉图行的善一样少。
B.那就更用心一点吧。

［3.28］在《德克西德米德斯》中写道：

噢，柏拉图，
你忧心忡忡，一无所知，

---

1 这里的"橄榄"指的是柏拉图学园附近那片名为圣厄莱亚橄榄林中所生长的橄榄。同时，"橄榄"一词在希腊文里还有"愚蠢"的意思，喜剧诗人阿那克桑德里德斯在此可能是嘲笑柏拉图愚昧无知。

2 希腊文中，"塑造""装样子"与"柏拉图"是同一个词根。

扬起你冠冕堂皇的眉毛,像蜗牛那样。

克拉提诺斯在《调包丑小子》中说:

A. 你是人,拥有灵魂。
B. 按照柏拉图的意思,我不知道,只是猜测我拥有。

阿勒克西斯在《厄吕姆匹俄多洛斯》中是这么写的:

A. 我的肉体死了,枯萎了,而不朽的东西却升入空中。
B. 这不是柏拉图的闲谈吗?

在《食客》中写道:

或者与柏拉图单独闲聊。

在《波特鲁利翁》《基尔刻》《富婆》等著作中,阿那克西拉斯也曾经嘲笑过他。

[3.29] 阿里斯提珀斯在《论古代显贵》第四卷中指出,他迷上了一个小伙子,名叫阿斯特尔,这个小伙子与他一同研究天文学;他对前面提到的狄翁也心怀爱慕(另外,也有人说,他还曾经迷恋过斐德洛斯)。他所写的一些碑铭诗里也表现出了他的爱恋之情,这些诗正是他献给他们的:

阿斯特尔凝视着星星,只愿我是天空,
用一千双眼睛紧紧盯着你。
还有一首写的是:
你曾是那一颗晨星,在生命中闪耀着光芒,
现在,你是一颗暮星,在衰竭中死亡,但是,难忘曾经的闪亮。

[3.30] 下面的诗是他写给狄翁的:

命中注定,从伊利翁的女人出生那一刻起,
眼泪就开始汹涌,
噢,狄翁,你是上天恩赐的贵人,
在你的帮助下,所做的事大获全胜,新的希望即将实现。
如今,你荣耀地躺在故乡同胞的怀里,

我想说，我的爱怨已经痴狂，噢，狄翁！

［3.31］据说，他在叙拉古的坟冢之上也刻着这些诗句。

也有人指出，当他在迷恋上阿勒克西斯和斐德洛斯之后，就写了这样的诗文：

如今的阿勒克西斯已不复曾经，我能说的就是这些：
他容貌俊美，所到之处，所有人的目光紧紧相随。
我的心肝，为什么，你把骨头露给狗看？
那之后，你是否感到哀痛？
不是这样，我们为何会失去斐德洛斯？
他还有一个名为阿尔克阿那萨的情妇，他为她创作了下面的诗句：
阿尔克阿那萨，从科洛封而来的女郎，
她的皱纹里，躲藏着狂热的爱恋。
噢，你们太不幸了，头一遭就遇上了这个青春尤物，
你们内心势必燃起不可抑制的火焰。

［3.32］还有一段诗歌是为阿伽同而写的：

只要与阿伽同亲热，我的灵魂就飘飘然跃上嘴唇，
飘忽不定，不堪忍受。
此外，还有一首：
如果你愿意爱我，我把苹果抛给你，
请收下它吧，与我分享你的处女身。
如果你不愿意，请抓住这东西[1]，
想一想青春何其短暂。

还有一段诗文是：

我是一个苹果，爱着你的人把我抛向你。
克珊西帕，请答应吧。

1　此处可能暗指"乳房"，因为"苹果"一词在希腊文中是多义的，可以比喻"女子的脸颊、乳房等"。

你我都会老去，何不珍惜当下。

［3.33］据说，他还写过诗文献给那些将他从故乡驱逐的厄瑞特里亚人：

生为优卑亚的厄瑞特里亚人，我们现在居住在苏萨附近。
唉，我们与故乡的距离何其遥远！

另外还有：

库普里斯[1]跟缪斯女神说：
"少女们，请听从阿美罗狄忒的吩咐，
或者，请接受我为你们所准备的情爱之箭。"
众缪斯女神跟库普里斯说：
"这些流言蜚语哪怕像战神般神勇，
我们也不会屈服。"

另外：

有人取走了金子，留下一根带着活结的套索；
金子的主人发现空无一物，
对这根发现的套索倍加珍爱。

［3.34］另外，墨隆与他素来有仇，前者指出："要是狄俄尼西俄斯在科林斯，柏拉图在西西里，这件事并不奇怪。"克塞诺丰与他的关系也不太好。因为，他们创作的作品很类似，比如《苏格拉底的辩护》《会饮篇》，还有回忆录和伦理论文，两个人一直在较劲。另外，他们之中一个人写了《国家篇》，另一个人写了《居鲁士的教育》。柏拉图在《法律篇》中指出，居鲁士教育的相关故事都是捏造的，因为他描述的那个人其实不是居鲁士。虽然他们都回忆了苏格拉底，但是并没有提到对方，唯一的例外就是，克塞诺丰在《回忆录》的第三卷中提到了柏拉图。［3.35］据说，安提司特涅斯要在众人面前诵读自己写的作品，他邀请了柏拉图。柏拉图问，他要读的是什么内容，他说是有关"矛盾之不存在"的内容。柏拉图听了，就说："你为何要就这一主题来写

---

[1] 库普里斯，爱与美之女神阿佛洛狄忒的一个称号。

呢？"言下之意，这个主题是很难自圆其说的。于是，他专门写了《萨松》这篇对话来反驳柏拉图的说法。从此，他们就逐渐疏远。据说，柏拉图诵读了《吕西斯篇》，苏格拉底听后，惊呼道："天啊，这个年轻人所说的关于我的故事有多少是谎言啊！"这是因为，他在这篇对话里提到了很多苏格拉底从没有说过的话。

[3.36] 柏拉图还很怨恨阿里斯提珀斯。他曾经在《论灵魂》中指责过对方，说，当苏格拉底去世的时候，他并不在现场，虽然他当时就在埃吉那，离得并不远。也有人说，柏拉图很忌妒埃斯基涅斯，因为埃斯基涅斯与狄俄尼西俄斯关系密切，名望也越来越大。当埃斯基涅斯来到宫廷时，他穷困潦倒，柏拉图很看不起他，但是，阿里斯提珀斯却接纳了他。伊多美纽说过，传闻中，克力同曾经去监狱里劝说苏格拉底逃亡，但是，实际上，这些言论是埃斯基涅斯提出的，柏拉图之所以将其归功于克力同，是因为他仇视埃斯基涅斯。

[3.37] 柏拉图只在《论灵魂》[1]和《申辩篇》中提到过自己的名字。亚里士多德指出，他所写的对话的风格，处于诗歌创作与散文述说之间。据法伯里诺斯所说，当柏拉图诵读《论灵魂》的时候，只有这个人[2]从头到尾都在场，其他人纷纷起身离开。

据说，他所写的《法律篇》被奥普斯人菲利珀斯抄写在蜡板上。另外，这位菲利珀斯写了《厄庇诺米斯篇》。欧佛里翁和帕奈提俄斯指出，有人发现《国家篇》的开头经过了多次修改。阿里司托塞洛甚至指出，普罗泰戈拉写的《反驳集》几乎包含了《国家篇》的所有内容。[3.38]还有人说，他所写的第一部作品是《斐德洛斯篇》，因为它主要阐述的问题是年轻人感兴趣的。狄凯阿尔科斯却指出，通篇的写作方式都十分粗陋。据说，有一次，柏拉图看见一个人在玩骰子，就辱骂了对方。那个人说，他赌的金额很小，柏拉图说："但是，习惯并不小。"有人问，他有没有效仿前辈们，写一部回忆录。他说："首先，一个人要赢得名声，才能拥有回忆录。"有一天，克塞诺克拉特斯去他家里做客，柏拉图让他帮忙抽打他的小奴隶，[3.39]这是因为他可怜对方，不忍心亲自打他。有人说，他曾对自己的一个小奴隶说："我要不是可怜你，肯定会鞭打你。"有人扶着他爬上马背，他马上又跳下来了，唯恐不小心感染马疾。他提议那些喝醉了酒的人照照镜子，这样一来，他们就会改掉这种不雅的癖好。他曾经说，无论在哪里，过度饮酒都是不合适的，除非是在神施与

---

1 《论灵魂》也就是《斐多篇》。

2 原文写的是"这个人"，而洛布本译成了"亚里士多德"。但是，这位"亚里士多德"如果指的是我们都熟知的漫步学派创始人的话，应该是不可能，因为亚里士多德直到柏拉图60岁时才来到学园。

酒水给人们的节日宴会上。他认为，睡眠也不宜过度。

他在《法律篇》中指出："对于任何事物来说，一个睡着的人都是毫无价值的。"他还指出，世界上最令人愉悦的声音就是真理。也有人说，说出真理是世界上最令人愉悦的声音。[3.40]他在《法律篇》中还就真理说道："噢，客人，真理是一种永恒的美好事物。但是，它同时也是难以让人信服的。"他盼望着将他身上那些值得被人们记住的东西流传下去，或者至少留存在朋友的心目中，又或者留存在自己的书稿中。有人说，他最大的心愿就是能隐退。法伯里诺斯在《回忆录》第三卷中指出，他在菲利珀斯国王统治的第十三年死去。忒俄珀姆珀斯说过，菲利珀斯很尊重他。然而，穆若尼阿洛斯在他的著作《相似者》中指出，菲洛曾经提起过有关柏拉图的虱子的某些谚语，[3.41]由此暗指他的死可能是由此引发的。他在阿卡德米长眠，他在那里耗费了毕生的精力研究哲学。因此，他所创立的学派又被人们称为阿卡德米学园。那里的每一个学生都加入了他的葬礼游行。他留下了这样的遗嘱：

以下几条都是柏拉图嘱咐要进行安排的。他在伊菲斯提亚德有一处地产，北边从克菲西亚神庙前的道路开始，南边从伊菲斯提亚德的赫拉克勒斯神庙开始，东边到弗勒阿里的阿尔赫斯特拉图地产边界，西边到荷勒德的菲利珀斯的地产边界。无论是谁，都不能交换或售卖这片地，[3.42]等到阿得曼托斯长大成人，他就是这片土地的主人。此外，我还从卡里马科斯那里买了一处地产，位于埃勒西德，这片地产的北边从穆里努斯的优普麦顿的地产边界开始，南边从克苏佩特的德谟斯特拉托斯的地产边界开始，东到穆里努斯的欧儒美冬的地产边界，西边到克菲索斯的地产边界。此外，我还拥有以下财产：3米那银币；一个银质器皿，重量为165德拉克马；一个杯子，重量为45德拉克马；一个金印环和一对耳饰，重量一共是4德拉克马[1]又3奥卜尔。此外，采石商人欧几里德斯还欠着我3米那。我将自由还给阿耳特米斯。我要留下这几位家奴：阿波罗尼阿德斯、狄俄尼西俄斯、彼克塔斯和图孔。[3.43]衣饰器具等都已经妥善登记好，抄本在德谟特里俄斯手里。我不欠任何人任何东西或钱财。赫格阿斯、欧儒美冬、卡里马科斯、斯彪西珀斯、德谟特里俄斯、勒俄斯特涅斯和忒拉希珀斯是我委托的遗嘱执行人。

以上就是他留下的遗嘱。他的坟墓上刻着碑文。一种写的是：

神一样的阿里斯托克勒斯长眠于此，

---

1 德拉克马（δραχμή，符号为Dp, Δρχ或Δρ.），古希腊和现代希腊的货币单位。古时流行于多个希腊城邦和国家；在现代，德拉克马于1832年成为希腊的法定货币，直至2002年1月1日欧元正式流通所取代，1欧元等于340.750德拉克马。

在诸多死者之中，他以公正、明智而举世闻名。
如果真的有人超凡脱俗，至高无上，
那就是他，没有人妒忌。

[3.44] 另一种写的是：

柏拉图的躯体，安睡在大地的怀抱里，
而他的灵魂永远不朽，
每个善良的人啊，无论身处何处，
都对这位阿里斯通之子心怀敬意，因为他洞悉了神圣的生活。
在之后的年代，还出现了第三种碑铭文：
A.雄鹰啊，你为什么在这座坟上久久徘徊？
请告诉我，是谁凝视着神光闪烁的房屋？
B.我是柏拉图灵魂的映像，在奥林匹斯山上飞翔，
他的肉体，埋藏在阿提卡的土地里。

[3.45] 我也为他写了一篇碑铭诗：

如果日神福波斯没有让柏拉图在希腊出生，
他如何用文字拯救人的灵魂？
就像阿斯克勒匹俄斯[1]是俗世凡胎的医神，
柏拉图则是灵魂不朽的医生。
还有一篇与他的死有关：
福波斯将阿斯克勒匹俄斯和柏拉图献给了凡人，
为了拯救灵魂与肉体。
他在一场婚宴上离去，来到那座为自己而建的城邦，
这座城邦坐落在宙斯的天际。

以上这些就是他的碑铭诗文。
[3.46] 他的门徒众多，比较有名的包括斯塔吉拉人亚里士多德、奥普斯人菲利珀斯、雅典人斯彪西珀斯、卡尔赫冬人克塞诺克拉特斯、赫拉克勒亚人阿穆克洛斯、斯克普索斯人厄拉斯托斯、叙拉古人狄翁、珀林托

---

[1] 阿斯克勒匹俄斯，希腊神话中阿波罗的儿子，也是医神。

斯人赫斯提埃俄斯、库日科斯人提谟拉俄斯和科里斯科斯、拉姆帕萨科斯人欧埃翁、雅典人希珀塔勒斯和卡里珀斯、埃诺斯人皮同和赫拉克勒德斯、旁托斯人赫拉克勒德斯、安菲波利人德谟特里俄斯，还有其他很多人。此外，他的门徒中还有两个女人，分别是曼提尼亚人拉斯特涅阿和佛利俄斯人阿克西俄特亚，按照狄凯阿尔荷斯的说法，她们经常穿上男人的衣服。有人说，他的追随者还包括戎俄弗拉斯托斯。而卡迈勒翁指出，著名的演说家希佩里德斯和吕库尔戈斯也是他的学生，[3.47]对此，波勒蒙也表示认同。在《研习素材》第四卷中，萨比诺斯引用了塔索斯岛的墨涅希斯特拉托斯说的话，认为德谟斯特涅斯也是他的学生。但是，这应该是错误的。

如果说，你是一个正派的人并且开始对柏拉图感兴趣，如果你热烈地盼望着了解这位哲学家的有关学说而非其他的事情，我认为，你有必要对他的各种言论的本质、他对话的谋篇布局还有他的归纳方法等进行概括，并尽力描述出其中的主要轮廓和基本要素，以便将他的学说与我搜集到的他生平的事实相结合。这是因为，如果我将所有的细枝末节都告诉你，那么，就会像一则谚语说的："带着猫头鹰去了雅典。"[1][3.48]有人说，爱利亚派的芝诺首次以对话的形式来写作。然而，法伯里诺斯在《回忆录》中指出，亚里士多德在其对话《论诗人》的第一卷中言之凿凿地指出，斯图拉的阿勒克萨美诺斯或特伊俄斯才是第一个以对话形式写作的人。我认为，既然柏拉图将对话这一形式推向了这么精妙、优美的地步，从公正的角度来说，他才是头等功臣。对话指的是通过问和答的形式构成的谈话，主要围绕着某一个政治或哲学的主题展开，还附带有应邀而来的人物的性格描写以及措辞安排等。而辩证法是一种谈话中使用的技巧，通过运用这种技巧，在问与答的过程中确立或驳斥某一个命题。

[3.49]大致来说，柏拉图的对话可以分成两种，一种适合用来指导，另一种适合用来探索。适合用来指导又可以分成两种，那就是理论性的与实践性的。理论性的可以进一步分成两种，即自然的和逻辑的，实践性的也可以进一步分成两种，即伦理的和政治的。适合用来探索也可以分成两种，分别是心智训练性的和辩论竞赛性的。心智训练性的又可以进一步分成两种，分别是助产性的和试探性的；辩论竞赛性的又可以分成两种，分别是提出和驳斥。[3.50]我知道，关于对话的分类还有其他方法。这是因为，有的人指出，对话有的是戏剧性的，有的是叙事性的，还有的是二者的混合。然而，人们

---

1 因为雅典到处都是猫头鹰，所以这句谚语指"独此一举"。

对对话进行的分类从风格上来说更倾向于悲剧性，而不是哲学性。自然学的对话有《蒂迈欧篇》；逻辑学的对话有《克拉底鲁篇》《巴门尼德篇》《政治家篇》《智者篇》；伦理学的对话有《会饮篇》《申辩篇》《斐德洛斯篇》《克力同篇》《斐多篇》，另外还包括《书信集》《斐利布篇》《墨涅克塞诺斯篇》《克利托丰篇》《希帕尔科斯篇》《对手篇》；政治学的对话包括《国家篇》[3.51]《法律篇》《厄庇诺米斯篇》《米诺斯篇》，另有与亚特兰蒂科斯有关的对话[1]。助产性的对话分别是《阿尔基比亚德斯篇》《拉刻斯篇》《塞亚革革斯篇》和《吕西斯篇》；试探性对话有《欧叙弗戎篇》《美诺篇》《伊翁篇》《卡尔米德斯篇》《泰阿泰德篇》。提出性方法的对话有《普罗泰戈拉篇》；驳斥性方法的对话有《欧叙德谟斯篇》《高尔吉亚篇》，另外还有两篇《希皮阿斯篇》。关于什么是对话还有其种类等问题，我们就先说到这里。

接下来，我们来探讨更深层次的问题。实际上，如果谁试图确立教条，就要先提出某些信条。这就像是立法，需要先制定法律条款。更何况，所有可以被称作教条的，都必然含有两种因素，那就是意见本身以及被认为的东西。

[3.52] 上述两者，意见是一种见解，而被认为的东西是一个命题。对那些显而易见的问题，柏拉图总是会提出自己的观点，并且试图驳斥那些错误的看法；但对于那些并不明显的问题，他往往暂时搁置。柏拉图经常借助四个人物来对那些显而易见的问题展开论述，这四个人物分别是苏格拉底、蒂迈欧、爱利亚客人和雅典客人。在有的人看来，上述两位客人指的并不是柏拉图本人和巴门尼德，而是他专门为之塑造的无名人物。哪怕是出自苏格拉底和蒂迈欧之口的话语，表达的依然是柏拉图的观点。为了驳斥那些错误的观点，他经常饮用高尔吉亚、普罗泰戈拉、卡里克勒斯、波洛斯、忒拉叙马科斯、欧叙德谟斯和希皮阿斯等人的观点。

[3.53] 他使用了大量的归纳方法来构建他的证明过程。归纳是逻辑的一种，它通过某些真实的前提推断出一个与它们类似的真理。具体来说，有两种归纳的方法，第一种的依据是矛盾，第二种的依据是一致。以矛盾为依据所采取的方式是，针对每个问题的答案，给出与回答者截然相反的观点，比如"我的父亲与你的父亲要么不同，要么相同。如果你的父亲与我的父亲不同，那么，[3.54] 因为他与一个父亲不同，他就不是父亲；但是，他如果与我的父亲相同，那么，因为他与我的父亲相同，他就是我的父亲"。另外还有，"人如果不是动物，那他就是棍子或石头。但是，他不是棍子或者石头，因为

---

1 指《克里提阿斯篇》。

他拥有灵魂，有受到自身的运动。所以说，他是动物。但是，他如果是动物，而牛、狗等也是动物，因为人是动物，那么，他也就是牛或者狗"。上述就是以矛盾或争论为依据而进行归纳的方法。他运用这种归纳的方法主要是为了反驳，而不是为了确立某种教条。以一致为依据的归纳法又可以细分为两种：一种是通过某种特殊的事物证明正在探寻的特殊结论，另一种是通过普遍的事物证明正在探寻的特殊结论。前一种方法适合修辞学，后一种方法适合辩证法。比如，就前一种结论而言，寻求的结论是，"某人是不是犯下了谋杀的罪行"，那么与之对应的证明就应该是，当他被发现时，全身沾满了血迹。[3.55] 这就是归纳法的修辞学形式。修辞学只与特殊事实有关，而与普遍的事物无关，这是因为它所探索的并不是正义本身，而是正义的特殊案例。归纳的另一种形式是辩证法，一般先运用特殊事实来确立一般命题。比如，它所探究的是"灵魂是不是不朽的"，或者"生命是不是源于死亡"。在对话《论灵魂》中，就是运用某种一般性的命题来证明的，也就是相反者从相反者而来。而实际上，这种一般性的命题又是以某些特殊命题为基础，才确立起来的，比如睡眠从觉醒而来，反之亦是如此；大从小而来，反之亦是如此。他正是通过这些形式来确立自己的观点的。

[3.56] 然而，就像合唱团在很久之前是悲剧中唯一的演员那样，之后，为了让合唱团的成员有自由呼吸的时间，忒斯皮斯又设置了独演者这一角色，埃斯库罗斯和索福克勒斯也纷纷效仿，也使悲剧这一表演形式变得更加完善，哲学也是这样。在最初，它只有自然学这一个主题，接着，苏格拉底引入了伦理学，而柏拉图又引入了辩证法，这样一来，哲学就变得越来越完善。忒拉叙洛斯指出，柏拉图曾经用四联剧的形式将他的对话公之于众，从形式上来说，和悲剧诗人的四联剧很相似——每逢狄奥尼索斯节[1]、勒奈俄斯节[2]、泛雅典娜节[3]和呼特里节[4]，他们就会将四部戏剧搬上舞台，而其中第四部戏剧是羊人剧，将这四部戏剧合在一起，就称为四联剧。

[3.57] 忒拉叙洛斯指出，要是将《国家篇》划分为十篇，将《法律篇》划分为十二篇，他真实的对话一共有五十六篇。但是，法伯里诺斯在他的著作《历史杂记》第二卷中指出，普罗泰戈拉所写的《反驳集》这一著作中几乎包括了一整部《国家篇》。如果把《国家篇》和《法律篇》看成是一部统一

---

1 酒神节，雅典每年会举办四次。
2 勒奈俄斯节，也是酒神节。
3 泛雅典娜节，指雅典祭祀雅典娜女神的节日，每年举办两次。
4 呼特里节在每一年的花月里举行，是雅典盛大的大酒盅节。

的单一著作，就构成了九组四联对话[1]。他在第一组四联对话中安排了一个一般性规划，这是因为他试图将哲学家的生活描绘出来。忒拉叙洛斯为每一部著作都加上了一个双标题，一个标题来自对话者的名字，[3.58]另一个标题来自对话的主题。第一组四联对话的开头是试探性的《欧叙弗戎篇》或《论虔诚》；接下来，是伦理性的对话《苏格拉底的申辩》；伦理性的《克力同篇》或《论当做之事》位列第三；而伦理性的《斐多篇》或《论灵魂》位列第四。第二组的开篇是逻辑性的《克拉底鲁篇》或《论名称的准确性》；第二篇是《泰阿泰德篇》或《论知识》，是试探性的，或者《智者篇》《论存在》《政治家篇》《论君主制》等，都是逻辑性的。第三组的开头是逻辑性的《巴门尼德篇》或《论理念》，接着是《斐利布篇》或《论快乐》，都是伦理性的，之后还是伦理性的《会饮篇》或《论善》，放在最末的是《斐德洛斯篇》或《论情爱》，也是伦理性的。[3.59]第四组的开头是《阿尔基比亚德斯篇I》或《论人的本性》，是助产性的；接下来是助产性的《阿尔基比亚德斯两篇》或《论祈祷》，也是助产性的；第三篇是《希帕尔科斯篇》或《贪财者》，是伦理性的；此外，还有伦理性的《对手》或《论哲学》。第五组以助产性的《塞亚革篇》或《论哲学》为开篇；第二篇是《卡尔米德斯篇》或《论节制》，是试探性的；第三篇是《拉刻斯篇》或《论勇敢》，是助产性的；第四篇是助产性的《吕西斯篇》或《论友谊》。第六组以驳斥性的《欧叙德谟斯篇》或《争辩论》为开头，第二篇包括揭露性的《普罗泰戈拉篇》或《智者》、驳斥性的《高尔吉亚篇》或《论修辞》，还有试探性的《美诺篇》或《论德性》。

[3.60]第七组的开篇是两篇驳斥性的《希皮阿斯篇》，其中第一篇又被称为《论美》，第二篇又被称为《论谬误》；第二篇是《伊翁篇》或《论〈伊利亚特〉》，是试探性的；另外，还有《墨涅克塞诺斯篇》或《墓前演说》，都是伦理性的。第八组以《克勒托丰篇》或《导论》为开篇，都是伦理性的；接下来是《国家篇》或《论正义》，是政治性的；再有就是《蒂迈欧篇》或《论自然》，是自然学的；放在最末的是《克里提阿斯篇》或《亚特兰蒂斯岛的故事》，是伦理性的。第九组的开头是《米诺斯篇》或《论法律》，是政治性的；后面是政治性的《法律篇》或《论立法》；接下来是《厄庇诺米斯篇》《夜间聚会》《哲学家》，也是政治性的；[3.61]伦理性的《书信集》被放在最后，总共包括十三封。他为这些书信取的标题是"做好"，就像伊壁鸠鲁取的标题是"过好"，而克勒翁取的标题是"快乐"。上述书信包括一封致阿里斯托德谟斯，两封致阿尔库塔斯，四封致狄俄尼西俄斯，一封致勒俄达马斯，一封致狄翁，一封

1　也就是9乘以4，等于36篇。

致佩尔狄卡斯，两封致狄翁伙伴，还有致赫尔米阿斯、厄拉斯托斯和科里斯科斯各一封。以上就是忒拉叙洛斯和其他一些人采用的分类方式。包括文法学家阿里斯托芬在内的一些人，将这些对话划分成三联对话。[3.62]他们在第一组三联对话中安排了《蒂迈欧篇》《国家篇》《克里提阿斯篇》；第二组中分别是《政治家篇》《克拉底鲁篇》《智者篇》；第三组中分别是《米诺斯篇》《厄庇诺米斯篇》《法律篇》；第四组中分别是《申辩篇》《欧叙弗戎篇》《泰阿泰德篇》；第五组中分别是《书信集》《克力同篇》《斐多篇》。其他都以单独的作品形式出现，顺序不固定。就像前面所说的，有的人用《国家篇》作为开头；有的人用《大阿尔基比亚德斯篇》作为开头；也有人用《塞亚革篇》作为开头；有的人用《欧叙弗戎篇》作为开头；有的人用《克勒托丰篇》作为开头；有的人用《蒂迈欧篇》用开头；有的人用《斐德洛斯篇》作为开头；另外还有人用《泰阿泰德篇》作为开头；此外，还有不少人则用《申辩篇》作为开头。人们一致认为如下对话是被混淆进来的伪作，分别是《厄律克西亚斯篇》《厄拉希斯特拉托斯篇》《养马人》《米冬篇》《阿尔孔篇》《西述弗斯篇》《阿刻法利篇》《阿克西俄荷斯篇》《第七日》《厄皮美尼德斯篇》《德谟多科斯篇》《赫利冬篇》《费阿刻斯人》。法伯里诺斯在《回忆录》第五卷中指出，有的人认为，一个名为勒翁的人写了伪作中名为《阿尔孔篇》的那一篇。

[3.63]他经常使用五花八门的术语，因此，那些没有基础的人根本无法马上理解他学说的含义。从特殊意义上来说，他认为，智慧是思维，也是真实存在的知识。他指出，这门知识与神以及与肉体相分离的灵魂有关。尤其是他还用智慧来给称呼哲学，而哲学指的是对神圣的智慧所存在的渴望。从普遍意义上来说，他认为，一切的经验都是智慧，比如，手艺人就是拥有智慧的。他还将同一个术语使用于不同的含义。比如，他将"轻微的"一词解释为"简单的"这个含义，就像欧里庇得斯在《利库姆纽斯》的一个段落中将这个词运用于赫拉克勒斯身上那样：

追求大善，朴素轻微，
一言一行中带走所有智慧，
不善言辞。

[3.64]然而，有的情况下，柏拉图还会用同一个词[1]来指那些坏东西，有时则用它来指那些"微小的事物"。另外，他还常常用不同的术语来表达同一

---

[1] 指的是上文提到的"轻微的"。

个意思。比如，他频频使用"原因""本原""种""形式""原型"等来指称"理念"。有时候，他甚至用截然相反的语言来称谓同一个事物。所以，他指出，可感知的事物既存在又不存在，说它存在，是因为它是可以生成的；说它不存在，是因为它处于不断的变化中。他认为，理念既不是静止的，也不是运动的；它的自身是同一的，既是一又是多。他在很多情况下都习惯这么做。

[3.65]想要解释清楚他的相关学说，首先要考虑三点。第一，必须阐释清楚每一种说法的具体含义；第二，这种说法的目的是什么，即是以首要的因素还是以恰当的部分为基础，是为了驳斥对方的看法还是为了确立自己的学说；第三，要看看他的观点正确与否。

另外，有的人还在柏拉图的著作中增添了许多符号，我们现在就来简单地说说。其中符号"X"指的是风格和形态，还有柏拉图式的习惯用语；[3.66]符号">"是用来提醒人们注意柏拉图的特有学说以及观点；符号"※"指的是摘录而来的段落和文体；符号"≯"指的是一些修正；"÷"指的是随意的删除；"⌒·"指的是一些模棱两可的用法以及书写位置的转换等；"雷霹"号指的是哲学的各个派别；"☆"指的是一致的学说；"—"指的是其中掺杂的伪作段落。有关评注、符号以及柏拉图的作品，我们就先说到这里。卡普斯提俄斯人安提戈洛斯在《芝诺的生平》一书中说过，最初为上述作品编号符号的时候，著作的主人甚至会向查阅它们的人收费。

[3.67]他主要提出的学说包括，他认为灵魂是不朽的，可以通过轮回的方式附着在肉体上，它的本原是数字性的，而肉体有一个几何性的本原。他指出，灵魂的本质就是朝着各个方向散开的气息的理念。在他看来，灵魂分成了三个部分，是可以自由运动的，头部是理性部分，心脏是激情部分，而肝脏和肚脐是欲望部分。[3.68]它从中心出发，向外部朝着各个方向扩散，将肉体团团围住，形成一个圆圈，是各种元素混合而形成的。它被分割成了多个和谐的部分，形成了两个互相关联的圆周；里面的圆周被分成了六个部分，因此，一共有七个圆周。处于内侧的圆周始终沿着对角线的方向向着左侧移动，而另外一个圆周则始终沿着边线的方向向着右侧移动。作为一个单一的圆周，它赢得了支配地位，这是因为处于内侧的那个圆周被分割成了多个部分；前一个是相同的圆周，而后一个是不同的圆周。因此，他指出，从本质上来说，灵魂的运动相当于是宇宙这一整体以及各大行星的运动。

[3.69]因为从中心到边沿进行了这种恰当的切割，因此，灵魂才得以存在，而且灵魂自身具有和谐的元素，可以恰当地调节存在。根据不同的圆周准确地不断旋转，从而产生各种意见；根据相同的圆周准确地旋转，分别是神和质料。其中神被他称为原因和努斯，而质料是无形态的、无规定的，它

生成了复合物。他还指出，质料进行着一种无序的运动，但是，神更倾向于秩序，因此，神将质料在某个地方集合起来。［3.70］最终，质料这种实体转化成了火、水、土、气这四种元素，世界以及世界上的各种食物都是来自它们。他认为，上述四种元素之中，唯有土是稳定不变的，原因是它的形态与性质都很独特。他指出，构成其他元素的形状都是一个不等边三角形，而土的形状比较特殊，这是因为火元素是棱锥体、气元素是八面体、水元素是二十面体，而土元素却是立方体。因此，其他三种元素不能转化成土，而土也不能转化成其他三种元素。［3.71］然而，这些元素并没有彼此独立地存在，因为旋转的运动将其细小的部分充分结合，让它们都始终趋向于中心，进而又有较大的团块分离出来。所以，每当它们的形状发生变化时，它们所处的地点也随之改变。因此，宇宙也是被创造出来的，既然宇宙是可以感知的，就是神早就做出的安排。它具有生命，这是因为，比起无生命之物，有生命之物更加美好，这项技艺来自一种至善。它被设定为单一的，而不是无限的，因为神是按照"一"的模型创造了它。它是球形的，［3.72］这是它的创造者所拥有的形状。因为其他生物也是创造者，因此，它们所有的形状都包含在宇宙之中。它是光滑的，附近不含有其他任何器具，因为它完全不需要任何器具。更何况，这个宇宙是不朽的，永远不会被毁灭，因为就连神都无法消解它。进行整体创造的原因是神，也是因善而善的本性，之所以能创造天体，是因为至高的善的存在。最美的受造物源于至善的可知原因，因此，只有神才拥有这种特质，天体是最美好的受造物，从这一点来说，它与最善者何其相似，因此，它与其他的受造物都不同，而是无限接近于神。

［3.73］宇宙来自火、水、气、土这四种元素。来自火，是为了可以显现；来自土，是为了坚固；来自水和气，是为了比例和谐，因为当这两种元素以一定的比例融合而成，就会达到坚固的目的，最终形成整体。宇宙之所以由所有的元素生成，就是为了达到完整与完备，从而不会被毁灭。时间被创造成了永恒不朽的映像。当永恒保持静止不动时，时间就是天体的不断旋转，因为白昼、黑夜以及月份等都是时间的一部分。因此，如果失去了宇宙的本性，也就不再有时间，这是因为宇宙的形成与时间的存在是并行的。

［3.74］正是为了创造时间，才创造了太阳、月亮和行星。神点亮了太阳，让季节与动物的数目分明。月亮位于地球之上的圆圈里，太阳位于那个圆圈上面的圆圈里，行星位于更上面一层的圆圈里。神赐予了所有生命体运动，因此，宇宙是有生命的存在。为了将宇宙创造得近似于可知的生物，因此，神为其他动物创造了本性。既然神所用的模型拥有它们，那么，天体也必然拥有它们。从很大程度上来说，诸神拥有火的性质，另外还有三种性质，

分别是飞翔的、陆生的、水生的。天上的诸神之中，最古老的是大地神。它之所以形成，是为了充当工匠的角色，从而创造白昼与黑夜。因为它处于中心的位置，始终围绕着中心运动。柏拉图认为，既然有两种原因，就此可以推断，有的事物源自理性还有的事物则源自某些必然的理由，后者指的就是水、火、气、土。它们并不是元素，更准确地说，它们是形式上的接受者。它们都源自三角形的构造，经过多次分解之后，又重新变成三角形。它们的构成元素包括不等边三角形和等腰三角形。[3.76]所以，上述两种就是本原和原因，原型就是神和质料。质料肯定是不存在形式的，这一点和其他接受者的情况相同。造就这些东西的原因是必然的，因为它通过某些方式接受理念，进而有实体产生；因为它的各元素力量差异很大，因此，要被运动，正因为被运动，它反过来又会促使那些由它形成的受造物进行运动。最初，它们进行着无规律、非理性的运动、暗示，当它们逐渐形成宇宙时，神就尽力让其变得富有规律而恰到好处。[3.77]实际上，当天体被造之前，上述两个原因就已然存在，并且在第三个地方逐渐形成，但是并不明显，只有踪迹可寻，而且处于一片混乱的状态下。当宇宙完全被造就时，它们也开始井然有序。因为所有既已存在的物体，最终形成了天体。他认为，和灵魂一样，神也是没有形体的，唯有如此，变化与消逝都不能影响神。按照前面说的，他认为这类东西的原因与本原就是理念，而自然中的复合物则是根据理念而造就的。

[3.78]他是这样论述善与恶的。目的是无限接近于神。对幸福来说，德行是自足的，但是，还依赖于两件工具，第一是肉体方面具有的优点，比如健康、力量、灵敏等；第二是外在拥有的长处，比如显赫的出身、声望、财富等。然而，对智慧之人来说，即使不拥有这些优势，幸福也丝毫不会缺少。另外，他还需要参与公共事务，需要结婚成家，要竭力避免违反法律；他还要努力为城邦设立法律；只有当人民极端腐败的时候，他才能找到一个充分的理由，彻底离开公共事务。他认为，诸神是人类的守护神，时刻关注着人们的生活。他公开对外表示，美好的概念与理性的、有价值的、恰如其分的、为人们所称道的事物有密切的联系，而所有这一切又与自然相生相灭，和谐发展。他就名称的恰当性展开了讨论，因此，还首次针对如何正确地提问与回答创立了一种专门的知识，他还向人们充分地展现了这种知识的用处。他在对话中将正义假设为神的法律，因为它能鼓舞人们采取正义的行为，从而避免在死后因为邪恶而被惩罚。

因此，很多人认为，他的作品涉及过多的神话与传说，其中混杂着叙述，希望通过这种方式来告诫人们，他们完全无法了解死后将要面对的东西，以此来阻止人们非正义的行为。上述这些就是他令人印象深刻的学说。

亚里士多德指出，他经常通过以下方式来对事物进行区分。善要么在灵魂里，要么在肉体里，要么在外界。比如说，谨慎、勇敢、正义、克制等事物都存在于灵魂里；健康、壮硕、魅力、力量等存在于肉体里；而城邦稳定、财富、友情等则存在于外界。

［3.81］因此，善可以分为三个类型，分别是灵魂中的善、肉体中的善以及外界的善。友谊也存在着三种类型，分别是自然的友谊、结伴的友谊以及客套的友谊。所谓自然的友谊，指的是父母对待儿女或者属于同族的那种骨肉情义；除了人以外，这种友谊在其他动物那里同样存在。所谓结伴的友谊，指在交往与熟识的过程中产生的友谊，而与血缘无关，比如普拉德斯对俄瑞斯忒斯的友谊就是如此。所谓客套的友谊，指因为介绍或者书信推荐等方式而产生的友谊，多发生在陌生人之间。所以，友谊分成三种，自然的、结伴的或者客套的。也有人提出了第四种友谊，那就是爱恋的友谊。

［3.82］国家政体可以分成五种：第一种是民主制，第二种是贵族制，第三种是寡头制，第四种是君主制，第五种是僭主制。民主制指的是，这一政体中的大部分公民都可以按照自己的想法来调节与控制法律与公职人员。贵族制指的是，处于这一政体之下，并不是富人、穷人或名人控制着国家，而是处于所有人之中最优秀者的统治之下。君主制有的是以血缘为基础的，有的是以法律为基础的。迦太基的君主制就是以法律为基础的，因为可以出售官职；［3.83］而拉刻代蒙尼和马其顿的君主制则是以血缘为基础的，因为他们的国王通常是从某一个家族中产生的。僭主制指的是，处于这一政体中，某个人完全掌握着统治权，或者依靠强权，或者依靠行骗。所以，国家政体分为民主制、贵族制、寡头制、君主制和僭主制这五种。正义主要分为三种，第一种是与神有关的，第二种是与人有关的，第三种是与死者有关的。很明显，那些按照法律进行献祭的人以及那些耐心照料神庙的人，是与神有关的虔诚。那些归还欠款和物品的人，是与人有关的正义。那些看管坟墓的人，是与死者有关的正义。所以说，正义或者与神有关，或者与人有关，或者与死者有关。

［3.84］知识包括三种：第一种是实践性的，第二种是制造性的，第三种是理论性的。政治学、弹琴、吹笛等技艺是实践性的，因为它们所制造的东西看不见，但是有具体时间的过程，比如艺术家弹琴或出兑、政治家参与政治活动等；造船、建筑等是制造性的，它们可以制造出清晰可见的事物；音乐学、天文学和几何学等是理论性的，它们不存在任何具体行为，也不能制造出具体的东西，音乐学家思考的是声乐，天文学家研究的是宇宙和星象，

几何学家探索的是线条之间的联系等。也就是说，知识也是分门别类的，有的是制造性的，有的是实践性的，有的是理论性的。

[3.85]医学分成五种：第一种是药剂学，第二种是外科学，第三种是养生学，第四种是诊断学，第五种是治疗学。药剂学指的是利用药物来治疗病痛，外科学指的是利用切割与灼烧来确诊疾病，养生学指的是利用养生来指导病人消除病痛，诊断学指的是利用诊断来确定具体的疾病，治疗学指的是利用直接的治疗来帮助病人缓解痛苦。所以，医学分为五类，分别是药剂学、外科学、养生学、诊断学和治疗学。

[3.86]法律分成两种类型，即成文的和不成文的。成文的法律指的是指导城邦的公民进行政治活动的法律；未成文的法律指的是那种在习惯与风俗的基础上形成的规矩，比如，不允许身穿女人的服饰或者赤身裸体来到公民会议或者集市。实际上，任何一部法律都没有明文禁止这种行为，但未成文法可以进行约束。所以，法律有的是成文的，有的是未成文的。

言论分成五种类型，第一种是政治人物在民众大会上说的言论，是政治性的。第二种是修辞学家在其著作中运用的言论，主要用来指责、控诉、称赞或陈述，这种言论又被称为修辞。第三种是私人之间的交谈，这种言论是私人性的。第四种是人们进行简短问答时提问的人所采用的，这种言论是辩证性的。第五种是匠人就专业的技艺进行对话，这种言论是技艺性的。所以，言论分为五种类型，分别是政治性的、修辞性的、私人性的、辩证性的和技艺性的。

[3.88]音乐分成三种类型，第一种是通过嘴来呈现，比如唱歌。第二种是通过嘴和手来呈现，比如竖琴师一边唱歌一边伴奏。第三种是通过手来呈现，比如竖琴音乐。可见，音乐或者通过嘴来呈现，或者通过嘴和手来呈现，或者通过手来呈现。

高贵包括四种，第一种是如果祖先善良、正直而且优秀，他们的后代就是高贵的。第二种是如果祖先曾经是国王或者高官，他们的后代是高贵的。第三种是如果祖先曾经名望很高，比如出任过最高统帅或者在全国性的运动赛事中获胜过，他们的后代是高贵的。[3.89]第四种是如果一个人心胸豁达、灵魂崇高，这种人也是高贵的，而且是所有高贵的人之中最突出的。所以，有的高贵来自祖先的德行，有的高贵来自祖先的名声，有的高贵来自自身的优秀品德。

美好包括三种类型，第一种是赞美性的，比如，可以看见的美好形状。第二种是有用性的，比如一匹马、一件器皿或者类似的东西，都是因为其用途而变得美好。第三种是与生活习俗、法律法规、各种规范有关的事物，对利益来说，它们都是美好的。所以，有的美好是就赞美来说的，有的美好是就用途来说的，有的美好是就利益来说的。

[3.90]灵魂分成三部分：第一部分是理性的，第二部分是欲望的，第三部分是激情的。理性的部分是推论、决定、思考等诸如此类的事情的原因；欲望部分是性交、吃喝玩乐和所有与欲望有关的事情的原因；激情部分是快乐、痛苦、勇敢、愤怒的原因。所以，灵魂分为三部分，分别是理性的、欲望的和激情的。

完美的品德分成四种类型，分别是审慎、正义、勇敢与克制。[3.91]审慎让人行事正确；正义让人在合作与商贸合同中行为公正；勇敢让人在面对危险与恐慌时临危不乱；克制让我们能控制欲望，而不受快乐的奴役，有条不紊地生活。所以，德行包括审慎、正义、勇敢和克制四个部分。

统治分成五种：第一种依靠法律，第二种依靠自然，第三种依靠习俗，第四种依靠出身，[3.92]第五种依靠武力。依靠法律的统治，其城邦的所有官员都是由公民通过选举而产生的。依靠自然的统治，其统治者都是男性，这在人类和其他动物中都很普遍，无论身处何处，更普遍的现象都是男性统治女性。依靠习俗的统治，就是老师统治学生，家长统治孩子。依靠出身的统治，就是拉刻代蒙尼国王的那种统治，国王是某个家族的成员，而马其顿的统治也是依靠这种方式，因为那里的国王都源自于出身。还有一种是依靠武力或欺骗来进行统治，有悖于公民的意志。所以，统治要么依靠法律，要么依靠自然，要么依靠习俗，要么依靠出身，要么依靠武力。

[3.93]演讲分成六种。第一种是鼓动，即演讲者主张与某国结盟或向某国宣战。第二种是劝阻，即演讲者反对结盟或宣战，主张维持和平。第三种是控诉，即演讲者宣称为某人所伤害，并竭力证明这个人是罪人。第四种是辩护，即演讲正努力证明自己没有做坏事，也没有不妥的行为，[3.94]第五种是称赞，即演讲者赞美某人，证明这个人是善良而美好的。第六种是指责，即演讲者证明某个人是卑劣而低贱的。所以，演讲分为鼓动、劝阻、控诉、辩护、称赞和指责六种。

成功的言谈分成四种类型。第一种是说话的内容合适，第二种是说话的时长合适，第三种是说话的对象合适，第四种是说话的时机合适。所谓说话的内容合适，指的是那些话有益于演讲者与听众。说话的时长合适，指的是时间不太长，也不太短，恰到好处。[3.95]说话的对象合适，指的是如果与年长的对象说话，说的话必须与身份相匹配，不要冒犯年长者；如果与比你年轻的对象说话，说的话必须与身份相匹配，不要失误。说话的时机合适，指的是不要太早，也不要太晚，如若不然，你说的话就很难成功。

行善分成四种类型，分别是钱财方面的、身体方面的、知识方面的或言论方面的。当一个人给有需要的人送去钱财时，他就是通过钱财行善。当向受到不公平的殴打的人施以援手时，［3.96］他就是通过身体行善。指引或管教他人，或者传播某一种善，他就是通过知识行善。当人们来到法庭援助他人，为他人进行某种恰当的辩护时，他就是通过言论行善。所以，行善可以通过钱财、身体、知识或言论。

事情的完结分为四种。第一种是通过法律来完结事情，当一个议案被投票通过时，就是通过法律来完结。第二种是通过自然来完结事情，比如昼夜、四季与年份的更迭。第三种是通过技艺来完结，比如通过建筑技艺来修建房屋，或者通过造船的技术来建造船只。第四种是通过运气来完结事情，比如某件事情的结局并不是人们所设想的。所以，事情可以分别通过法律、自然、技艺或运气来完结。

能力分成四种，第一种是通过思想来做事，比如猜测或计算。第二种是通过身体来做事，比如外出、予以、获取等能力。第三种是通过大量的钱财或兵力来做事，比如一个国王拥有强大的能力。第四种是承受或造成好事或坏事的能力，比如人们拥有的教授、生病、康复等能力。所以，能力要么存在于思想中，要么存在于身体中，要么存在于钱财或兵力中，要么存在于承受或造就中。

［3.98］仁爱分成三种，一种是问候，比如要发自内心地问候你遇到的每个人。第二种是愿意向身处不幸的人伸出援手。第三种是热情好客，设宴招待所有人。所以，仁爱是通过问候、行善与交际几种形式呈现的。

幸福包括五部分，第一部分是深思熟虑，第二部分是健康的身体和灵敏的感觉，第三部分是获取成功，第四部分是拥有好名声，第五部分是生活富足，拥有财富。［3.99］深思熟虑来自良好的教育和丰富的经历。灵敏的感觉来自身体的各个部位与器官，一个人如果眼睛能看、耳朵能听、嘴巴和鼻子能感觉，那么，他就拥有灵敏的感觉。如果一个人能做正当的事并获得成功，他就是优秀的人。好名声指的是一个人在人群中拥有口碑与声誉。生活富足指的是一个人的各种生活必需都能得到满足，还有闲余可以援助朋友，可以慷慨地履行各项公共义务。一个人如果能拥有上述各个方面，那么，他就是真正幸福的。所以，幸福由五部分组成，分别是深思熟虑、健康的身体和灵敏的感觉、成功、好的名声和富裕。

［3.100］技艺包括三种类型，第一种是采矿与伐木等，它们是预备性或供应性的。第二种是木匠与铜匠等，它们是变形性的，因为木匠将石头制造成竖琴和笛子，而铜匠用金属制成兵器和器皿。第三种是运用工具的，比如

战术运用兵器、音乐运用竖琴与笛子、马术运用缰绳等。

［3.101］好有四种类型。第一种是拥有德行者，即个人的好。第二种是德性与正义本身，即好。第三种是食物、药物和适当的锻炼。第四种是吹笛、表演以及各种技艺。所以，好分成四种，分别是拥有德行者、德行本身、食物和有益的锻炼以及吹笛、表演、［3102］写诗等技艺。世间万物要么是好的，要么是坏的，要么是不好不坏的。那些总是造成损害的事情是坏的，比如愚昧、混乱、非正义等。与之相反的就是好，有的事情时而有益时而有害，比如坐、行、吃和睡，还有的事情是中性的，既无益处也无害处。所以，世间万物，或者是好的，或者是坏的，或者是不好不坏的。

［3.103］好的秩序分成三种类型。第一种，如果法律优良，就会有好的秩序。第二种，如果公民恪守已经制定的法律，也会有好的秩序。第三种，即便没有确立法律，公众还是会遵循好的生活方式以及健康的习俗，这也是好的秩序。所以，好的秩序分为三种，第一种是法律优良，第二种是公众遵守法律，第三种是公众按照好的生活方式与有益的习俗生活。

无秩序也分成三种类型。第一种是对本国人和外国人来说，现行的法律都很糟糕；第二种是公众不遵循现行的法律；第三种是根本没有确立法律。所以，无秩序的情况有三种，第一种是法律很糟糕，第二种是公众不遵循法律，第三种是完全没有法律。

对立分为三种情况。首先，善恶的对立、正义与非正义的对立、聪慧与愚钝的对立，还有类似的对立。其次，恶与恶也会形成对立，比如，奢侈与吝啬的对立、被扭曲的不义与被扭曲的正义的对立，还有诸如此类的恶与恶的对立。最后，还有轻与重的对立、慢与快的对立、白与黑的对立，［3.105］然而，这种对立与善恶无关。所以，在各种对立之中，有的是善与恶的对立，有的是恶与恶的对立，有的是不善不恶的事物之间的对立。

善也分成三种，有的善是排他性的，有的善是分享性的，有的善是始存性的。第一种善是排他性的，即独自占有，比如健康。第二种善是分享性的，不能独自占有，比如，没有人能独占善本身，只能与其他人分享。第三种善是既不能独占又不能分享，而且必然存在的，即始存性的善，比如优良与正义，这种善不能独自占有，也不能与人分享，而且必然存在。所以，善有三种类型，分别是排他性的、分享性的和始存性的。

［3.106］有三种类型的忠告：有的忠告是基于曾经的教训，有的忠告是基于未来的提醒，有的忠告是基于当下的劝谏。基于曾经的教训，比如拉刻代蒙尼人因为轻信他人而遭罪。基于当下的劝谏，就比如指明供养匮乏、人民胆怯、城墙薄弱等情况。基于未来的提醒，就比如不猜忌由年长者组成的

使节团，以免让使节蒙受委屈，还有损于希腊的威名。所以，忠告有的基于曾经，有的基于当下，有的基于未来。

[3.107] 声音分成两种类型，一种是有生的，另一种是无生的。所谓有生的声音，指的是生物的声音；所谓无生的声音，指的是器械的声音与噪声。有生的声音又分为两种，即成文的与不成文的；其中成文的声音如人的声音，不成文的声音如动物的声音。所以，声音分为有生和无生两种。

存在的事物分成两种，即可分的和不可分的。可分的事物中，有的可以分成类似的部分，有的可以分成不同的部分。不可分的事物指的是不是由其他部分复合而成的事物，当然也不具有可分性，比如点、音乐符号、单元等。可分的事物指的是由其他部分复合而成的事物，比如乐队、音节、[3.108]动物、水、植物、金属。如果事物是通过类似的部分复合而组成的，除了数目众多的情形以外，整体与部分是没有差异的，比如，金子、水、所有可熔的物质等，也就是说，这些事物都是同质的。世间万物有的是可分的，有的是不可分的；可分的事物中，有的是同质的，有的是不同质的。

现存的事物，有的是对自身而言的，有的是相对其他事物而言的。如果无须借助其他事物就能阐述清楚，那就是对自身而言的，比如马、牛、人等，[3.109]因为解释也不能加深人们对这些事物的理解。如果需要借助其他事物才能阐释清楚的，那就是相对其他事物而言的，比如，比什么大、比什么快、比什么美等；因为比较大的事物是相对比较小的事物而言的，比较快的事物是相对比较慢的事物而言的。所以，存在的各种食物，有的是就其自身来说的，有的是相对其他事物来说的。亚里士多德指出，柏拉图就是通过这种办法划分出了最本质的概念。

文法学家塞留科斯在他的著作《论哲学》第一卷中指出，另外还有四个名叫柏拉图的人，第一个是罗得斯的一名哲学家，他的老师是帕奈提俄斯；第二个是漫步学派的成员，他的老师是亚里士多德；第三个是普拉克斯法涅斯的学生；第四个是一名旧喜剧诗人。

第四卷

第一章　斯彪西珀斯[1]

[4.1] 上述有关柏拉图的那些论述，是我们深入研究过相关人士的各种言论之后汇编而成的。斯彪西珀斯是他的后继者，他是雅典人，居住在穆里诺斯镇，他的父亲是欧儒美冬，他的母亲是柏拉图的姐妹波托勒。从第108届奥林匹亚赛会[2]起，他开始主持学园，持续了八年。学院中的缪斯神殿是柏拉图主持修建的，后来，他在那里竖立了一尊慈惠女神的雕像。他在学说方面继承了柏拉图的观点，但是，在秉性、性格方面与柏拉图相去甚远。他脾气暴躁、易怒，不容易快乐。据说，他在盛怒之下将心爱的小狗摔在墙壁上；他为了寻欢作乐，赶去马其顿参加卡桑德洛斯的婚礼。

[4.2] 有人说，他的两名女学生曾经是柏拉图的追随者，即曼提尼克的拉斯特涅阿和佛利俄斯的阿克西俄特亚。据说，狄俄尼西俄斯曾经写了一封信给他，在信中嘲笑说："根据你的学生——那个阿尔卡狄克女孩，我们就可以判断你的智慧。柏拉图从不向来听他课的人收取任何费用，你反而向他们索要钱财，无论他们是否愿意。"狄俄多洛斯在《回忆录》第一卷中指出，他首先开始重视研究中共同的要素，而且尽力将它们彼此结合。凯纽斯指出，他也是首先揭穿伊索克拉特斯所谓的秘不可言的东西的人。[4.3] 另外，用来盛放柴火的大容量的提篮也是他发明的。他身体瘫痪后，让人给克塞诺克拉特斯送了一封信，邀请他前去管理学校。据说，他曾经坐在一辆马车上赶往学院，中途遇见了第欧根尼，他向对方问候并致意，然而，第欧根尼对他说："你居然能忍受这么窘迫的生活，我不愿向你致意。"老年时，懊悔折磨着他，他也因此失去了生命。我为他写了如下

1　斯彪西珀斯，也可译为斯彪西波，大约生活在公元前407年至公元前339年。在柏拉图之后，他出任学园主持，于公元前347年至公元前339年在任。

2　大约是公元前348年左右。

诗文：

如果我对斯彪西珀斯的去世并不知情，
这种说法或许不会让我动容——
他必然不是来自柏拉图的血统，
因为他原本不该因为这般小事就懊丧而死。

［4.4］普卢塔克在他的著作《吕桑德洛斯和苏拉的生平》中指出，他是得了一种"虱病"。而提谟特俄斯在《论生平》中写道，当时，他的身体已经虚弱不堪。他说过，有一个富人痴迷于各种奇形怪状的人，而斯彪西珀斯对富人说："你从这些人身上能得到什么呢？不如花诗歌塔仑特，我为你挑选一个容貌俊美的对象。"他留下了很多对话与回忆录，比如《库瑞涅人阿里斯提珀斯》《论快乐》一卷、《论友谊》一卷、《克雷诺马科斯》《公民》一卷、《论财富》一卷、《论正义》一卷、《论诸神》一卷、《论哲学》一卷、《答克发洛斯》一卷、《哲学家》一卷、《克发洛斯》一卷、《吕西阿斯》一卷、《论灵魂》一卷、《格鲁洛斯》一卷、［4.5］《阿里斯提珀斯》一卷、《技艺评论》一卷、《回忆录》（对话体）、《技艺》一卷、《关于事务相似性的对话》十卷和《论种和属的范例》《致狄翁、狄俄尼西俄斯和菲利珀斯的书信集》《答未见证者》《区分以及对相似性的假设》《论立法》《柏拉图颂》《定义》《回忆集编排》《数学家》《曼德洛波洛斯》《吕西阿斯》。以上著作总计43475行。提蒙尼德斯详细记载了他的生平，另外对狄翁和彼翁取得的成就也有所提及。法伯里诺斯在《回忆录》一书的第二卷中写道，亚里士多德用3个塔仑特买下了他的作品。除了他之外，还有一个名叫斯彪西珀斯的人，他是亚历山大里亚的专属医生，是赫洛菲洛斯学派的成员。

第二章　克塞诺克拉特斯[1]

[4.6] 克塞诺克拉特斯，他的父亲是阿伽特诺尔，他是卡尔克同[2]人。从很年轻的时候起，他就开始追随柏拉图，还与柏拉图一同去过西西里。他生性愚钝，因此，每当柏拉图将他与亚里士多德比较的时候，都会说："一个需要的是马刺，另一个需要的是笼头。"另外，他还说："我的两个学生，一个像驴，一个像马。"但是，从其他方面来说，克塞诺克拉特斯行为端庄稳重，总是一副愁眉苦脸的样子，于是，柏拉图对他说："克塞诺克拉特斯，给慈惠女神献祭。"他在学园度过了一生中大部分的时间。有人说，每次他去城里，所经之处，所有喧嚣的市民与雇佣都会让路给他。[4.7] 有一次，妓女佛瑞涅试图勾引他，装出一副有人追赶她的样子，来到了他的房间里躲避。他因为人道而收留了她，但是，他的房间里只有一张床，因此，他容许她一同睡在床上。最后，她几次三番胡搅蛮缠都没有成功，只能离开。之后，有人向她打听此事，她说，对方简直不是男人，只是一尊雕像而已。但是，还有一种说法是，当时是他的学生让莱斯与他同睡一张床的。但是，他拥有很强的自制力，甚至他的私处附近到处是灼伤。他很讲信用，因此，虽然证人在法庭上出席作证必须起誓，[4.8] 但他拥有不起誓的特权。他也很自立。有一次，亚历山大给了他一笔钱，但是，他只收了3000德拉克马，归还了剩下的钱，还说亚历山大比他更需要这笔钱，因为他还要养活他的百姓。另外，就像穆隆尼阿洛斯在《相似者》中说的，安提珀特若斯送给他的礼物也被婉拒了。他在狄俄尼西俄斯的宫廷里生活了一段时间，他在宴会上豪迈地喝酒，深受人们敬重，还得到一个金冠作为奖励。但是，他走出宴会厅，将它放在了赫尔墨斯的雕像上，就像他平日里将鲜花摆放那里一样。也有人说，作为使者，他和其他

1　克塞诺克拉特斯，也可译为塞诺克拉底，大约生活在公元前396年至公元前314年。他于公元前339年接替了斯彪西珀斯，成为学园主持，一直到公元前314年去世，前后一共25年。

2　卡尔克同，公元前685年麦加拉人所建立的一个殖民地。

几个人被派去拜见菲利珀斯[1]，他的同事接受了贿赂礼品，还应邀去参加宴会，与菲利珀斯交谈，但是，他拒绝这么做。菲利珀斯也因此不肯接受他。[4.9] 于是，使团重返雅典之后，有人说，克塞诺克拉特斯这次出行一事无成，还要处罚他。但是，他对人们说，现在更重要的是考虑城邦的利益（他说：因为其他人都接受了菲利珀斯的贿赂，但是，他不可能收买我），最终，人们决定将双倍的荣誉赐给他。之后，菲利珀斯也说，所有去过他宫廷的人里，唯一没有接受他的贿赂的人就是克塞诺克拉特斯。另外，他还曾经以使节的身份去拜见安提珀特若斯，希望为在拉米亚科斯战争中被抓住的雅典战俘进行辩护。他与安提珀特若斯邀一起进餐，他在交谈中引述了下面的诗句：

噢，喀尔刻[2]！你如果是正直之人，
在挽救你的同胞并亲眼见到以前，
哪里有心思品尝美味佳肴？

他的睿智让安提珀特若斯折服，当场把那些俘虏都释放了。[4.10] 有一次，一只老鹰紧紧追着一只麻雀，麻雀撞入了他的怀抱，他抚摸着它，放它走了。他还说，面对寻求庇护之人，不应该置之不理。面对彼翁的调笑，他毫无反应，因为他认为，悲剧不值得去回应来自喜剧的嘲弄。有一个人从没学过几何、天文学和音乐，却想要来听他讲课，他说"走吧，你在这里不会得到哲学"。也有人说，他当时说的是"你为梳理羊毛而来，不需要到我这里来"。[4.11] 有一次，狄俄尼西俄斯曾跟柏拉图说，他会失去自己的颈脖。当时，克塞诺克拉特斯恰好在场，他指着自己的脖子说："在失去我的这只脖子之前，谁都不能碰它。"有一次，安提珀特若斯来到雅典，主动和他打招呼，他却没有搭理对方，直到安提珀特若斯把所有的话都说完。他一点也不傲慢，每一天都会多次陷入沉默，据说，还经常在一个小时的时间里一言不发。他遗留了许多诗作、文稿和意见，比如《论智慧》六卷、《论财富》一卷《论自然》六卷、《论不确定者》一卷、《阿卡狄亚人》一卷、[4.12]《论孩童》一卷、《论益处》一卷、《论自制》一卷、《论死亡》一卷、《论自愿》一卷、《论自由》一卷、《论合情理》一卷、《论相反者》两卷、《论友谊》两卷、《论写作》一卷、《论记忆》一卷、《论幸福》两卷、《论审慎》两卷、《论谬误》一卷、《卡利克勒》一卷、《论虔敬》一卷、《德性的传承》一卷、《论和谐》一卷、《论学生》两卷、《家庭管理》一卷、

---

[1] 菲利珀斯，当时的马其顿国王。

[2] 喀尔刻，希腊神话中的一个女妖，经常将人变成猪。

《论明智》一卷、《论法律的力量》一卷、《论政制》一卷、《论德性》两卷、《论命定》一卷、《论存在》一卷、《论情感》一卷、《论生活方式》一卷、《论正义》一卷、《论型相》一卷、《论生命》一卷、《论快乐》两卷、《论勇敢》一卷、《论一》一卷、《论理念》一卷［4.13］《论诸神》两卷《论技艺》一卷《论知识》一卷《论灵魂》两卷、《论认知》一卷、《政治家》一卷、《阿尔克德谟斯或论正义》一卷、《论善》一卷、《毕达哥拉斯诸事》一卷、《要义》一卷、《论种和属》一卷、《论哲学》一卷、《论巴门尼德的作品》一卷、《划分集》八卷、《自然学讲稿集》六卷、《有关思想的诸问题》八卷、《逻辑问题释疑》十卷、《释疑集》两卷。此外，还有《待证命题集》二十卷，总计30000行；《关于对话的论述》十四卷，总计12740行，另外还有《有关说话的研究》十六卷、《论数学诸问题》六卷、《推理诸问题》九卷、《论几何学家》五卷、《论思想诸问题》两卷、《相反者》一卷、《数目理论》一卷、《论距离》一卷、《评注集》一卷、《论数目》一卷、《与天文学有关的诸问题》六卷、［4.14］《致亚历山大：君主制基本原理》四卷《致赫法斯提翁》、《论几何学》两卷、《致阿鲁巴斯》。这些作品一共有224239行。

他的大致情况就是这样。然而，有一天，他没有如期上缴从外地居民那里缴纳到的税款，于是，雅典人卖掉了他。他被法勒隆的德谟特里俄斯购买了，接着，德谟特里俄斯给了克塞诺克拉特斯自由，还给了雅典人税款。阿马斯特里亚洛斯的密洛尼阿诺斯在他的著作《历史的类似点辑要》第一卷中记载了这件事。克塞诺克拉特斯接替斯彪西珀斯，出任学园主持，持续了25年的时间，从吕希马喀德斯执政那时开始，也就是第110届奥林匹亚赛会的第二年[1]。有一天晚上，他被一堆器皿绊倒而死去，享年82岁。

［4.15］下面是我为他所写的文字：

青铜器皿绊倒了他，他的额头砸破了，
只听他大叫一声，死去了，
这位不折不扣的男人，克塞诺克拉特斯。

除了我们介绍的这位之外，还有六位名叫克塞诺克拉特斯的人。一位是很久以前的一名战术家……[2]。还有一位是我们上文介绍的这位哲学家的一个亲戚，他也是雅典的公民，他的一篇演讲名为《阿尔舍诺厄提俄斯》至今留

---

1 公元前339至公元前338年。
2 原文在此处有遗漏，应该是漏掉了关于第二位同名的人的相关介绍。

存于世，谈论的是一个名为阿尔舍诺厄的死者。第四位是一名哲学家，同时还是一位挽歌作家。可见，诗人创作散文总是能获得成功，而散文家创作诗歌却总是以失败告终，可见，前者拥有自然天赋，而后者拥有艺术天赋。第五位同名者是雕刻家。第六位则是阿里斯托克色诺斯提到过的一名歌曲作家。

第三章 波勒蒙

［4.16］波勒蒙是雅典人，居住在俄伊亚镇，他的父亲是菲洛斯特拉托斯。他年轻时挥金如土，放浪形骸，手头随时准备着钱财，以便随时发泄性欲，还经常将银钱藏在窄巷子里。甚至有人在学园里的一个梁柱附近挖出了三个奥卜尔。他在那里埋下银钱，目的也是一样的。有一次，他和几个朋友头上戴着花环，喝得醉醺醺的，冲进了克塞诺克拉特斯的学校。但是，克塞诺克拉特斯完全没有受影响，还是有条不紊地讲课，他当时讲的恰好是与克制有关的内容。这个小伙子逐渐被吸引了，他有了很大的变化，勤奋读书，希望超过其他的学生，希望有朝一日能管理这所学校。从第116届奥林匹亚赛会[1]开始，他果真成为了学园的主持。

［4.17］卡瑞斯托斯的安提戈洛斯曾经在《传记集》一书中指出，在公民之中，他的父亲是第一流人物，还专门为战车竞赛饲养马匹。因为与青少年私通，波勒蒙被他的妻子起诉了，控告他品行败坏。但是，当他开始潜心研究哲学之后，他开始修身养性，随时随地都注意自己的仪态。他还有一项特殊的技能，就是声音可以不变调，他也因此捕获了克冉托尔。有一次，他的大腿根被一条疯狗咬伤了，他却神色不改。当这个消息传入城里时，人们陷入了一片混乱，但是他毫不在意。［4.18］有一次，绰号被称为克吕泰墨斯特拉的尼科斯特拉托斯在他与克拉特斯的面前朗诵荷马的作品，他的朗读深深地感动了克拉特斯，而他却仿佛什么都没听见一样。总而言之，他与画家墨

---

1 他大约从公元前314年到公元前276年担任学园主持。

朗提俄斯在《论绘画》中所描绘的那类人很相似，这位画家说过，好的艺术作品应该是坚硬而固执的，人的性格亦当如此。波勒蒙曾经说过，我们应该在事实之中，而非对话的思辨时对自己进行训练，就好像一个人将各种音乐技巧记得烂熟于心，却从来不进行实际的操练，虽然对话的思辨对提问方面的能力有着显著的效果，但在安排生活方面毫无效果。此外，他高尚、从容、大方，借用一句阿里斯托芬评价欧里庇得斯的话，请求别人原谅他说话的那种"尖锐与刻薄"，[4.19]这种风格也是对肉体的放纵。

另外，他从来都不坐着与学生讨论问题，而是走来走去，进行辩论。他对高尚的事物心怀热爱，因此，城邦的人们也很尊重他。然而，他将自己关在学校的花园里，离群索居，而其他学生却住在周围搭建的小棚子里，离授课的廊厅和缪斯神殿都很近。从各方面来说，波勒蒙都努力地仿效克塞诺克拉特斯。在《论古代显贵》的第四卷中，阿里斯提珀斯指出，他曾经爱恋着克塞诺克拉特斯。他总是在脑海中牢牢地记住前任，还努力像他那样，刻板、友好、善良，尽可能地保持多利安人特有的那种庄重感。[4.20]他很喜欢索福克勒斯的作品，对这样的段落尤其热爱，按照喜剧诗人一贯的措辞就是：

一条摩罗西亚驯犬为他提供了帮助。
而且，用佛儒尼科斯的话来说，就是：
既不是甜而无味的酒水，又不是混合酒，
而是普拉姆尼[1]酒。

他认为，荷马堪称是史诗界的索福克勒斯，而索福克勒斯堪称创作悲剧的荷马。

他不断老去，身体也越来越衰弱，最终因高龄而死去，留下了很多作品。下面的诗句是我为他写的：

你听不到吗？我们埋葬了波勒蒙，
他躺在这里，筋疲力尽。
但是，不是波勒蒙躺在这里，而是他的尸体，
因为他，早已奔向星空，
只在地下的棺材里留下了腐朽的它。

1　普拉姆尼，是坐落于伊卡若斯岛上的一座山，当地盛产葡萄酒。

第四章　（雅典的）克拉特斯[1]

[4.21] 克拉特斯是雅典人，是安提格涅斯的儿子，他居住在忒里亚镇。他的老师是波勒蒙，同时，他们彼此爱怜，他从波勒蒙手里接手了学园主持的职责。他们两个人的关系亲密异常，不仅拥有相同的生活习惯，到了晚年，长得还格外相似，就连死后还被埋葬在同一座坟墓里。因此，安塔戈拉斯是这么评价他们两人的：

来来往往的外邦人，据说，
虔诚的克拉特斯和波勒蒙，
埋藏在这座坟墓里，
两人宽容大度，志趣相投，
他们妙语连珠，嘴里说出神奇的话语，
他们过着纯洁而智慧的生活，
听从于坚定的信念，
人们永远称赞他们。

[4.22] 阿尔克西拉俄斯曾经跟随忒俄弗拉斯托斯，后来又来到他们的学园求学。他评价他们说，他们简直是神，或者从黄金时代幸存下来的人。他们绝非庸俗之人，而是吹笛手狄俄尼索多洛斯所说的曲高和寡者。

这位吹笛手曾经自夸，从来没有人听过他优美的笛声，就像从来没有人听过伊斯美尼俄斯的那样，无论是在叮咚的山泉边，还是在惊涛骇浪的战船上。安提戈洛斯说，他们把餐桌摆放在克冉托尔的房间里。他们两个人与阿尔克西拉俄斯一同生活，相处和睦。据说，波勒蒙和克拉特斯以及一位名叫吕希克勒斯的公民住在一间屋子里，而阿尔克西拉俄斯和克冉托尔住在另一

---

[1] 克拉特斯，大约在公元前3世纪担任过学园主持。

间屋子里。我们在前面说过,波勒蒙爱恋着克拉特斯,而克冉托尔爱恋着阿尔克西拉俄斯。

[4.23]阿波罗多洛斯在他的著作《编年史》的第三卷中指出,克拉特斯在死后遗留下一些著作,一部分研究的是喜剧,一部分研究的是哲学,还有一部分是他在出国旅游或者民众机会上发表的演说。另外,他还培养了一批优秀的学生,阿尔克西拉俄斯就是这个人,我们在后面会介绍他,这是因为他也是克拉特斯的追随者;后来,他还成了忒俄多洛斯学派的一员。我们在阿尔克西拉俄斯之后就会谈到他。

名叫克拉特斯的人一共有十位。其中一位是一名旧喜剧诗人;第二位是一名来自特拉勒斯的修辞学家,他的老师是伊索克拉特斯;第三位是一名工兵,后来又当了矿工,他曾经为亚历山大效劳;第四位是一名犬儒派信徒,我们后面会谈到他;第五位是一名漫步学派哲学家;第六位就是我们现在介绍的这一位学园派人士;第七位是一位来自马罗斯的文法学家;第八位是一名著作家,曾经写过一本几何学方面的著作;第九位是一位碑铭诗人;第十位是一位来自塔尔索斯的学园派哲学家。

第五章　克冉托尔[1]

[4.24]克冉托尔来自索洛伊,他在自己的母邦深受人们的称赞,但他还是离开了那里,来到雅典,去那里听克塞诺克拉特斯讲课,与波勒蒙一同学习。

他所写的回忆录长达30000行,有人说,其中有一部分是阿尔克西拉俄斯所写。有人问他,为什么被波勒蒙所吸引,他说,因为波勒蒙说话的时候,声音既不尖锐又不低沉,恰到好处。有一次,他生了病,来到阿斯克勒普斯神庙隐居,时不时地在附近走动。于是,很多人纷纷从周围赶

---

[1] 克冉托尔,大约生活在公元前340年至公元前290年。

来,围绕在他身边,认为他来到那里并不是因为生了病,而是计划在那里创办学校。阿尔克西拉俄斯就是其中之一,他摆脱克冉托尔将自己介绍给波勒蒙认识,虽然他和克冉托尔互相爱慕,我们将在介绍阿尔克西拉俄斯时再来说这一点。[4.25]克冉托尔康复之后,又去听波勒蒙讲课,也因此受到人们称赞。有人说,他把所有的遗产都送给了阿尔克西拉俄斯,一共12塔仑特。有人问他死后想安葬在哪里,他说:希望被埋藏在故乡的土地深处。

他还喜欢写诗,写好之后将它们密封好,藏在故乡的雅典娜神庙中。诗人泰阿泰德是这样描述他的:

克冉托尔活着,令世人愉悦,令缪斯女神欢颜,
他未曾老去。
噢,大地,请接受这位死者吧。
愿他在那里,千载延绵,生活安康。

[4.26]克冉托尔最敬佩的诗人是荷马和欧里庇得斯。他说过,想要用最日常的语言创作悲剧并且引发观众的共鸣,这是一件很困难的事情。他还从柏勒若丰的传说中引用了以下诗句:

唉!然而,为何要"唉"?
我们已经承受着凡人的命运。

据说,如下诗句出自诗人安塔戈拉斯之手,这是克冉托尔讨论爱神的时候说的:

我的心灵困惑不已,既然有人对你的身世提出异议。
厄若斯,我是不是要将你视为不朽的诸神中第一,
又或者称你为老厄瑞波斯[1]和女王般的纽克斯[2],
出生在广袤的厄克阿诺斯[3]的孩子之中的年长者?
[4.27]或许,你是聪慧的库普里斯,又或许,是该亚,

---

1 厄瑞波斯,希腊神话中的幽冥,处于阳世与阴世之间。
2 纽克斯,夜神。
3 厄克阿诺斯,海洋之神。

或阿勒谟斯[1]的孩子？
你无依无靠，四处漂泊，
心怀对人们的善意与恶意。
你的身体拥有双重的性质。

他很擅长给事物取名。比如，他生动地描绘说，某一个悲剧演员的声音没有经过打磨，像是裹着一层树皮；他还说，某一位诗人的诗文布满了刀剑；他又说，忒俄弗拉斯托斯用牡蛎壳写成了自己的命题。他著有一篇名为《论悲痛》的论文，备受称赞。他得了水肿病，在波勒蒙和克拉特斯之前死去。

下面的诗句是我为他写的：

克冉托尔，你注定会患上糟糕的疾病，
你被埋藏于普路同的黑暗，那里深不可测。
你在那里惬意无比，
然而，学园与城邦索洛伊里，却就此失去了你的言论。

第六章　阿尔克西拉俄斯[2]

[4.28] 阿尔克西拉俄斯的父亲是修特斯，或者按照阿波罗多洛斯在《编年史》的第三卷的说法，他的父亲是斯库特斯。他从埃奥里斯的彼塔涅来。他就是中期学园的发端。他首次提出相反理论是相互否定的。他也首次就一个问题的两个方面展开论证，首次修改了柏拉图提出的理论，还将其理论修改为提问与回答的形式，使其更接近辩论术。他通过这种方式逐渐接近克冉托尔，他有四个兄弟，其中有两个兄弟是同一个父亲，还有两个兄弟是同一

1　阿勒谟斯，风神。
2　阿尔克西拉俄斯，大约生活在公元前318年至公元前242年。

个母亲。同母的兄弟之中，皮拉德斯年龄最大；同父的兄弟之中，墨尔瑞阿斯年龄最大，同时，也担当了他的监护人。[4.29]当他去雅典以前，他结识了数学家奥托吕科斯，成了他的学生，还与他结伴去萨尔迪斯旅行。不久后，他投身于雅典乐师克桑托斯门下，成了他的学生，接下来，他又拜忒俄弗拉斯托斯为师。最终，他圆度重演，来到学园，成了克冉托尔的学生。虽说他的兄长墨尔瑞阿斯希望他能潜心研究修辞学，但是他对哲学情有独钟。克冉托尔痴迷于他，还引用欧里庇得斯的《安德若墨达》中的诗句来试探他的态度：

啊，处子，我将你留下，你会不会感激我？
他是这样回应的：
噢，外邦人，请您收留我，我愿意当您的仆从或者您的床伴。

[4.30]于是，他们就一起生活了。有人说，当忒俄弗拉斯托斯得知他去了学园之后，大受打击，感叹道：一个容貌俊美、睿智聪慧、有勇有谋的年轻人从我的学校离去。

他不仅热衷于著述与理论，还创作了不少诗歌。他创作的致阿塔洛斯的一首诗留存至今，如下所述：

柏尔加谟斯[1]不仅因武器而扬名，
而且时常以在神圣比萨的战马而被人们所称赞。
倘若凡人的理智源于宙斯的意志，
以后也会被歌手传颂。

此外，还有一首致美洛多洛斯的诗歌，这个人是欧伽谟斯的恋人，同时也是他的学生：

[4.31]啊，卡达洛斯之子，美洛多洛斯，
你的故乡佛里基亚与神圣的苏阿提拉在遥远的地方。
然而，就像读语言说的，对不能言语的阿赫隆河[2]来说，
无论从哪里开始丈量，都是相等的路程。
欧伽谟斯为你修建了这座瞩目的墓碑，

---

1 柏尔加谟斯，指特洛伊城中的卫城。
2 阿赫隆河，指冥河之一。

这是因为，你是他诸多雇工中最喜爱的一位。

他更认可的诗人是荷马，临睡之前，他总是习惯诵读一段他的诗文，到了早晨，他就会说，他无论什么时候想要朗读荷马的诗文，都是在拜见他的挚爱。他对品达的评价也很高，因为他精通方言谚语，还创造了很多格言和词汇。年轻时，他还乐于研究伊翁。

［4.32］他还听过几何学家希珀尼科斯讲的课。有一次，某人对课程反应平平，一直打哈欠，因此，他对希珀尼科斯开玩笑说，这人张开大嘴时，几何学才能流入他的嘴里。后来那个人始终心不在焉，因此，他带着对方回到家中，照料并关心，直到完全恢复。克拉特斯死后，他成为学园主持，是一个名为索克拉提德斯的人让位给他的。据说，对于所有的问题，他都拒绝判断，因此，他一生中也没有写过任何著作。还有人说，他曾经修订过克冉托尔的一些著作。有人说，他公布了这些著作，也有人说，他烧毁了这些著作。他很钦佩柏拉图，拥有他大部分著作的抄本。［4.33］但是，也有人说，他致力于仿效皮浪。他潜心研究辩证法，还接受了厄瑞特里亚学派的理论。阿里斯通是这样评论他的：

他始于柏拉图，终于皮浪，
而他的过渡，是狄俄多洛斯。
而提蒙是这样评价他的：
墨涅德谟斯填满了他的胸怀，
他或者奔向皮浪，或者追随狄俄多洛斯。

不久后，他又进行了一番这样的叙述：

我将朝着皮浪与狄俄多洛斯游去。

他言语简洁凝练，尤其注重声誉，谈话时总是仔细区分术语的含义，［4.34］总是一针见血地击倒对方。因此，提蒙对他还有一番这样的评价：

总是将理智与狡黠的责备混合起来。

因此，他对一个谈吐莽撞的年轻人说："难道没有人在玩跖骨游戏中赢过他吗？"有一个狂妄的家伙对外宣称，他认为某一个东西并不比另外一个东西

141

大，对此，他反驳说："六指的东西是不是跟十指的东西一样长呢？"有一个开俄斯人名家赫蒙，很喜欢唱歌，英俊潇洒，总是身着华服，到处招摇过市，还宣称，他认为智慧之人是不会陷入情网的。对此，他反驳说："天啊，难不成容貌如你这么俊美、服饰如你这么华贵的人，都没有人爱你吗？"一个放浪形骸之人对阿尔克西拉俄斯怀有很深的恨意，于是，他说：[4.35]"啊，女王殿下，我可以问话吗？又或者一定要保持沉默？"

他反驳："女人啊，为何会这般粗野，却不像你所习惯的那般喋喋不休？"

一个人出身低贱、唠唠叨叨，给他带来了很多麻烦。因此，他说："奴隶的儿子始终与不节制为伍。"

一个人对他说了一连串的废话，他说，就连凶悍的乳母恐怕都不能对付他。他完全不愿搭理某些人。有一个放高利贷的人很喜欢进行辩论，他说，自己对某些事情是无知的。因此，他对他说：

雌鸟没有注意到风吹来的东西，
一直到她寻觅到雏鸟[1]。

这两句诗文引用自索福克勒斯所写的《俄伊若矛斯》。

[4.36] 有个辩证论者是阿勒克西诺斯的追随者，但是，他无法准确地讲述阿勒克西诺斯提出的某个论辩的价值所载，他就将菲洛克塞诺斯与砖匠之间的故事讲给他听，从而委婉地提醒他：菲洛克塞诺斯发现砖匠将他的曲子唱得一团糟，因此，他才践踏了他们生产出来的砖块，还说："就像你们践踏了我的作品，我也要践踏你们的作品。"而且，对于那些不懂得抓紧机会好好学习的人，他很不满意。进行辩论的时候，他会在冲动之下说出"我确信""某某（说出某个名字）肯定不会同意这些看法"等言论。他的这一点也被很多学生效仿，就像他们热衷于模仿他的演讲风格以及外貌特征那样。

[4.37] 他尤其擅长发掘论题，每当与对手针锋相对时，总是能一击致命，而且会将所提的问题回归到理论的轨道，使之能恰如其分地适应所有的场合。他有着卓越的说服能力，无人能与之媲美，所以，很多人争相投奔他，聚集在他的学校里。虽然总是被他狠狠地责备，但是他们却心甘情愿，因为他很善良，也很友爱，总是满怀着期望，鼓舞自己的学生。他在平时的生活里也很慷慨，总是乐于助人，而且没有丝毫傲慢，免得让对方觉得是在接受

---

[1] "雏鸟"一词的词根是"生产、分娩"，此外，还表示"婴儿"或"放债而产生的利息"等。阿尔克西拉俄斯在此处借用诗人的话，是为了讽刺放贷者只关心自己的利息，却毫不关心其他事情。

他的施舍。比如，他有一次前去看望患病的克特西比俄斯，细心地了解他缺少哪些东西，还悄悄地将一个钱袋放在了他的枕头下面。克特西比俄斯发现后，他说："这只是阿尔克西拉俄斯开的玩笑而已。"而他之后又在别的场合将1000德拉克马还给了克特西比俄斯。

［4.38］另外，他介绍阿卡狄亚人阿尔基阿斯与欧美涅斯认识，让前者得到了很高的官职。因为他生性慷慨，对钱财毫不吝啬，因此，他成为第一个花钱去看演出的人；他满心渴望地前去观看阿尔喀克拉特斯和卡里克拉特斯的演出，虽然观看演出的花费高昂，需要一块黄金。

他向很多人伸出援手，甚至为其募集捐款。有一次，有个人向他借银餐具来款待朋友，之后却没有还给他，他也没有再向对方要，就好像这件事压根儿没有发生。也有人说，他是故意借给对方的，因为对方穷困潦倒，因此，当他归还时，他将银餐盘作为礼物送给了他。在彼塔涅，他拥有一大笔家产，他的兄弟皮拉德斯送给了他很多财物。另外，他还从菲勒泰洛斯的儿子欧美涅斯那里得到了一大笔钱财，因此，在同一时期的所有国王中，欧美涅斯是唯一得到他赠送的著作的。

［4.39］很多人巴结安提戈洛斯，无论他何时来到雅典，都跑到他面前献殷勤，然而，阿尔克西拉俄斯不为所动，甚至不想结交他。他与穆尼西亚和珀奈欧斯的司令官希罗克勒斯是亲密的朋友，每当到了过节的时候，两人都会去拜访他。尽管希罗克勒斯再三试图劝说他前去拜访安提戈洛斯，但是，他都没有同意。有一次，他已经来到了大门前，最终还是转身回家了。海战结束后，数不清的人都去拜访安提戈洛斯，或者写信巴结他，但是，他始终保持着一贯的淡定。他的确曾经以城邦使节的身份去过德米特里亚斯，并在那里试图拜见过安提戈洛斯，但以失败告终。他所有的时间和精力都花在了学园，而远离一切政治活动。

［4.40］有一次，他去雅典，在珀奈欧斯逗留了很长一段时间，忙着讨论各种问题，却忽略了加深与希罗克勒斯的感情，因而受到一些人的非议。他奢侈浪费，尤其喜欢丰盛的宴会，然而，他只愿意与跟他有着相同品位的人一同进餐。他开诚布公地与来自爱利亚的女伴塞奥多特和菲拉在一起生活，有人因此嘲笑他，而他则援引了阿里斯提珀斯的格言来回应对方。他有恋童癖，尤其喜欢男童。因此，斯多葛派哲学家开俄斯的阿里斯通和他的追随者们向他提出了指控，他们辱骂他是一个胆大妄为之辈，终日里男娼女盗、道德败坏的年轻人。有人说，他对航海很着迷，曾经去过库瑞涅的德谟特里俄斯和穆尔勒亚洛斯的克勒俄卡瑞斯。就后者，民间流传着这样的说法：一群放浪形骸之辈在他的门前聚集起来，他自己很乐意让他们进到屋里，克勒俄卡瑞

斯却阻止了他。这个人还拥有一大批追随者，这些人里就有布格洛斯的儿子皮托克勒斯和拉刻斯的儿子德谟卡瑞斯。有一次，他们被阿尔克西拉俄斯抓住了，但是，最终还是被放了。因为这个原因，这群人紧咬着他不放，笑话他喜欢群氓，是一个贪慕虚荣之辈，每当他们邀请一大群朋友来为安提戈洛斯的儿子哈尔库俄涅俄斯过生日时（每当儿子生日，安提戈洛斯都会拿出一大笔钱给他们吃喝玩乐），他们都会羞辱他〔4.42〕。每当在享乐的场合，他总是会恳求人们不要一边喝酒一边讨论问题，而阿利德克斯还是向他发问，要求他进行详细的阐述，他说："哲学最显著的特征就是如此，那就是对任何一种东西的认识都要适时。"就他喜欢群氓的这一指控，提蒙做过说明，下面就是其中一段：

他们说，他陷在群氓的圈子里。
正如苍头燕围着一只猫头鹰，惊声尖叫，
有人斥责他精神恍惚，巴结乌合之众。

可怜的人，一点小事而已，为什么你被他们像傻瓜一样对待？

然而，他始终谦虚低调，甚至推荐自己的学生去其他人那里听课。有一个年轻人来自赫俄斯，对他做的研究很不满意，却很喜欢听上文提到的那个希罗尼谟斯的课程。他竟然亲自带着他来到那位哲学家面前，介绍他们互相认识，还劝说他一定要遵守纪律。

〔4.43〕此外，还有一个与他有关的趣事：有人问他，为什么有的人离开了原本的学校，赶去听伊壁鸠鲁讲课，而伊壁鸠鲁的追随者却一个都没有离开？他说："这是因为男人可以变成阉人，阉人却无法变成男人。"

临死前，他将全部遗产都给了自己的兄弟普纳德斯，因为在墨尔瑞阿斯不知情的情况下，普纳德斯带他去了开俄斯和雅典。他终其一生都没有娶妻生子。他留下了三分遗嘱，第一份在厄瑞特里亚，由安菲克里托斯保管；第二份留在雅典，由他的几位朋友保管；第三份他让仆从送回他家里，由他的一个名叫陶马希阿斯的亲戚保管。另外，他还写了一封信给这个亲戚：

阿尔克西拉俄斯向陶马希阿斯问好

〔4.44〕我将遗嘱托付给第欧根尼，让他转交给你。我体弱多病，因此，打算留下遗嘱，免得遭遇不测，不至于让你这位我很在乎的朋友为我的死过于悲痛。你是我在这里最信赖的人，因此，我将遗嘱交付于你，这既是因为你的年纪，也是因为我们之间的亲戚关系。请你记得，我将绝对的信任交付

于你，请遵循我留下的遗嘱进行公正处理，按照我的要求落实好。我将一份遗嘱的副本留在了雅典，一个我熟识的朋友代为保管，另外，还有一个副本留在了厄瑞特里亚，放在安菲克里托斯那里。

据赫尔米珀斯说，在去世前那段日子，他经常大肆饮酒，时常神志不清。他享年75岁，雅典人对他尊崇无比。

［4.45］下面是我为他写的文字：

阿尔克西拉俄斯，为什么你不爱惜身体，
大肆饮酒，丧失心智？
我怜悯你，不是因为你的死，
而是因为，你好酒贪杯，触犯了缪斯女神。

此外，还有三个名叫阿尔克西拉俄斯的人：第一个是旧喜剧诗人，第二个是碑铭体诗人，第三个是雕刻家。西蒙尼德斯为这位雕刻家创作了一首碑铭诗：

这是阿耳忒弥斯的雕像，
用两百帕若斯岛德拉克马和一头公山羊作为酬金。

它出自阿里斯托迪科斯尊贵的儿子阿尔克西拉俄斯的一双巧手，他拥有雅典娜的技艺。阿波罗多洛斯在《编年史》中记载，前面介绍的这位哲学家比较活跃的时间是在第120届奥林匹亚赛会期间[1]。

---

[1] 公元前300年至公元前296年。

第七章　彼翁[1]

[4.46] 彼翁在波律斯特涅斯出生，他祖辈也生活在这里，在他开始研究哲学前，他在这里长大。以上这些，他都告诉过安提戈洛斯。当时，安提戈洛斯问他：你是谁？从哪里来？你的母邦在哪里？你的父母是谁？

他感到，这位国王对他怀有轻视与偏见，因此，他说："我的父亲曾经是奴隶，后来被释放了，他经常用胳膊肘擦鼻子。"言下之意，他的父亲是卖咸鱼的商贩。"他是波律斯特涅斯人，毫无颜面，唯有他脸上刻着的字，那是他主人留下的严酷的标记。我的母亲来自妓院，只有我父亲这种男人才会娶她。后来，我父亲在某些事情上弄虚作假，结果，我们全家都被卖掉了。因为我还是一个讨人喜欢的小伙子，于是，一位修辞学家把我买了下来，他死了以后，我得到了他的财产。

[4.47] 我把他的书卷烧掉，带着所有的家当来到雅典，投身哲学研究。我的家世与血统就是这样。我的大概情况就是如此。因此，请佩尔塞俄斯和菲洛尼德斯不要再试图打探我。只是考察我本人吧。"

确实，从很多方面来说，彼翁都是一个能说会道的智者，却给试图践踏哲学的人留下了许多口实；然而，他在其他某些方面华而不实，享受逞匹夫之勇而带来的快感。他遗留了很多回忆录，还有一些教导人们如何为人处世的格言警句。比如，有人嘲笑他没有勇气追求一个年轻人，他反驳说：[4.48]"你不能用钓钩钩起一块软绵绵的奶酪。"有人问他，谁承受着更多的苦恼？他说："是那些最想过上好日子的人。"有人问他，应不应该结婚（实际上，这个问题与他本人也有关）？他说："如果你要迎娶的妻子长得很丑，结局对你来说就是惩罚；如果她长得很美，结局就是你和其他人分享她。"他认为，垂暮之年是病痛与邪恶的港湾，因为所有的不祥之物都在那里避难。名誉是德行的母亲。美丽是他人的善。财富是成功的动力。对一个肆意浪费祖上产业的

---

[1] 彼翁，具体生卒年不详，大约为公元前3世纪。

人，他说道："大地吞没了安菲阿剌俄斯[1]，而你却吞没了土地。"所谓的大不幸，就是能承受不幸。他谴责那些焚烧活人的人，认为他们麻木不仁，[4.49]至于那些用灼烧疗法为人治病的人，则是有仁心的。他多次强调，比起接受他人的恩惠，授予他人恩惠更有意义，因为前者既伤害身体又损害灵魂。他曾经斥责苏格拉底说，如果他需要阿尔基比亚德斯[2]，却又敬而远之，那他就是大傻瓜；如果他不需要，那么他的做法并不令人惊奇。他常常说，通往哈德斯的路很好走，因为在去世的时候人总是闭着眼睛的。他责备阿尔基比亚德斯，说他在少年时将男人们从女人身边勾引开，等到他长大成人，又将女人们从男人身边勾引走。那时候，雅典人痴迷于研习修辞，而他已经在罗得斯给人们讲授哲学。因此，有人斥责他，他反驳说，我种的是小麦，又如何能卖大麦呢？

[4.50]他指出，如果人们用来运水的容器完好无损，上面没有凿出小孔，那么，那些在哈德斯的人就应该受罚。一个路人因为想向他寻求帮助而不断纠缠，他说："如果你能把这些为你求情的人都赶走，但是你自己留下来，我就会帮助你。"有一次，他与一群恶徒结伴而行，中途遇见了海盗。他的旅伴说："他们要是认出了我们，我们就完蛋了。"他说："如果他们没有认出我，我也会完蛋。"他认为，进步的绊脚石是自负。他对一个一毛不拔的富翁说："不是他拥有财富，而是财富拥有了他。"他还说过，吝啬的人拥有财物，但是，他们获得的好处并不比财物属于其他人时更多。他指出，我们在年轻时渴望着勇敢，在暮年时谨慎却占据上风。[4.51]审慎比其他德性更重要，就像视觉比其他感觉更重要。他经常说，我们不应该对老年心怀怨念，因为我们所有人都盼望着老年生活的到来。他对一个满面愁容的造谣者说："不知道是你运气不好，还是其他人运气太好。"他说，将卑微的出身与言论的自由联系起来，这种做法是恶劣的，因为虽然它可以奴役人的身体，却强大了他的内心。

他认为，我们应该审慎地观察自己的朋友，注意他们身上有哪些特质，免得别人认为我们与卑劣之人为伍，却疏远了善良之人。

最初，他经常批判学园派的学说，哪怕他当时已经投身克拉特斯门下。接着，他接受了犬儒学派的观点，身上披着一件旧斗篷，提着一个破袋子。[4.52]因为要让他转而投入那种对什么都无所谓的学说，难不成还需要其他说明？后来，他去听了无神论者忒俄多洛斯讲授的论辩课，因此，他又开始

1　安菲阿剌俄斯，希腊神话里的阿尔戈斯国王，也是一位有名的预言家。他曾经远征前去攻打忒拜，最终遭遇失败，在逃跑的过程中，他被大地所吞没，又在众神之力的帮助下得到了永生。

2　阿尔基比亚德斯，指同性恋。

接受忒俄多洛斯派的学说。从那以后，他还听过漫步学派的忒俄弗拉斯托斯的课程。他热衷于卖弄，经常通过开玩笑来表现自己的与众不同，还喜欢用各种庸俗的字眼给事物取名。有人说，因为他将所有形式的论说混合起来，每当埃拉托司塞勒斯谈到他时，就称彼翁是第一个为哲学披上了华丽的外衣的人。他拥有与生俱来的模仿能力，滑稽而幽默，下面这个事例就与他的模仿有关：

> 噢，辛苦的阿尔库塔斯，你在弹奏之家出生，享受着虚妄的幸福，
> 你是人群之中最擅长把争斗推向高潮的那一个。

[4.53] 简单来说，他看不起音乐和几何。他喜欢奢侈浪费的生活，他总是在各个城邦间迁徙，有时候还想尽一切办法虚张声势。比如，他在罗得斯雇用了一群水手，让他们装扮成有学识的人的样子，优哉游哉地跟在他身后；当他们来到体育场，人们都用羡慕的目光盯着他们看。他还习惯收下某些年轻人作为义子，既是为了从他们那里得到快乐，又是为了处于他们的保护之下。而且，他很自私，总是霸占朋友的东西。正因为这样，虽然有人经常来听他的课程，却没有人愿意成为他正式的门徒。[4.54] 当然，在他的指导下，有人从他那里学会了无耻。比如，拜提翁是他的好友，他曾对墨涅德谟斯说："墨涅德谟斯啊，我曾经与彼翁共度良宵，对我来说，这并不是荒唐的行为。"与他人交谈时，他经常流露出一种无神论的态度，他从忒俄多洛斯那里接受了这种观点。后来，他染上了重疾，最终，在卡尔基斯去世。当地的人说，他们曾劝他佩戴护身符，为自己曾经冒犯神灵而忏悔。他身患重病，却没有人照顾他，他的处境变得非常艰难，后来，安提戈洛斯送给了他两名仆役。法伯里诺斯在《历史杂记》中记载，不久后，国王本人也病倒了，躺在一个担架上。

他死得很凄凉，但是，我还是写了一段文字谴责他：

[4.55] 据说，在波律斯特涅斯那片土地上出生的
司库塞萨的彼翁确信，诸神是不存在的。
他如果坚持这一观点，这种说法就变得理所当然：
"他随心所欲，固然不妥，却冥顽不灵。"
如今，当疾病长期折磨着他，而且开始恐惧死亡时，
这位确信诸神不存在，甚至对庙宇不屑一顾的人，
[4.56] 这位时常取笑为神献祭的凡夫俗子的人，

他在祭坛、炉灶、餐桌上，
摆满了香油、烤肉以及各种祭品，只为讨诸神的欢心，
他祈祷"请宽恕我曾经的过错"，
而且允许女巫将疗伤咒语缠绕在他的脖子上，
并心甘情愿地用皮带捆绑自己的胳膊，
[4.57] 在门口挂满刺荆和月桂的嫩枝，
除了死亡，他谄媚地侍奉一切。
他想当然地认为，某种酬劳可以取悦神灵，
此时，唯有彼翁虔诚地相信诸神的存在。
然而，这一切都是白费心思，随着这寄生虫化作灰烬，
他鼓掌欢呼，"你好！你好！普路同[1]！"

[4.58] 一共有十位名叫彼翁的人。第一位是普洛孔涅西人，他与叙利亚的斐瑞居德斯生活在同一时期，写了两本伊奥尼亚方言方面的著作；第二位是叙拉古人，曾经写过有关修辞学技巧方面的著作；第三位就是我们上文所介绍的这位；第四位是阿布德拉人，是一位数学家，也是德谟克利特的追随者，使用阿提卡和伊奥尼亚方言来写作，他首次指出，世界上存在着这样的地方：那里的白昼持续六个月，而夜晚也持续六个月；第五位是索洛伊人，写过一本有关埃塞俄比亚的书；第六位是修辞学家，创作过九本用缪斯女神来命名的书；第七位是一名抒情诗人；第八位是一位来自米利都的雕刻家，波勒蒙曾经谈起过他；第九位是一名悲剧诗人，属于塔尔索斯[2]诗人中的一员；第十位是一位来自克拉佐美尼或开俄斯的雕刻家，希珀纳克斯曾经谈论过他。

---

1 普路同，是冥界主神哈德斯的一个别称，意思是"财富的授予者"，这是因为最初的财富是谷物，是从地下生长出来的。

2 塔尔索斯，处于小亚细亚东南部的奇里乞亚。

第八章　拉居德斯[1]

　　[4.59] 拉居德斯，是库瑞涅人，他的父亲是亚历山大。他创立了新学园，同时，他也是阿尔克西拉俄斯的后继者。他的性格庄重威严，拥有众多追随者。他从年轻时就异常勤奋，虽然家境贫寒，却很受人喜欢，人缘也很好。有一个趣事是关于他管理家务的。无论什么时候，他只要从储物间取了任何东西，都会重新打上封印，并从孔口将钥匙扔进去，之所以这么做，就是为了让别人不能开启封印，把储物间的东西拿走。然而，不久后，他的仆人得知了他的这个秘密，他们拆开了封印，从里面拿走了很多东西，再如法炮制地从孔口将钥匙扔回储物间。而且，他们这么做一直都没有被发现。

　　[4.60] 拉居德斯经常在学园里讲课，有时候，他也去国王阿塔洛斯的花园里讲课。为了奖励他，这座花园用他的名字命名，取名为拉居得俄斯。比起他的前任，他做了一件特别的事情，当他尚在人世时，他就将学校的管理权交给了特勒克勒斯和欧安德洛斯这两个佛开亚人。珀尔伽谟斯的赫格希诺斯是欧安德洛斯的后继者，而他的后继者则是卡尔涅阿德斯。有人曾经这么赞扬拉居德斯：有一次，阿塔洛斯派仆人前去邀请他，而他却回绝说，应该从远处眺望雕像。他到了晚年开始研究几何学。有人问："现在还适合学吗？"对此，他说："难道现在还没到合适的时候？"

　　[4.61] 从第 134 届奥林匹亚赛会的第四年[2]，他开始出任学园的主持，等到他去世时，已经任职 26 年。他最终瘫痪去世，主要是因为过度饮酒。我为他写了下面的一端双关文：

　　噢，拉居德斯，我听闻你已经解脱，
　　你的脚被酒神巴库斯拖着，没入冥土。

---

[1] 拉居德斯，柏拉图学园的主持，在职时间长达 26 年，大约从公元前 242 年至公元前 216 年。

[2] 公元前 241 年 7 月至公元前 240 年 6 月。

显然，当狄奥尼索斯的怒火熊熊燃烧时，就会突然松手，这就是为何他的别称是吕埃俄斯[1]。

第九章　卡尔涅阿德斯[2]

[4.62]卡尔涅阿德斯的父亲是厄皮科谟斯，但是，亚历山大在《后继者》里指出，他的父亲是菲洛科谟斯，他是库瑞涅人。他对斯多葛派进行了深入研究，尤其是克律希珀斯[3]的著作，恰如其分地批驳了它们，从而为自己赢得了名望。因此，他说：

没有克律希珀斯，就不会有我。

这个人无比勤奋，他在伦理学方面建树颇多，但在自然学方面的贡献则比较少。因为他埋头研究，因而没有闲心打理一头浓密的头发和长长的指甲。他在哲学上很有见地，因此，很多修辞学者纷纷离开原来的学校，如潮水般地涌向他那里，去听他的课程。

[4.63]他的嗓音十分洪亮，体育训练场的管理者忍受不了，只能跑去求他放低声音。对此，他说："那么，请你说一说如何衡量声音高低的尺度。"接着，那个人给出了一个报复性的答案，他说："尺度就在你听众的心里。"在辩论方面，他有着惊人的天赋，在探讨某个问题时，他是一个刁钻的对手。正因为上述种种原因，他经常恳求别人，不要强迫他留下来参加宴会。有一个名叫门托尔比的图尼亚人是他的学生，这个人守在他的身边，终日消磨光阴。

1　吕埃俄斯，在希腊文里是"解脱者、松绑者"的意思。
2　卡尔涅阿德斯，大约生活在公元前213年至公元前129年。
3　克律希珀斯，也可译为"克律西波"，大约生活在公元前280年至公元前207年。他是斯多葛哲学家，被奉为斯多葛学派的第二创始人。

法伯里诺斯在《历史杂记》中写道，有一次，门托尔看上了他的小妾，通过模仿，他在言谈间嘲笑了自己的老师：

[4.64] 有一个老头在海边徘徊，
没错，他的身形和声音都跟门托尔很像。
我宣布，他已经被这所学校驱逐。
对此，门托尔站起来说：
有的人在宣布，还有的人则很快聚集起来。

他看上去对死亡心怀胆怯，经常唠叨着：

"自然造就了世界，也终将令其消亡。"然而，当他知道安提珀特若斯饮下了一杯毒酒而去世时，这种慨然赴死的英勇行为深深地震撼了他，于是，他说："也把它交给我吧！"周围的人问："什么东西？"他说："一杯加了酒水和蜂蜜的药。"听说，他去世的时候，月食出现了。有人说，这种现象暗示着天空中仅次于太阳的美好星体在向他道别。

[4.65] 阿波罗多洛斯在《编年史》一书中指出，他在第162届奥林匹亚赛会的第四年[1]去世，享年85岁。他曾经写了几封信给卡帕多基亚国王阿里阿拉特斯。他本人没有留下任何著述，与他有关的学说都是由他的学生编撰而成的。我用混合音体为他创作了一首诗文：

噢，缪斯，你为何让我责备卡尔涅阿德斯？
因为他不知道，所有人都知道他有多么怕死。
当疾病吞噬着他的身体，
他却无法解脱。
在他得知安提珀特若斯的生命之火因饮鸩而熄灭时，
[4.66] 他高呼一声："请让我也喝一杯吧！""你要什么？"
"给我一杯加了蜜酒的毒药。"他急切地说，
"自然造就了世界，也终究会使之消亡。"
他也一样，在地下长眠，
他坎坷的旅程由此终结，很快就会抵达那里。

1　大约是公元前129年。

有人说，他的眼睛患有夜盲症，他对此却并不知情，还经常催促仆从为他点灯。仆从把灯拿到他面前，说："灯在这里。"他说："请你读书给我听。"

他的学生人数众多，其中最值得我们了解的就是克雷托马科斯，我们之后会专门介绍此人。另外，还有一个名叫卡尔涅阿德斯的，这是一位挽歌诗人，但是，诗歌的风格很呆板。

第十章　克雷托马科斯[1]

[4.67]克雷托马科斯原本叫作阿斯德鲁巴斯，他是迦太基人，在他的家乡，他用母语讲授哲学。后来，他前往雅典，在那里听卡尔涅阿德斯讲课，当时，他已经四十出头。他发奋苦学的品质打动了卡尔涅阿德斯，因此，卡尔涅阿德斯就教他如何做学问以及如何做人。他勤奋刻苦，所写论著有400多篇。他接替了卡尔涅阿德斯，成为学园的主持，通过写作的方式来详细地阐述自己的学说与观点。在学园派、漫步学派和斯多葛派这三大学派中，他都是佼佼者。对于整个学园派的人，提蒙这样嘲笑他们：

学园派的唠叨索然无味。

回顾完始于柏拉图的学园派之后，接下来，我们开始介绍漫步学派，他们也同样发祥于柏拉图，而亚里士多德是这一学派的开创者。

1　克雷托马科斯，从公元前129年开始出任学园主持。

153

第五卷

第一章　亚里士多德[1]

[5.1]亚里士多德的父母是尼科马科斯和斐斯蒂丝，他是斯塔吉拉[2]人。赫尔米珀斯在《论亚里士多德》中指出，尼科马科斯的父亲是马喀翁[3]的儿子尼科马科斯，而马喀翁的父亲则是医神阿斯克勒匹俄斯的儿子，与马其顿国王阿明塔斯[4]相交甚笃，作为对方的医生和挚友，两人在一起生活。在柏拉图诸多学生中，他尽得柏拉图的真传。雅典人提谟特俄斯在《论生平》中指出，他说话口齿不清，而且他的腿瘦瘦小小，眼睛也很小，很讲究穿衣打扮。按照蒂迈欧的说法，他有一个儿子，名字也叫作尼科马科斯，是他与小妾赫尔普莉丝生的。[5.2]柏拉图还在世时，他从学园离开。因此，柏拉图说："亚里士多德一脚把我踢开，就好像小马驹一脚踢开了它的生母。"赫尔米珀斯在《生平录》一书中指出，当克塞诺克拉特斯出任学园主持的时候，他并不在场，而是以雅典使节的身份赶往菲利珀斯的宫廷；他回来之后，发现已经有其他人主持学校了，于是，他又在吕克昂[5]选了一片地，用来漫步。他经常在那里与学生一边散步，一边探讨哲学，一直聊到需要用橄榄油来擦拭全身的时间。因此，他们被称为"漫步学派"。但是，也有人说，之所以称为"漫步学派"，是因为亚历山大[6]生了一场大病，亚里士多德在其康复期间经常陪他一同散步，并且就某些问题展开讨论。

[5.3]后来，越来越多的人聚集在他身边，于是，他坐下来讲课，还说：

1　亚里士多德，公元前384年至公元前322年。

2　斯塔吉拉，地处希腊北部地区，距离爱琴海只有3公里。

3　马喀翁，希腊神话里的医生，参加过特洛伊战争，在战争中治愈了墨涅拉俄斯等。

4　阿明塔斯的执政时间为公元前393年至公元前370年。他是之后的马其顿国王菲利珀斯二世的父亲，也就是亚历山大大帝的祖父。

5　吕克昂位于雅典的东郊，是雅典的三大体育场之一，吕克俄斯阿波罗神庙就坐落在附近，因而得名。

6　亚历山大曾经是他的学生，后来成为马其顿大帝。

保持沉默，却让克塞诺克拉特斯说话，这么做是可耻的。他训练他的学生如何演讲，同时，还教授他们如何对命题展开讨论。他后来又投奔了阉人赫尔米阿斯，这个人是阿塔尔纽斯[1]的僭主。据说，他从那时起开始宠爱俊美的少年。还有人说，他与赫尔米阿斯结了亲，后者将自己的女儿或侄女许配给了他，在《同名诗人和作家》一书中，马格涅西亚的德谟特里俄斯也持有相同的看法。此外，也有人说，赫尔米阿斯是比提尼亚人，他曾经是欧布洛斯的奴隶，后来，他杀害了主人。阿里斯提珀斯在他的著作《论古代显贵》第一卷中指出，[5.4]亚里士多德迷上了赫尔米阿斯的小妾，当赫尔米阿斯允许之后，迎娶了她。为了表达自己的喜悦，他为一个女人献祭，正如雅典人向埃琉西斯的得弥忒耳献祭那样。为了纪念赫尔米阿斯，他还专门写了一首赞歌，我们将在后文提到这首赞歌。之后，他在马其顿菲利珀斯的宫廷里生活，并成为了国王之子亚历山大的老师；他的母邦被菲利珀斯摧毁，他还恳求亚历山大为他重建母邦，而亚历山大答应了他的请求；他专门为当地人民制订了一部法律。另外，他还为自己的学校制定了一项规定，那就是实行轮值主席制度，每十天指派一名主席上台，这一点是模仿塞诺克拉特斯。接着，他出身前往雅典，还将他的同胞奥林索斯的卡里斯特勒斯推荐给了亚历山大。[5.5]然而，卡里斯特勒斯说话过于直接，总是喋喋不休，还听不进劝告。有人说，亚里士多德曾经引用了下面这番话来责备他：

  我的孩子，我想你会英年早逝，源头是你的言语。

  结果果真如此。有人怀疑他与赫尔谟拉俄斯合谋，想要对亚历山大不利。因此，亚历山大将他关押在铁笼子里，到处游行。他全身上下长满了虱子，又没有人照顾他，最终，他被扔进了狮子的笼子里，就这样死去。我们接着讲亚里士多德。他在雅典主持学园，前后持续了13年，直到祭司欧儒美冬控告他对神不敬，他选择了隐退，去了卡尔基斯[2]。根据法伯里诺斯在《历史杂记》里的说法，提起控告的是德谟菲洛斯，理由是前面介绍过的，他曾经为赫尔米阿斯写过赞歌，[5.6]另外，在德尔斐的雕像上，他还刻下了下面这首碑铭体诗：

  持弓的波斯国王不懂虔诚，谋杀了这个人，

---

  1 阿塔尔纽斯，也可译为阿塔纽斯，地处小亚细亚北部米西亚地区的一座城邦。

  2 卡尔基斯，也可译为卡尔塞斯，坐落于优卑亚岛，是亚里士多德母亲的家乡，有人说，他母亲在当地还有房产。

这违反了诸神神圣的法律，
他不是公然用血腥长矛赢得了胜利，
而是利用他人的信任进行欺骗。

欧美洛斯在《历史》第五卷中写道，他喝了一种含有乌头根的毒水，在卡尔基斯死去，享年70岁。这位作家还指出，他是在30岁那年投靠柏拉图的。然而，实际上，他的说法是错的，因为亚里士多德只活到63岁，他是在17岁那年成为柏拉图的学生的。

上文提起过的那首赞歌如下：

[5.7] 啊，德行，凡夫俗子要辛劳才能得到，
你乃人生至高无上的恩典，
啊，少女，为了你的青春美好，
人们注定要笼罩在死亡的阴影下，忍受着无穷无尽的困苦，
然而，这在希腊乃是荣光。
你将力量注入心灵，永垂不朽，
比黄金更宝贵，比父母或酣梦更可亲可敬。
宙斯之子赫拉克勒斯和勒达[1]的儿子们，
忍受着千难万苦，
只是为了获取你的力量。
[5.8] 为了凝视你，阿喀琉斯和埃阿斯赶往哈德斯的地府；
你的形象友善而迷人，
就连阿塔尔纽斯的后裔也失去了太阳的万丈光芒。
缪斯，记忆女神的女儿，
向世人称赞保护神宙斯的威严，
奖赏牢不可破的友情，
四处传颂他的事迹，让其万古长青。
为也为这位哲学家创作了下面的文字：
欧儒美冬，德俄的神秘祭司，
试图控告亚里士多德对神不敬，
然而，他一口喝下了乌头根毒水，

---

[1] 勒达，希腊神话里埃托利亚国王的女儿。据说，宙斯为她的美貌而着迷，她在河中沐浴时变身为天鹅，而宙斯趁机与她苟合，让她怀孕，最终生下了波吕丢刻斯和海伦。

躲过了诉审。

就这样,他战胜了不义诽谤。

[5.9] 法伯里诺斯在《历史杂记》一书中指出,亚里士多德是历史上第一个为自己写法庭辩论演说辞的人,这场演说中还援引了他曾经在雅典说过的一段话:

梨上覆盖着梨,会又老又熟,无花果上叠放着无花果,结果依然。

在《编年史》中,阿波罗多洛斯指出,他在第99届奥林匹亚赛会的第一年[1]出生。他在17岁那年成为柏拉图的学生,与他一起度过了20年。第108届奥林匹亚赛会的第四年,也就是欧布洛斯执政期间,他去了米提利勒。那届赛会的第一年[2],当时正值忒俄菲洛斯执政期间,柏拉图去世了,不久之后,他来到赫尔米阿斯那里,[5.10] 跟他一同生活了两年。到了第109届赛会的第二年[3],也就是普索多托斯执政期间,他开始在菲利珀斯的宫廷生活,亚历山大当时只有15岁。到了第111届奥林匹亚赛会的第二年[4],他重新返回雅典,开始在吕克昂兴办学校,在那里生活了13年;接着,第114届奥林匹亚赛会的第三年[5],他来到卡尔基斯,过上了隐居生活,最终无疾而终,去世时63岁。当时正好是菲洛克勒斯执政期间,德谟斯塞勒也于同一年在卡劳瑞亚去世。有人说,他曾经把卡里斯特勒斯推荐给了亚历山大,这位国王还因此被惹怒;而国王为了报复他,对阿那克西美尼大肆称赞,还送礼物给克塞诺克拉特斯。

[5.11] 安布鲁翁在《论忒俄克里托斯》一书中指出,为了嘲笑他,开俄斯的忒俄克里托斯创作了下面这首碑铭体诗:

亚里士多德头脑空空,
为阉人和欧布洛斯的奴隶赫尔米阿斯,
他写了一篇空洞无物的文字;
强烈的食欲本能驱使着他,

---

1 公元前384年至公元前383年。
2 公元前345年至公元前344年。
3 公元前347年至公元前346年。
4 公元前342年至公元前341年。
5 公元前335年至公元前334年。

他在波尔波鲁若斯[1]的壶中生活，而不是在学园里。

提蒙也写了下面的诗句来攻击他：

不，亚里士多德并不辛劳，他很随意。

亚里士多德的生平就介绍到这里。我恰好读过他写的遗嘱，大概内容是：

希望一切都好，如果有任何不测发生，亚里士多德已经做好了这些安排。我将遗嘱托付给安提珀特若斯[2]，[5.12]负责料理所有事务；当尼卡诺尔[3]来这里之前，如果愿意的话，请拜托希帕尔科斯、狄俄特勒斯提马尔科斯、忒俄弗拉斯托斯和阿里斯托美涅斯负责照顾我的孩子、赫尔普莉丝以及我的遗产。等我女儿长大成人之后，她就嫁给尼卡诺尔；但是，如果当她结婚以前或者她结婚了但是还没生孩子的时候，她发生了任何不测（但愿不会发生这种事），尼卡诺尔有权按照他自己的意愿处理这孩子以及所有事宜。尼卡诺尔，请父亲与兄长一样，用恰当的方式照料我的女儿和儿子尼科马科斯。如果尼卡诺尔在我的女儿成婚之前，或者虽然成婚了但是生孩子之前，发生了任何不测（但愿这样的事情不会发生），[5.13]他只要作过任何安排，都是有效的；如果忒俄弗拉斯托斯愿意与我的女儿一同生活，他将具有我赋予尼卡诺尔的同样的权利，如果他不愿意这么做，各位受我所托的人就要和安提珀特若斯商量，看应该用哪种合适的方式来照顾我的女儿和儿子。为了纪念我还有赫尔普莉丝对我无比真诚的感情，尼卡诺尔和各位受我所托的人要尽力照顾她。如果她想再嫁给其他人，要保证她嫁给一个有用的人。

除了她目前拥有的一切，再额外给她1塔仑特银子，另外，除了在她身边照顾她的女仆和男仆皮尔奈俄斯之外，再让她随意挑选三个喜欢的女仆；[5.14]如果她愿意在卡尔基斯继续生活下去，就让她住在那间靠近花园的小屋；如果她想去斯塔吉拉生活，就将我父亲的那间房子送给她。无论她选择住在上述两处住所的哪一处，各位受托之人都要选择合适的家具，摆在房屋里。尼卡诺尔，请帮我照顾男孩密尔谟克斯，用一种恰当的方式把他以及

---

1 波尔波鲁若斯，指的是"烂泥、污泥"的意思。

2 安提珀特若斯，亚历山大手下的一名大将。亚历山大率领大军远征期间，将大后方，也就是马其顿和希腊交给他负责防守，后来他与亚历山大渐生嫌隙。而他与亚里士多德的关系很好。

3 尼卡诺尔，普诺克塞洛斯的儿子、亚里士多德的姐夫，同时也是他的监护人，因为亚里士多德的父母在他13岁时去世了。

存放在我们这里的属于他的财产交给他的朋友。要让安布拉基丝重获自由，在我女儿结婚时，还要将她现在的那名女仆以及500德拉克马都交给她。而塔勒，除了她现在的那名买来的女仆之外，[5.15]再给她一名女仆以及1000德拉克马。西蒙，除了之前交给他的银子以外，再买一个仆童给他，或者再交给他一些银子。我女儿成婚的时候，应该还给菲洛、厄吕姆匹俄斯、图孔以及他们的孩子自由。那些曾经伺候过我的仆童，都不能卖掉，而应该继续雇佣他们；当他们长大成人之后，可以根据情况考虑是否让他们重获自由。各位受托人要注意一点，一旦我交给格儒利翁进行雕刻的那些雕像完成了，就要将它们都树立起来，这些雕像分别是尼卡诺尔的、普洛克塞诺斯的，还有尼卡诺尔母亲的；还要将阿利涅司托斯的半身像也树立起来，表示对他的缅怀与纪念，[5.16]因为他没有留下子嗣；还要在涅墨亚的得弥忒耳神庙里供奉我母亲的雕像，也可以由他们找一处其他的适合的地方。无论他们将我的尸骸安葬在何处，都遵循皮提阿丝的嘱咐，将她的骨灰埋葬在那里。为了实现我以他的名义立下的誓言，当为尼卡诺尔安全返回而庆祝时，要在斯塔吉拉为他一尊与他同样大小的石像，作为给宙斯和雅典娜的献祭。

他的遗嘱到此为止。有人说，曾有人发现过许多他使用过的碟盘。吕孔说过，他在浴盆里灌满了热油，在里面洗澡，洗完后，又把油卖给其他人。也有人说，他曾经在肚皮上贴上了一块暗沉的热油皮；还有人说，他无论什么时候睡觉，总会在手心里握着一个铜球，下面摆放上一个器皿，当球掉进器皿的时候，发出的声响就会吵醒他。

[5.17]他说过以下这些美好的格言。有人问，说谎者有何好处？他说："当他们说真话时，没有人会相信。"有一次，他救济了卑劣之徒，有人指责他，他说："他救济的是人，并不是品性。"他有一个习惯，那就是无论何时何地，他都闲不下来，他无时无刻不对身边的朋友和听众说，就像视觉吸收空气里的光线，灵魂也摄取数学里的养分。他竭力强调，虽然雅典人发明了法律与小麦，但是，他们只会用小麦，而不会用法律。

[5.18]他说，虽然教育的根基是苦涩的，结出的果实却是香甜的。有人问，什么东西会迅速衰老？他说："感激。"有人问，何为希望？他说："醒着的梦。"有一次，第欧根尼送给他一把干无花果，他发现，如果拒绝了对方，对方就无法提出早已准备好要提的要求，因此，他收下了，并对第欧根尼说，他既失去了无花果，也失去了需求。还有一次，第欧根尼又送给他干无花果，他收下了，像孩子那样，将它们高高地捧起来，还给对方，说道："第欧根尼长大啦！"他指出，教育有三件必需品，那就是学习、锻炼以及天赋。有人诽

谤他时，他说："他鞭笞我都无妨，我反正不在现场。"他说，比起书信，美貌才是最有用的推荐书。[5.19]也有人说，这是第欧根尼的说法，而亚里士多德认为美貌是神的馈赠；苏格拉底认为美貌是短命的主宰者；柏拉图认为美貌是与生俱来的优越；忒俄弗拉斯托斯认为美貌是无声的欺骗；戎俄克里托斯认为美貌是象牙一般昂贵的罚金；卡尔涅阿德斯认为美貌是没有守卫军的国王。有人问他，受教育者和未受教育者有没有区别？他说："就像活人与死人的区别。"他指出，教育乃是幸福人生的装饰品，不幸生活的避难所。比起孕育孩子生命的父母，教育孩子的教师更值得尊重，因为前者只是给予了生命，而后者却给予了善良。有一个人来自伟大的城邦而扬扬自得，他对对方说："单调的灵魂居住在两具躯体里。"他说，人分成两种，一种过于俭朴，好像他们会永生不死；还有一种挥霍无度，好像他们马上就会死。有人问他，为什么我们愿意花很多时间与美貌的人相处？他说："只有瞎子才会提出这样的问题。"有人问他通过哲学获得了什么益处，他说："有的人出于对法律的敬畏才去做某些事，而我是在不受支配的情况下做的。"有学生问，如何才能进步？他说："如果他们紧紧追赶前面的，而不等待后面的，这就是进步。"有个人不停地絮叨，与他说了很多无聊的话，最终问他："你没有被我的唠叨烦死吧？"[5.21]他说："没有，我并没有听进去。"他为一个不善之徒提供了帮助，有人指责他，他说："我提供帮助不是为了他，这是我们生而为人应该如何对待朋友的问题，那就是，对待别人就像我们盼望着他们对待我们那样。"他认为，正义是灵魂的一种德行，这种德行是按照价值来分配的。他说，对老年人来说，教育是最佳的旅行费用。法伯里诺斯在他的著作《回忆录》的第二卷中指出，他有一句格言经常挂在嘴边："有很多朋友的人也许没有一个朋友。"我们可以在《伦理学》[1]的第七卷找到这句话。

这些就是归属于他的格言。他一生著作颇丰，卷帙浩繁，他在论述的各个方面都有独到的见解。接下来，我会跟随着他著述的脉络，为他的作品编目，作为引导：

[5.22]《论诗人》三卷、《涅林索斯篇》一卷、《论修辞》一卷、《爱恋》一卷、《宴饮篇》一卷、《论祈祷》一卷、《论高贵出身》一卷、《论正义》四卷、《论哲学》三卷、《柏拉图〈法律篇〉摘要》三卷、《格儒洛斯》一卷、《论政治家》两卷、《劝诫》一卷、《智者篇》一卷、《墨涅克塞诺斯篇》一卷、《论灵魂》一卷、《论教育》一卷《论善》三卷、《论财富》一卷、《论快乐》一卷《亚历山大》一卷、《〈国

---

1 此处指的是《优德谟伦理学》。

家篇〉摘要》两卷、《论殖民》一卷、《论承受或已承受》一卷、《论友情》一卷、《论争议性问题》两卷、《论王权》一卷、《争议性问题之解答》四卷、《论家政》一卷、《论知识》一卷、《诡辩的种类》四卷、《论属和种》一卷、《论特性》一卷、《论相反者》一卷，[5.23]《反驳备忘录》三卷、《论德性的命题》两卷《对手》一卷、《论愤怒》一卷、《伦理学》五卷、《论激情》、《论带定语的术语的不同含义》一卷、《论知识》一卷、《论本原》一卷、《可分性》一卷、《论问与答》两卷《命题集》一卷、《后分析篇》两卷、《论元素》三卷、《论分类》十七卷《论运动》一卷《论有争议的命题集》一卷、《前分析篇》八卷、《论问题》一卷《方法篇》八卷、《三段论》一卷、《〈论题篇〉前的定义集》七卷、《论理念》一卷、《论更善》一卷、《三段论》两卷，[5.24]《三段论及其定义》一卷、《老判断集引言》一卷、《论可选之物与偶性之物》一卷、《论遭遇》一卷、《可分性》一卷、《数学》一卷、《定义集》十三卷、《针对定义的论题集》两卷、《命题集》一卷、《论自愿》一卷、《反驳命题集》二十五卷、《爱恋命题集》四卷、《友谊命题集》两卷、《反驳集》两卷、《论快乐》一卷、《论美好》一卷、《政治学》两卷、《论忒俄弗拉斯托斯的〈政治学〉讲义》八卷、《论灵魂命题集》一卷、《艺术集》两卷、《修辞艺术》两卷、《论塞奥德克托斯的〈艺术集〉纲要》一卷、《论正义》两卷、《其他艺术集》两卷、《方法》一卷、《修辞式推论》一卷、《论建议》一卷、《修辞式推论分类》一卷、《论程度》一卷、《有关诗歌艺术的论文》两卷、《艺术》一卷、《论措辞》两卷、[5.25]《论自然》三卷、《关于自然》一卷《论集》两卷、《论斯彪西珀斯和克塞诺克拉特斯哲学》一卷、《〈蒂迈欧篇〉和阿尔库塔斯著作选摘》一卷、《答阿尔克迈翁作品》一卷、《论阿尔库塔斯哲学》三卷、《答毕达哥拉斯派》一卷、《答高尔吉亚作品》一卷、《答芝诺作品》一卷、《答墨里索斯作品》一卷、《答克塞诺法涅斯作品》一卷、《解剖》八卷、《解剖摘要》一卷、《论不育》一卷、《论植物》两卷、《论传说中的动物》一卷、《论动物》九卷、《论复杂动物》一卷、《医疗》两卷、《论单一》一卷、《相面术》一卷、《天文学》一卷、《光学》一卷、《论毕达哥拉斯派》一卷、[5.26]《论风暴之预兆》一卷、《论音乐》一卷、《记忆》一卷、《论运动》一卷、《诗学》一卷、《关于荷马作品疑问》六卷、《考察过的问题》两卷、《基于元素的自然学》三十八卷、《类比》一卷、《杂记》十二卷、《论音乐》一卷、《普塞亚赛会获胜者》一卷、《论悲剧》一卷、《奥林匹亚获胜者》一卷、《有关种的解说》十四卷、《普索地方的德尔斐》一卷、《普塞亚赛会获胜者评说》一卷、《论磁石》一卷、《日常的言论》两卷、《机械学》一卷、《狄俄尼索斯节的获奖戏剧》一卷、《谚语集》一卷、《共餐之规则》一卷、《论解释篇》一卷、《范畴篇》一卷、《德谟克利特著作的相关问题》两卷、《法律篇》四卷、《教学训练》一卷、《辩护》一卷、

[5.27]《158个城邦的政治制度以及特殊的民主制、寡头制、贵族制和僭主制》、《致安提珀特若斯书信集》九卷、《与塞隆布里亚人的书信集》、《致阿里斯通》一卷、《致门托尔》一卷、《致亚历山大书信集》四卷、《致赫法斯提翁》一卷、《致菲洛克塞诺斯》一卷、《答德谟克利特》一卷、《致厄吕姆匹俄斯》一卷、《致忒米斯塔戈拉斯》一卷、《致菲利珀斯书信集》《以"有着貌美儿女的母亲之女"为开头的挽歌》、《以"远射神[1]，诸神威严的首领"为开头的韵文》。

……

以上大约为 445270 行。

[5.28] 以上就是他所写的著作。他在著作中阐述了如下一些看法。在哲学方面，他的学说分成两个部分，一部分是实践，另一部分是理论。实践包括政治学和伦理学，其中政治学不仅涉及与城邦有关的理论，还要概括性地阐述与家庭有关的理论。理论包括自然学和逻辑学，其中逻辑学并不是一个独立的部分，而是作为一种工具使用，但是仍然得到了详尽的阐述。他明确指出，逻辑学力求达到两个目标，分别是说服性与真理性。他对这两个目标都运用了两种手段。就说服性的目标来说，他运用了修辞与辩证法这两种手段；就真理性的目标来说，他运用了哲学和分析这两种手段。在发现、判断与实际功用方面，[5.29] 他都没有丝毫疏忽与遗漏。就发现来说，在《论题篇》和《方法篇》中，他提供了各种命题，这些命题可以帮助学生从论辩的问题中获得大量知识。就判断来说，他主要通过《前分析篇》和《后分析篇》进行阐述。通过前面的分析，使前提得到判断；通过分析，使推论得到检验。就实际功用来说，他留下了与辩论、问答、诡辩言论、三段论有关的诸多著作。他认为，真理的判断标准有两种，对于以现象为基础的活动领域来说，感觉是判断标准，对于以城邦、家政和法律为基础的伦理领域来说，理性是判断标准。

[5.30] 他指出，伦理唯一的目的就在完善的生活中发挥德性的作用。他认为，想要达成幸福，先要具备三种善：第一种是灵魂方面的善，在他看来，这也是最美好的善；第二种是肉体方面的善，比如力量、美貌、健康以及诸如此类的东西；第三种是外在的善，比如名声、显赫的出身、财富等。对幸福来说，德性本来就是不自足的；因为缺少了肉体方面的善以及外在的善，如果智慧之人在穷困潦倒的环境里生活，他也是不幸之人。然而，对不幸来说，邪恶是自足的，哪怕同时拥有肉体方面的善和外在的善。[5.31] 他认为，

---

[1] 阿波罗的别称之一是"远射神"。

德性是不能彼此制约的；这是因为一个人可能是精明而正义的，同时又是暴躁又放浪的。他还指出，智慧之人并非不具备激情，只是懂得如何克制激情。他认为，友谊是一种互惠的善意与平等。友谊分为三种，分别是亲属之间的、恋人之间的和主客之间的。恋爱的目的不仅仅是交欢，还含有哲学意义。智慧之人会恋爱，也会参与政治活动，还会结婚生子，甚至成为国王的贵宾。生活分为三种类型，分别是思辨的、实践的和快乐的。他认为，思辨的生活是最重要的。普通的学习有助于实现德性。

［5.32］就自然领域来说，他比其他哲学家都擅长探究原因，哪怕面对细致入微的现象，他也能给出有关原因的合理解释。因此，他记录了很多有关自然事物的内容。他和柏拉图一样，认为神是没有形体的。诸多天体受到神的庇佑，然而，神本身是不动的；世间万物与天体之间具有相同的感应，因而也处于神的管理之下。除了四种元素以外，还有第五种元素存在，它构成了天上的物体。这种元素的运动截然不同，因为它时刻进行着环形运动。灵魂也没有形体，它是潜在具有生命的自然物及其器官的第一现实[1]。

［5.33］他说的"现实"，就是指某种没有形体的形式。他认为，这种现实是两重的。一重是以潜在为基础的现实，就像赫尔墨斯神的蜡像，只要使用恰当的模型来塑造蜡块即可，青铜雕像也是如此；另一重是以状态为基础的现实，指的是已经完成的赫尔墨斯神的塑像或雕像。灵魂也是自然物的实现，物体分成两种：一种是工匠通过技艺用手工制作而成的物体，比如船只或塔楼；另一种是来自于自然的物体，比如动植物等。他所说的"器官"，指的是为了达成某个目的而安排或装备的事物，比如，视力对观看而言，耳朵对听见而言；所谓"潜在地具有生命"，是指在自身之中具有生命。

［5.34］"潜在的"的含义有两层，要么是基于状态的，要么是基于实现的。所谓基于现实，指的是醒着的人才被认为是有灵魂的；所谓基于状态，指的是睡着的人同样是有灵魂的。他之所以用了"潜在的"这个词，就是为了将这类人也纳入其中。就其他很多领域，他也阐述了自己的观点，如果一一列举，就会过于冗长。总而言之，他勤奋刻苦，具有创新精神，这一点通过前面列举的著作目录就可以发现，这些著作总计约400篇，而且只是列出了不具有争议性的，因为他还写过其他许多成文著作，除外，还创作过许多不成文的口头格言。

［5.35］总共有八位叫亚里士多德的人。第一位就是我们介绍的这一位哲学家；第二位是来自雅典的政治家，他创作过不少言辞优美的法庭演讲；第

---

1 此处可参见《论灵魂》第二卷中第一章。

三位创作过有关《伊利亚特》的评论；第四位是来自西西里的修辞学家，写过一篇针对"伊索克拉特斯颂辞"的回应；第五位是苏格拉底派哲人埃斯赫洛斯的一个学生，绰号是"神话"；第六位是一位库瑞涅人，创作过与诗学有关的作品；第七位是一名体育教练，阿里斯托克色诺斯在《柏拉图的生平》一书中提起过此人；第八位是一位文法学家，但名气不大，写过论夸张技巧的文章。来自斯塔吉拉的亚里士多德追随者甚众，而忒俄弗拉斯托斯是其中最著名的，我们也必须谈到他。

第二章　忒俄弗拉斯托斯[1]

[5.36] 阿特诺多洛斯在《漫步学派》第八卷中指出，忒俄弗拉斯托斯是伊勒索斯人，他的父亲是漂洗工墨朗特斯。最初，他在家乡听阿尔基珀斯讲课，后来，又去听柏拉图讲课，不久后，又投入亚里士多德门下。后来亚里士多德在卡尔基斯隐居，在第114届奥林匹亚赛会期间[2]，忒俄弗拉斯托斯开始成为学校的主持。阿马斯特里亚洛斯的穆若尼阿洛斯在《相似的历史要点》第一卷中指出，他有一个奴隶名叫珀姆匹洛斯，也是一位哲学家。忒俄弗拉斯托斯勤奋刻苦，天资聪颖，帕姆菲勒在《回忆录》第三十二卷中指出，[5.37] 他是喜剧诗人美南德洛斯[3]的老师。他乐于助人，喜欢与其他人讨论问题。卡桑德洛斯肯定与他结识，而托勒密也为他提过建议。雅典人对他的评价很高，甚至当阿格诺尼德斯试图控告他对神不虔诚时，反而差一点被惩罚。大约有2000名学生在他的学校听课。他曾经给漫步派学人法尼亚斯写过信，信中除

1　忒俄弗拉斯托斯，也可译为"塞奥弗拉斯特"，生活在公元前370年至公元前286年。他从公元前323年开始担任亚里士多德创建的吕克昂学园的主持。

2　即公元前323年。

3　美南德洛斯，也可译为"米南德"，生活在公元前342年至公元前291年，是古希腊一位著名的剧作家，同时也是雅典新喜剧的代表人物。他与伊壁鸠鲁年龄相差无几，还一起服过兵役，也一起去听亚里士多德的弟子忒俄弗拉斯托斯讲过课。

167

了谈论其他话题，他还提起了一项法庭裁决："人们对议事会心怀向往，但是，如果不愿参与公众集会，就很难进入议事会。作家要朗读自己的作品，就必须反复修改。这一代年轻人总是喜欢拖延与粗心大意，这一点是难以容忍的。"他在这封信里称某人为"装得很有学究气"。

[5.38]虽然他拥有这么高的名望，但是，在一段时间内，他也和其他哲学家一样，必须从这个国家离开，因为安菲克勒德斯的儿子索福克勒斯颁布了一条法令：所有哲学家都不能率先创办学校，必须得到人民以及议事会的允许，违反的人将处以死刑。然而，到了第二年，他们就回到了雅典，因为菲洛控告索福克勒斯颁布的法令是违法的。因此，雅典人投票决定让那条法令失去效用，还让索福克勒斯交了5塔仑特的罚金，并通过投票的方式决定让所有哲学家们回来，以便让忒俄弗拉斯托斯也可以回到雅典，很快就让他们的生活恢复如初。他原本的名字是图尔塔谟斯，而亚里士多德发现他的言谈很独特，就为他改名为忒俄弗拉斯托斯[1]。[5.39]阿里斯提珀斯在《论古代显贵》一书的第四卷中指出，他曾经发誓，深深地爱恋着亚里士多德的儿子尼科马科斯，虽然尼科马科斯是他的学生。有人说，亚里士多德曾经引用柏拉图评价自己和克塞诺克拉特斯的那番话（我们在前面提到过这番话）来评价他与卡里斯特勒斯；有人说，当忒俄弗拉斯托斯阐述自己的任何观点时，都表现出惊人的机敏，而卡里斯特勒斯却生性愚钝，因此，他们一个需要的是笼头，另一个需要的是刺棍。有的人说，当亚里士多德死了之后，在朋友和门徒法勒隆的德谟特里俄斯的支援下，他有了一个属于自己的花园。他说过的一些格言也流传了下来。他说，[5.40]比起一次没有安排妥当的谈话，对一匹没有笼头的马更应该获得信任。他对一个在宴会上低头不语的人说："如果你面对的是无耻之徒，那么，你的做法是明智之举，但是，如果你面对的是一个有修养的人，那么，你简直太糊涂了！"他经常说，时间是最昂贵的花销。

他在85岁那年死去，当时，他刚刚从艰苦的劳作中放松下来没多久。下面是我为他所写的诗文：

应该把这番话说给某些人听：
松一松那智慧的弓，它会绷断。
忒俄弗拉斯托斯如果继续劳作，身体就不会崩溃，
一旦放松了下来，就会身体残垮，死亡逼近。

---

1 在希腊文中，词根是"塞奥弗隆"，意思是"对神怀有敬意的，虔诚的"。

有人说，他的学生曾问过他，有没有别的事情要吩咐？他说："没有什么其他要吩咐了，只有一点：很多被视为生命的荣耀的快乐，不过是被夸大了。[5.41]因为从我们开始享受生活之日起，亦是我们的死亡之时。所以，爱慕虚荣乃是最徒劳无益之事。然而，还是祝你们好运。或者抛开我的学说——因为它包含着辛劳，或者很好地补充它、丰盈它，这样一来，你们会获得最大的荣耀。生活的徒劳无功往往多过益处。我虽然无法继续完成未竟的事业，但是还请你们继续探索。"听说，他说完这番话后，就停止了呼吸。也有人说，雅典人对这个人敬重无比，每个人都步行前去为他送葬。按照法伯里诺斯的说法，到了老年，他躺在担架上，让人们抬着他，到处走动。依据赫尔米珀斯也持有这一说法，而他的说法又来自彼塔涅的阿尔克西拉俄斯对库瑞涅人拉居德斯所做的评论。

[5.42]他著作等身。这都是极其优秀的作品，为其编辑目录也是很有意义的。这些著作包括：《前分析篇》三卷、《后分析篇》七卷、《〈分析篇〉摘要》一卷《关于争辩性理论的论辩》《分类论题》两卷《回应阿那克萨戈拉》一卷、《论阿那克萨戈拉的作品》一卷、《论阿尔赫劳斯的作品》一卷、《论阿那克西美尼的作品》一卷、《论三段论的分析》一卷、《论盐、碱与明矾》一卷、《论不可分的线》一卷、《讲稿集》两卷《论生活》三卷《论王权》一卷、《论感觉》一卷、《论风》一卷、《德性的特征》一卷、《论化石》两卷、《论国王的教育》一卷、[5.43]《论老年》一卷、《论味道、颜色与肌肉》一卷、《论德谟克利特的天文学》一卷、《论影像》一卷、《论人类》一卷、《第欧根尼著作辑览》一卷、《爱恋》一卷、《再论爱恋》一卷、《论形式》两卷、《论疾病》一卷、《论恩培多克勒》一卷、《反驳性论辩》十八卷、《天象学》一卷、《论秩序》一卷、《论迷狂》一卷、《论幸福》一卷、《定义集》三卷、《柏拉图〈国家篇〉摘要》两卷、《对手》三卷、《论自愿》一卷、《论群集现象》一卷《论动物的嫉妒心》一卷、《论同种动物的不同声音》一卷、《论在干旱地区生存的动物》、《论咬人或撞人的动物》一卷、[5.44]《论动物》七卷《论变色动物》一卷、《论穴居动物》一卷、《再论快乐》一卷《命题集》二十四卷、《论昏厥与晕眩》一卷、《论流汗》一卷、《论运动》三卷、《论石头》一卷、《论疲劳》一卷、《亚里士多德理解的快乐》一卷、《论热和冷》一卷、《论矿》两卷、《论蜂蜜》一卷、《天象学》两卷、《论美特洛多洛斯著作集》一卷、《按照字母顺序的律法》二十四卷、《论瘟疫》一卷、《论失魂》一卷、《论肯定和否定》一卷、《卡里斯特勒斯或论悲哀》一卷、《论醉酒》一卷、《律法摘要》十卷、《论抑郁》一卷、《麦加拉人论著》一卷、[5.45]《关于评说的定义》一卷、《论酒和油》、《政治学》六卷、《论气味》一卷、《政治习俗》四卷、《问题集》五卷、《论谚语》一卷、《论最好的政制》一卷、《论

火》两卷、《论风》一卷、《应对紧要关头的政治论著》四卷、《论激情》一卷、《论征兆》一卷、《论瘫痪》一卷、《论窒息》一卷、《论凝结与融化》一卷、《立法者》三卷、《论精神失常》一卷、《论题集》两卷、《论惩罚》两卷、《首要命题》十八卷、《论专制》一卷、《论水》三卷、《论友谊》三卷、《论抱负》两卷、《三段论释疑》一卷、《论毛发》一卷、《论睡眠与梦境》一卷、《计谋集》两卷、[5.46]《论自然》三卷、《〈论自然学〉摘要》两卷、《自然学》八卷、《论自然学》十八卷、《答自然学家》一卷、《论植物学研究》十卷、《论汁液》五卷、《论无技巧的证据》一卷、《论判断》一卷、《论德性》一卷、《植物的原因》八卷、《论虚假的快乐》一卷、《灵魂专论》、《论简单疑问》一卷、《论辩素材或矛盾集》一卷、《和声学》一卷、《论诽谤》一卷、《书信集》三卷、《区分集》两卷、《论自发产生的动物》一卷、《论否定》一卷、《论荒诞》一卷、《午后论集》两卷、《论赞扬》一卷、《论差异》一卷、《论虐待》一卷、《论分泌》一卷、《论经验》一卷、[5.47]《论节日》一卷、《论好运》一卷、《诸神颂》一卷、《论骚乱》一卷《论探究》一卷、《伦理学讲义》一卷、《论谄媚》一卷、《论海洋》一卷、《论喜剧》一卷、《论尺度》一卷、《马迦克勒斯》一卷、《克塞诺克拉特斯作品辑要》一卷、《交往》一卷、《论说辑要》一卷、《修辞教训》一卷、《释疑集》一卷、《致卡桑德尔论王权》一卷、《论措辞》一卷、《论发现》两卷、《论音乐》三卷、《论律法》一卷、《论违法》一卷、《论三段论判断》一卷、《伦理群像》一卷、《论修辞式推理》一卷、《论财富》一卷、《论诗歌艺术》一卷、《政治学、伦理学、自然学和恋爱学的问题》一卷、《论起誓》一卷、[5.48]《诸序言》一卷、《论范例》一卷、《问题集》一卷、《再论诗歌艺术》一卷、《论自然学问题》一卷、《论前置和叙述》一卷、《论文法错误》一卷、《论建议》一卷、《亚里士多德或忒俄弗拉斯托斯备忘录》六卷、《修辞学艺术专论》十七卷、《自然学〔见解〕摘要》一卷、《伦理群像集》、《论谬误和真理》一卷、《论感激》一卷、《论诸神》三卷、《论回答》一卷、《论修辞艺术》一卷、《自然学见解》十六卷、《几何研究》四卷《神学探究史》六卷《论智慧》一卷、[5.49]《论题集》三卷《论王权》两卷、《亚里士多德关于动物的著作摘要》六卷《论德谟克利特》一卷、《论诽谤》一卷、《论原因》一卷、《论动物的意图和性情》一卷、《论视觉》四卷、《关于定义》两卷、《论更大和更小》一卷、《论乐师》一卷、《论运动》两卷、《答学园派》一卷、《劝勉》一卷、《论提供物》一卷、《论诸神的幸福》一卷、《备忘录》一卷、《论西西里的火山》一卷、《论协调一致》一卷、《如何最好地管理城邦》一卷、《论生成》一卷、《反驳论集》两卷、《论求知的方法》一卷、《论自然学问题》一卷、《论谎言》三卷、[5.50]《关于埃斯库罗斯》一卷、《论题集绪言》一卷、《关于增长的算术研究》一卷、《论法庭演说》一卷、《论诽谤》

170

一卷、《阿基哈若斯》一卷、《与阿斯图克勒翁、法尼亚斯和尼卡诺尔的通信》、《优依亚斯》一卷、《论紧要关头》两卷、《论儿童培养》一卷、《论教育或论德性或论节制》一卷、《论虔敬》一卷、《论家庭演说》一卷、《另一不同论著》一卷、《劝勉》一卷、《论数目》一卷、《论天空》一卷、《天文学研究》六卷、《论果实》、《论动物》、《关于政治学》两卷、《论自然》、《关于三段论措辞的定义集》一卷。

上述总共232808行。有关他的著作，我们就谈到这里。

［5.51］下面是他写的遗嘱：

但愿一切安好，但是，如果有什么不测发生，我做出下面的安排。将我在家乡的所有财产给予勒翁的儿子美兰特斯和帕格克瑞翁。我希望用我托付给希帕尔科斯代为管理的财产来完成如下心愿。首先，重新修建缪斯女神雕像馆，并且重新进行装饰，让它显得更加雄伟壮观。其次，在神庙里摆放亚里士多德的雕像，还有以前在神庙里存放的那些祭品。最后，重新修建通往缪斯馆的那条画廊，要比之前得更加好看；再在画廊里挂上绘制着旅行家游历各国地图的匾额。［5.52］此外，还要重新整修祭坛，使它显得完美而雅致。我希望，尼科马科斯的雕像能制作得与他本人的大小一样。我已将修建这座雕像的钱付给了普拉克西特勒斯，额外的开支就从上述那笔钱财中支出。受托人应该将这尊雕像树立在自己认为合适的地方。请受托人执行我的如下安排。但凡与神庙或祭品有关的适宜，都按照这种方式处理。我把位于斯塔吉拉的所有地产都送给卡利洛斯。我所有的书卷都赠给涅琉斯。而我的花园、散步长廊还有通向花园的房屋都赠给我如下提到的诸位朋友，只要他们愿意继续在那里对哲学和文学进行研究，［5.53］而且所有人不可能总是住在一起。当然，上述这些财产，任何人都不能占为己有或者转让，而只是像公共的庙宇那样，方便大家使用，让大家亲热地一起生活，只要采用合适、公正的方式即可。上述这一共同体的成员有斯特拉托、卡利洛斯、涅琉斯、德马拉托斯、卡里斯特勒斯、美兰特斯、帕格克瑞翁、德谟提谟斯、尼基珀斯和希帕尔科斯。

美特洛多洛斯和皮提阿丝的儿子，也就是亚里士多德，如果他愿意的话，也可以与他们一同研究哲学，这一共同体中最年长者要对他多多关照，让他能尽情地探究哲学。请在花园里找一处合适的地方用来安葬我，在为我举办葬礼或者竖立纪念碑时，不要过于浪费。［5.54］按照我们之前的约定，我死了之后，珀姆匹洛斯要在附近居住，负责照看神庙、纪念碑、花园和散步长廊，还要像之前那样管理其他事宜；而那些占据着这些地方的人们要负责保护他的利益。珀姆匹洛斯和忒瑞普特早已获得自由，他们服侍了我很长时间；无论他们挣到了什么，或者从我这里获得了什么，希帕尔科斯都应该再额外资助他们2000德拉克马，我将这笔钱赠送给他们，关于这一点，我也和美兰特斯、帕革克勒翁商量过，他们也都同意。[5.55]我的女仆索马塔勒斯也赠给他们。墨隆、提蒙和帕尔美农这几个童仆，我马上予以他们自由；但是，马涅斯和卡里阿斯，要继续在花园里工作四年，而且行为上不得有过失，才能获得自由。而我房间的器物，受托人可以将其中一部分赠送给珀姆匹洛斯，再卖掉其他剩下的。卡利翁赠给德谟提谟斯，多纳克斯赠给涅琉斯，而欧波伊俄斯卖掉就行。希帕尔科斯应该支付给卡利洛斯3000德拉克马。我知道，希帕尔科斯曾经帮助过我和美兰特斯、帕革克勒翁，再加上他现在又遇上了一些困难，我原本是想让他和美兰特斯和帕革克勒翁都从我这里拿走一部分钱财，[5.56]然而，后来我发现，他们很难一同管理这笔钱，因此，我还是让他们隔一段时间从希帕尔科斯那儿领取一笔固定金额的钱为宜，我让希帕尔科斯先给美兰特斯和帕革克勒翁各1塔仑特，同时，希帕尔科斯还要为每一位受托人予以资金上的援助，从而支付我遗嘱中各种安排的开支。

当上述事情都完成后，希帕尔科斯承担的责任才全部完成。如果在卡尔基斯希帕尔科斯以我的名义缴纳了什么费用，那么，应该由他本人承担。我的遗嘱受托人包括希帕尔科斯、斯特拉托、卡利洛斯、涅琉斯、卡里斯特勒斯德谟提谟斯和克特萨尔荷斯。[5.57]我留下的遗嘱一式三份，使用忒俄弗拉斯托斯的印环来封缄，一份保存在希帕尔科斯的儿子赫格希阿斯那里，我的遗嘱见证人包括优俄律谬斯的菲洛麦洛斯、呼巴德斯的吕桑德洛斯、帕勒留斯的卡里珀斯，还有阿罗伯克的菲洛。另外一份遗嘱保存在厄吕姆匹俄多洛斯那里，也是同样的见证人。第三份遗嘱保存在阿得曼托斯那里，由儿子安德罗斯特涅斯送给他，这次见证人是朗波撒克洛斯的阿尔克西拉俄斯的儿子斯特拉托、塔索斯人斐多的儿子吕希斯特拉托斯、克勒俄布洛斯的儿子阿利涅司托斯、厄庇克菲西亚的狄俄尼西俄斯的儿子狄俄斯库里德斯、克拉梅的忒希珀斯的儿子忒希珀斯。

以上就是他留下的遗嘱的大致内容。有人说，他的学生有可能还包括医师厄拉希斯特拉托斯。

第三章　斯特拉托[1]

[5.58]在忒俄弗拉斯托斯之后,拉姆帕萨克洛斯人斯特拉托成了学园的主持,他的父亲是阿尔克西俄斯。忒俄弗拉斯托斯曾经在遗嘱中提起过这个人。此人是当时最有名的"自然学家",他的称号也是"自然学家",因为比起其他人,他对自然的思考与探索最深入,也最细致。另外,他还是菲拉德尔弗斯的托勒密的老师,据说,他的这位学生还送给他80塔仑特。阿波罗多洛斯在《编年史》指出,第123届奥林匹亚赛会期间[2],他开始出任学园的主持,持续时间为18年。

[5.59]他目前依然留存的著作包括:《论正义》三卷、《论善》三卷、《论本原》三卷、《论幸福》、《论王权》三卷、《论各种生活》、《论天》、《论风》、《论诸神》三卷、《论动物繁衍》、《论混合物》、《论勇敢》、《论虚空》、《论睡眠》、《论视觉》、《论感觉》、《论疾病》、《论病危》、《论哲学王》、《论人的本性》、《论采矿机械》、《论快乐》、《论颜色》、《论能力》、《论梦》、《论轻和重》、《论人迷》、《论时间》、《论可疑的动物》、《论营养和生长》、《论传说中的动物》、《难题释疑》、《论题集导言》、《论原因》、《论偶然》、《论饥饿与眩晕》,[5.60]《论定义》、《论不正义》、《论预先存在的种》、《论更大与更小》、《论特性》、《论未来》、《论先与后》、《备忘录》(真实性有待考察)、《发现的考察》两卷,另外,还有一封以"斯特拉托向阿尔西诺厄问好"作为开头的书信。

此人很瘦弱,他临死之前,竟然也没有人察觉。我为他写了如下诗文:

请注意,此人身形瘦削,
他擦了油膏,
我确信,他就是斯特拉托,

1　斯特拉托,在公元前286年至公元前268年出任学园主持。

2　即公元前288年至公元前284年。

他从朗泼撒克洛斯而来，疾病纠缠着他，
他触碰到死神之手，却毫无察觉。

[5.61] 一共有七个名叫斯特拉托的人。第一个是伊索克拉特斯的学生；第二个是我们刚刚谈到的这一位；第三个是一名医师，他的老师是厄拉希斯特拉托斯，也有人说他是厄拉希斯特拉托斯的养子；第四个是一名历史学家，他记载了菲利珀斯和佩耳修斯为了反抗罗马人而发动的那场战争；第五个是一名诗人，擅长写碑铭诗；第六个是一名生活在古代的医师，亚里士多德曾经提起过他；第七个是一名漫步学派人士，他曾经在亚历山大里亚生活过。

我们现在继续来说这位自然学家。他留下了一份遗嘱：

如果有什么不测降临到我头上，我做出了如下安排。我家里的所有财产都遗留给拉姆普里翁和阿尔克西拉俄斯。请受托人先用我在雅典的财物为我举办葬礼，还有习俗要求葬礼之后要做的诸多事宜，不要太吝啬，也不要太浪费。[5.62] 我的受托人包括厄吕姆匹科斯、阿里斯特德斯、希波克拉底、墨涅希格涅斯、高尔古洛斯、厄皮克拉特斯、吕孔、狄俄克勒斯、阿塔尼斯。吕孔负责接替我的学校，因为其他几个人，有的太忙碌，有的太年迈。但是，其他人如果愿意帮他一把，就更好了。我赠送给他的东西包裹，除了我写的之外的所有书籍、所有餐具，还有酒杯、垫子等。请受托人支付给厄皮克拉特斯500德拉克马，[5.63] 再给阿尔克西拉俄斯一个仆童。第一，拉姆普里翁和阿尔克西拉俄斯要将代替普斯代表伊奈俄斯签订的约定取消。他不欠拉姆普里翁及其继承人任何债务，约定规定的所有责任都免除。第二，请受托人将一个仆童（需要得到阿尔克西拉俄斯的认可）以及500德拉克马的银钱交给他，他服侍我很长时间，与我同甘共苦，这是对他的回报，让他能过上体面的生活。我恢复狄俄方托斯、狄俄克勒娅和阿布斯自由，阿尔克西拉俄斯可以得到西米阿斯。我也恢复德洛谟自由。等阿尔克西拉俄斯也到了，请伊奈俄斯、厄皮克拉特斯、厄吕姆匹科斯还有其他受托人一同草拟一份葬礼和风俗需要开支的账单。[5.64] 阿尔克西拉俄斯还要从厄吕姆匹科斯那儿收回剩下的钱，但要注意时间与场合。阿尔克西拉俄斯要免除斯特拉托与厄吕姆匹科斯和阿美尼阿斯所签订的约定，提萨谟诺斯的儿子菲洛克拉特斯负责保存这些约定。阿尔克西拉俄斯、厄吕姆匹科斯和吕孔还要负责我雕像的制作适宜。

俄斯人阿里斯通的集子记载了他的遗嘱的大致内容。斯特拉托声望很高，也很受人们欢迎。无论在哪一门学科上,他都是佼佼者,特别是"自然学"方面,比起其他学科,这门学科更古老,也更有意义。

第四章　吕孔[1]

[5.65]吕孔是斯特拉托的继任者,他的父亲是来自特洛阿斯[2]的阿斯图阿那克斯。吕孔能言善辩,尤其擅长教育孩子,循序渐进,很有办法。他经常强调,孩子必不可少的装备是对荣誉的热爱和羞耻心,就像马匹的笼头与刺棒一样。他擅长雄辩,声音洪亮,有一次,谈到一个贫困的少女时,他说道:"对父亲而言,这个女孩是一种沉甸甸的负担,因为没有奖状,她最好的青春年华就这样悄然逝去。"据说,安提戈洛斯曾对他说:没有人能将苹果的芳香与甜美转移到其他地方,但是,就像每一个苹果都挂在枝头,每个人说话也都经过独立的思考的过程。[5.66]因为吕孔说话的声音很迷人,因此,有人将字母"γ"[3]加在了他的名字前面。然而,他在写作方面的表现相去甚远。有的学生没有在最好的时机勤奋学习,离开之后,又向他恳求,再次回来学习,他对他们说:"他们正在控告自己,他们不能揭露可耻的懒惰,只能试图后悔。"他指出,那些策划某事时出现差池的人,是在盘算中就失败了,就好像用一根已经弯曲的尺子来测量直线条的事物那样,又或者在扭曲的镜子里或者水中的波浪里端详自己的相貌。他还认为,人们热衷于追捧市场上的花环,却很少有人追求奥林匹亚大赛上的花冠。他在很多方面为雅典人出谋划策,让他们获益良多。

[5.67]赫尔米珀斯说过,他很讲究穿衣打扮,外套总是使用最柔软的布

1　吕孔,生活在公元前299年至公元前225年。

2　特洛阿斯,位于小亚细亚西北部地区,比较偏僻,多山地,其名称的由来是因为特洛伊人曾经统治过这一片地区。

3　在希腊文中,加了字母"γ"就变成了"格吕孔",刚好与"香甜的"的词根相同。

料。另外，卡瑞斯托斯人安提戈洛斯指出，他经常进行体育锻炼，拥有强健的体魄，完全达到了运动员的状态，耳朵扁扁的，皮肤上涂了橄榄油。因此，他在家乡伊里翁经常参加摔跤和球赛。他深受欧美涅斯和阿塔洛斯的热爱与敬重，无人能及。这两个人总是为他效力。[5.68] 安提俄科斯曾想拉拢他，但最终失败了。他很看不起漫步学派成员希罗尼谟斯，在一年一度的聚会上，他是唯一拒绝见他的人，我们在谈论阿尔克西拉俄斯的时候已经提过这一点。

第 127 届奥林匹亚赛会期间[1]，斯特拉托留下遗嘱，把学校赠送给他，他当了 44 年的校长。此外，他还听过辩证法家潘托伊德斯的课程。到了晚年，他饱受痛风病的摧残，在 74 岁那年去世。

我为他写了如下诗文：

我发誓，绝不会将因痛风而死的吕孔抛在一边。
然而，此事令我迷茫不已：
他此前必须靠他人搀扶才能行走，
却用了一个晚上走完了通向哈德斯的漫漫长路！

[5.69] 一共有四位名叫吕孔的人。第一位是个毕达哥拉斯派信徒；第二位就是我们介绍的这一位；第三位是一名诗人，主要创作叙事诗；第四位是一位碑铭诗诗人。

这位哲学家留下了如下遗嘱：

如果当前的这场疾病夺走了我的生命，以下是我对我的财产所做的安排。我房间里所有的财物都赠送给我的兄弟阿斯图阿那克斯。另外，还应该拿出一部分财物来偿还我在雅典的花费，无论是买的，还是从他人那里借的，[5.70] 还要用来支付我的葬礼以及其他风俗的花销。我在埃基那和镇子上的财产都遗留给我的侄子吕孔，因为他和我同名，还和我一起生活了很长时间，我很喜欢他，甚至对他视如己出。我的漫步长廊留给那些依然愿意使用它的朋友，他们是阿里斯通、安菲翁、布隆、卡利洛斯、阿里斯托马科斯、吕科美德斯、赫拉克勒俄斯、普宋，还有我的侄子吕孔。我希望他们未来将它传给那些会在学校继续进行研究工作并且能将之发扬光大的年轻人。其他的朋友应该怀着对我、对这个地方的感恩之情，携手互助，砥砺前行。布隆、卡利洛斯以及他们的同事一同处理我的葬礼和火化事宜，[5.71] 不要太寒酸，

---

[1] 从公元前 274 年至公元前 270 年。

也不要太浪费。我死了以后，吕孔要把我位于埃吉那的那片橄榄林里的橄榄油都转运过来，让这里需要的年轻人随意使用，通过这种方式来纪念我自己，还有赐予我荣耀的人们。吕孔要将我的雕像树立起来，选择一处合适的地点，还要邀请德谟特里俄斯的儿子赫拉克勒德斯和狄俄方托斯协助。吕孔从家里离开支后，要取出一部分我在镇上的财产，还给那些我向其接过东西的人。布隆和卡利洛斯负责管理我的葬礼和其他习俗上的开销。我将赠送给他们房屋，用来补偿这笔钱。[5.72]他们还要为医师帕希特米斯和美狄阿斯提供酬劳，他们医术高明，对我照顾有加，应该获得相应的报酬。我送给卡利洛斯的孩子一对色里克勒安杯子，再将一块地毯、一块带有茸毛的小地毯、一对罗底亚器皿、两个垫子和一个沙发罩送给他的妻子，我是为了表明我并不是忘恩负义的人，我想回报他们给予我的情意。我是这样安排那些伺候过我的仆人的：我免除德谟特里俄斯应该支付的赎金，让他重获自由，额外将一件贴身长袍、一件外套以及5米那送给他，让他能过上相对体面的生活，来报答他对我的付出。卡尔克同的克力同的赎金同样免除，另外，再给他4米那。我让米克洛斯获得自由，吕孔要将他抚养长大，从现在开始，以后的6年时间中，吕孔还要教育他。[5.73]我让卡瑞斯获得自由，吕孔也要把他抚养长大，我还将一部分书籍以及2米那送给他。我所有未面世的书都托付给卡利洛斯，请他仔细进行审查。我让苏洛斯重获自由并送给他4米那；而美诺多拉欠我的所有债务，都全部免除。我遗留给希拉拉5米那，此外，还有一块带有茸毛的小地毯、一张她中意的窗、一个沙发套、两个垫子。我还恢复狄翁、忒翁、米克洛斯的母亲以及赫尔米阿斯诺俄蒙、欧弗拉诺尔自由。阿伽同还要继续劳动两年，才能得到自由，至于轿夫厄斐里翁和珀塞多尼俄斯，还要继续服侍四年。[5.74]我送给苏洛斯、克力同和德谟特里俄斯各一张被褥和一张床，要将这些东西拿走，要得到吕孔的认可。我给他们这些东西，是为了让他们认真地完成自己的工作。如果吕孔同意的话，可以将我埋在这里；如果他希望将我埋葬在家乡，那么就这么做吧。我相信，他对各种规矩与礼仪都很了解。等他把所有的事情都安排妥当，就可以支配他获得的那部分财产了。克俄斯的阿里斯通、赫尔米俄涅的卡利洛斯、派阿尼亚的优弗若里俄斯是我所立遗嘱的见证人。

他在教学、言行举止等方面都很精明得体，他立下的遗嘱考虑得也面面俱到，安排得有条不紊，他在这些方面的表现都值得我们学习。

177

第五章 德谟特里俄斯[1]

[5.75] 德谟特里俄斯是法勒隆人，他的父亲是法诺斯特拉托斯。他的老师是忒俄弗拉斯托斯。他在雅典民众集会上发表演讲，深受人们尊崇，领导了雅典足足 10 年之久，人们把 360 座青铜雕像颁发给了他，大多数雕刻的是他驾驭马车、战马或者骑在马背上的形象。这些雕像是在不到 300 天的时间里完成的，可见，当时的人们有多么尊敬他。在《同名人》一书中，马格涅西亚的德谟特里俄斯指出，公元前 324 年，哈尔帕洛斯离开亚历山大后来到了雅典，他从此开始涉足政坛。他的政治活动为整个城邦做出了很多贡献。虽然他的出身并不高贵，但是，他兴修土木，征收赋税，让城邦越来越富裕。[5.76] 法伯里诺斯在《回忆录》第一卷中提过，他以前是科农的仆人，但是，这位作者在其著作的第一卷还提过，他与出身高贵的情人拉米娅一起生活。另外，法伯里诺斯在书的第二卷中指出，克勒翁曾经殴打过他。狄杜谟斯在《宴饮谈论集》一书中指出，他的一个情妇称他为"哈里托布勒法若斯"[2] 和"拉姆匹托"[3]。他在亚历山大里亚生活时，曾经一度失明，通过萨拉皮斯[4]，才重见光明；他创作的颂歌至今依然广为传颂。他深受雅典人的爱戴，威望如日中天，但是，足以将一切吞没的嫉妒仍旧给他的人生蒙上了阴影。[5.77] 有的人玩弄阴谋，向他提出控告，要处死他，但是，他并没有在审判会上露面。因为没有抓住他本人，有人就冲着他的青铜雕像吐唾沫，还拆掉了他的很多雕像，有的扔进了海里，有的卖掉了，有的敲碎当成尿壶。只剩下唯一的雕像，仍旧保存在卫城里。法伯里诺斯在《历史杂记》指出，有的雅典人是遵循国

---

1 德谟特里俄斯，生活在大约公元前 350 年至公元前 280 年，他比较活跃的时间是公元前 318 年至公元前 307 年，他那段日子在雅典生活。

2 哈里托布勒法若斯，意思是"有着慈惠女神一般的眼睛"。

3 拉姆匹托，意思是"闪闪发亮的眼睛"。

4 萨拉皮斯，指一种发祥于埃及的祭祀活动。

王德谟特里俄斯的命令才这么做的。另外，按照法伯里诺斯的说法，他担任执政官的那一年，被记录为"不法之年"。[5.78]赫尔米珀斯说，当卡桑德洛斯去世之后，他很忌惮安提戈洛斯，逃到了托勒密那里寻求庇护。他在那里拥有大把的空闲时间，也为托勒密提出了许多中肯的建议，其中一条是建议他通过欧儒狄克斯予以他的孩子统治权。但是，托勒密没有接受他的提议，反而通过伯瑞尼克将国王的宝座传给了儿子。等到托勒密死后，伯瑞尼克把德谟特里俄斯在乡间看押起来，严防死守，直到有关他的裁决最终定夺。他在那里过得很沮丧，有一天，他睡着之后，他的手臂被一条眼镜蛇咬了，他也因此死去。他被埋葬在狄俄斯珀里斯附近的布西里斯地区。

[5.79]下面是我为他写的一首碑铭诗：

眼镜蛇咬伤了智慧的德谟特里俄斯，
它袭击他，
吐露出浓郁的毒液，
它眼睛里闪烁的不是光亮，
而是漆黑的死亡。

赫拉克勒德斯的《后继者》是为索提翁创作的，在其摘要中，他指出，托勒密原本想传位给菲拉德尔弗斯，然而，德谟特里俄斯想要制止他并说道："如果将王位拱手让给其他人，你就不再拥有。"当雅典人指控他的同时，喜剧诗人美南德洛斯也几乎被告上法庭，理由仅仅是他曾经与德谟特里俄斯是朋友。然而，德谟特里俄斯的侄子特勒斯弗洛斯为他求情了。

[5.80]比起同一时代的漫步学派人士，他无论是著作数目还是总的行数都首屈一指。在学问和阅历方面，也无人能够与之比肩。他的著作，有的关于政治，有的关于历史，有关的关于修辞，有的关于诗人，还有的是担当使节的报告和演讲，除此之外，还有伊索寓言的集子以及其他诸多作品。下面是他的部分作品：《论雅典政制》两卷《论雅典立法》五卷《论修辞》两卷《军事学》两卷、《论政治学》两卷、《论民众领袖之风范》两卷、《论法律》一卷、[5.81]《论〈伊利亚特〉》两卷、《论〈奥德赛〉》四卷、《爱恋》一卷、《克勒翁》一卷、《苏格拉底》一卷、《论政制》一卷、《论信仰》一卷、《论命运》一卷、《狄俄尼西俄斯》一卷、《论生活习俗》一卷、《托勒密》一卷、《斐多达斯》一卷、《阿里斯托马科斯》一卷、《麦冬》一卷、《论伊奥尼亚人》一卷、《使节》一卷、《阿尔他克色尔克色斯》一卷、《关于荷马》一卷、《阿里斯特德斯》一卷、《论大度》一卷、《论十年》一卷、《劝勉》一卷、《论恩惠》一卷、《论横梁》一卷、

《论和平》一卷、《论法律》一卷、《论适度》一卷、《论婚姻》一卷、《关于卡尔基斯》一卷、《论安提法涅斯》一卷、《书信集》一卷、《论老年》一卷、《历史导论》一卷、《雅典人的抨击》一卷、《伊索寓言》一卷、《神谕集》一卷、《论公民大会的宣誓》一卷、《正义》一卷。

[5.82]他的作品带着强烈的哲学思辨,也不乏修辞的魅力与活力。当他谈到雅典人摧毁了他的雕像时,他说:"他们摧毁不了那些使雕像得以树立的功绩。"他说,虽然眉毛只在脸上占据着很小的一部分,但是却会影响人的一生。他还说过,不仅财富失明了,指引着它的命运也是如此。通过战争能获得多少刀剑,在政治斗争中通过激烈的言辞也能获得,一件都不少。他对一个年轻的纨绔子弟说:"看吧,这里有一座四方形的赫尔墨斯像,大肚子挺着,穿着拖地的戏袍,裸露着私处,胡须满面,把它拿走吧!"他对狂妄的人说,我们应该抛弃他的身高,留下他的思想。他说,年轻人,在家里应该尊敬父母,出门在外应该尊敬所有人,独处时应该尊敬自己。[5.83]当你富贵如意的时候,朋友不会离你而去,即使你恳求他们;然而,当不幸降临时,他们会自动离开。上述这些都是他说的。

有二十位有名的人物都叫德谟特里俄斯。第一位是修辞学家,来自卡尔克同,他的年龄比忒拉叙马科斯大;第二位就是我们刚才介绍的;第三位来自拜占庭,是一名漫步学派人士;第四位是一名画家,此外,他还擅长写作,叙述逻辑清晰;第五位是一个阿斯本都斯人,他的老师是索洛伊的阿波罗尼俄斯;第六位是卡拉提亚洛斯人,他撰写过一部关于亚洲和欧洲的地理学著作,总计二十卷;第七是来自拜占庭,他撰写了一部有关高卢人从欧洲往亚洲迁移的书,总计十二卷,此外,他还写了一部有关安提俄科斯和托勒密如何治理利比亚的著作,总计八卷;[5.84]第八位是一个智者,他在亚历山大里亚隐居,写过修辞技巧方面的著作;第九位是一名来自阿德拉穆特洛斯的文法学家,他有一个绰号叫作伊克西翁,这是因为他曾经不公正地对待过赫拉;第十位是一名文法学家,来自昔勒,他的绰号是"酒坛子",当时很有名气;第十一位是一名富甲一方的斯克普西斯人,有着高贵的出身,潜心研究学问,极大地推动了学者梅特罗多若斯的成名;第十二位是文法学家,他是厄律特莱人,同时也是被登记为摩诺斯公民;第十三位是比图尼亚人,他的父亲是斯多葛派信徒狄菲洛斯,而他的老师是罗得斯的帕奈提俄斯;[5.85]第十四位是来自士麦那的修辞学家。以上这几位都以散文写作为主。另外,还有六位同名的诗人。第一位是旧喜剧诗人;第二位是叙事诗人,他的诗作为嫉妒者留下了如下话语:

"有的人,活着的时候你们羞辱他,死去后你们又想念他。
但是,在他的墓碑前,看着他那生气全无的雕像,人们却起了纠纷，争吵遍布城邦。"

第三位是诗人是塔尔索斯人，他以写羊人剧为主；第四位诗人主要写的是短长格讽刺诗，文风犀利；第五位是一位雕刻家，波勒蒙曾经提起过他；第六位是一名才华横溢的作家，他是厄律特莱人，也写过历史以及修辞方面的著作。

第六章　赫拉克勒德斯[1]

[5.86] 赫拉克勒德斯，他的父亲欧叙弗戎，在旁托斯的赫拉克勒亚的一个富裕家庭出生。最初，他在雅典跟随斯彪西珀斯。同时，他也听过毕达哥拉斯派人士的某些课程，对柏拉图的才华也仰慕已久。索提翁在《后继者》中提到，他最后投身亚里士多德门下，成了他的学生。他的衣服质地考究，体形肥胖，因此，阿提卡人称他为波姆匹科斯[2]，而不是旁提科斯[3]。他性格温和敦厚，但是，神情不怒自威。他留下的著作言辞优美，内容丰满。他所创作的伦理学方面的对话包括：《论虔敬》五卷、《德性通论》一卷、《论勇敢》一卷、《论节制》一卷、《论正义》三卷、[5.87]《法律和诸如此类的主题》一卷、《无意或不自觉》一卷、《论政府》一卷、《协议集》一卷、《爱恋及克勒尼亚斯》一卷、《论名称》一卷。

自然学方面的著作包括：《论自然》、《论天上诸物》一卷、《论善》一卷、《对德谟克利特的辩驳》、《论灵魂及基于特性的论灵魂》、《论形象》、《论生活》两卷、《驳芝诺学说》一卷、《论疾病的原因》一卷、《论世间诸物》《驳美特隆学说》一卷、《论理性》。

1　赫拉克勒德斯，他的鼎盛时期是公元前360年前后。

2　波姆匹科斯，希腊语中的意思是"关于游行的"，比喻为"壮观的"。

3　旁提科斯，意思是"从海上而来的"，他的母邦旁托斯在希腊文的意思是"海"，他从"旁托斯"来，也就是"从海上来"，故而本来应该被称为"旁提科斯"。

文法方面的著作包括：《论荷马和赫西俄德的时代》两卷和《论阿尔西洛荷斯和荷马》两卷。

文学方面的著作包括：《论欧里庇得斯和索福克勒斯的作品》三卷和《论音乐》两卷、[5.88]《对荷马相关问题的解答》两卷、《理论思考》一卷、《论三位悲剧诗人》一卷、《论特征》一卷、《论猜测》一卷、《预见》一卷、《有关德谟克利特的阐释》一卷、《有关赫拉克利特的阐释》四卷、《公理》一卷、《论形式或属》一卷、《解答争议性问题》两卷、《忠言集》一卷、《驳狄俄尼西俄斯》一卷、《论诗歌和诗人》一卷、《释疑集》一卷。

修辞学方面的著作包括：《论公开演讲或普罗泰戈拉》。

历史学方面的著作包括：《论发现》《论毕达哥拉斯学派》。

在上述著作中，有的是喜剧风格的，比如《论节制》《论快乐》等；有的是悲剧风格的，比如《论虔诚》《论权力》等。

[5.89]当他与哲学家、将军或政治家攀谈时，他也总能通过恰当的方式与他们结为朋友。他还写过辩证法和几何学方面的作品。另外，他在各个方面都有很强的适应能力，谈吐高雅，很吸引人。

马格涅西亚的德谟特里俄斯在《同名人》一书中说过，为了从僭主的统治下解救自己的母邦，他还曾经刺杀过独裁者。还流传着一个与他有关的故事："从年少时开始，他就养了一条蛇，一直将它抚养长大。临死之前，他吩咐一个忠诚的仆从将他的尸体掩盖起来，把蛇放在他的尸体旁，让人们看起来他已经被蛇指引去了诸神那里。[5.90]仆从按照他的吩咐做了。然而，当民众为赫拉克勒德斯送葬时，说了很多称赞他的话语，那条蛇听到了，从寿衣里冒了出来，人们惊慌失措。后来，人们将尸体上的遮盖物掀开，看到了赫拉克勒德斯的尸体，然而，并非人们想象中的样子，而是他真实的样子。"

如下文字是我为他而写的：

赫拉克勒德斯，你留下这样的生后名，
你死之后，就成了一条活蛇。
虽然你耍了小聪明，却弄巧成拙，
因为蛇是野兽，
这样一来，你也成了野兽，而非圣贤。

这个故事希珀伯托斯也讲过。

[5.91]按照赫尔米珀斯的说法，他的国家曾经发生了一场大饥荒，赫拉克勒亚人乞求皮提亚女巫舅舅他们。因此，赫拉克勒德斯花钱去贿赂那些被

指定前请神谕的使者，让他们假传神谕说，倘若欧叙弗戎的儿子赫拉克勒德斯可以加冕为王，死后可以得到英雄一般的尊崇，他们将在这场灾难中幸免。这条神谕被传回来了，然而，神谕的捏造者毫无所得，因为在剧院里王冠就被直接戴在了赫拉克勒德斯的头上。后来，他中风了，瘫痪在床，人们把那些被派去取神谕的使节用石头砸死了。与此同时，当那位皮提亚女巫来到神庙，在后殿的宝座坐下时，一条蛇咬了她，她即刻死去。上面这些，就是与他的死有关的传说。

[5.92] 按照乐师阿里斯托克色诺斯的说法，他曾经写过悲剧，为其取名为"式斯皮斯"。卡迈勒翁曾跟人抱怨，赫拉克勒德斯以赫西俄德和荷马著作为主题的论文，是剽窃了他的作品。另外，辩论的过程中，伊壁鸠鲁派的哲学家奥托多若斯也指责他所写的《论正义》并非原创。此外，被称为"叛道者"或"火花"的狄俄尼西俄斯在创作《帕耳塞诺派俄斯》时，谎称是索福克勒斯的作品；然而，赫拉克勒德斯因为粗心大意，在自己的著作中引用了这部伪作，并指出这是索福克勒斯的作品。[5.93] 狄俄尼西俄斯知道这件事后，将事情的真相告诉了他，但他不相信。因此，狄俄尼西俄斯又给他看那篇题目是帕格卡洛斯（此人是狄俄尼西俄斯的恋人）的藏头诗，但是，他还是不相信，还说，这只是巧合。于是，狄俄尼西俄斯说："你还会看到这样的诗句：A. 陷阱无法捕捉老猴子。B. 哪怕捕捉到了，也要花大把的时间。"

另外，还有："赫拉克勒德斯目不识丁，却不以为耻。"

一共有十四位人名为赫拉克勒德斯。第一位就是我们这里所介绍的；第二位是他的老乡，曾写过无聊的传说以及战斗舞[1]诗；[5.94] 第三位是库迈俄斯人，写了一部有关波斯的书，总共五卷；第四位也是库迈俄斯人，写过修辞学方面的教科书；第五位是卡拉提斯人或亚历山大里亚人，写过《后继者》，共六卷本，另外还有一部题目是《勒姆比乌提科斯》的著作，因而得到了一个绰号，是"勒姆波斯"[2]；第六位是亚历山大里亚人，写了与波斯的民族特征有关的著作；第七位是一名论辩者，来自巴尔古里斯，他的著作主要是反对伊壁鸠鲁的；第八位是希克西俄斯学派的一名医师；第九位是一名医师，来自塔若斯，是一个平庸无能之辈；第十位是一个诗人，以写训诫为主；第十一位是雕刻家，来自佛开亚；第十二位是一位来自利古里亚诗人，以写碑铭体诗为主；第十三位是马格涅西亚人，写过一部米斯拉达特史；第十四位是一位天文学方面的作家。

---

1 音译是"普里赫"，这是一种手里拿着矛和盾来模仿打仗动作的舞蹈。

2 原意是"附属于大船的小艇"，还有"寄生虫"或"食客"的引申含义。

第六卷

第一章　安提司特涅斯[1]

［6.1］安提司特涅斯的父亲是老安提司特涅斯是雅典人，但是他的母亲是色雷斯[2]人。因此，也有人说他是非合法婚姻的产物，他对羞辱他的人说："诸神之母也来自佛里基亚[3]。"他在塔纳格拉[4]参战，一战成名，对此，苏格拉底评价：即使是两个雅典人生的儿子，也不会这么优秀。他很看不起那些以大地之神的后裔自居的雅典人，说蜗牛和没有翅膀的蝗虫的出身都比他们更高贵。最开始，他跟随修辞学家高尔吉亚，因此，他所写的对话有着浓郁的修辞学风格，特别是《真理篇》和《劝诫篇》。［6.2］而赫尔米珀斯说过，他一度打算在伊斯特摩斯运动会上批评和颂扬雅典人、忒拜人[5]、斯巴达人，然而，他发现从上述城邦赶来的民众人数甚众，他就放弃了这一举动。之后，他投奔了苏格拉底，从后者那里获得了巨大的帮助，因此，他经常劝其他人也投身苏格拉底门下。他在珀奈欧斯[6]居住，每天徒步四十里，去听苏格拉底的课程。苏格拉底教会了他做人，面对外界事物而毫不动心，最终，他得以成为犬儒学派的奠基者。他引用赫拉克勒斯和居鲁士的观点来论证磨难有诸多好处，上面两位一位是希腊人，另一位是外邦人。

［6.3］他是历史上首次为逻各斯下定义的人，他指出："逻各斯就是指某一事物是什么或者曾是什么。"他反复强调："我宁愿变成疯子，也不愿意追求感官上的快乐。"他还说："应该与那些知道感恩的女人亲近"。一个来自旁托

1　安提司特涅斯，大约生活在公元前446年至公元前366年。

2　色雷斯，古时候指的是从爱琴海到多瑙河的巴尔干半岛东南部地区。

3　佛里基亚，处于小亚细亚的中部地区。

4　塔纳格拉，距离忒拜不远，公元前457年至公元前426年，当地发生过两次战役。前一次战役是第一次伯罗奔尼撒战争期间的雅典和斯巴达之间的较量，斯巴达战胜了雅典；第二次是雅典人和塔纳格拉人之间的较量，雅典人战胜了塔纳格拉人。

5　忒拜人，也译为底比斯人。

6　珀奈欧斯，位于希腊东南部的一处港口，在雅典附近。

斯的青年去听他讲课,向他提问,对他来说上面东西是必需的,安提司特涅斯回答他:"一本新书、一支新笔,还有一个新写板。"言下之意,还需要纯净的心灵。[1] 有人问他,应该迎娶怎样的女子为妻,他说:"如果对方是美女,那么,你就必须与其他人分享她;如果对方是丑女,那你拥有她本身就是惩罚自己。"有人告诉他,柏拉图在背地里诽谤他,对此,他说:"做的是善事,听到的却是恶语,这就是王家的特权啊。"

[6.4] 有人曾经邀请他加入俄耳甫斯教[2],祭司说,该教的教徒可以在地狱里享受众多好处,他说:"那为什么你不赶紧去死呢?"因为他的父母并非都是自由人,曾经有人辱骂他,对此,他说:"我的父母也不是两位摔跤高手,然而,我本人却擅长摔跤。"有人问他,为什么只有少数几个门徒跟随他?他说:"因为我用银杖把其他人赶走了。"有人问,为什么他经常严厉地责备他的学生?他说:"医生也经常用苦涩的药来为他的病人治病。"有一次,他看见一个奸夫在逃亡,他说:"可怜的家伙,你原本花费一个奥卜尔[3]就可以避免这场灾祸。"赫卡同[4]在《轶闻录》中写道,安提司特涅斯曾经说过,与乌鸦为伴也比与马屁精为伴好得多,因为前者吃的是尸体,后者吃的是活人。

[6.5] 有人问过他,对人来说,至福是什么?他说:"在幸运的时候死去。"有一次,他的朋友跟他抱怨说,他弄丢了自己的备忘录,对此,安提司特涅斯说:"你不应该把它们写在纸上,而应该牢记在脑海里。"他说,就像锈腐蚀了铁那样,忌妒之人也会被自己的情绪控制。他还说过,那些希望能永垂不朽的人应该过上正义而虔诚的生活。他又说,如果城邦不能准确地区分邪恶之辈和善良之人,那么,它就将要被毁灭了。有一次,有的恶人称赞了他,对此,他说:"我或许也做了坏事。"

[6.6] 他说,兄弟之间要以和为贵,这种轻易比城墙更坚固。他还说过,一个人去旅行需要带的东西,就是哪怕遭遇海难也可以追随他一同漂流的东西。有一次,有人斥责他与坏人交往过密,他说:"医生也经常和病人在一起,但是,他并不会染上热病。"他说,有一件事很奇怪,那就是可以将腐败的麦子从谷物中剔除,让无能之辈在战争中被淘汰,然而,他无法从满是恶人的

---

1 希腊文中的"新"是由"心灵"和"和、以及"两个词根构成的,因此"一本新书、一支新笔,还有一个新写板"还有一种隐含的意思,那就是"书和心灵、笔和心灵,还有写板和心灵"。

2 俄耳甫斯教,还可以译为奥菲斯教,这是一种秘密宗教,古时候在希腊和色雷斯等地流行。俄耳甫斯是传说中的色雷斯歌手,在希腊人看来,在荷马出现之前,他是最重要的一位诗人,他精通乐理,擅长弹奏竖琴,他的琴声悠扬,就连鸟兽草木也为之动容。

3 奥卜尔指的是古希腊的一种货币单位,当时普通人每天的平均收入约为4个奥卜尔。

4 赫卡同指的是来自罗得斯岛的赫卡同,他是一位斯多葛主义者。

城邦抽身离去。有人问他，从哲学那里得到了哪些好处？他说："拥有了与自己对话的能力。"宴席中，有人跟他说："请高歌一曲吧！"他说："请你吹笛子为我伴奏吧！"第欧根尼请求他给自己一件贴身长袍，他让他把外衣绕在身上一圈。

[6.7]有人向他提问，在学习的过程中，什么东西是必不可少的？他说："学习怎样才能不把以前所学的东西都忘掉。"他宽恕身边那些被诽谤的人，哪怕有人向自己扔石头，也要欣然接受。他经常嘲笑柏拉图自负傲慢。每当看到队伍中一匹腾跃的马儿，他就跟柏拉图说："在我看来，你也是一匹喜欢炫耀自己的马。"他这么说，是因为柏拉图经常对马这种动物赞不绝口。有一次，柏拉图生病了，他前去看望，恰好看到盛放着柏拉图呕吐物的盆，于是他说："我只在盆里看到了胆汁，完全没看到骄傲。"[6.8]他曾提议，雅典人可以通过投票的方式决定驴是马，然而，雅典人认为这个提议荒谬至极。于是他说："但是，那些被你们选为将军的人，也不是通过自己的努力得来的，而是通过选举得来的。"有人跟他说："很多人对你赞不绝口。"他却说："为什么？是因为我做了什么坏事吗？"有一次，他特意将自己戴的那顶斗篷已经烂掉的部分翻了出来，被苏格拉底看见了，于是对他说："通过斗篷，我可以发现你热爱虚荣。"法尼阿斯在他的有关苏格拉底派哲学家的著作中指出，有人询问安提司特涅斯，一个人如何做才能成为真正高贵的善良之人？他说："经常向那些精通这一问题的人学习，了解如何避免你现在具备的那些缺点。"有人对奢侈称赞不已，他说："希望仇人的孩子喜欢奢侈度日。"

[6.9]一个年轻人在一位雕塑家的面前搔首弄姿，安提司特涅斯对他说："小伙子，请告诉我，要是青铜像会说话，它会为什么引以为豪？"年轻人说："为它的俊美而自豪。"安提司特涅斯说道："跟一个没有灵魂的东西喜欢同一件事物，难道你不因此而羞耻吗？"一位旁托斯的年轻人向安提司特涅斯许下承诺，只要他用来运送咸鱼的船到达了，肯定会好好招待他。因此，安提司特涅斯提着一个空口袋，让那个年轻人跟着他来到一家麦面店，将口袋装满，就要离去。老板娘让他付款，他却说："这个小伙子会付钱给你的，不过要等他的咸鱼川到达以后。"从某种程度上来说，阿尼图斯的放逐和美勒托斯的死，安提司特涅斯都要负一定的责任。[6.10]有一天，他偶遇了几个冲着苏格拉底的名声来的旁托斯小伙子，他带着他们去了阿尼图斯那里，并说，这个人在伦理学方面的研究比苏格拉底更深入，对此，苏格拉底的追随者很生气，把阿尼图斯赶出了雅典。他只要看见妇女打扮得很妖艳，他就会赶去女人的家中，让她的丈夫拿出马和武器。如果那个男人碰巧拥有这类东西，他就放任对方不管，因为这说明男人可以通过这些东西捍卫自己的利益；

如果他并没有拥有这类东西,他就会让男人收回女人的所有服装和饰品。他给了人们很多有益的教导。他曾经证明过,德性是可以传授的,[6.11]所谓高贵的人,就是有德性的人。德性就可以确保幸福,德性所需要的是苏格拉底那样的力量。德性是人的一种行为,无关于过多的言辞,也无关于过多的学习。智慧的人可以自足,因为他拥有其他人渴望的一切。坏名声有时候反而是好事,就像磨难有时候也是好事。智慧的人对城邦进行管理,依靠的不是成文的法令,而是德性。为了拥有属于自己的孩子,他会结婚成家,会与最美的女人共度余生。他会努力去爱,因为只有智慧之人才懂得什么是值得爱的。

[6.12]下面是狄俄克勒斯[1]对他的教导的记载。对智慧之人来说,没有什么是陌生的、不能实现的。良善之人是值得被爱的。品性良好的人值得做朋友。与正义、勇敢之人为伍。德性是一种他人不能夺走的武器。与少数的好人一同反抗多数的坏人,要比与多数的坏人一同反抗少数的好人好得多。要对你的敌人多加留心,因为他们总是最先发现你犯的错误。比起敬重亲人,敬重正直的人更重要。德性在男人与女人身上都有体现。良善之物是美好的,邪恶之物是丑陋的。要远离所有邪恶之物。

[6.13]小心谨慎是最坚固的城墙,它不会崩塌,也不背叛你。一个人应该以深思熟虑的推理为基础来修建城墙。他经常去库诺萨尔革斯体育场[2]与其他人谈话,那儿离城门不远。因此,有人指出,犬儒学派就是得名自那个地方。安提司特涅斯也获得了一个绰号,那就是"单纯的狗"。狄俄克勒斯说过,他发明了对折斗篷,自己也总是穿戴这种斗篷,还随身携带着一个布袋子和一根棍子。涅昂特斯[3]指出,他是最先发明出对折斗篷的人。然而,索希克拉特斯在他的作品《师承》的第三卷中指出,第一个这么做的其实是阿斯本都斯[4]的狄俄多洛斯,他任由自己的胡子疯长,随身还携带着一个布袋子和一根棍子。

[6.14]苏格拉底的诸多学生之中,唯一受到忒俄珀姆珀斯[5]赏识的人就是

---

1 狄俄克勒斯,一位希腊哲学家,生活在公元前1世纪中晚期。他写过《哲学家生平》和《哲学家纵览》,是拉尔修这本书主要参考的资料之一。

2 库诺萨尔革斯体育场,坐落在雅典的郊外,专供不是纯血统的雅典公民使用。这个词由"犬"(κύων)和"白"(αργός)两个词组成,故而这个地方的意思为"白犬"。

3 涅昂特斯的老师是伊索克拉特斯,他本人是历史学家,其论著是拉尔修这本书主要参考的资料之一。

4 阿斯本都斯,位于当今土耳其境内的一座城市。

5 忒俄珀姆珀斯,大约在公元前380年前后出生,是希腊的一位历史学家和修辞学家。

安提司特涅斯，他认为，安提司特涅斯能力超群，在交谈中就能轻易地说服人们。我们通过他的著作以及克塞诺丰的《会饮篇》，就可以清晰地发现这一点。在斯多葛学派的奠基人之中，他几乎是最具男子汉气概的。碑铭诗人阿特奈俄斯曾经这么评价过他们：

了解斯多葛学派有关事迹的人，
将最伟大的思想书写在神圣的书卷上。
你们说，只有德性是灵魂的善，
这是因为，只有它足以拯救人类与城邦。
然而，其他人追求的是肉体的享受，
而记忆女神的女儿之一也成全了这一切。

[6.15] 安提司特涅斯教导人们，学习第欧根尼提倡的不动心、克拉特斯的节制，还有芝诺的隐忍，为城邦之后的德性奠定了坚实的基础。克塞诺丰说，从谈话这一点来说，他总是能让人倍感愉悦，就其他方面而言，他也是最懂得克制的人。

他留存下来的著作一共有十卷。第一卷分别是《论演讲的风格》或《论表达》，《埃阿斯的演说》或《埃阿斯》，《论奥德修斯》或《奥德修斯》，《论辩护者》或《来自厄瑞斯特斯的申辩》，《模仿术》或《吕希阿斯和伊索克拉特斯》，还有《伊索克拉特斯的〈缺乏证据〉释疑》。第二卷分别是《论动物的本性》，《论婚姻》或《论生育》，这是一部有关爱的作品，以及《论智者》，这是一部有关面相的作品，[6.16] 还有《论正义与勇敢》，这是一部用来劝勉的作品，总共包括三章，而《论忒俄格尼斯》，则是继上述这部著作之后的第四章和第五章。第三卷分别是《论勇敢》《论善》《论政体》《论正义与美》《论法律》《论信仰》《论奴役与自由》《论服从》《论服从》《论胜利》，最后这一部是家政方面的著作。第四卷分别是《居鲁士》和《大赫拉克勒斯》。第五卷分别是《居鲁士》《论王权》《阿丝帕希娅》[1]。第六卷分别是有关论辩的作品《论对话》，此外，还有《萨同》《论反驳》《真理》。[6.17] 第七卷分别是《论教育》《论名称的运用》《论教育》《论知识与建议》《论生与死》《论死亡》《论自然》《论地狱里的人》《有关自然的问题》《好辩者》《论学习之问题集》《意见》。第八卷分别是《论荷马》《论解释者》《论卡尔克斯》《论快乐》《论不义与不敬》《论

---

[1] 阿丝帕希娅，大约生活在公元前470年至公元前400年，是希腊一位著名的女性，她与伯里克利很熟悉，后来还与伯里克利结了婚。柏拉图、阿里斯托芬、克塞诺丰等人都提起过她。

音乐》《论秘密》。第九卷分别是《论〈奥德赛〉》《论权杖》《雅典娜》《论特勒马科斯》《论海伦和珀涅罗珀》《论奥德修斯》《论普洛图斯》[6.18]《论酒的作用》《论库克罗普斯》《论喀尔刻》《论安菲阿刺俄斯》[1]《论奥德修斯、珀涅罗珀和狗》。第十卷分别是《赫拉克勒斯》或《米达斯》[2]，《赫拉克勒斯》或《论审慎》，《居鲁士》或《情人》，《居鲁士》或《密探》，《墨涅克塞诺斯》或《论统治》，《阿尔刻拉俄斯》或《论王权》，《阿尔基比亚德斯》。

上面就是他所写的作品的目录。

因为他在著书论说方面很繁杂，因此，提蒙批评他是"热衷于大杂烩的闲谈"。疾病夺走了他的生命，当时，第欧根尼恰好去他家里，问他："难道你不需要一位朋友吗？"举手，第欧根尼此前还有一次去他家里，随身携带着一把匕首。当时，安提司特涅斯高声呼喊："有没有谁能帮我消除病痛？"第欧根尼抽出匕首，说："它可以。"安提司特涅斯说："我是要消除病痛，而不是消除生命。"[6.19]他对生命充满了眷念，因此，当疾病光顾时，他表现得有点懦弱。下面是我为他而写的诗句：

安提司特涅斯，你在生活中就像一条狗，
用与生俱来的犀利语言，而不是锋利的牙齿，
啃噬着人们的心。
肺痨夺走了你的生命。

人们也许会说：

无论如何，肯定需要有人充当去往地狱的引导者。

另外还有三个名叫安提司特涅斯的人。第一个是赫拉克利特学派的成员；第二个是爱菲斯[3]人；第三个来自罗得斯岛，是一位历史学家。现在我们已经介绍完了属于阿里斯提珀斯和斐多学派的那些人，接下来，我们要继续介绍属于安提司特涅斯的犬儒学派和斯多葛学派的人。按照下面的顺序。

---

1 安菲阿剌俄斯，指希腊传说中的一位占卜师。

2 米达斯，希腊神话里一个贪慕钱财的国王，他拥有一种魔力，但凡他触碰过的东西，都可以变成黄金。

3 爱菲斯，也可译为以弗所，位于小亚细亚的西岸，是当地重要的贸易城市。

第二章 第欧根尼[1]

[6.20]第欧根尼是西诺珀[2]人,他的父亲是钱庄的老板希刻西俄斯。按照狄俄克勒斯的说法,第欧根尼的父亲管理公共钱币时制造了伪币,第欧根尼因而受到牵连,被流放。而欧布里德斯在他的一本书中指出,其实是第欧根尼本人制造了伪币,而他的父亲与他一起流亡。实际上,第欧根尼本人曾经在《珀尔达洛斯》一书中承认过他制造了伪币。据说,他当上了监管者以后,手下的几名技师再三怂恿他,于是,他去了德尔斐神庙或得洛斯岛[3]上的神庙,询问阿波罗,他可不可以做那件事,最终,神允许他改变城邦的习俗,但是,他把这句话理解错了,于是,就在钱币上动起了心思。有人说,他在事情暴露后逃走了;[6.21]另一种说法是,他心怀畏惧,因而甘愿被流放。也有人说,他从他的父亲那里得到了一笔钱币,将假的钱币掺入其中,结果他父亲进了监狱并在那里死去,而他却逃到了德尔斐,不过他不是询问神他是不是可以制造伪币,而是询问他是不是会声名鹊起。于是,他获得了那道神谕。来到雅典后,他结识了安提司特涅斯。但是,安提司特涅斯素来从不接纳任何门徒,于是,他遭到了拒绝。但他再三纠缠,安提司特涅斯最终接受了他。有一次,他犯了错,安提司特涅斯要用棍子揍他,他把自己的头送了上去,说:"打吧,我认定了可以从你那里获益匪浅,你很快就会发现,再坚硬的棍子都不能赶走我。"从那以后,他就正式成为安提司特涅斯的门徒,过上了一种简单恬静的流亡生活。

[6.22]忒俄弗拉斯托斯在《麦加拉派哲人》这本书中指出,有一次,第欧根尼看见一只老鼠到处走动,却不害怕黑暗,也不寻找一个洞休息,更不渴望那些看似可口的食物,因此,他也明白了应该如何适应环境。据说,他

---

1 第欧根尼,大约生活在公元前404年至公元前323年。
2 西诺珀,一座处于黑海南岸中部的城市。
3 得洛斯岛,位于爱琴海上的一座岛屿,阿波罗出生在那里。

是首先发明对折斗篷的人，因为他只能睡在里面。他随身携带着一个布袋子，用来存放食物。他在任何地方都能做任何事，比如说话、睡觉或吃饭。他用手指着用来存放公用器具的仓库和宙斯的门廊，对人们说，雅典人早就为他准备好了休息的处所。[6.23] 有段时间，他生病了，身体很虚弱，只能拄着一根拐杖，但是，按照雅典人的领袖厄吕姆匹俄多洛斯、演说家珀吕欧克托斯，还有埃斯克里翁的儿子吕萨尼阿斯的说法，他从那之后走到哪里都随身带着那根棍子和那个布袋子。他曾给某个人写了一封信，希望此人为他提供一间房屋，但是，他后来又在其他的书信里提到，这个人拖延了很长一段时间，他只能住在一个在美特若翁[1]找到的桶里。他通过各种方式训练自己的体能，冬天时紧紧地抱着那些覆盖着雪花的雕像，夏天时则在滚烫的沙子上打滚。[6.24] 他总是犀利地表达自己对其他人的轻视。他将欧几里德斯的学派称为"胆汁"（愤怒）[2]，认为柏拉图所谓的讨论完全是"虚度光阴"[3]，说酒神狄俄尼索斯节上进行的竞技是专门献给愚蠢之人的，说煽动家是乌合之众的奴隶。他经常说，在生活中看到所谓的哲学家、医生和舵手时，他就会觉得，人乃是万物之灵；但是，当他看到占卜者、释梦者还有他们的追随者，或者那些为了财富或荣耀而扬扬自得的人，他又会觉得，人是所有动物里最愚蠢的。他还经常说，应该为生活提供理性与缰绳。

[6.25] 一次，他去参加宴会，看见柏拉图正在吃橄榄，他说："智慧之人啊，你千里迢迢乘船去西西里就是为了吃餐桌上的美味，如今这些东西就在你的眼前，为什么不享用呢？"柏拉图说："我以诸神的名义发誓，我在西西里也吃了很多橄榄和其他食物。"第欧根尼又说："那你为什么要去叙利亚？难不成阿提卡当时不能出产橄榄？"但是，根据法伯里诺斯在《历史杂记》一书中的记载，这番话是阿里斯提珀斯说的。据说，有一天，他正在吃干无花果，刚好遇见了柏拉图，于是，他说："你也可以享用它。"柏拉图接了过去，吃掉了它，他说："我说的是'享用'，不是'吃'。"[4]

[6.26] 有一天，柏拉图邀请一些来自狄俄尼西俄斯的朋友去他家里做客，第欧根尼踩着他的地毯："我踩在柏拉图的虚荣上。"柏拉图说："第欧根尼，你装作不骄傲的样子，但其实你的骄傲多么明显啊。"另一种说法是，第欧根尼说的是："我踩在柏拉图的骄傲上。"柏拉图说："没错，第欧根尼，你拥有另一种骄傲。"而索提翁在他的作品的第四卷指出，犬儒学派曾经对柏拉图说

---

1 美特若翁，雅典一座用来祭祀地母的建筑物，后来又被用来存放政府的档案。

2 在希腊文中，"学校"与"胆汁"两个词仅仅有一个字母的区别。

3 "虚度光阴"与"讨论"是同一个词根。

4 他在这里讽刺柏拉图提倡的"分有"学说。

了这样一番话。有一次，第欧根尼向柏拉图讨要一些酒和一些干无花果，而柏拉图慷慨地送给了他整整一罐。第欧根尼说："如果有人问你二加二等于多少，难道你会说是二十？所以，你并没有给出那些我请求的东西，也并没有回答那些我所询问的事情。"他总是这样唠唠叨叨地嘲笑别人。

［6.27］有一次，有人问他，在希腊的哪些地方遇见过好人？他说："从来没有在哪里遇见过好人，但是，我在斯巴达遇见过好的孩子。"有一次，他正在演讲，众却心不在焉，因此，他吹起了口哨。当人们逐渐过来围观时，他就责备他们是热情地来听他说废话，却对严肃有益的东西毫不在意。他经常说，人们总是喜欢在互相踢打中分出胜负，却不愿意比较一下良善与高尚的多寡。他很奇怪，文法学家热衷于了解奥德修斯所患的疾病，但是毫不关心自己所患的疾病；乐师们为竖琴调节琴弦，却放任自己的灵魂和性格处于不和谐的状态；［6.28］数学家专注于太阳和月亮，却忽视了周围的事物；演说家义愤填膺地探讨着正义，却从来不曾履行它；爱慕钱财的人斥责金钱，事实上，却趋之若鹜。有的人称赞着正义比金钱更伟大，却非常羡慕大富大贵之人。上述这些人，他都狠狠地批判过。让他倍感愤怒的一点是，人们为了健康献祭给诸神，与此同时，在举行祭祀的过程中又胡吃海喝。他很奇怪，奴隶眼睁睁看着自己的主人滥饮狂吃，却从不在宴会上偷取任何食物。

［6.29］他总是称赞那些想要结婚却最终没有结婚的人、想航行却最终没有出发的人、想参与城邦事务却又最终没有践行的人、想要养育儿女却又没有生养的人、想要结识权势之人却最终没有这么做的人。他还说，把手向朋友伸过去时，手指不应该握在一起。墨尼珀斯在《拍卖第欧根尼》一书中指出，他有一次被抓住了，并被售卖，有人询问他，会做哪些事，他说："统治其他人。"他对出售他的人说："你应该大声询问，是不是有人想给自己买一个主人回去。"当他不被允许坐下时，他说："无所谓，无论鱼儿躺在何处，最终都能卖出去。"［6.30］有一件事让他惊讶不已：购买碟子或罐子时，人们总是习惯敲一敲，听听声响，但是，如果购买的是人，就只是看看外表就行。克塞尼阿德斯最终买了他，他对克塞尼阿德斯说，即使他是奴隶，他也应该服从他；这是因为，即使舵手和医生是奴隶，人们也必须服从他们。欧布洛斯在《拍卖第欧根尼》这本书中指出，第欧根尼教导克塞尼阿德斯的几个儿子们完成学习之后，就教他们如何射箭、骑马掷矛和投石。学习摔跤时，他不让教练用训练运动员的办法来对他们进行训练，而是以拥有好的肤色与体魄作为学习摔跤的目的。

［6.31］这些孩子记住了诗人、历史学家还有第欧根尼本人的各种作品。为了训练他们的记忆力，他还教他们通过一些简单的办法来记住各种东西。

他在家里教导孩子们在日常生活里粗茶淡饭即可。他经常让他们留着一头短发，赤着脚，安安静静地待着，甚至不穿紧身内衣，走在路上也不能四处打量。他还经常带着他们去野外打猎。孩子们对第欧根尼也很敬重，经常跟父母称赞他。欧布洛斯说，在克塞尼阿德斯家里，第欧根尼度过了他的晚年，死后，克塞尼阿德斯的几个儿子安葬了他。克塞尼阿德斯问他，应该怎么安葬他？［6.32］他说："脸朝着下面。"克塞尼阿德斯问："为什么？"他说：因为不久之后，原本在下面的东西会转换到上面来。他这么说是因为马其顿人当时已经称霸，由原来的卑微低贱变得高高在上。有一次，一个人带着他来到一处豪宅，告诉他，不可以到处吐痰。他听了，清了清嗓子，吐了一口痰在对方的脸上，接着，他说，再没有其他地方比他的脸更脏了。但是，也有人说，这件事是阿里斯提珀斯干的。还有一次，他大声呼喊："快来人啊！"当人们逐渐聚了过来，他又用棍子驱赶他们，说："我喊的是人，不是垃圾。"在赫卡同所写的《轶闻录》的第一卷中也记载了这件事。有人说，亚历山大曾说，他要不是亚历山大，那么，希望能成为第欧根尼。

［6.33］他认为，聋子和盲人都不是残废，而那些不拥有口袋的人却是残废。美特洛克勒斯在他的著作《轶闻录》中指出，有一次，他的头发刚刚剃了一半，就跑去参加一群青年举办的宴会上，却被对方暴揍了一顿。事后，他在一块木板上写下了那些打他的人的名字，还把这块板子挂在自己的脖子上，在大街上到处走，让那些人蒙羞，被其他人责骂。他说自己是一只人们经常称赞的猎犬，但是，那些称赞他的人都不敢跟他一同前去狩猎。有人对他说："我在皮提亚[1]运动会上打败了所有的人。"他说："我打败的是人，而你打败的只是奴隶罢了。"

［6.34］有人对他说："你现在已经老了，应该安享晚年。"他说："为什么？如果我正在长跑，现在马上要到终点了，我是应该半途而废，还是加快速度呢？"有人曾经邀请他去参加一场宴会，他拒绝了，因为他上次赏光了，却没有人感谢他。他经常赤裸着脚走在雪地上，并做着我们在前面提到的那些事。他尝试吃过生肉，却不能消化。有一次，第欧根尼看见演说家德谟斯特涅斯在一家餐厅里用餐，当德谟斯特涅斯吃完要走的时候，他说："你更适合在餐厅里待着。"有几个异乡人曾提出想见一见德谟斯特涅斯，他伸出了中指，说道："这就是雅典人的煽动家。"［6.35］有人把一块面包掉在了地上，却不好

1　皮提亚，阿波罗的圣地，德尔斐神庙也在那里。每隔四年，那里就会举办一次运动会，为阿波罗献祭。

意思捡起来。第欧根尼想教育一下那个人，就找来一个瓶子，在瓶颈处系上了一根绳子，拖着这个瓶子，从克拉美科斯[1]穿过。他经常模仿歌舞队教练，确定准确音调，从而教导别人通过恰当的音调发声。他还说，很多人距离发疯其实只有一个手指的距离。这是因为，一个人如果一边走路一边伸出中指，其他人就会觉得他发疯了；但是，他伸出食指，其他人就不会这么认为。他说，价值连城的东西却经常与一钱不值的东西进行交换，反之也是如此。因此，一座雕像的价格是3000德拉克马，而一筐子麦面的价格却只有2奥卜尔。[2]

[6.36] 他对购买了他的克塞尼阿德斯说："来吧，按照命令做你应该做的事情吧。"对此，克塞尼阿德斯说：河水倒流了。第欧根尼说道："如果你生病了，而且你碰巧购买了一个医生，你会选择服从他，还是对他说'河水倒流了'？"有一次，一个人想向他学习哲学，第欧根尼把一条咸鱼交给他，让那个人跟在他身后到处走。那个人感到不好意思，最终把咸鱼扔掉，离开了他。不久以后，第欧根尼再次遇见了那个人，就笑着跟他说："一条咸鱼就摧毁了我们之间的友情。"不过，狄俄克勒斯还说了一个不同的故事版本。有人跟他说："第欧根尼，给我们下令吧。"第欧根尼就带着他到处走，还交给他价值为半个奥卜尔的奶酪，让他拿在手里。那个人不愿意。第欧根尼说："一块价格只有半个奥卜尔的奶酪就摧毁了我们之间的友情。"

[6.37] 他看到一个孩子用双手捧水喝，就掏出布袋子里的杯子扔掉了，他说："一个孩子就在朴素这方面战胜了我。"他还看到一个孩子的盘子打碎了，于是就用面包中间的空心部分来盛放扁豆，于是，他也把碗掏出来扔掉了。他经常这样论辩："万事万物都归属于神。智慧之人乃是神的朋友。朋友可以彼此分享。所以，智慧之人可以享用万物。"佩尔加的左伊洛斯[3]说过，有一次，他看见神像面前跪着一个女子，姿态不太雅观，他希望帮助那位女子放弃迷信的想法，就走过去对她说："善良的人啊，神无处不在，你用这种不雅观的姿势跪在神面前，难道不担心还有一位神在你的身后吗？"

[6.38] 他献给阿斯克勒匹俄斯[4]一个格斗士，让这个人走上前去，揍那些

---

1 克拉美科斯，指的是雅典的陶匠区聚集区。雅典的西北门之外被称为外陶匠医，英雄都安葬在那里；而门内是内陶匠区。

2 德拉克马相当于6奥卜尔。

3 左伊洛斯，大约生活在公元前400年至公元前320年，是希腊著名的文法学家、犬儒主义者。

4 阿斯克勒匹俄斯，医药之祖，他死后被人们尊奉为医神。

在地上卧倒的人们。他还说，所有来自悲剧的诅咒都降临到了他身上，因为他是一个流浪汉，漂泊异乡，远离自己的国家，到处以乞讨为生。然而，他说，他用信心与命运抗衡，用自然与法律抗衡，用理性与激情抗衡。他有一天正在克拉涅俄斯[1]晒太阳，亚历山大来到他身边，说："你想要什么东西，都可以请求我。"他说："请不要把我的阳光遮住了。"有一次，一个人正在诵读一篇很长的文章，当卷尾处出现了没有文字的空白时，第欧根尼高呼道："加油吧！朋友！已经可以看到目的地了！"有人曾试图通过三段论来证明自己是有角的，第欧根尼抚摸着对方的额头，说："但是我没看到。"［6.39］有人说，运动根本就不存在，他就站起身来，到处走动。有人探讨天象时，他问："你从天上来到地上花了多长时间呢？"一个品性低劣的阉人在家门口写了几个大字——"恶物勿入"。第欧根尼问："那房子的主人是怎么进去的？"他在脚上涂满了香膏，说，香气会一直从脚飘到鼻子，从头部飘到天上。雅典人试图劝他加入密教，还说作为该教教徒，在地狱会享有特殊的待遇。对此，他说"如果阿格希拉俄斯和厄帕美农达斯陷在污泥之中[2]，而低劣之人只是因为加入了密教，就在幸福岛上居住，那真是是太可笑了。"

［6.40］他看见老鼠爬上了桌子，说道："看啊，就连第欧根尼都养食客。"柏拉图将他称为一条狗，他说："是的，我曾经回到那些出售我的人那里去。"有一次，他从澡堂里走出来，有人问他，澡堂里是不是洗澡的人很多？他说，没有；然而，其他人问澡堂里里是不是有群氓在洗澡，他却给出了肯定的回答。第欧根尼拔光了一只公鸡的羽毛，带着它来到学校，说："这就是柏拉图说的那个人。"有人问，午餐在什么时候吃最合适？他说："你要是富有的人，你何时吃，就何时吃；你要是贫穷的人，何时有吃的，你就何时吃。"

［6.41］有一次，在麦加拉，他看到一群羊的身上穿着皮衣，但是，孩子们却赤身裸体，于是，他说："做麦加拉人的儿子还不如做他们的羊群。"有人向他扔了一根木棍，接着才提醒他："小心一点！"他说："难不成你想要再揍我一顿？"他称煽动者为群氓的奴隶，称他们得到的花环为盛开的荣耀。有一个大白天，他举着灯笼到处走，说："我正在找人。"有一天，他在喷泉下面站着，有人可怜他，当时柏拉图恰好在场，就说："如果你们真的可怜他，就赶快从这里走开。"言下之意，他之所以这么做是出于对好名声的热爱。有一次，

---

1 克拉涅俄斯，一个运动场，位于科林斯。

2 阿格希拉俄斯，生活在公元前444年至公元前360年，是斯巴达一位颇具影响力的国王，曾经在伯罗奔尼撒战争中战胜了雅典。厄帕美农达斯，大约生活在公元前418年至公元前362年，他是忒拜的一位著名的统帅，也是古希腊时期著名的政治家，一生致力于让忒拜从斯巴达的统治下摆解脱，西塞罗后来称他为"希腊第一人"。

有人用拳头揍了他,他说:"赫拉克勒斯啊!散步的时候,我总是忘记戴头盔,这简直太奇怪了。"

[6.42] 美狄阿斯[1]曾用拳头揍了他一顿,还说:"给你3000德拉克马。"到了第二天,第欧根尼戴了一副拳套,又把美狄阿斯揍了一顿,并对他说:"也给你3000德拉克马。"药剂师吕希阿斯曾问他认为诸神是不是存在,他说:"当我发现他们这么仇恨你时,我哪里还会认为他们存在呢?"也有人说,说这句话的是忒俄多洛斯。

有一次,他发现有个人在举行洁净仪式,他说:"可怜的人,你难道不知道,就像文法中的纰漏不能通过洁净仪式清除一样,你人生的污点也难以通过这种方式除掉。"他批判人们对命运的态度,因为他们渴望的只是他们认为好的事物,而不是真正好的事物。[6.43] 对于那些沉迷于梦境的人,他认为,他们只是在意梦境中的幻想,对清醒时的所作所为却毫不在意。裁判在奥林匹亚运动会上宣布:"狄俄克西珀斯打败了所有人。"他说:"他只是打败了奴隶,而我才是打败了人。"

然而,雅典人依旧热爱着第欧根尼。当一个小伙子把他的木桶砸坏之后,这个人被雅典人鞭打了一顿,还把另一只木桶送给了第欧根尼。按照斯多葛主义者狄俄尼西俄斯的说法,凯洛涅阿战役[2]结束之后,他被抓住了并被送到了菲利珀斯[3]那里,菲利珀斯问他是谁,他说:"我只是一个探子,来打探你究竟有多么贪婪。"对于这个回答,菲利珀斯很欣赏,于是把他释放了。

[6.44] 有一次,亚历山大让一个名为阿特利俄斯的人送了一封信给在雅典的安提帕特洛斯[4],当时,第欧根尼也在,他说:从阿特利俄斯那里来的阿特利俄斯,通过一位阿特利俄斯,到阿特利俄斯那里去。[5] 佩尔狄卡斯[6]曾经威胁过第欧根尼,说如果他不去他那里,他就把他杀了。对此,第欧根尼说:"无

1　美狄阿斯,生活在公元前4世纪,是当时雅典的一位有权有势的富翁,他反对德谟斯特涅斯。

2　凯洛涅阿战役发生在公元前338年,这场战役中,马其顿国王菲利珀斯战胜了希腊联军,赢得了霸权。

3　菲利珀斯,生活在公元前382年至公元前336年,是马其顿的国王,亚历山大是他的儿子。

4　安提帕特洛斯,生活在公元前399年至公元前319年,是马其顿的一名将军。亚历山大死后,他在公元前320年成为马其顿帝国的摄政。

5　此处用了一个双关语,这句话真正的意思是"从可怜虫那里来的可怜虫,通过一个可怜虫,去了一个可怜虫那里。"其中,第一个可怜虫指菲利珀斯,第二个可怜虫是指菲利珀斯的儿子亚历山大,第三个可怜虫指阿特利俄斯,第四个可怜虫指安帕特洛斯。

6　佩尔狄卡斯,生活在公元前360年至公元前320年,是亚历山大麾下的一名将军。亚历山大死后,他在公元前323年成为了马其顿帝国的摄政。

所谓，蝎子和毒蜘蛛做的事也一样。"他认为，佩尔狄卡斯说的如果是下面这番话，反而更能达到威胁他的目的："如果没有了第欧根尼，我的生活反而更幸福。"他经常说，本来诸神给了人类简单的生活，人们却努力探索着制作蜂蜜、乳酪、香膏等东西的方法，反而忽略了最本质的生活。因此，当一个仆人正在为主人穿鞋时，他对主人说："你现在还不太幸福，除非他还为你擦鼻子；等你这双手都残废了，就能实现了。"

［6.45］有一天，一位管理神庙的官员将一位偷了神器的管理员带走了，对此，他说："大偷把小偷带走了。"有一次，他看见一个小伙子冲着十字架扔石块，他说："干得漂亮，你会击中目标的。"[1]一群小孩围在他身边，说："我们要小心点，免得他咬着我们。"他说："孩子们，放心吧！狗不会吃甜萝卜。"一个人身上披着狮子皮，扬扬自得，对此，他说："请不要继续羞辱这意味着勇气的衣服了！"有人觉得卡里斯特勒斯[2]是幸运的，因为他从亚历山大那里获得了很多东西，第欧根尼却说："实际上，他倒霉透了，因为他吃早餐和中餐的时间都是亚历山大决定的。"

［6.46］囊中羞涩的时候，他去找自己的朋友，然而，他并不是乞讨朋友的施舍，而是向他们索要酬金。有一次，他发现一个青年与官吏们一同用餐，他就上前去拖走那个青年，将他送到他的亲人那里，吩咐他们好好看管他。有一个年轻人穿着打扮很时髦，他来询问第欧根尼，但是，第欧根尼拒绝回答他的问题，说，除非他把衣服撩起来，证明他究竟是男是女。有一次，在澡堂里，一个年轻人正在玩泼酒的游戏，第欧根尼说："你把这个游戏玩得越好，它对你的害处就越多。"在一场宴会上，有的人把他当成一条狗，将骨头扔向他，他要起身离开时，便模仿狗的样子，抬起腿，冲着他们撒了一泡尿。

［6.47］对于演说家以及那些追求好名声的人，他称他们为"三倍之人"。他说，富有而无知的人是长着金毛的羊。他经过一个铺张浪费的人的房屋前，看到一则告示上写着"特售"，他说："这样一个嗜酒如命的人，很容易把自己户主的身份也一起呕吐出来。"一个年轻人跟他抱怨，许多人都打扰了自己，第欧根尼说："请不要这样来表现你贪慕虚荣的模样。"他来到一个肮脏不堪的澡堂，说："那些来这里泡澡的人，又要去哪里清洁自己的身体呢？"人们都看不起一个肥胖的竖琴师，然而，他获得了第欧根尼的称赞，人们不解地问第欧根尼，为什么对他另眼相看？他说："因为他拥有健壮的身体，却只是弹奏竖琴，而没有去做强盗。"

---

1 此处用了双关语，意思是你这么做，自己迟早也会被绑在十字架上。

2 卡里斯特勒斯，生活在公元前360年至公元前328年，是希腊的一名历史学家，也是亚里士多德的侄子，曾经参与过亚历山大的远征。

[6.48] 听众们总是责备一位竖琴师，而第欧根尼却走上前去，跟他打招呼，说："公鸡，你好！"那人问他："为什么这么说？"他回答："因为当你开始弹奏时，每个人都被你的琴声唤醒了。"有一天，一个青年在人们面前展现自己，当时，第欧根尼带了很多羽扇豆，他就站在青年的对面，吃了起来；当人们扭头打量他时，他说他感到困惑不已，为什么他们不搭理那个青年，反而都盯着他。一个迷信的人跟他说："我一拳就能把你的头打烂。"他说："我从左边打一个喷嚏，就能让你全身颤抖。"[1] 赫格希阿斯向第欧根尼讨要他的一本著作，第欧根尼说："赫格希阿斯啊，你这个愚蠢的人。你不喜欢画面上的无花果，而喜欢真正的无花果；但是，你不愿意进行真正的训练，反而追求书本上的内容。"

[6.49] 一个人嘲笑他遭到流放，他说："可怜的人啊，正是因为流放，我才成了哲学家。"有一次，有人说："西诺珀人流放了你。"他说："而我判处他们在国内继续待着。"有一次，他看见一位奥林匹亚运动会的冠军正在放羊，他说："我亲爱的朋友啊，你这么快就从奥林匹亚回到涅墨亚[2] 了。"有人问他，运动员为什么比较蠢？他说："因为他们的身体都是用猪肉和牛肉塑造的。"他曾经向其他人讨要一尊雕像，那人问他为什么要这么做，他说："我正在练习被拒绝。"他穷困潦倒，曾经向其他人行乞，说："如果你给过其他人东西，那么，也请给我吧；如果你没有给过其他人东西，那么就请从我这里开始吧！"

[6.50] 一位僭主问，用哪种青铜来铸造雕像最好？他说："用来铸造哈尔默狄俄斯和阿里斯托格相同的雕像的那种青铜。"[3] 有人问他，狄俄尼西俄斯是怎么对待朋友的？他说："像对待钱袋那样。当它装满了钱时，他就随身携带；当它空空如也，他就扔掉。"一个新郎官在家门口题字：恶物莫入，宙斯之子、胜利的赫拉克勒斯住在这里。第欧根尼又在后面加了一句：战争结束之后，签订了一个盟约。他说过，贪慕钱财是万恶之源。他看到一个挥霍无度的人在餐馆里吃橄榄，于是跟他说："你中午这么吃，晚上就别吃了。"

[6.51] 他认为，良善之人是神的肖像，爱情是无所事事之人追逐的目标。有人问，什么是生活里最悲惨的事？他说："穷困潦倒的老人。"有人问，哪种野兽咬人时最凶狠？他说："谄媚的人咬人最温柔，诬告的人咬人最凶狠。"他

---

1 在古希腊，左边是不吉利的。比如，当预言者进行预言时，他的脸面向北方，左手那一侧显现出来的预兆就是不吉利的。

2 涅墨亚，位于伯罗奔尼撒半岛东北部的山谷，也有牧场的意思。

3 哈尔默狄俄斯和阿里斯托格同是一对在雅典很有名的同性恋人，他们曾经合谋杀死僭主西皮亚斯。

看到两个人首马身人被画得乱七八糟，于是，他问："刻戎是哪一个？"[1]那些谄媚的言语被他称为用蜂蜜制成的绞索，胃部被他称为生活中的卡律布狄斯漩涡。[2]有人告诉他，通奸者狄底蒙被逮捕了，于是，他说："光是他的名字就足以让他被处以绞刑。"有人问，为什么黄金一片金灿灿的？他说："因为很多人都在谋划如何得到它。"他看到轿子里坐着一个妇女，就说："不应该用笼子来关野兽。"［6.52］他看到一个逃亡的奴隶在井边坐着，他说："年轻人，小心别掉下去了。"他看到澡堂里有一个青年在偷衣服，就问："你这么做是为了换别的衣服，还是为了换油膏呢？"他看到橄榄树上吊着几个妇女，就说："希望每一棵橄榄树都能结出同样的果实。"有一次，他又看到一个人在偷衣服，就说："最勇敢的人啊，是什么东西指引着你来到这里？难道你是为了掠夺死者的铠甲？"有人问，他有没有男仆或者女仆，他说："没有。"那个人又问："你死了之后，谁来安葬你？"他说："想要得到我的房屋的人。"［6.53］有一天，他看到一个相貌英俊的年轻人在路边睡觉，毫无防范，他就把那个人推醒，说："快起来吧，免得有人从背后攻击你。"他对一个讲究吃穿用度的人说："孩子，你这么大手大脚的，死期将至啊。"柏拉图探讨理念时，谈到了桌子本身与杯子本身，对此，第欧根尼说："柏拉图，我只看到过一张张的桌子和一个个的杯子，从未见过桌子或杯子本身。"柏拉图回答："当然，因为你拥有可以看到一张张桌子和一个个杯子的眼睛，却不曾拥有可以看到桌子或杯子本身的智慧。"

［6.54］有人问他："你认为，第欧根尼是哪一种人？"他说："他是发疯了的苏格拉底。"有人问他，人应该在何时结婚？他说："年轻人尚且不应该结婚，而老年人则从来不应该结婚。"有人问他，在何时才能面对他人挥舞的拳头？他说："当我拥有头盔。"有一次，他看到一个穿着考究的年轻人，就说："你这么做是为了男人，那简直是愚蠢；你这么做是为了女人，你就是在做坏事。"一个青年因为害羞而满脸通红，他说："年轻人，鼓起勇气来吧，这是德性的肤色。"有一天，他听了两个诉讼师的争辩，于是，他责备了这两个人，说其中一个偷窃了东西，而另一个却没有丢失什么。有人问他，喜欢喝什么酒？他说："喜欢喝别人付钱的酒。"有人说："很多人都在嘲笑你。"他说："但是，我没有被嘲笑击倒。"

［6.55］有人说，活着是坏事，他说："不是活着，而是不幸地活着，这才

---

1 此处是双关语。刻戎是古希腊神话中的人首马身人，他是阿喀琉斯的老师，曾把医术传授给阿喀琉斯。但是，这个词有时也用来指恶人。

2 卡律布狄斯，原本是海神之女，后来化身成为海妖，每天会吞吐三次海水，从而形成一个巨大的漩涡，吞没经过的船只。

是坏事。"有人建议他去寻找他那逃掉的奴隶，他说："如果说，马涅斯失去了第欧根尼可以活下去，而第欧根尼失去了马涅斯却不能生活，这有多荒谬。"有一次，他正在吃橄榄，有人又端上来一些点心，于是，他扔掉了橄榄，说：陌生人啊，快给国王让让路。还有一种说法是，他鞭打了橄榄。有人问他属于哪种狗，他回答："当我饥肠辘辘时，我是马耳他犬；当我酒足饭饱时，我是摩罗西亚犬。很多人对这两种狗称赞有加，但是，因为害怕辛劳，不愿意与它们一起外出狩猎。一样的道理，因为害怕我折磨你们，你们也不愿与我一同生活。"

［6.56］有人问他，智慧之人是不是也吃蛋糕？他说："他们吃的食物与普通人没有区别。"有人问他，为什么人们施舍乞丐，却从不施舍哲学家，他说："他们觉得未来的某一天他们也会变得穷困潦倒，但是，从来没想过自己有一天会变成哲学家。"有一次，他向一个吝啬鬼乞讨，那个人磨磨蹭蹭的，他说："我只是向你讨要食物，而不是丧葬费。"[1]有人斥责他伪造过假币，他说："当时的我即是现在的你；然而，现在的我，你却永远也不能达到。"还有另一个人因为同样的事责备他，他说："我以前撒尿很快，现在不是了。"［6.57］他来到明都斯[2]，发现那里的城门很大，而城市却很小。于是，他说："明都斯人啊，快关上你们的城门，免得你们的城市逃走了。"有一次，一个人偷紫袍被抓住了，他说："强悍的命运和黑色的死亡逮住了他。"有一次，克拉特洛斯[3]邀请第欧根尼去他那里，第欧根尼说："我情愿在雅典舔盐，也不想去克拉特洛斯那儿吃各种美味佳肴。"

有一次，他去那位壮硕的演说家阿那克西美尼[4]那里做客，他说："请将你肚子里的东西分享给我们吧，你也可以缓解痛苦，我们也不用挨饿。"有一次，阿那克西美尼在众人面前发表演说，第欧根尼掏出了腌鱼，试图分散人们的注意力，他这么做惹怒了阿那克西美尼，对此，第欧根尼说："阿那克西美尼的演讲被一条1奥卜尔的腌鱼搅黄了。"

［6.58］他在集市上吃东西，有人指责他，他说："我在集市上才觉得饿了。"据说，下面这些也是与他有关的趣闻。有一次，他正在洗蔬菜，柏拉图看到了，就走过去对他说："如果你服侍的是狄俄尼西俄斯，就不用洗蔬菜了。"[5]对此，

---

[1] "食物"和"丧葬费"在希腊文里的读音接近。

[2] 明都斯，位于小亚细亚，是一座希腊城市。

[3] 克拉特洛斯，生活在公元前370年至公元前321年。他是亚历山大魔下的一位将领，后来与安提帕特洛斯一同治理马其顿帝国。

[4] 此处的阿那克西美尼是生活在公元前4世纪的一位希腊演说家和历史学家。

[5] 此处指的是公元前4世纪的僭主狄俄尼西俄斯。

第欧根尼平静地说:"你如果曾经洗过蔬菜,现在就用不着服侍狄俄尼西俄斯了。"有人对他说:"很多人都在取笑你。"他说道:"驴子也许也正在取笑他们,但是,他们不在意驴子的想法,而我也不在意他们的想法。"有一次,一个年轻人正在研习哲学,他就说:"好啊!你正引领着那些痴迷于肉体的人去往灵魂的至美之处。"

[6.59] 萨摩特拉克[1]的神庙里摆放着丰富的供品,有人对此很惊讶,第欧根尼说:"如果那些没有获救的人也一样献供的话,供品肯定更多。"也有人说,这是发生在美洛斯的狄阿格拉斯身上的故事。有一次,一个仪表堂堂的年轻人前去参加宴会,他说:"等你回来的时候,你会变成一个坏人。"那人第二天就回来了,并对他说:"我回来了,但是并没有变坏。"第欧根尼却说:"你虽然没有变成刻戎,但是变成了欧儒提翁。"[2] 他曾跟一个性情暴虐的人乞讨,那个人跟他说:"除非你能说服我。"第欧根尼说:"要是我能说服你,我早就让你上吊自杀了。"他有一次从斯巴达出发,回到雅典,一个人问:"你来自哪里?去往何方?"他说:"我来自男人的寝室,去往女子的闺房。"

[6.60] 第欧根尼从奥林匹亚返回雅典,有人问他,是不是有很多人在那里?他说:"是有很大一群动物,但是,很少有能称之为人的。"浪子被他称为在悬崖峭壁上生长的无花果树,然而,人们却不能尝到它的果实,都被秃鹫或乌鸦吃了。佛瑞涅把一座阿佛洛狄忒的金像[3]树立在德尔斐立,他说:"这是因为希腊人的浪荡。"有一天,亚历山大来到了这里,站在第欧根尼的身边,对他说:"我是亚历山大大帝。"他说:"我是犬儒派的第欧根尼。"有人问,他究竟做了什么而被人们称之为狗?他说:"因为我冲着施舍我的人摇尾巴,冲着没有施舍我的人咆哮,还撕咬那些地痞流氓。"

[6.61] 他从树上采摘了无花果,看守的人对他说:"前不久,有一个人在这棵树上吊死了。"他说:"那我会好好为它清洁。"有一次,他发现一位奥林匹亚运动会上的获胜者死死盯着一个妓女看,他说:"瞧瞧吧!小姑娘轻松战胜了那只好斗的公山羊!"他说,美丽的妓女就好像致命的甘露。有一天,他

---

1 萨摩特拉克是一座岛屿,位于爱琴海的东北部。有一群海神住在那里,凡是遭遇海难的人被他们救起之后,都要将留存下来的一部分东西献祭给他们,如果身上空无一物,也可以献上一缕头发。

2 刻戎和欧儒提翁都是人首马身人,前者因为聪慧善良而为人们所称赞,而后者以放浪形骸而闻名,最终被赫拉克勒斯杀死。此外,在希腊语中,"刻戎"一词是名词,当它作为形容词时,有"坏、恶"的意思。

3 佛瑞涅,生活在公元前4世纪,是希腊当时最著名的妓女,漂亮非凡,就连来自亚历山大的宫廷画师阿佩利斯都用她作为模特,来描绘阿佛洛狄忒的模样。

正在市场吃饭,有人冲他喊:"狗!"他说:"你们才是狗呢,因为我正在吃饭,你们却都围在我周围。"两个胆小怕事的人不敢靠近他,说:"别怕,狗从来不吃萝卜。"[6.62]有人问他,一个浪荡之徒从何而来?他说:"他是特格亚人。"[1]他看见一个笨手笨脚的摔跤手正在给人治病,就问:"这是怎么了?难道你要把那些曾经击败你的人统统打倒?"他发现一个妓女所生的孩子冲着人群扔石头,他就说:"小心啊,别伤着了你的父亲!"一个男孩的爱慕者[2]给男孩一把短剑,他带给第欧根尼看,对此,第欧根尼说:"这的确是一把好剑,但是,剑柄却丑陋不堪。"有人称赞一个曾经施舍过他的人,他却说:"然而,你们没有称赞配得起这份施舍的人。"有人让他归还斗篷,他说:"如果你送了斗篷给我,那么,它是属于我的;如果你只是把它借给我,那么我现在还在用它。"一个被人收养的孩子告诉第欧根尼说,他衣服的口袋里装满了黄金,第欧根尼说:"没错,所以每当睡觉时,我总是把它放在身下。"[6.63]有人问他,从哲学那里得到了哪些好处,他说:"如果别的不算,那么,哲学教会了我为各种命运都做好必要的准备。"有人问他来自何方,他说:"我是来自世界的公民。"有的人献祭给诸神,请求能够生儿子,他说:"你们献祭,难道不是为了保证孩子成为有用的人吗?"有一次,有人要求他为一个社团捐款,他对会长说:"去别人那里抢劫吧,别把手伸向赫克托尔。"他称国王的情人为王后,因为她们希望得到什么,国王们就会给她们。什么雅典人通过投票的方式予以亚历山大"狄俄尼索斯"这一称号,对此,他说:"请你们也赋予我萨拉皮斯的称号吧。"[3]有人说,他经常在脏兮兮的地方游荡,他说:"阳光同样可以照进厕所里,但不会因此而被玷污。"

[6.64]有一次,他正在神庙吃饭,有一个人把一块脏兮兮的面包扔给了他,他捡了起来,又扔出去了,说所有脏东西都不能进入神庙里。有人跟他说:"虽然你致力于研究哲学,但还是那么无知。"他说:"哪怕我装出一副很有智慧的样子,这本身也是在研究哲学。"有人把一个小孩带到他的面前,告诉他,这个小孩性情温和,极有天赋,第欧根尼问:"那么,他还希望从我这里获得什么?"有的人只是嘴上谈论某些美好的事物,却从不付诸行动,他说,那些人和竖琴没有区别,因为都是既听不到,又感知不到的。有一天,人们都从

---

1 此处是双关语。希腊语中,"特格亚"是一处地名,位于伯罗奔尼撒的中部地区;同时,还可以引申为"妓院"。这里,第欧根尼说他是特格亚人,其实是暗讽他来自妓院。

2 古希腊娈童大盛,此处的"爱慕者"为阳性,从中可以知道这男孩与他的爱慕者之间的关系。

3 萨拉皮斯,原本是埃及人所崇拜的地下神,后来在希腊和罗马也开始流行。他的形象与希腊神话中的冥王哈德斯类似,手里拿着双头戟,身边还站着一只三头犬。

剧院里走了出来，他却朝剧院里走去，有人问他为什么这么做，他说："我这一生都在这么做。"［6.65］他发现一个小伙子言谈举止很阴柔，就说："比起自然给你的安排，你给自己的安排更差劲，你不为此而羞愧吗？这是因为，自然造就了你的男儿之身，你却让自己变成了女人。"他看到一个愚笨之人在给竖琴调音，说道："你可以让木头发出和谐的声音，却无法让自己的灵魂与生活和谐相处，你不为此而羞愧吗？"

有人跟他说："我不适合学习哲学。"因此，他问："如果你不在乎任何事，就意味着你是善良的，那你为什么还要活下去？"一个人很看不起他自己的父亲，他说："正是有了他，你才能这么狂妄，你却蔑视他，你不为此而感到羞愧吗？"他看到一个俊美的小伙子在那里唠唠叨叨，很不得体，他说："从象牙制成的剑鞘里拔出来的却是铅制成的剑刃，你不为此而羞愧吗？"［6.66］有一次，他在店铺里饮酒，有人责备他，他说："我还去理发店里理过发。"安提帕特洛斯送给他一顶斗篷，有人因此责备他，对此他说："不能拒绝诸神赐予的礼物。"

有人把一根木棍扔向他，之后才喊："小心！"他用拾起着的那根木棍殴打那个人，高声喊道："小心！"他看到有个人在哀求一个妓女，于是，他说："可怜的家伙，既然你对宽衣解带渴望已久，为什么又要穿上衣服？"一个人在头发上抹了香膏，他说："小心啊，不要让头发的芳香给生活带来臭味。"他说，贪欲支配着恶人，就像主人控制着奴隶。

［6.67］有人问，为什么奴隶又被称为安德拉珀冬？他说："因为他们拥有一双人的脚，灵魂却和提出这种问题的你一样。"[1]他去找一个奢侈的人，向他要1米那的钱币，此人问，为什么向其他人只要1奥卜尔，反而冲他索要1米那？对此，第欧根尼说："因为我日后还能从其他人那里要到钱，但是，从你这里还能不能要到钱，就全看天意了。"他到处乞讨，而柏拉图从不向人乞讨，有人因此斥责他，对此，他说："那个人也会乞讨，但是，他乞讨的时候会把头紧紧挨着你，免得其他人听到。"有一次，一个笨手笨脚的射手正在射箭，于是，他来到靶子下方坐下，说："免得被他射中了。"他认为，处于热恋之中的人所追求的快乐都是一场空。［6.68］有人问，死亡是不是坏事？他说："当它发生的时候，我们已经无法感受它，那么，又怎么能说它是坏事呢？"亚历山大曾问他："难道你不害怕我？"第欧根尼反问他："那么，你是好人，还是坏人？"亚历山大说："好人。"他说："谁又会怕好人呢？"他说过，对年轻人

---

[1] 安德拉珀冬，指在战争中沦为俘虏并且被作为奴隶出售的人。这个词由"脚"和"人"构成，故而第欧根尼这么说。

而言，教育让人清醒；对老年人而言，教育让人安慰；对穷人而言，教育是财富；对富人而言，教育是点缀。有一天，他看见淫贼狄底蒙在为一个女孩治疗眼睛，于是，他说："当心啊，免得你为她治疗眼睛的同时弄伤了她的瞳孔。"[1]有一个人说，他的朋友要谋害他，第欧根尼说："如果对待你的朋友与敌人必须平等，你该如何是好？"

［6.69］有人问他，对人来说，什么东西是最好的？他说："拥有言论上的自由。"他去拜访一位老师，在老师家里看到很多缪斯的雕像，却只有几个学生，于是，他说："老师，受诸神的帮助，你拥有了很多学生。"无论什么事，他总是习惯在众人面前做，且不论这些事是与得弥忒耳有关，还是与阿佛洛狄忒有关。[2]他认为，如果吃饭不是荒谬之举，那么，在闹市吃饭也不是荒谬之举。关于他的事迹还有很多，想要详细叙述，要花很长时间。

［6.70］他认为，训练可以分为两方面，分别是精神上的训练和身体上的训练。身体上的训练，就是通过锻炼塑造强有力的体魄，从体力上确保那些关于德性的事情的完成。[3]然而，这两个方面的训练是相辅相成的，无论缺失了哪一方面，另一方面都难以圆满，无论是对身体来说，还是对灵魂来说，都必须处于健康的状态。

他举了很多例子来说明，通过训练，我们会拥有德性。就手工技艺和其他方面的技艺来说，我们可以看到，匠人经过长时间的训练后会拥有高超的技艺，运动员和长笛演奏者通过艰苦训练后远远超过了其他人。如果这些人在精神方面进行练习，他们付出的汗水也不会徒劳。

［6.71］他认为，生活中的所有事情都必须通过辛勤的训练才能成功，勤加练习就会战胜一切困难。我们应该摒弃徒劳无功的辛劳，遵循自然的规则来生活，唯有如此，才会拥有幸福；愚蠢总会让人陷入不幸的牢笼。通过艰辛的训练后，就连对快乐的轻蔑也能让人获得快乐；那些习惯了以追求快乐作为生活目标的人，生活在困苦的环境中就会万分不乐意，同样，那些训练自己在困苦中生活的人，当他们对快乐心怀蔑视时，就会获得更强烈的快乐。他说过的话，也通过实践来证明。他确实制造过假币，[4]认为应该遵从自然而不

---

1 此处为双关语，希腊语中，"瞳孔"还有"少女"的意思，所谓"弄伤了她的瞳孔"指的是夺走了处女的贞操。

2 得弥忒耳，主管农业的女神，阿佛洛狄忒是爱神，这里分别指的是与吃或性爱有关的事。

3 在古希腊，德性的内涵是很宽泛的，并不仅仅指道德品格。比如，坚固是石头的德性，奔跑是马的德性。

4 一语双关，前面说过，第欧根尼因为制造假币而遭到流放，但是这里的"改变钱币"的意思是"改变了人们的习俗"。

是法律来生活。他很认可赫拉克勒斯的生活方式，除了自由，他没有其他追求。［6.72］他说过，智慧之人拥有万物，并通过一贯的方法来辩护：诸神拥有万物，而智慧之人与神是朋友，朋友之间可以互相分享。因而智慧之人拥有万物。他是这么评论法律的：没有了法律，城邦生活不复存在；没有了城邦，文明失去了用武之地；城邦是文明的，没有了城邦，法律也就失去了用途。因此，法律也是文明的。他看不起显赫的出身、声誉，还有诸如此类的事物，说它们唯一的用途就是掩饰丑陋。他认为，真正的公民生活就是生活在世界中。他赞同"共妻"，在他看来，所谓的婚姻，就是男人说服女人与他一起生活。此外，儿子也应该是共有的。

［6.73］在他看来，无论是吃动物的肉，还是去神庙偷窃，都不是荒谬之举，就连吃人肉也是正常的，有的外邦人的习俗也清楚地反映了这一点。他认为，通过正确的推理就会发现，万物是互相渗透的，肉存在于面包里，面包存在于蔬菜里；至于其他东西，也可以通过肉眼看不见的分子渗透的方式与它们结合在一起。在《提俄斯特斯》这本书中，他充分地阐明了他的这一理论，当然，前提是这部悲剧的确是他创作的，而不是出自他的朋友埃吉那的菲利斯科斯之手，又或者是路喀阿诺斯的儿子帕希丰创作的。法伯里诺斯在《历史杂记》中指出，第欧根尼死后，帕希丰才创作了这部作品。他对音乐、几何学、天文学都嗤之以鼻，认为这些东西毫无益处可言。

［6.74］他在论辩方面有着惊人的天赋。当他被作为奴隶卖掉之后，他坦然地接受了这件事。他乘船前往埃吉那，途中，一个名叫斯喀尔帕洛斯的海盗俘虏了他，带着他来到克里特岛，他在那里被卖掉了。购买者询问他会做哪些事情，他说："统治人。"他指了指身边一位穿着长袍的富人，正是我们前面提到的克塞尼阿德斯，说："这个人需要一位主人，请把我卖给他。"克塞尼阿德斯果真买下了他，带着他去了科林斯，让他负责教导他的孩子们，还委托他打理整个家。无论从哪个方面，这个家都被他管理得有条不紊，克塞尼阿德斯巡查完毕之后，说："我家里来了一位贵人。"

［6.75］克勒俄墨涅斯[1]在他的作品《教师》中说过，第欧根尼的朋友们想把他赎回来，他反而责骂这群朋友是蠢货，他说，狮子并没有沦为饲养员的奴隶，反而那些饲养员要服从于狮子。因为野兽会让人恐慌，而奴隶也会让人感到恐慌。他在辩论方面天赋过人，可以在辩论中轻松地战胜他的对手。埃吉那有个人名叫厄涅西克里托斯[2]，他有两个儿子，他将那个名为安德罗司特

1　克勒俄墨涅斯，克拉特斯的追随者，一位来自犬儒学派的哲学家。

2　厄涅西克里托斯，大约生活在公元前360年至公元前290年。他是一位希腊历史学家，曾追随亚历山大一起远征，到了晚年又投身第欧根尼门下。

涅斯的儿子送到雅典去，这个年轻人听了第欧根尼的课程之后，就在雅典留了下来；不久后，厄涅西克里托斯又把剩下那个年龄比较大的孩子，也就是菲利斯科斯送去了雅典，这个孩子也在那里留下了；[6.76]到了晚年，厄涅西克里托斯自己也去了，他跟他的儿子一起钻研哲学。由此可见，第欧根尼的魅力不容小觑。拥有"好人"这一绰号的佛希翁、麦加拉人斯提尔朋以及很多政坛人物也去听第欧根尼的教导。他直到90岁左右才去世。有关他的去世，流传着几种说法。有人说，他吃了生章鱼，腹部绞痛而死；有人说，他是憋气而死的。来自麦加洛泊利斯（或克里特）的克尔希达斯创作了一首短长格诗，他是这么写的：

他最初是西诺珀公民，后来却不再是；
他手持木棍，将斗篷对折，席地而坐。
[6.77]他双唇紧闭，牙关紧咬，屏住呼吸，前往极乐世界。
他是宙斯的儿子，[1] 他是天狗第欧根尼。

还有人说，他想让狗也吃章鱼，结果狗咬伤了他的脚后跟，他也因此死去。然而，安提司特涅斯[2]在他的作品《师承》中指出，据第欧根尼的朋友猜测，他是憋气而死的。当时，他在科林斯周围的一个名为克兰涅的体育场生活，他的朋友们去那里看望他，却只见他大白天躺在斗篷里，但是他们都觉得他并不是在睡觉，因为他根本没有睡懒觉或打盹的习惯。于是，这群朋友把斗篷揭开，发现他早已没有了呼吸。有人认为，他是为了逃避余生而故意这么做的。

[6.78]针对谁负责安葬他一事，他的朋友们发生了争执，还大打出手。后来，城邦的执政者和长辈都出面了，他们在通向伊斯特摩斯地峡的入口那里安葬了他，还专门为他树立了一根柱子，上面是一尊用大理石雕刻而成的狗。不久后，为了纪念他，他的同胞又打造了一尊青铜雕像，上面刻着一行字：

时间足以让青铜腐朽，
然而，第欧根尼啊，漫长的时光也无法让你的荣耀凋零。
死亡是所有人的结局，
而唯有你，教导人们自给自足，

---

1 第欧根尼这个词在希腊文中原本的意思就是"宙斯所生的"，因此，诗句才这么写。

2 此处指的是来自罗得斯岛的安提司特涅斯，他大约生活在公元前2世纪早期，应该是漫步学派的哲学家，他的主要作品包括《哲学家的师承》，也经常简称为《师承》。

为他们指明生存下去的道路。

［6.79］下面是我为了纪念他而创作的四短音步的格律：

A. 第欧根尼啊，请你告诉我，究竟是怎样的命运指引着你奔向哈德斯？
B. 一只疯狗咬了我，带着我去了那里。

不过，有人说，临死之前，他反复叮嘱，让人们不要埋葬他，而是将他抛到荒山野地里，让那里的动物可以饱餐一顿；又或是把他扔进沟壑里，用少量尘土掩埋他。另外，也有人说，他希望被扔进伊利苏河，从而能惠及他的同胞们。

不过，根据德谟特里俄斯在《同名人》中的说法，就在亚历山大在巴比伦去世的那一天，第欧根尼也在科林斯死了。他在第 113 届奥林匹亚运动会时，[1] 已经步入暮年。［6.80］下面的作品都属于他。对话包括：《希皮斯阿斯》《论财富》《论爱》《雅典公民》《政制》《忒俄多洛斯》《伊斯提亚》《穴鸟》《阿里斯塔尔科斯》《论死亡》《伦理技艺》《克法里翁》《珀尔达洛斯》《书信集》。另有七部悲剧，分别是：《赫拉克勒斯》《阿喀琉斯》《提俄斯特斯》《克律希珀斯》《海伦》《美狄亚》《俄狄浦斯》。

然而，索希克拉特斯在《师承》中以及萨特洛斯在《生平》中都指出，第欧根尼并没有创作任何作品。萨特洛斯还指出，上述悲剧作品其实出自他的朋友埃吉那的菲利斯科斯之手。索提翁在他所写的作品的第七卷指出，第欧根尼的作品只有下面这些，分别是《论德性》《论善》《托尔迈俄斯》《珀尔达洛斯》《阿里斯塔尔科斯》《西绪福斯》《克法里翁》《菲利斯科斯》《卡桑德洛斯》《乞丐》《论爱》《加尼美得斯》《书信集》《轶闻录》。

［6.81］一共有五个人名叫第欧根尼。第一个是自然学家，来自阿波罗尼亚[2]，他的作品的开篇是这么写的："我认为，所有撰写理论著作的人，他们设定的原则都应该是毋庸置疑的。"第二个来自西库翁[3]，他的代表作是《伯罗奔尼撒记》。第三个就是我们刚才介绍的第欧根尼。第四个是塞留西亚[4]人，他是斯多葛学派的成员，也有人说，他其实是巴比伦人，因为塞留西亚离巴比

---

1 也就是公元前 328 年至公元前 324 年期间。
2 阿波罗尼亚，一座希腊城邦，亚里士多德曾经指出，那里是典型的寡头政制。
3 西库翁，一座城邦，位于伯罗奔尼撒的北部地区。
4 塞留西亚，坐落于美索不达米亚平原，地处底格里斯河的西岸，无论是希腊化时期，还是罗马时期，它都是很有名的一座城市。

伦并不远。第五个来自塔尔索斯[1],创作过一本关于诗学的作品。阿或诺多洛在他的著作《漫步讨论》的第八卷中提起过,这位哲人酷爱涂抹油膏,看上去气色总是很好。

第三章　墨尼谟斯[2]

[6.82] 墨尼谟斯的老师是第欧根尼,他本人是叙拉古人。索希克拉特斯指出,他同样是科林斯一位有权有势的钱庄老板的仆人。第欧根尼的主人克塞尼阿德斯时不时地去那位钱庄老板家里做客,为他讲述第欧根尼言谈举止方面显露出来的德性,这也让墨尼谟斯产生了对第欧根尼的热爱之情。因此,墨尼谟斯假装成疯疯癫癫的样子,扔掉了柜台上的所有钱币和银元,最终,主人不得不解雇了他。不久后,他就投身第欧根尼门下。他在很多方面都效仿犬儒派的克拉特斯。他的主人看见他的某些言行举止后,就更加坚信他已经疯了。

[6.83] 后来,他的名气越来越大,就连喜剧作家美南德洛斯都经常提起他。美南德洛斯在他创作的一个名为《马夫》的戏剧中写道:

菲洛啊,有一个名为墨尼谟斯的人,足智多谋,
名声不大,少有人知。
A. 是不是那个带着一个口袋的人?
B. 不,他带着三个口袋。
以宙斯的名义起誓!
此人嘴里从来不说诸如"认识你自己"的话,
他肮脏极了,到处乞讨。

1　塔尔索斯,一座位于小亚细亚的城市,也是圣保罗的出生地。
2　墨尼谟斯,生活在大约公元前400年。

他说，一切的观点都是虚无。

后来，墨尼谟斯变得越来越严谨，他将真理作为唯一的追求，对意见嗤之以鼻。

他创作过某些话题严肃的打油诗，还写了《劝诫》和《论欲望》这两部作品。

第四章　厄涅西克里托斯[1]

［6.84］有人说，厄涅西克里托斯来自埃吉那，但是，根据马格涅西亚的德谟特里俄斯的说法，他从阿斯提帕莱亚而来。[2] 他也是第欧根尼的得意门生之一。他的经历与克塞诺丰有几分相似。因为克塞诺丰也参与了居鲁士的那次远征，而他则是与亚历山大一同远征；克塞诺丰创作了《居鲁士的教育》这一作品，而他也写过有关亚历山大接受教育的经历的文章；前者曾经为居鲁士创作过颂词，他也同样为亚历山大创作过颂词。就连两人的文章风格都有几分相近，只是模仿的那位自然比不上原创的那位。

除此之外，第欧根尼的学生还包括，绰号是"橡树"的美南德洛斯，他很崇拜荷马；来自西诺珀的赫格希阿斯，他的绰号是"狗项圈"；此外，还有我们在前面提到的来自埃吉那的菲利斯科斯。

1　厄涅西克里托斯，大约生活在公元前360年至公元前290年。
2　阿斯提帕莱亚是一座海岛，位于爱琴海的东南部。

第五章 克拉特斯[1]

[6.85] 克拉特斯是忒拜人，他的父亲是阿斯孔达斯，他也是犬儒学派最有名的成员之一。但是，根据希珀伯托斯的说法，他的老师并不是第欧根尼，而是亚该亚[2]的布律松。下面是他写的一首打油诗：

一座名为佩拉的城市坐落于啤酒色的烟雾中，
富饶又美丽，它随波逐流，从不在某处停留。
航行至此的人们，没有蠢笨的寄生虫，
也没有卖弄风骚的妓女，
百里香、大蒜、面包和无花果在那里遍布。
人们不会因此而争夺，
也不会为了荣耀与财富，
手持长矛，身披铠甲。

[6.86] 另外，还有一本流传度很高的流水账，写的是：

记下来：付10米那给厨师，付5塔朗同给谄媚者，付1德拉克马给医生，付烟草给顾问，付1塔朗同给妓女，付3奥卜尔给哲学家。[3]

他经常去其他人家为他们出谋划策，因此，人们又称他为"开门人"。他写了下面这段话：

---

1 克拉特斯，大约生活在公元前368年或公元前365年至公元前288年或公元前285年。
2 亚该亚在伯罗奔尼撒的北部地区。
3 1塔朗同相当于60米那，1米那相当于100德拉克马，1德拉克马相当于6奥卜尔。

213

我所学习与思考的，乃是我的所有，
缪斯将这些神圣之物赐予我，
其他的所有都是虚幻而已。
他说，他从这些人身上得到的是：
一升羽扇豆，还有不再在乎其他人。

下面这番话也是他说的：

饥饿可以控制情爱，如若不然，时间也做得到；
如果上述两种对你都失效，那么，只剩下绞绳。

［6.87］第113届奥林匹亚运动会期间是他最活跃的时期。安提司特涅斯在《师承》一书中指出，克拉特斯有一次去观看一场悲剧，发现特勒福斯[1]提着一个小小的篮子，表现出一副惨兮兮的样子，于是，他就决定开始研究犬儒派的哲学。他变卖了他的所有家产，因为他出身显赫，因此得到了200塔朗同，接着，他把所有钱财都给城邦的公民分了。他怀着坚定的情感投入哲学研究，就连喜剧诗人菲勒蒙都曾经提过他，他是这么写的：

为了练习，他忍受各种艰难困苦，
夏日里，他披着破旧的斗篷，
冬日里，他衣着褴褛。

而根据狄俄克勒斯的说法，克拉特斯是在第欧根尼的劝说下抛弃了自己的家产与牧场，把所有的钱财都扔进了海里。［6.88］他还指出，亚历山大曾经摧毁了克拉特斯的家，就像菲利珀斯曾经摧毁了希帕基娅[2]的家那样。他的几个亲戚经常去看望他，希望能说服他改变想法，他却拿着棍子，把他们轰走了，依旧坚持己见。按照马格涅西亚的德谟特里俄斯的说法，克拉特斯把所有的钱交给一个钱庄老板保管，两个人还签订了协议：他的孩子长大成人后如果是普通人，就把所有的钱交给他们；如果他们当了哲学家，就让民众把这笔钱分掉，因为他们从事哲学研究，在其他方面就不再有太多的需求。厄拉

---

1 特勒福斯是密西亚王，他的父亲是赫拉克勒斯。
2 希帕基娅是克拉特斯的妻子，后面我们再详细介绍。

托斯特涅斯[1]说过，希帕基娅跟他生了一个儿子，名字叫帕希克勒斯。帕希克勒斯长大成人后，克拉特斯带着他来到一个妓女那里，[6.89]对他说，这就是父亲替他安排好的婚姻。他说，造成通奸的婚姻乃是一场悲剧，随之而来的是杀戮与放逐；与妓女为伴的婚姻是一场闹剧，因为伴随着花天酒地和放荡不羁而来的总是各种荒谬的笑话。

克拉特斯有一个兄弟的名字也是帕希克勒斯，他的老师是欧几里德斯。在《回忆录》第二卷中，法伯里诺斯曾提起过一件关于克拉特斯的趣事。他说，他有一次去跟体育场的主人乞求施舍，那人摸了摸他的屁股，他因此被激怒了，说："你为什么这么做？这些髋关节并不属于你，膝关节也是如此。"他经常说，世界上不存在完美的人，就好像一棵石榴树上总存在着坏的种子。有一次，他惹怒了竖琴师尼科德洛谟斯，对方把他的眼睛打青了，于是，他把一张纸贴在自己的额头上，纸上写着"尼科德洛谟斯的杰作"。[6.90]他经常与妓女互相辱骂对方，从而加强自己忍受屈辱的能力。法勒隆的德谟特里俄斯[2]把一些酒水和面包给他送来，他反而责备对方："希望泉水能够滋生面包。"这是因为他不喝酒，只喝水。有一次，他穿着细麻布制成的衣服，雅典管理治安的官员惩罚了他，对此，他说："我要让你们看清楚，忒俄弗拉斯托斯也穿这种细麻布衣服。"他们当然不相信，因此克拉特斯带着他们来到一家理发店，指着当时恰好在理发的忒俄弗拉斯托斯，让他们看清楚。在忒拜时，他曾经被一位运动场的主人殴打。根据其他人的说法，他在科林斯曾遭到欧叙克拉特斯的鞭打，还被拖着在地上到处爬，然而他毫不在意，嘴里继续唱着：

我的双脚被他抓住，他把我扔出了天门。

[6.91]然而，狄俄克勒斯说，这么对待他的是厄瑞特里亚[3]的墨涅德谟斯。因为墨涅德谟斯容貌非常英俊，而且跟弗利阿西亚[4]的阿斯克勒皮达斯有不寻常的关系，因此，克拉特斯摸了他的屁股，还说阿斯克勒皮达斯是不是在里

1　厄拉托斯特涅斯，生活在公元前276年至公元前194年，是希腊的天文学家、数学家、地理学家以及诗人。

2　大约生活在公元前350年至公元前280年，他的老师是亚里士多德的继承人——忒俄弗拉斯托斯。他本人是著名的政治家，曾经统治雅典。公元前307年，他的政敌将他放逐，他又投奔了亚历山大。此外，他还有一些历史或修辞方面的作品。

3　厄瑞特里亚，位于厄维厄岛的西海岸，是古希腊的一座城邦。

4　弗利阿西亚，地处伯罗奔尼撒半岛的北部地区。

面他的话激怒了墨涅德谟斯，就像之前提到的，他拖着克拉特斯的双脚，让他在地上爬。

根据基提翁的芝诺在《轶闻录》中的记载，克拉特斯有一次把羊皮与斗篷缝在了一起。克拉特斯长得很丑，每当他在外面锻炼身体时，周围的人总会爆发出笑声。每当他将双手举起，他总会说："克拉特斯，加油吧！为了你的眼睛和身体。[6.92]你会发现，那些嘲笑你的人，疾病很快就会降临到他们身上，他们对你健康的身体羡慕不已，而后悔自己过于懒惰。"他说，人们应该研究哲学。他还认为，那些与谄媚者做朋友的人，就像牛犊落入了狼群里，既无助、又孤寂；因为对前者和后者来说，他们身边的并不是好的伙伴，而是时刻图谋着他们的家伙。临死之前，他为自己唱：

亲爱的驼子，你快上路了，
岁月压完了你的脊背，你马上要去哈德斯家。

[6.93]亚历山大问他，希不希望重建自己的家园，他说："又有何必要？也许，不久的将来，别的名叫亚历山大的人又会把那里摧毁。"他认为，贫穷与卑微是他可以休憩的家园，命运永远无法将之蹂躏，而他与坦坦荡荡的第欧根尼是同类。在《孪生姐妹》一书中，美南德洛斯是这样描述他的：

你披着斗篷，要和我一同浪迹天涯，
就像犬儒派的克拉特斯与他的妻子那样。
诚如他自己说的，他的女儿出嫁，
要经受三十日的考验。
接下来，我们继续介绍他的学生。

第六章　美特洛克勒斯[1]

[6.94] 美特洛克勒斯来自马洛尼亚，他的妹妹是希帕基娅。一开始，他主要去听漫步学派忒俄弗拉斯托斯的课程，但是，一件事毁掉了这一切。有一天，他正在做练习，突然放了一个屁，他万分羞愧，将自己关在房间里打算绝食。当克拉特斯得知此事，就去拜访他，去之前特意吃了不少羽扇豆，还说了很多宽慰他的话，告诉他这件事不足挂怀。这是因为，他如果不愿顺应自然规律，放出腹腔里的气体，就会有违背自然规律的事情发生。而且克拉特斯还在美特洛克勒斯面前放了屁，美特洛克勒斯也终于振作了起来。从那以后，美特洛克勒斯就经常去听克拉特斯的课，通过刻苦钻研，成为了一位哲学家。

[6.95] 根据赫卡同在《轶闻录》第一卷中的说法，他将自己的所有著作付之一炬，还说：这些都是下界之梦的幻影而已。言下之意，这些著作说的都是废话，毫无意义。也有人说，他在烧忒俄弗拉斯托斯的课堂上记的笔记的时候，说：

赫淮斯托斯，请到这里来，城邦正需要你。[2]

他认为，有的东西是可以通过金钱来购买的，比如房屋；有的是可以通过勤劳与时间来获取的，比如教育和知识。他还认为，如果一个人不能通过合理的方式来使用财富，那么，财富对他来说就是弊大于利。

他在年老时因为窒息而死去。

忒俄姆布洛托斯和克勒俄漫涅斯都是他的学生。而亚历山大里亚的德谟

---

[1] 美特洛克勒斯，大约生活在公元前300年前后。

[2] 此处美特洛克勒斯可能是模仿荷马的诗句，因为这本书关于柏拉图的记述也出现了类似的话："赫淮斯托斯，请到这里来，柏拉图正需要你。"

特里俄斯是忒俄姆布洛托斯的学生，亚历山大里亚的提马尔科斯和爱菲斯的厄刻克勒斯是克勒俄濞涅斯的学生。厄刻克勒斯和我们接下来要介绍的墨涅德谟斯都去听过忒俄姆布洛托斯的课。他们也都很推崇西诺珀的墨尼珀斯。

第七章　希帕基娅[1]

[6.96] 希帕基娅的哥哥是美特洛克勒斯，这个学派的相关教导也让她深深地沉醉。她和美特洛克勒斯的出生地都是马洛尼亚。克拉特斯的学说以及生活方式都让希帕基娅痴迷，其他追求者无论家世如何显赫、容貌如何俊美，都不能打动她。在她眼里，克拉特斯胜过一切。她威胁自己的父母，如果她不能嫁给他，她宁可自杀。在她父母的请求下，克拉特斯想尽办法劝说这个女孩，最终也没有用。因此，克拉特斯在她面前把衣服脱掉，说："这就是新郎以及他拥有的一切。你必须想清楚，你必须接受他的追求，要不然，你不能成为他的妻子。"

[6.97] 女孩义无反顾地嫁给了他，穿上破破烂烂的衣服，与他一起浪迹天涯，一起在公共场合抛头露面，去各地赴宴或乞讨。有一次，她前去吕希马科斯家里参加宴会，她在那里批评了绰号为"阿特厄斯"[2]的忒俄多洛斯。她展开了一番诡辩：如果忒俄多洛斯做的事没错，那么，希帕基碰做同样的事也没有错；如果忒俄多洛斯打她没有错，那么，希帕基娅打忒俄多洛斯也没有错。忒俄多洛斯并没有回应希帕基娅说的话，反而一把掀开了她的斗篷。[6.98] 然而，希帕基娅与别的妇女完全不同，她根本没有流露出丝毫惊慌失措的神情。忒俄多洛斯问道：你就是那个把梭子扔在织机一边的女人吗？[3] 希帕基娅说："没错，就是我。但是，本来应该耗费在织机上的时间被我用来接

1　希帕基娅，大约生活在公元前300年前后。
2　即"无神论者"。
3　引用自欧里庇德斯的《酒神的伴侣》。

受教育，难道你认为我做错了？"有关这位女哲学家的故事还有很多。

克拉特斯留存至今的著作之一是《书信集》，里面的内容呈现出他卓越不凡的哲学思考，风格很接近柏拉图。他也写过带有浓郁哲学风格的悲剧，比如下面这段话：

我的国家没有房屋，也没有城堡，
城市和家园，就是整片大地。
我们在那里生生不息。
他年事已高，最终死去，被埋葬在波依俄提亚。[1]

第八章　墨尼珀斯[2]

[6.99] 墨尼珀斯也属于犬儒派，从血统上来说，他是腓尼基人。阿凯科斯在《伦理学》中指出，他是奴隶。而狄俄克勒斯认为，他的主人是一个名为巴同的旁托斯人。墨尼珀斯生性贪婪，通过各种手段逐渐变得很有钱，并且获得了忒拜公民的身份。

他的作品荒谬可笑，他没有留下任何严肃著作，这一点与他处于同一个时代的墨勒阿格洛斯很像。按照赫尔米珀斯的说法，他每天通过放贷获利，因此获得了一个绰号。另外，他还做海运贷款，防范意识也很强，[6.100] 从而获取了大笔财富。但是，他最终还是落入其他人设下的圈套，失去了所有家产，万般绝望之下，他上吊自尽。关于他，还有一首打油诗：

腓尼基是他的诞生地，
然而，他成了克里特的狗，

1　波依俄提亚，处于希腊的中东部地区。
2　墨尼珀斯，大约生活在公元前300年。

这只狗，每天都放高利贷。
人们是这么称呼他的，
你或许知道，
他就是墨尼珀斯。
他在忒拜大难临头，
一无所有。
对于狗的本性，他毫不知情，
只能悬梁自尽。

据说，有的归在他名下的作品其实并不是他写的，而是出自狄俄尼西俄斯和科洛封[1]的左皮洛斯之手。他们之所以写书，完全是为了取乐，写完之后，就把书交到墨尼珀斯手里，因为这个精明的人能够把它们卖出去。

［6.101］有六位名叫墨尼珀斯的人。第一位创作过一部有关吕底亚历史的作品，还写了克桑托斯[2]的历史摘要。第二位是我们这里介绍的这位。第三位来自斯特拉托尼西亚，是一位智者，从血统上来说，他是卡里亚人。第四位是雕塑家。第五位和第六位都是画家，阿波罗多洛斯[3]曾经提起过这两个人。

这位犬儒派哲学家的著作总共包括十三部，例如《遗嘱》《招魂术》《论伊壁鸠鲁的后裔》《关于第二十日的崇拜》《以诸神的名义创作的书信集》《答自然哲学家、数学家和文法学家》，此外，还有一些别的著作。

---

1 科洛封，位于爱菲斯的北部地区，是小亚细亚西部的一个城市。
2 克桑托斯，生活在公元前5世纪中叶，是一位吕底亚的历史学家。
3 阿波罗多洛斯，指公元前2世纪前后的一位雅典学者。

第九章　墨涅德谟斯[1]

[6.102] 墨涅德谟斯的老师是拉姆帕萨科斯的科洛特斯。[2] 按照希珀伯托斯的说法，他对各种奇谈怪论很热爱，甚至经常装扮成厄里尼斯[3]的样子，东走走，西逛逛，还说他来自哈德斯那里，目的是探查一下世人犯下的罪行，很快就会返回下界，把他探查到的情况汇报给各位神鬼。他经常装扮成这样子：褐色的长袍子到脚面，系着一条紫红色的腰带，头上戴着一顶阿卡狄亚毡帽，帽子里面绣着黄道十二宫；脚上穿着一双半长筒鞋，留着长长的胡须，手里拿着一根灰色的长杖。

[6.103] 以上介绍的就是几位犬儒的生平和事迹。接下来，我们补充一下他们都认可的一些学说。在我们看来，他们的学说是一种哲学，而不仅仅是简单的生活方式。他们和开俄斯的阿里斯通[4]一样，都专注于研究伦理学而放弃了自然哲学和逻辑学。狄俄克勒斯认为，第欧根尼曾经有过一些有关苏格拉底的记载，比如，他说过："我们应该弄明白，家里究竟发生了哪些好事和坏事。"他们认为应该将通识教育抛到一边。就像安提司特涅斯说的，对于那些希望成为智慧之人的人，他们不应该学习文学，免得被其他人或其他事情误导。[6.104] 另外，他们还主张抛弃几何学、音乐以及类似的东西。有一个人带了一座钟给第欧根尼，而第欧根尼却说："这件器具的主要作用是提醒人们吃饭不要晚点。"有一个人在他面前展示各种音乐方面的技艺，对此，他说："想要治疗好家庭和国家，需要通过思想，而不是吹口哨或者弹奏竖琴。"安提司特涅斯在他的作品《赫拉克勒斯》中指出，他们认为，人生最主要的目的是遵循德性而生活，斯多葛学派也持有类似的观点。实际上，上述两个

1　墨涅德谟斯，大约生活在公元前300年。
2　科洛特斯，大约生活在公元前3世纪前后，他的老师是伊壁鸠鲁。
3　厄里尼斯，指复仇女神。
4　阿里斯通，斯多葛的一位哲学家，比较活跃的时间是公元前260年前后。

学派的某些主张确实有相似之处，所以，有人说想要通向德性，不妨走犬儒主义这条捷径。来自基提翁的芝诺的生活方式就是如此。

[6.105] 他们认为，生活应该简单朴素，吃食物的目的只是为了维持生命，只用穿一件破旧的斗篷，他们看不起一切的门第、荣耀和财富。他们中间的某些人常年喝冷水、吃素食，只要可以遮风避雨的地方，就可以休息，比如第欧根尼就曾经在桶里生活。他们还认为，只有神才能做到一无所有，而那些无限接近于神的，则只需要很有限的东西。安提司特涅斯在《赫拉克勒斯》一书中指出，他们认为，德性是可以通过教授获得的，而且一旦拥有了，就再也不会失去。智慧之人值得被爱，他们甚至不会犯错误，是人们的良师益友；他们从不祈求命运的垂怜。他们和开俄斯的阿里斯通一样，毫不在意那些无关乎德性或邪恶的事物。上述种种就是有关犬儒学派的介绍。接下来，我们来介绍斯多葛学派，芝诺是其创始人，他的老师是克拉特斯。

# 第七卷

第一章 芝诺[1]

[7.1] 据说,芝诺的父亲是墨纳西阿斯或德谟俄斯,他来自塞浦路斯,是基提翁人,这是一座希腊城,住着不少腓尼基侨民。雅典人提谟特俄斯在他的著作《生平》中指出,芝诺的脖子是歪的;根据提洛斯[2]的阿波罗尼俄斯的描述,他皮肤黝黑,高高瘦瘦的,因此,克律希珀斯[3]在《格言》第一卷指出,他经常被人们称为"埃及葡萄藤"。

他的小腿很粗壮,然而,上半身的肌肉却很松弛,身体羸弱,经常生病。佩尔塞俄斯[4]在《宴会上的会议》一书中指出,向他发出的大多数宴请都被他拒绝了。有人说,他很喜欢吃新鲜的无花果以及被晒干的无花果。

[7.2] 前面提到过,他曾去听过克拉特斯的课程,后来,他还去听过斯提尔朋和克塞诺克拉特斯[5]的课程,持续了十年时间。提谟克拉特斯在他的著作《狄翁》中的说法也一样,另外,他还去听了波勒蒙[6]的课程。赫卡同和来自提洛斯的阿波罗尼俄斯在他们所写的有关芝诺的著作的第一卷中都指出,他曾经跑去祈求神谕,询问神,如何才能获得更好的生活。神回答他,他应该拥有死人一般的肤色。他心想,这是教导他要听从前辈的教诲。于是,他因此认识了克拉特斯。事情的经过是这样的:他乘船从腓尼基前往珀奈欧斯,船在中途失事了。他接着赶去雅典,中途走进一家书店休息,他当时恰好30

---

1 芝诺,公元前335年至公元前263年。

2 提洛斯,位于腓尼基的一座城市。

3 克律希珀斯,大约生活在公元前280年至公元前207年,斯多葛哲学家,被人们誉为斯多葛学派的第二创始人。

4 佩尔塞俄斯,生活在公元前306年至公元前243年,斯多葛哲学家,他是芝诺的学生,同时,两人也是朋友。

5 克塞诺克拉特斯,大约生活在公元前396年至公元前314年。他是希腊著名的哲学家和数学家,从公元前339年至公元前314年一直主持着柏拉图学园。

6 波勒蒙,于公元前314年至公元前276年,担任柏拉图学园主持。

岁。他在书店里读克塞诺丰所写的《回忆录》，读到了第二卷，感觉受益良多，[7.3]于是，他跟人打听这本书里描述的那种人究竟在哪里生活。这时候，克拉特斯恰好从他身边经过，书商指着他说："你就跟这个人走吧。"从那以后，他就每天去听克拉特斯的课程。他将所有的精力投入哲学学习中，然而，犬儒式的恬不知耻仍然让他羞愧难当。基于此，克拉特斯想让他尽可能地克服这种羞耻感，于是，把一碗扁豆汤交给他，让他从克拉美科斯穿过。芝诺感到不好意思，经常遮掩那只碗，克拉特斯看之后，就一棍子把那只碗打碎了。芝诺在羞愧中逃走，而扁豆汤沿着他的腿一直往下流淌，克拉特斯见状说道："亲爱的腓尼基人，为什么你要逃走？并没有可怕的事情降临到你身上。"[7.4]因此芝诺留下继续听克拉特斯的课。在此期间，他写完了《国家篇》，却有人嘲笑他，在狗尾巴上创作了这部作品。

除了《国家篇》外，他的著作还有：《论欲望或论人的本性》、《论法律》、《论希腊的教育》、《论义务》、《论激情》、《毕达哥拉斯学派》、《论整体》、《论符号》、《论顺应自然的生活》、《与荷马有关的问题》五卷、《论风格》、《论诗的聆听》、《论视觉》、《共相》。[1]此外，他的作品还包括《反驳》两卷、《伦理学》、《关于克拉特斯的回忆》、《解答》和《技艺》等。

最终，他从克拉特斯那里离开，接着，继续去听上述提及的那些人的课程，持续了20多年。他曾经说："我曾经历过海难，现在却万事顺遂。"然而，也有人说，[7.5]上面这番话是他对克拉特斯说的。另一种说法是，他当时正在雅典，听到了船失事的消息，于是，他说："命运指引着我奔向哲学，她做得太对了！"另外也有人说，他先在雅典把所有货物处理完毕，接着，开始投身哲学。

他经常去一个名为佩西阿纳克斯的彩绘走廊散步，这个地方挂着很多珀吕格诺托斯[2]的绘画作品，故而得名画廊，他还曾在那里进行过演讲和讨论。他希望当地能回归平静，因为1400个市民曾经于三十僭主时期（253—268年）在那里遇害。接着，有人去听他的课程，他们也因此被称作斯多葛学派[3]的哲学家，而他的继承者也得到了同样的称呼。伊壁鸠鲁在他的书信里写道，一开始，他们被称作芝诺学派的哲人。然而，厄拉托斯特涅斯在他的著作《论旧喜剧》的第八卷中指出，最初，人们称那些经常在此活动的诗人为斯多葛人，而这些哲人的崛起则让斯多葛人这一称呼更广为人知。

[7.6]雅典人对芝诺十分推崇，甚至让他负责保管城门的钥匙，还授予

---

1 原本的意思是"普遍、一般"。
2 珀吕格诺托斯，生活在公元前5世纪中叶，是一位希腊画家。
3 斯多葛就是"画廊"的音译，因此，这一学派也经常被直接称为"画廊学派"。

了他一顶金冠，为他雕刻了青铜雕像，表示对他的崇敬。同样的事情他的同胞也做过，他的雕像被他们视为装饰品，而那些在西洞[1]居住的基提翁人也对外表示，他是他们之中的一员。安提戈洛斯[2]也很欣赏芝诺，他无论何时来到雅典，都会去听他的课，他还几次三番地邀请芝诺去他那里做客，但是，芝诺婉拒了他，而是向他推荐了自己的朋友佩尔塞俄斯。佩尔塞俄斯的父亲是德谟特里俄斯，从血统来说，他是基提翁人，他比较活跃的时间是第130届奥林匹亚运动会时期，当时芝诺年事已高。提洛斯的阿波罗尼俄斯所写的有关芝诺的著作中收录了一封安提戈洛斯写给芝诺的书信：

[7.7] 安提戈洛斯国王向哲学家芝诺致意。在我看来，从荣誉与财富上来说，我拥有得比您多，然而，从教育与理性上来说，特别是您所拥有的完满的幸福，我的确自愧不如。所以，我给您写了这封信，邀请您来到我这儿，我认为这个要求很合理，相信您不会拒绝的。无论如何，都请您来这里与我会面。您应当明白，需要您教诲的并不只我一个人，还有所有的马其顿人。您教育并指引马其顿的统治者找到了通往德性的道路，我相信，您也会教化所有的子民，让他们成为善良之辈。从很大程度上来说，统治者是什么样的，子民也会成为那样。

下面是芝诺的回信：

[7.8] 芝诺向安提戈洛斯国王致意。您深深地热爱着学习，这一点让我称赞不已，因为您孜孜以求的正是有益的教育，而不是那种流于俗套的、败坏道德的教育。大众津津乐道的快乐总是让年轻人的灵魂变得软弱无能，一个远离这种快乐并投身哲学的人，很明显，他之所以追求高贵的灵魂，不仅是因为天性，更是因为选择。一种与生俱来的高贵，如果能得到恰当的引导与训练，就很容易拥有完满的德性。

[7.9] 我现在已经80岁，年事已高，病痛摧残着我，因此，我不能去往您那里。但是，我让几个曾经与我一同求学的朋友去往您那里，从灵魂的角度来说，他们丝毫不比我逊色，但是，从身体的角度来说，他们远远超过我。如果您与他们经常接触，您就会拥有那种完满幸福的东西。

---

1 西洞，位于地中海的东岸，是一座腓尼基城市，现在属于黎巴嫩。

2 安提戈洛斯，指安提戈洛斯二世，生活在公元前320年至公元前239年。他大约在公元前277年前后成了马其顿国王。

他派了两个人去马其顿，分别是佩尔塞俄斯和忒拜人菲洛尼德斯，伊壁鸠鲁在一封写给他的兄弟阿里斯托布洛斯的书信里提起过，这两人与安提戈洛斯在一起生活过。

［7.10］在我看来，很有必要把雅典人通过的与他有关的法案列在这里，下面是具体的内容：

在阿壬尼德斯执政时期，也是阿卡曼提斯部族第五次轮值主席团期间，5月[1]21日，即轮值主席团主持工作的第23天召开的公民大会上，主席之一，即从克叙佩泰翁而来的克拉提斯多特勒斯之子希波和其他主席提交并表决该法案，阿纳凯亚的忒拉松提出该法案。具体内容是：墨纳西阿斯之子、来自基提翁的芝诺在本城邦多年致力于哲学研究，他在其他方面也是善良之辈；他教诲那些向他求教的年轻人，要追求克制与德性，鼓舞他们追逐至善；他的实际生活就是人们的榜样，他在各方面都言行如一。［7.11］因为他在德性和克制方面的突出表现，我们现在决定对墨纳西阿斯之子、基提翁的芝诺进行表彰，遵循法律的规定，将一顶金冠授予他，用公款为他在克拉美科斯修建一处墓地。对公民来说，这也是一桩好事。现在已经从雅典公民之中挑选出了五位，负责金冠的打造以及墓地的修建事宜，该法案应该由区文书雕刻在两根石柱上，另外，他还可以在阿卡德米和吕克昂各立一根柱子。石柱需要的花费由城邦的行政人员分派给个人，从而让所有人都知道，对于良善之人，雅典人十分推崇，不论是在生前或是死后。［7.12］被推选出来打造金冠以及修建墓地的公民分别是阿卡尔涅斯的墨冬、叙帕勒托斯的斯米库托斯、派阿尼亚的狄翁、阿纳凯亚的忒拉松、珀奈欧斯的菲洛克勒斯、阿纳弗吕斯托斯的斐德洛斯。

上面就是该法案的具体内容。就像卡瑞斯托斯的安提戈洛斯[2]说的，芝诺本人素来承认他是基提翁人。有一次，在修缮公共浴室时，他的名字以"哲学家芝诺"的形式被刻在了那里的石柱上，而他提出还要加上几个字，即"基提翁的"。他曾经用一个瓶子来放钱，每当他的老师克拉特斯经济窘困时，他就可以接济他。［7.13］有人说，他前往希腊，随身携带了1000多个塔朗同，都用来还房贷了。有人说，他最喜欢吃面包、喝蜂蜜水，偶尔也喝酒香迷人的醇酒。他身边没有男仆，偶尔会有一个女仆在身边服侍他，免得让人觉得

---

1 指雅典历法的5月，实际上是公历的10月下半月至11月上半月。
2 安提戈洛斯，一位希腊作家，他的代表作是《哲学家生平》。

他不喜欢与女人亲近。他与佩尔塞俄斯在同一个房间住，有一次，佩尔塞俄斯领着一名吹笛的女子进了房间，他赶快把女子推向了佩尔塞俄斯。有人说，他很易于相处，就连安提戈洛斯王也常常和他一起喝酒，隔三岔五地就约他去竖琴师阿里斯托克勒斯家里喝酒取乐，然而，芝诺并不喜欢这种场合，经常偷偷溜走。[7.14]他不喜欢人多嘈杂的场合，因此，他总坐在座席的最后面，这样就能尽可能减少别人的打扰。他也很少和多个人一同散步。克勒昂特斯在《论铜币》中指出，有时候，他还会向周围的人讨要钱财，他之所以这么做，是为了让其他人因为害怕出钱而不再打扰他。当很多人将他团团围住时，他会用手指向祭坛长廊周围的栏杆，说："这里的中心以前是那一片，然而，因为太挡路了，所以被隔开了。你们如果远离这个中心，给我带来的困扰就会少得多。"

拉刻斯之子德谟卡瑞斯曾向芝诺致意，还跟他说：他无论缺了什么，都可以写信告诉安提戈洛斯，他的要求就会得到满足。[7.15]听了他的话，芝诺就不再与他交往。有人说，芝诺死后，安提戈洛斯说他失去了最好的观众。所以，他派出忒拉松作为使节，请求雅典人允许他把芝诺埋葬在克拉美科斯。有人问，为什么他这么敬重芝诺，他说："虽然我送给了他很多礼物，但是，他一直保持着不卑不亢的态度。"芝诺热衷于探索，在任何事情上都追求极致。所以，在《讽刺诗》里，提蒙说：

> 在一种阴郁的自以为是中，
> 我看到了一个好吃懒做的腓尼基老妇，
> 她对周遭充满了渴望。
> 然而，她手中的柳条篮，
> 已经残破不堪，
> 而她的心智还比不上一把四弦琴。

[7.16]他和著名的论辩家菲洛[1]展开过一场辩论，两人一同进行学术研究。芝诺是后辈，他很敬重菲洛，与他对老师狄俄多洛斯[2]的敬重不相伯仲。他身边还围绕着一群衣着破烂的脏兮兮的家伙，就像提蒙说的：当时，他把一群穷人聚集起来，他们是人群中最贫穷也是最无用的。芝诺性格乖张，神情冷峻，生活简朴，还带着外邦人特有的锱铢必较。他如果想要批判某个人，言

---

1 菲洛的老师是麦加拉学派的狄俄多洛斯。
2 狄俄多洛斯，麦加拉学派一位著名的哲学家，菲洛和芝诺都是他的学生。

辞简略，客观中肯，从来不会夸夸其谈。比如，他是这样评价一个自夸自卖的人的。[7.17]那人要从一条小水沟上跨过去，芝诺说："他应该对稀泥另眼相看，因为他没有在那里看到自己。"一个犬儒没有油了，向他讨要一些，他拒绝了对方，那个人离去时，菲洛让芝诺好好想一想，他们两个人的做法到底谁更加可耻。他对克瑞谟尼德斯[1]爱慕已久，有一次，他和克勒昂特斯都坐在克瑞谟尼德斯的身旁，他站起来走开了。他的做法让克勒昂特斯大吃一惊，对此，芝诺说："医生告诉过我，发烧时，最有效的治疗就是休息。"在一场宴会上，两个人都和芝诺坐在一起，坐在芝诺身边的那位踢了踢另一位，而芝诺则用膝盖顶了一下前者，那个人扭过头来，瞪着芝诺，[7.18]而芝诺说："你为什么会觉得自己身边的人愿意被你踢呢？"有一个人有娈童之癖，他跟对方说，那些每天都和男童厮混在一起的人，心智也会下降。他还认为，有的人尽量避免语法上的错误，虽然言辞优美，但是就好像亚历山大的钱币，看上去华丽，却没有因此而变得更好；有的言辞却恰好相反，就像阿提卡四德拉克马钱币，虽然外表粗糙，却比那些经过精雕细刻的事物更有价值。阿里斯通是他的学生，讲起话来总是滔滔不绝，却枯燥无趣，还很自以为是。因此，他说："你不应该是现在这副模样，要不然就是你父亲在醉酒的状态下生了你。"他还为阿里斯通取了一个"话匣子"的外号，至于他本人说话的风格则非常精炼。

[7.19]有一个人胃口很大，从来不给同桌的人留任何食物。有一次，当一大条鱼被端到桌上，芝诺拿走了它，装出要一个人把它吃掉的样子。那个人死死地盯着他，于是，芝诺对他说："如果我的贪吃让你难以忍受，那么，你不妨想想那些与你一同吃饭的人每天都在承受着什么。"有一次，一个青年再三询问他一个与年龄根本不相符的问题，他带着那个人来到一面镜子前，让他照照镜子，然后就问他，这种问题与镜子里的相貌是否匹配？有人对芝诺说，他对安提司特涅斯的很多观点都不认可，而芝诺告诉了他安提司特涅斯有关索福克勒斯的一些观点，接着，他问那个人有没有发现，其中还存在着一些有价值的内容。那个人说，他不知道。于是，芝诺说："你专门挑出安提司特涅斯说过的不好的东西，牢牢地记住了它们，却对他说过的好东西置之不理，你不为此而羞愧吗？"

[7.20]有人说，他认为哲学家的论证过程过于烦琐，芝诺说："说得没错，有可能的话，他们运用的也是简短的音节。"有人跟他谈论波勒蒙，并谈到此

---

[1] 克瑞谟尼德斯，生活在公元前3世纪，是雅典著名的政治家和将军，早年间与芝诺来往密切。

人经常预设一个问题,而讨论的其实是另一个问题。芝诺听了很愤怒,反驳道:"在你看来,被提出的问题价值何在呢?"他说,讨论问题的时候,人们应该向演员学习,保持充沛的精力和洪亮的嗓音,而不是大张着嘴说一些废话。芝诺认为,好的演讲家与好的匠人不一样,他不应该为听众留任何空闲时间,而应该让他的听众全神贯注地聆听演讲的内容,甚至连做笔记的时间都没有。

[7.21]有一次,一个小伙子在那里说个不停,芝诺就说:"你的耳朵掉了下来,成了舌头。"一个仪表堂堂的人说,他认为,没有人会爱智慧的人,对此,芝诺说:"那么,你们这些相貌英俊的人才是最可怜的家伙。"他指出,大多数哲学家在很多方面并不具备智慧,对某些琐事或突发性事件也很无知。他很喜欢援引卡菲希俄斯说过的话,那个人的一名学生努力想将笛子吹得很响亮,那个人打了他的学生一巴掌,说,吹得好不好与声音大不大无关,但是,吹得好可以让声音更响亮。有一次,一位青年在那里扬扬洋自得地发表言论,芝诺说:"年轻人,我不想把我心里想的说出来。"

[7.22]一个来自罗得斯岛的年轻人,富有而英俊,他坚持要投身芝诺门下,然而芝诺不愿意收他。于是,芝诺先让他在一把布满灰尘的长凳上坐下,把他的斗篷弄得脏兮兮的;接着,让他在乞丐的座位上坐下,让他时不时地蹭着乞丐的脏衣服;最终,那个小伙子仓皇而逃。他说,狂妄自大是诸事之中最不可为的,特别是对年轻人来说。他还说,我们需要记得的并不是表达或言语,而是要用心倾听谈论的内容,并有所收获,而不是品尝一道美味。他强调,在言谈举止和穿着打扮方面,年轻人都要力求得体,他经常援引欧里庇德斯所写的有关卡帕纽斯[1]的诗句:

他的家境富有,却从不为福气而自傲;
他像穷人那样,没有丝毫傲气。

[7.23]他说,获取知识,我们最需要的是时间,最不需要的是意见。有人问,什么是朋友?他说:"另外的一个自我。"有人说,一个奴隶偷了东西,他鞭打了奴隶,那个奴隶高声呼喊:"我偷窃是命中注定的!"芝诺说:"你被打也是命中注定的!"他说,所谓的美好,就是克制开出的花朵;另一种说法是,他说的是克制是最美的花朵。他看到他朋友的一个奴隶挨揍了,他跟朋友说:"我在你的奴隶的脸上看到了你愤怒的痕迹。"他对一个全身涂抹了香

---

[1] 卡帕纽斯,一名勇猛的将领,曾经帅兵攻打过忒拜。

膏的人说:"那个味道跟女人一样的人是谁呀?"叛变者狄俄尼西俄斯[1]问过他,为什么他是他门下唯一没有被他纠正的学生?对此,他说:"因为你没有获得我的信任。"一个人唠唠叨叨、胡言乱语,他说:"我们都有一张嘴、一对耳朵,是因为我们要少说、多听。"［7.24］他在一场宴席上一直低头不说话,有人追问他为什么这么做。于是,他让对方跟国王汇报,说宴席上有一个人一直沉默。实际上,那个询问他原因的人就是托勒密国王派来的,想从他这里打听一些事汇报给国王。有人问,被其他人羞辱了,会有什么感觉?他说:"就像一个使者还没有得到答复就被打发走了。"按照提洛斯的阿波罗尼俄斯的说法,克拉特斯有一天抓住了他斗篷的一角,把他从斯提尔朋那里一把拉了过来,他说:"想要带走哲学家,是要抓住他的耳朵,用言语说服他。你要是强迫我,我的身体虽然与你同在,然而我的心依然还在斯提尔朋那里。"

［7.25］希珀伯托斯说过,有一段时间,芝诺与狄俄多洛斯在一起生活,后者指导他学习辩证法。然而,当芝诺有所成就后,他又去了波勒蒙那里学习。有人说,波勒蒙曾说:"芝诺啊,我知道,你悄悄溜进了我的园子,盗取了我的学说,再通过腓尼基人的方式改造它们。"有一次,一位辩证学家将一种名为"割草术"的辩证方法展现给他,他问,他应该支付多少钱作为报酬,对方说100,最终他支付了200。他对学习如痴如醉。有人说,他是第一个提出"人的义务"这一概念的人,还为此写了一篇论文。他为赫西俄德的诗句做过修改:

至善者善于听取有益的忠告,
而善者会亲自思考所有问题。[2]

［7.26］在芝诺看来,比起诸事都自己理解并思考的人,能够听取他人的意见并从中受益的人更优秀;因为前者只是理解,而后者会采取行动。有人问他,他性情严肃,但是在宴席上放得开,他说:"羽扇豆原本是苦的,在水里泡过之后,变成了甜的。"根据赫卡同在《轶闻录》第二卷中的说法,每当参加宴会时,他总是轻松自如。他说:"用脚旅行比用舌头更美妙;点滴小事逐渐积累,就成就了善良,然而,善良本身并非小事一桩。"不过,也有人说,是苏格拉底说了后面这句话。芝诺的生活极其简朴,他的食物都是没有烹调过的,［7.27］总是穿着很单薄的衣服,于是,有人这么形容他:

---

1 狄俄尼西俄斯被称为叛变者,是因为他离开了斯多葛学派,开始追随快乐理论。

2 出自赫西俄德所写的《工作与时日》,原文为亲自思考所有事情的人是至善者,善于听取有益忠告的人亦是善者。

无论是夏日的骄阳，还是冬日的严寒，
又或是无止境的雨水，
他都没有屈服。
喧闹的庆典，可怕的疾病，
都不能扰动他的心绪。
他埋头苦学，不分昼夜。

有的喜剧家看上去是戏谑他，实则是称赞他。比如，菲勒蒙在他的作品《哲学家》中写道：

面包和干无花果，一顿佳肴，
搭配白水。
他致力于探究新哲学，
教授人们安贫乐道，门徒甚众。

有人说，这首歌是珀塞狄珀斯写的。当时，他经常被人们挂在嘴边，人们经常说：他比哲学家芝诺更克制。在《被改变的人》一书中，珀塞狄珀斯也写道：

如此这般，足足十日。
他比芝诺更克制。

[7.28] 实际上，以宙斯的名义起誓，在德性、尊严和幸福等方面，他都远远超过所有人。他活到98岁，身体始终很健康，寿终正寝。而佩尔塞俄斯在《诸伦理学学派》一书中指出，他22岁来到雅典，72岁去世。阿波罗尼俄斯说，他主持学院长达58年。他是这么去世的：有一天，他从学院离开，中途摔了一跤，一根脚趾被折断了。他一边用手拍打地面，一边引用了《尼俄柏》[1]里的几句诗句：

我来了，为何你要呼唤我？

---

1 尼俄柏，坦塔罗斯之女。有一天，她向太阳神阿波罗和月神阿尔忒弥斯的母亲托勒炫耀，自己膝下多子多女，惹恼了天神，被变成了石头。

他很快就咽气了。

[7.29] 他被雅典人埋葬在克拉美科斯，前面提到的那条法案中，雅典人高度称赞了他，作为他崇高德性的证明。来自西洞的安提帕特洛斯写道：

芝诺躺在这儿，他是基提翁的挚爱，
他没有把皮立翁山叠在奥萨山上，[1]
也没有模仿赫拉克勒斯的作为，
然而，他攀上了奥林波斯山，
他明白，克制是通往天堂的唯一路径。

[7.30] 芝诺多托斯的老师是第欧根尼，属于斯多葛学派。下面是他所写：

你安贫乐道，蔑视虚无的财富。
芝诺，你的眉发灰白，不怒自威。
你凭借着智慧，找到了关于男子气概的学说，
一个新的哲学流派源自于你，
它是自由的，也是镇定自若的。
腓尼基是你的母邦，
然而，又有谁会忌妒？

就好像没有卡德摩斯[2]，就不会有人把书写工具带给希腊人。
阿特奈俄斯是一位著名的碑铭诗人，他是这样评价整个斯多葛学派的：

精通斯多葛学说的人们啊，
你们在神圣的书卷中书写最高贵的思想，
让人们知道，唯一的善乃是灵魂的德性。
只有在她的庇佑下，人与城邦才能得以保全。
至于那些沉浸在肉欲里的人，
是谟涅摩绪涅[3]的女儿所不齿的。

1　按照希腊神话的说法，巨人们打算升天前去攻打诸神，因此，他们将皮立翁山叠放在奥萨山的上面，从而成功地攀上了奥林波斯山。
2　卡德摩斯，腓尼基王子，建立了色雷斯。
3　谟涅摩绪涅，即记忆女神，九位文艺女神（缪斯）是她所生。

[7.31]《帕美特洛》一书中，我们已经说过，芝诺是这么去世的：有人说，芝诺是因为年迈而死去；也有人说，他生前饱受折磨，最后以绝食的方式死去；还有人说，他摔了一跤，用手拍打着地面，呼喊着：为何要呼唤我，我自己会去。这就是有关他死去的种种说法。关于他的死，我们就讲到这里。

马格涅西亚的德谟特里俄斯在他的著作《同名人》中指出，墨纳西阿斯是芝诺的父亲，他是商人，时不时地去雅典，还经常给还是孩子的芝诺带回各种苏格拉底学派的著作。[7.32]所以，芝诺在家乡的时候就接受了良好的教育，后来，他去了雅典，成了克拉特斯的学生。德谟特里俄斯还说过，当其他人面对问题困惑不解时，芝诺总是轻而易举地给出答案。有人说，苏格拉底经常以狗的名义起誓，而他经常以续随子[1]的名义起誓。包括怀疑论者卡希俄斯在内的有些人，经常攻击芝诺。他们认为，第一，芝诺在《国家篇》的开篇就指出，普通的教育毫无意义。第二，芝诺指出，敌人、仇人、仆人以及关系疏远之人，都不是美好之物，而父母与儿女之间、朋友之间、兄弟之间、亲人之间，亦是如此。[7.33]第三，芝诺在《国家篇》中又得出了截然相反的结论，说只有亲人、朋友、公民以及自由人才是美好之物，甚至斯多葛学派的人认为，父母和儿女是仇人，因为他们的关系并未呈现智慧的光芒。此外，在《国家篇》以及一首长度为200行的诗歌中，他提出了共妻的主张，并且提出不应该在城邦里修建任何法庭、体育场或神庙。关于货币，他的观点是："不应该为了交易或外出旅行而制造货币。"他主张男人和女人应该穿一样的衣服，把全身都严严实实地遮起来。[7.34]《国家篇》这本书的确出自芝诺之手，克律希珀斯在他所写的《论〈国家篇〉》中也证明了这一点。此外，《爱的艺术》也出自芝诺，他在这本书的开头就开始探讨爱这个主题。在他的著作《讨论》中，他也探讨了类似的内容。上述内容由卡希俄斯和来自珀尔迦谟斯的演说家伊希多洛斯记载。此外，伊希多洛斯还指出，有一位名为阿特诺多洛斯的斯多葛主义者，有一段时间，他在珀尔迦谟斯图书馆工作，他将斯多葛学派这些荒谬的观点从书本上清除了。不久后，其他人发现了他做的事情并开始调查，因此，那些被清除的内容又重新添加进去。关于人们对他学说的各种否定，就讲到这里。

[7.35]有八位名叫芝诺的人。第一位芝诺来自爱利亚，我们之后会介绍他；第二位就是我们现在介绍的这位；第三位来自罗得斯岛，他著有一部关于该地的地方志，是单卷本；第四位是一位名叫芝诺的历史学家，他的著作围绕

---

[1] 续随子，又被称为刺山柑，是一种带刺的多年生半蔓性灌木。

着皮拉斯[1]对意大利和西西里的远征展开,另外,他还写了一部有关罗马人和迦太基人的交通往来的作品;第五位是克律希珀斯的学生,他一生著述很少,但是,门下弟子众多;第六位是一名医生,属于赫洛菲洛斯[2]学派,智力非凡;第七位是文法学家,留下了几部作品以及很多警句;第八位来自西洞,是一位哲学家,属于伊壁鸠鲁学派,思想深邃,在写作方面也很有天赋。

[7.36] 芝诺收了很多学生,其中最有名的是下面这几位。来自基提翁的佩尔塞俄斯,他的父亲是德谟特里俄斯,有人说,他是芝诺的仆人,安提戈洛斯王派他来为芝诺处理文书工作,同时,他还负责教授安提戈洛斯的儿子哈尔库俄涅厄斯;也有人说,他是芝诺的朋友。据说,安提戈洛斯有一次故意试探他,告诉了他一个假消息,说敌人摧毁了他的田地,他听了很愤怒,对安提戈洛斯说道:"你难道不知道,财富是一文不值的东西吗?"下面是他的作品:《斯巴达政制》、《论婚姻》、《论爱》、《轶闻录》四卷、《讨论》、《论不虔敬》、《梯厄斯忒斯》、《论柏拉图的〈法律篇〉》七卷、《回忆录》、《论王权》、《劝勉集》。

[7.37] 阿里斯通是开俄斯人,他的父亲是米尔提阿德斯,"不动心"理论[3]就是由他提出的。迦太基的赫里洛斯指出,知识是目的。后来,狄俄尼西俄斯开始研究快乐理论,这是因为他身患眼疾,不再认为痛苦是无所谓的;他来自赫拉克勒亚[4]。克勒昂特斯是阿索斯人,他的父亲是法尼阿斯,后来,他接管了学院。芝诺说,他就像一块硬邦邦的写字板,很难书写,却能将写上去的字迹很好地保存下去。芝诺去世后,斯菲洛斯就去听克勒昂特斯的课程,在后面有关克勒昂特斯的章节,我们会再提到这个人。[7.38] 希珀伯托斯指出,芝诺的门徒包括下面这些人:亚历山大里亚的珀塞多尼俄斯、忒拜的菲洛尼德斯、西洞的芝诺、索里的阿特诺多洛斯、科林斯的卡里珀斯。芝诺奠定了整个学派,因此,我们认为,在讲述完他的生平以后,应该概括性地介绍一下斯多葛学派的相关理论。我们前面已经列举了他的很多作品,他的这些著作涉及很多其他的斯多葛主义者未曾涉及的内容。他的相关学说大致就是这样。就像介绍其他人那样,我们会先给出一个有关他的学说的综述。

[7.39] 斯多葛学派认为,从哲学的角度来说,可以把逻各斯分为三个部

---

1 皮拉斯大约生活在公元前318年至公元前272年,他是希腊化时期最伟大的希腊统帅之一,也是早期罗马最强劲的敌人。

2 赫洛菲洛斯,古希腊的一名医生,名望很高,生活在公元前335年至公元前280年,是亚历山大医学学派的创始人之一,开创了解剖学。

3 "不动心"(Αδιαφορία),也可译为"无差别"。也就是说,无所谓事情的好与坏。

4 赫拉克勒亚是一个海岛,是希腊斯波拉提群岛之一。

分，分别是与自然有关的、与伦理有关的、与逻辑有关的。基提翁的芝诺在《论逻各斯》一中首先这样区分了，接着，克律希珀斯在《论逻各斯》第一卷以及《自然哲学》第一卷、阿波罗多洛斯和希洛斯在《学说导论》第一卷、欧德洛谟斯在《伦理学基本原理》一书、巴比伦的第欧根尼和珀塞多尼俄斯都是这样区分的。

上述多个部分被阿波罗多洛斯称为论题，被克律希珀斯和欧德洛谟斯称为"形式"，至于其他人称为"种类"。[7.40]他们打了一个比方，将哲学比喻成一只动物：其中骨骼和肌腱是逻辑学，血和肉是伦理学，恶灵魂是自然哲学。另外，他们还把哲学比喻成一枚鸡蛋：外壳是逻辑学，蛋白部分是伦理学，而蛋黄部分是自然哲学。他们还把哲学比喻成一片富饶的田地：环绕一周的篱笆是逻辑学，丰硕的果实是伦理学，果树或土壤则是自然哲学。在他们眼里，哲学就好像一座城市，城墙将它团团围住，并遵循逻各斯来进行统治。

他们之中有的人认为，没有任何一个部分与其他部分是分开的，它们互相紧密地结合起来；因此，他们也把各个部分结合起来，传授给其他人。也有人认为逻辑学应该处于首要地位，自然哲学次之，接下来是伦理学，比如芝诺在《论逻各斯》一书中就是这么安排的，克律希珀斯、阿尔克德谟斯和欧德洛谟斯也持有相同观点。

[7.41]来自托勒迈斯的第欧根尼是从伦理学入手的，而阿波罗多洛斯把伦理学摆在了第二位；按照法尼阿斯在《珀塞多尼俄斯学派》第一卷中的说法，帕奈提俄斯和珀塞多尼俄斯都是以自然哲学为切入点的。按照克勒昂特斯的说法，逻各斯可以分为六个部分，分别是伦理学、自然哲学、辩证法、政治学、修辞学和神学。也有人说，上述这些是哲学本身的组成部分，而不是逻各斯的各个部分，比如塔尔索斯的芝诺就持有这一观点。也有人认为，逻辑学其实可以进一步分成两门学科，分别是辩证法和修辞学；也有人将逻辑学分成对定义形式的研究和对标准、规则的研究；然而，也有人认为，定义部分不应该纳入其中。

[7.42]有人认为，规则、标准的部分其实就是如何发现真理，因为他们在这一部分阐述了各种不同的表象方式。另外，定义被他们看成对真理的认知，因为我们必须通过概念才能准确地把握和认知各种事物。他们认为，修辞学作为一门科学，将平铺直叙的叙事变得起起伏伏、波澜壮阔。他们认为，辩证法是一门通过问答的方式来讨论主题的科学，因此，他们给辩证法下了定义：这是一门有关真与假、非真与非假的科学。他们指出，修辞学也可以分成三个部分，分别是讨论性的、辩证性的和称赞性的。[7.43]另外，还可

以这样划分修辞学：发现、表达的风格、组织安排与回答。一篇完整的修辞学演讲应该包括这样几个部分：绪论、铺陈、回应反对者、结论。

他们认为，可以把辩证法分为两个部分：被意指的事物和进行意指的语言。被意指的事物包括：种种表象、以表象为前提而得到的种种命题、构成命题的种种主词和谓词、主词和谓词的近义词和反义词、种种论据和论题、种种推论、种种关于事物或言语的诡辩。［7.44］此外，它们之中还存在着各种假的理由、各种真的论据、各种否定性论据以及类似的东西，比如"目的达成的""有缺憾的""有角的""隐藏的""割草的""没有人的"。同时，辩证法还包括另一个部分，即进行意指的语言，又可以分为书面语言和论说的相关内容，比如粗陋或错误的表达、诗性的模糊、动听的音乐或声音等。也有人认为，定义、措辞、划分等也包含在其中。

［7.45］他们之中有人认为，与演绎推论有关的理论是最有效果的，因为它使那些可以被证明的东西得以凸显，这对形成正确的命题非常有利，它们的顺序以及关于它们的记忆能帮助人们形成关于这些事物的知识性把握。前提和结论一同构成论证，这是一个整体。所谓的演绎论证，指的是通过它们得到的演绎推论。证明也是论证的一种，也就是从知道更多的事物推进到知道较少的事物。

表象是留在心灵的印记，希腊文中，这个名称来自印章在蜡块上留下的印痕。［7.46］表象分为两部分，分别是可理解的和不可理解的。他们认为，可理解的表象是事物的标准，来自实际存在的东西，通过印记的方式留存在人们的心灵，与实际存在的东西保持一致；不可理解的表象，要么就不是来自实际存在的东西，要么就是虽然来自实际存在的东西，但是，与实际存在的东西并不一致，没有显现出清晰的轮廓，模模糊糊的。他们认为，辩证法是必不可少的，是一种德性，而且含有其他各种德性。审慎即不在仓促间做出判断，这是一种表示赞同或不赞同的知识；冷静指的是面对模棱两可的事物表现出的一种强大的理性，［7.47］因而某些东西不会轻易地欺骗我们；不可辩驳性是在论辩的过程中表现出来的一种力量，它让人保持坚定的立场；谦虚是一种习惯，它让人保持理性、分析表象。他们指出，知识或者是一种靠得住的把握，后者是在被人们所认可的表象，就连论辩都不能使之更改。如果不依靠辩证法的相关理论，哪怕是智慧之人也会在论辩中甘落下风，因为通过辩证法可以明确地辨别真假，寻找到确凿的论据。没有辩证法，问与答的正确性也就无从保证。

［7.48］在仓促间作答会对当下发生的事情产生严重影响，而那些对表象缺乏经验的人往往会因此陷入一片混乱之中。另外，在论辩中，智慧之人想

要变得机敏、警惕和强大，唯一的办法就是运用辩证法。只有精通辩证法的人才具有这种素质：可以正确地展开争辩与讨论，正确地回答提出的问题。

上述种种就是他们对逻辑学的基本观点。为了更深入地进行讨论，我们再介绍一下他们提出的导论性学说，狄俄克勒斯曾经在《哲学家纵览》这本书中有所涉及，我们将引用书中的原文。

［7.49］斯多葛主义者们认为，应该把与表象和感知有关的理论摆在第一位，因为认识事物的真理的标准其实就是表象，更何况，如果表象不存在，那些排在其他理论前面的关于领会、理解和认同的理论也就失去了存在的基础。因为表象最先出现，接着表达的思想才能将从表象中提取的内容通过言语表现出来。

［7.50］表象和幻象不能混淆。幻想指的是思想的想象，比如梦境中发生的事情；而表象指的是心灵中的印记，就像克律希珀斯在《论灵魂》第二卷中指出的，所谓表象，是一种变化。印记并不是印章造成的印痕，因为同一时间、地点，不会出现众多的印痕。表现源自于实际存在的事物，与实际存在的事物保持一致，通过印痕或印记的形式在人的心灵中留存，这种事物不可能源自实际不存在的事物。

［7.51］在他们看来，有些表象是可感知的，还有些表现是不可感知的。有的表象是用某种或某几种感官就能认知的，它们就是可以感知的，还有的表象完全来自思想，比如那些关于抽象事物或理性的表象，都是不可感知的。有的可感知表象来自实际存在的事物，得到我们的认可；还有的表象仅仅是影像而已，它们看上去源自实际存在的事物。表象分为两种，即理性的和非理性的。理性的表象是具备理性的动物，而非理性的表象是不具备理性的动物。概念是理性的表象，而非理性的表象没有名称。另外，某些表象可以通过创造而形成，而还有的表象是无法创造的。比如说，有技艺的人和没有技艺的人观看同一座雕像，感受截然不同。

［7.52］斯多葛主义者们认为，感知是一种从头部传递到各器官的气息，是一种通过各器官进行确定，与各感官有关的一种状态；而少数人在这方面有缺陷。他们有时候称感知为活力，他们认为，有了感知，黑与白、光滑与粗糙的把握才随之产生；有了理性，我们才可以通过证明得出结论，比如诸神的存在与预知。各种观念都是通过这样的方式获取的：有的是通过直接的接触，有的是通过彼此的相似性，有的是通过类比的方式，有的是通过变换的方式，有的是通过对等的方式，有的是通过复合的方式。

［7.53］当下的感知是通过直接接触产生的。来自当下实际事物的某些观念是通过相似性产生的，比如通过苏格拉底的雕像而得到"苏格拉底"这一

观念。通过类比的方式，有时会产生某些扩展性的观念，比如提堤俄斯[1]和库克罗普斯[2]；有时会产生某些缩减性的观念，比如皮格迈俄斯[3]。通过与体积更小的球体进行类比，得出了"地球的中心"的观念。"眼睛长在胸前"这一观念，是通过变化的方式得到的。通过符合的方式，得到了"忍受麻神"。通过对等的方式，得到了死亡等观念。通过移动的方式，也可以产生某些观念，比如空间、语词等。而善、正义以及诸如此类的观念是本来就存在的。有的观念来自缺失，比如一个缺了手的人。上述是他们与表象、感知和观念等有关的学说。

[7.54] 他们认为，可以理解的表象乃是真理的标准，即源自实际存在的事物的表象，克律希珀斯在《自然哲学》的第十二卷中的说法也是如此，安提帕特洛斯和阿波罗多洛斯也持有同样的观点。而波厄托斯认为，标准应该是多样化的，比如，知识、欲望、理智、感知，都可作为标准。然而，在《论逻各斯》的第一卷，克律希珀斯提出了不同的观点，他认为只有感知以及存在于心灵的图式[4]可以作为真理的标准，而存在于心灵的图式是一种普通的观念，与生俱来。更早期的一些斯多葛主义者则认为，真理的标准是正确的理性，比如，珀塞多尼俄斯在《论标准》中持有这一观点。

[7.55] 对大部分斯多葛主义者来说，辩证法理论源自于有关声音的论题。空气振动引起了声音，是听觉的一种独特感知，巴比伦的第欧根尼在《论声音》一文中指出了这一点。按照第欧根尼的说法，动物的声音只是由某种冲动所引起的空气振动，人的声音是在某种意图的驱使下进行的表达，通常要到十四岁之后才会逐渐成熟。另外，很多斯多葛主义者认为，声音是有形的，比如阿尔克德谟斯在《论声音》一文中就提到了这一点，第欧根尼、安提帕特洛斯、还有克律希珀斯在《自然哲学》第二卷中也提出了类似的观点。[7.56] 这是因为，唯有有形的事物能造成某种结果，当发声的人发出声音并且传入听的人耳朵里，就会有某种结果随之产生。就像第欧根尼说的，斯多葛主义者认为，词语也是书写出来的声音，比如"白昼"。而句子则是在某种意图的驱使下出现的有意义的声音，比如"现在是白昼"。方言也是一种声音，只是打上了民族的烙印，比如希腊语打上了希腊民族的烙印，成为一种带有地域性特征的声音；方言是什么样的，发音也是与之对应的，比如，

---

1 提堤俄斯，希腊神话里来自地狱的巨人，不断有鹰飞过来啄食他的肝脏。
2 库克罗普斯，指希腊神话里的独眼巨人。
3 皮格迈俄斯，生活在古非洲埃及的矮人，据说，鹤群吃掉了这一矮人族，他们因此而灭亡。
4 希腊文是"πρόληφις"，可译为"预先的观念"。

大海（Θάλασσα）在阿提卡方言里的发音是"Θάλαττοί"，白天（Ήμε'ρα）在伊奥尼亚方言里的发音是"Ήμε'ρη"。词语的基本要素包括二十四个字母，但是，每个字母又包含三重含义：基本要素本身、基本要素的书写形式。还有名字，比如第一个字母被称为阿尔法(Αλφα)。[7.57]基本要素之中有七个元音，分别是α、ε、η、ί、ο、υ、ω；有六个是哑音，分别是β、7、δ、κ、ττ、τ。声音与词语存在着本质上的区别：声音只是一种鸣叫，而词语是经过有机组织的声音。词语与句子也有区别，词语不一定有意义，而句子总是有意义的，比如"βλίτυρυ"一词就是没有意义的，而句中不会出现这种现象。言语与发音也有明显的区别：发音是发出某种声音，而唯有那些可以言说的事物才能构成言语。第欧根尼在《论声音》中以及律希珀斯都认为，句子可以分成五个部分，分别是专有名词、普通名词、动词、连词和冠词。在《论词语和它们表达的事物》一文中，安提帕特洛斯中还加入了一个"中间"部分。[1]

[7.58]第欧根尼认为，在句子中，普通名词被用来表达共同的性质，比如马、人等；而专有名词被用来表达特有性质，比如苏格拉底、第欧根尼等。就像第欧根尼说的，在句子中，动词被用来表示独立的谓词；也有人说，动词是句子的基本要素，没有变格发生，主要用来表示某一事件与某个或某群主体有关，比如"我说"或"我写"。在句子中，连词也是不发生变格的成分，它把句子的各部分连接在一起。冠词也是句子中的基本要素之一，但是，会发生变格，可以将名词的性和数区分清楚，比如Ο, Η, Τό,(Χ, Αϋ, Τά。[7.59]句子的德性分为五种，分别是：希腊风格、清晰、简洁、合适与优雅。所谓希腊风格，是指表达上准确无误，毫不粗陋。所谓清晰，是指用一种人们熟悉的方式来表现思考的内容。所谓简洁，是指用必须的方式来解释有关的事物。所谓合适，是指表达的主题与方式要吻合。所谓优雅，是指避免各种粗俗的表达。同时，还存在着拙劣的表达风格，比如野蛮，指的是背离了为人们所推崇的希腊风格；再如语法错误，指的是句子被不准确地搭配在一起。[7.60]珀塞多尼俄斯在《导论：论风格》中指出，所谓诗性的表达也是一种风格，具有韵律感或节奏感，与散文式的表达有着明显区别。比如，下面这句话就富有节奏感：

辽阔的大地，宙斯的天空。

---

1 应该指的是副词或者分词。

诗歌就是一种典型的诗性的表达，模仿与表达的是与人或神有关的诸事。所谓定义，按照安提帕特洛斯在《论定义》第一卷中的说法，是用分析的方式完整而充分地表达事物的意义；或者，按照克律希珀斯在《论定义》中的说法，是一种对于自身的解释。描述指的是用概要的方式对事物进行陈述，它也是定义的一种。属是对各种不能分解的观念的把握，比如"动物"就包含了各种动物。[7.61] 所谓观念，就是思想的表象，它既不是某一种性质，也不是某个真实存在的事物，但是，它又似乎是某一种性质，也似乎是某个真实存在的事物。比如，在马不在的情况下，马的图像却可以在心里浮现出来。种是属的下层，比如，人是动物的下层。最大的属指的是，其自身是属，而它的上层不存在其他属，比如"存在者"；最大的种指的是其自身是种，而它的下层不存在其他种，比如苏格拉底。对属进行划分，就是将其分为临近的种，以动物为例，有的是理性的，有的是非理性的。所谓二分法，就是按照对立把属划分成种，比如，我们可以用否定的方式，说存在者或者是善的，或者是不善的。而再划分，指的是对划分进行划分，比如，所有的存在，或者是善的，或者是不善的；所有的不善的，或者是恶的，或者是不善不恶的。

[7.62] 然而，斯多葛派的克里尼斯认为，对属的划分，就是将其放置在相应的位置上，比如，善的事物，有的与灵魂有关，有的与身体有关。所谓模棱两可，是一种从日常习惯与表达出发、合法地指称事物的表达风格，有时候，我们可以用同一种表达方式来表达各种事物。比如，"Αὐλητρὶς πέπτωκε"，可以指"一位吹笛女摔倒了"，也可以指"房屋倒塌了三次"。按照珀塞多尼俄斯的说法，辩证法是一种科学，关乎真、假以及非真非假。而按照克律希珀斯的说法，事实上，它与进行指称的事物以及被指称的事物有关。以上种种就是斯多葛学派的哲学家对声音理论的观点。

[7.63] 与事物或被指称的东西有关的这个主题，涉及语句、命题、推论、完整等理论，还有关于谓词、直接、被动和不完整的理论。他们认为，语句是最基本的部分，与理性表象相对应。形形色色的语句中，有的是完整的，也有的是不完整的。不完整就是表达上有欠缺，比如，"他在写"这个句子，我们势必会问：谁在写？而完整就是表达上没有欠缺，比如，"苏格拉底在写"这个句子。所以，只有谓词的语句是不完整的，作为完整的语句，必须包括命题、推论、疑问、询问这几个要素。

[7.64] 阿波罗多洛斯的有的学生说过，谓词有时用来陈述某件事，有时与某件事物或某些事物结合起来，有时是为了与主格结合起来形成一个命题，但都是不完整的表达。有的谓词是和不及物动词一样有着完整意义的动词，比如"穿过礁石航行"。另外，有的谓词是主动的，也有的谓词是被动的，

还有的两者皆不是。主动谓词指的是与间接格结合起来并构成一个谓词陈述的谓词，比如，"他看""他听""他探讨"。被动谓词指的是与动态结合起来的谓词，比如，"我被看""我被听"等。所谓不定谓词，就是不是主动也不是被动的谓词，比如"散步""思考"等。所谓反身谓词，就是虽然保持着被动形式，但是却拥有主动意义的谓词，比如，"他剪掉了自己的头发"，[1] [7.65] 这是因为，头发被剪掉的人就是指他自己。间接格指的是属格、与格和宾格。命题指的是非真即假的东西，或者按照克律希珀斯在《辩证法式的定义》的说法，指的是自身得到了完整陈述的东西，具体来说，"命题是自身可以被否定或肯定的事物，比如，狄翁在散步、现在是白天"等。命题($άξίωμα$)一词的词根是动词"$άξιοϋσθοα$"，即"要求、适合于"或者动词"$άθετείσθαι$"，即"否定、拒绝"，这是因为，当有人说"现在是白天"，言下之意，就是要求"现在是白天"这个事实。如果说现在的确是白天，那么这个命题就是真的；如果说现在并不是白天，那么这个命题就是假的。[7.66] 命题、疑问和询问是有差异的，此外，命令、祈愿、恳求、呼唤、假设，还有类似命题的东西都是有差异的。当人们说出一个陈述，一个命题就随之产生，它可能是真的，也可能是假的。疑问和命题一样，它本身是完整的，但要求得到回答，比如"现在是白天吗？"就其本身而言，既不是真的，也不是假的。所以说，"现在是白天"形成了命题，而"现在是白天吗"形成了疑问。而询问是不能通过直截了当的表态来作答，比如，面对疑问，我们可以直接回答"是"；而面对询问，我们必须用这种方式来回答：他住在这里。

[7.67] 命令就是说出某种要求，比如：请你去伊那科斯的河那里。而恳请是……[2] 而呼唤就是，一个人在说话前，先喊某个人的名字，比如：阿特柔斯最光荣的儿子，人类之主，阿伽门农啊。[3] 与命题类似的东西指的是，一方面，它们具有命题的形式；另一方面，又有某些多出来的部分，或者加入了某些感受性的内容，因此，不再属于命题的范畴，比如：

帕特农神庙多美啊。
那个牧羊人多像普里阿谟斯的儿子。

[7.68] 另外，还有一种困惑性的表述，与命题也不同，即一个人说话的

1　实际上，古希腊语并没有反身动词，不过，除了主动态和被动态之外，它还有一种"中动态"，即施动者的对象是他自己，中动态和被动态的形式在很多时态里都是一样的。

2　此处希腊原文有缺失。

3　引用自《伊利亚特》[2.434]。

时候充满了困惑，比如：难道痛苦与生活不是一对双胞胎吗？询问、疑问以及类似的东西，就不是真的，也不是假的，而命题永远非真即假。比如，有的人认同阿特诺多洛斯、安提帕特洛斯、克律希珀斯、克里尼斯、阿尔克德谟斯等人的观点，他们认为，命题之中，有的是简单命题，而有的是非简单命题。所谓简单命题，指的是由一个有着明确意义的命题形成的命题，比如"现在是白天"；所谓非简单命题，指的是由一个意义不明确的命题叠加形成的命题，比如"如果现在是白天，那么，现在是白天"，或者由多个命题形成的命题，比如"如果现在是白天，那么，就有光亮"。

简单命题又可以进一步分成否定命题、否认命题、缺乏性命题、确定命题、不确定命题和直言命题。复合命题又可以进一步分成推理命题、选言命题、推论命题、因果命题、联言命题、递增或递减的比较命题等。"现在不是白天"是否定命题，其中还包括双重否定命题这一形式，即否定的否定，比如"现在不是非白天"，这与"现在是白天"是等价的。[7.70]否定性词语和谓词一同组成否认命题，比如"无人在散步"。缺乏性词语和表示能力的命题一同构成缺乏命题，比如"这个人不是仁爱的"。主格和谓词一同构成直言命题，比如"狄翁在散步"。主格性的指示代词与谓词一同构成确定命题，比如"这个人在散步"。一个或多个不确定词语和谓词一同构成不确定命题，比如"那个人在散步""某个人在散步"等。

[7.71]按照克律希珀斯在《辩证法》以及第欧根尼在《辩证法的技艺》中的说法，假言命题属于非简单命题，是指由"如果"这一连词构成的命题，这个连词表示第二个命题是跟随在第一个命题之后的，比如"如果现在是白天，那么就有光亮"。按照克里尼斯在《辩证法的技艺》一书中的说法，推论命题就是由"由于"这一连词构成的命题，它始于一个命题，以另一个命题结束，比如"由于现在是白天，所以有光亮"；"由于"这一连词一方面表示第二个命题是跟随着第一个命题得到的，另一方面也表明第一个命题是真命题。[7.72]联言命题就是由多个并列连词构成的命题，比如"现在是白天，并且现在有光亮"。选言命题指的"或者"这一选言连词构成的命题，如"或者现在是白天，或是现在是晚上"，"或者"这个连词说明，命题之中有一个是假命题。因果命题指的是"因为"这一连词构成的命题，比如"因为现在是白天，所以有光亮"，其中前者是后者的原因。递增的比较命题指的是含有"更多是……而不是……"这一连词的命题，比如"现在更多是白天，而不是夜晚"。[7.73]递减的比较命题则刚好相反，比如"现在更少是夜晚，而是白天"。另外，就真假来说，有的命题是互相对立的，也就是说，一个是另一个的反面，比如命题"现在是白天"和命题"现在不是白天"。就一个假言命题

244

来说，如果结论的反面与前提出现了矛盾，那么这个假言命题就是真的，比如"如果是白天，那么有光亮"就是一个真命题，因为结论的反面是"没有光亮"，它与"是白天"这一前提是矛盾的。如果结论的反面与前提并没有矛盾，那么，这一假言命题就是假命题，比如"如果是白天，那么狄翁在散步"，然而，"狄翁在散步"与"是白天"这一前提并不矛盾。[7.74]就推论命题来说，如果从一个真前提出发，并得到了相应的结论，那么这一推论命题就是真的，比如"由于现在是白天，那么太阳在地面上"。然而，如果前提是假的，或者并没有得到一个相应的结论，那么，这个推论命题就是假命题，比如，在白天说了这样一个命题："由于现在是晚上，那么狄翁在散步"。再来说因果命题，如果前提是真的而且得到了一个相应的结论，哪怕反过来不能从结论里得出前提，这一因果命题还是真命题。比如"因为现在是白天，所以现在有光亮"，这是因为，根据"现在是白天"肯定可以得出"现在有光亮"，然而，根据"现在有光亮"却无法得到"现在是白天"。然而，如果前提是假的，或者没有得到相应的结论，或者前提和结论不是对应的，那么，这个因果命题就是假命题，比如"因为是晚上，所以狄翁在散步"。[7.75]或然命题指的是导向同意的命题，比如"如果谁生了某个东西，那她就是那个东西的母亲"，这个命题可能是假命题，比如母鸡生了鸡蛋，但是它并不是鸡蛋的母亲。另外，有的命题是可能的，而有的是不可能的；有的是必然的，有的不是必然的。可能命题指的是只要外界因素不妨碍它为真，它就肯定是真命题的命题，比如"狄俄克勒斯活着"。不可能命题指的是不被允许是真命题的命题，比如"地球在飞翔"。必然命题指的是只能是真的而不能是假的，或者哪怕有可能是假的，但是外界因素也会阻碍它为假的命题，比如"德性是好的"。不必然命题指的是那种有可能为真，然而，外界因素不妨碍也可能为假的命题，比如，"狄翁在散步"。[7.76]所谓合乎情理的命题，就是具备更多的理由为真的命题，比如，"明天，我依然活着"。还有一些其他类型的命题，有的从真的变成假的，也从假的变成真的。我们将会详细地讨论它们。比如，克里尼斯的某些学生说过，推论包括大前提、小前提和结论这几个部分，比如，如果现在是白天，那么现在有光亮；现在是白天；现在有光亮。其中的大前提是"如果现在是白天，那么有光亮"，小前提是"现在是白天"，结论是"现在有光亮"。所谓推论形式，指的是推论的样式，比如：如果第一则第二；第一，于是第二。[7.77]推论的缩略形式包括命题和推论形式，比如"如果柏拉图活着，那么柏拉图在呼吸；第一，于是第二"。把推论的缩略形式引入进来，是要呈现一个比较长的推论序列，如果小前提和结论都比较长，可以不用再重复，而是用简略的形式表示为"第一，于是第二"。有的推论是有结论的，有的推论是无结论的。无结论的推论指的是，结论的反面与大前提是不能相容的，比如，"如果现在是白天，那么现在有光亮，现在是白天，于是狄翁在散步"。[7.78]有的推论是有结论的，其中有的被称作演绎推论，有的被称作有结论的推论。演绎推论指的是，就某一个或某几个前提来说，它们是不证自明的，或者可以自明的，比如，前提是"如果狄翁在散步，那么狄翁在运动"。所谓有结论的推论，就是不需要通过演绎就可以在形式上得出结论的推论，比如"现在既是白天又是夜晚这是假的；但现在是白天；所以现在不是夜晚"。非演绎推论，就是那些看似演绎推论但其实并不是的推论，比如"如果狄翁是马，那么狄翁是动物；狄翁确实不是马；所以狄翁不是动物"。

[7.79] 另外，有的推论是真的，有的推论是假的。真推论是可以通过真前提得出结论的推论，比如"如果德性是有益的，那么邪恶就是有害的；而德性确实是有益的；所以邪恶是有害的"。而假推论就是前提的某些东西是假的，或者它们本身没有结论，比如"如果现在是白天，那么现在有光亮；而现在是白天；所以狄翁活着"。此外，推论还以分成可能的推论和不可能的推论、必然的推论和不必然的推论等。还有的是不证自明的，对于这一点，人们的看法各不相同。比如，克律希珀斯认为可以分成五种，通过它们就可以构建起任何一种推论。在有结论的狭义推论、演绎推论，还有一假言命题作为前提的演绎推论中，它们都可以使用。[7.80] 第一种不可证明的自明推论的整个推论的大前提是假言命题，小前提是该假言命题的主句，结论则是假言命题的从句，如"如果第一，那么第二；第一，所以第二"。第二种不可证明的自明推论是，前提包括一个假言命题以及整个假言命题从句的反命题，结论是整个假言命题主句的反命题，比如"如果现在是白天，那么现在有光亮；但现在没有光亮；所以现在不是白天"，这里的小前提来自于整个假言命题从句的反面，而结论来自于主句的反面。第三种不可证明的自明推论，它的大前提是对联言命题的否定，小前提是整个联言命题的一个子命题，结论是剩余的那个子命题的反面，比如"并非柏拉图既死了又活着；但柏拉图的确死了；所以柏拉图没有活着"。[7.81] 第四种不可证明的自明推论是，它的大前提是选言命题，而小前提是选言命题的子命题之一，结论是另一个子命题的反面，比如，"要么第一，要么第二；第一，所以不是第二"。第五种不可证明的自明推论是，推论包括一个选言命题和这个选言命题中的子命题之一的反面，结论是这个选言命题的另一个子命题，比如，"现在或者是白天，或者是夜晚；现在不是夜晚；所以现在是白天"。

斯多葛学派的哲人们认为，通过一个真命题能推导出另一个真命题，比如，可以通过"现在是白天"这一真命题推导出"现在有光亮"这一真命题；

同时，可以通过一个假命题推导出另一个假命题，比如，可以通过"现在是夜晚"这一假命题推导出"现在是黑暗的"这一假命题。与此同时，还可以通过一个假命题推导出一个真命题，比如，可以通过假命题"地球在飞翔"推导出真命题"地球是存在的"；然而，无论如何都不能通过一个真命题推导出一个假命题，比如，不可能通过真命题"地球是存在的"推导出假命题"地球在飞翔"［7.82］同时，还有的推论让人费解，比如，隐匿式推论、无人式推论、遮蔽式推论、有角式推论、谷堆式推论等。遮蔽式推论……[1]，比如："如果二不是少的，那么三也不是少的；如果三不是少的，那么四也不是少的；由此类推，十也不是少的。现在二是少的，所以十也是少的。"无人式推论宝库确定命题和不确定命题，由小前提和结论构成，比如："如果某个人在这里，那么他就不在罗得斯岛上；（现在确实有人在这里，所以没有人在罗得斯岛上。）"……[2]

［7.83］斯多葛派的哲学家在逻辑学方面发表了诸多观点，主要是为了说明，只有懂得辩证法的人才是真正的智慧之人。因为通过逻辑学理论可以对万事万物进行分辨，包括那些属于伦理学或自然哲学范畴的事物，他们认为，逻辑学不仅教会了我们怎样正确地运用语词，而且教会了我们怎样安排与行为有关的各种法则。另外，还有两种习性被视为德性，一种是思考每一种存在的事物是什么，另一种是思考它们的名称是什么。以上种种就是斯多葛学派的逻辑学理论。

［7.84］他们认为，哲学的伦理学可以分为几个部分：与欲望有关的、与激情有关的、与善恶有关的、与德性有关的、与首要价值或目的有关的、与躲避或迁就有关的。那些认同阿波罗多洛斯、第欧根尼、珀塞多尼俄斯、塔尔索斯的芝诺、克律希珀斯、阿尔克德谟斯、安提帕特洛斯等人的观念的人们，同样也认可这种划分方式。然而，和早期的哲学家一样，基提翁的芝诺和克勒昂特斯主张使用更简单的划分方式。但是，他们同样也区分了自然哲学和逻辑学。［7.85］在他们看来，动物首当其冲的欲望就是自保，最初，这一点就被自然确立下来；克律希珀斯在他的《论目的》第一卷中指出，无论对哪种动物来说，最重要的是关心自己以及与此有关的意识。这是因为，任何一种动物都不可能对自己毫不在乎，更不可能仇视自己。因此，自然从一开始就让它们关心自己，远远地躲开那些有可能伤害自己的事物，靠近那些可能有利于自己的事物。然而，有人指出，快乐才是动物的首要欲望，但是，

1　此处希腊原文有缺失。

2　此处希腊原文有缺失。

这种说法并不对。[7.86] 斯多葛派的哲学家认为，如果快乐的确存在的话，那么，它也只是附加产品，因为只有动物能在自然中生存下去之后，才会随之获得快乐，最重要的就是动物要生生不息，植物要枝繁叶茂。他们认为，最初，自然并没有将欲望和感知赋予动物和植物，甚至没有区分二者，某些在我们身上发生的事同样也在植物身上发生着。然而，当动物拥有了欲望之后，它们就可以遵循各自的欲望去寻找那些与它们的生存相适应的东西，实际上，处于欲望的支配下，就是处于自然的支配下。在更加完满的原则出现后，某些动物拥有了理性，从而成为理性动物，它们原本根据自然而生存，而后变成了根据理性而生活，就这样，理性成为了雕琢欲望的匠人。

[7.87] 对此，芝诺在《论人的本性》一书中首次指出，人的终极目的是与自然一同和谐地生活，也就是遵循德性来生活，这是因为我们会在自然的指引下去往它那里。克勒昂特斯在《论快乐》中、赫卡同在《论目的》中，还有珀塞多尼俄斯都表达过类似的观点。另外，克律希珀斯在他的著作《论目的》第一卷中指出，遵循德性来生活，其实就是遵循与符合自然规律的经验来生活，[7.88] 因为我们本身就是整个自然的一部分。这就是为什么人的终极目的是遵循自然来生活，也就是遵循自己的小自然以及整个的大自然来生活，所做的事情不要违背普遍的法则。所谓的普遍法则，指的是渗透于万事万物之中的正确的理性，也就是主宰万物的宙斯。万物的主宰者的意愿体现为每一个个体的命运，当一切事物都遵循这种和谐而得以完成时，它本身就成了幸福的生活本身以及幸福之人的德性。按照第欧根尼的说法，目的指的是遵循自然的选择中那些符合理性的行为，而阿尔克德谟斯认为，目的就是生活的过程中践行的一切符合义务的事情。[7.89] 克律希珀斯指出，符合自然的生活中的自然，一方面指的是普遍的自然，另一方面也指特有的自然。但是，克勒昂特斯则认为，只有普遍的自然，而没有所谓的特有的自然，我们依照的正是普遍的自然。

德性乃是一种和谐的状态，我们就是因为它本身而选择了它，完全不是因为希望、恐惧或者其他外界动机的驱使。幸福存在于德性之中，通过它，灵魂得以酝酿出整个生命的大和谐。有时，理性的动物也会误入歧途，那是因为外在事物的假象可能蒙蔽他的双眼，或者同伴会怂恿或教唆他。而自然永远是正确的，无一例外。

[7.90] 总而言之，德性是任何一件事物所表现出的完满，比如，雕像的完满。有的德性是非理智性的，比如健康；有的是理智性的，比如审慎。赫卡同在《论德性》第一卷中指出，知识性或者理智性的德性指的是通过思考而具有理论结构的德性，比如正义、审慎等；非理智性的德性则是前一种德

性的延伸品，是从理论中进一步延伸得到的，比如力量、健康等。所以，节制就属于理智性的德性，健康随之而来，是节制的延伸品，就像拱形结构总是有着很好的承重能力。[7.91]它们之所以被称作非理智性德性，就是因为它们并非源于心灵的赞同，而只是一种伴随而来的延伸物，卑劣的人也可能具备这种德性，比如勇敢、健康等。珀塞多尼俄斯在他的《伦理学》的第一卷中指出，有证据可以证明德性的确是存在的，那就是，那些忠诚地跟随着苏格拉底、安提司特涅斯以及第欧根尼的人，自己有了显著的进步。而我们在德性的反面也的确发现了邪恶。德性是可以教授的，这一点珀塞多尼俄斯的《劝勉集》、克律希珀斯的《论目的》也有同样的说法，而克勒昂特斯和赫卡同也持有同一观点。通过坏人可以变成好人这件事，就可以证明德性是可以教授的。[7.92]按照帕奈提俄斯的说法，德性可以分成两种，分别是理论性的和实践性的，还有的人将德性分为三种，分别是自然的、伦理的和逻辑的。按照珀塞多尼俄斯的某些学生的观点，有四种德性，还有的人则认可克律希珀斯、安提帕特洛斯、克勒昂特斯等人的观点，划分得更加细致。然而，作为一位早期的斯多葛主义者，阿波罗法涅斯指出，只有一种德性，即审慎。[1] 在诸多德性之中，有的是首要的，有的则是它们的附加。审慎、正义、节制、勇敢，都是首要的德性，而附加在它们之上的德性包括克制、坚韧、远虑、宽容、敏锐等。所谓审慎，指的是与善恶和非善非恶有关的知识；勇敢指的是……是有关应该选择什么，应该对什么提高警惕，还有不必在意什么的知识；正义指的是……[2] [7.93]宽容指的是一种习惯或知识，对发生在自己或别人身上的事情表现出一种超然的态度，无论面对良善之人，还是卑劣之徒，都淡定从容。克制指的是不逾越理性的界限，或者不受快乐的支配。坚韧也是一种习惯或知识，让人明白应该坚持什么？应该放弃什么？以无所谓的态度对待什么。敏锐也是一种习惯，当人们面对眼前发生的事情时，可以马上做出恰当的反应。远虑是一种知识，它让我们明白哪些事情应该做？应该怎么做，从而让我们可以用恰当的方式来做事。一样的道理，有的邪恶是首要的，有的邪恶则附属于它们。比如，首要的邪恶包括放纵、愚蠢、怯懦、不仁不义；而草率、迟钝、不节制等，都是从属于它们的邪恶。德性是针对事物的知识，那么，邪恶就是针对事物的无知。

[7.94]总体来说，善是一种益处；分开来说，指的是等于益处，或者与益处不矛盾的事物。所以，德性本身以及与德性有关的事物在三个方面是善

---

1 $φρόνησή$也可翻译成"智慧"，但是，并不是普遍意义上的智慧（$σοφία$）不同，指的主要是实践方面的智慧，也就是英语中的 prudence。

2 此处的希腊原文有缺失和串行。

的：首先，它是益处的来源，因而它是善的；其次，它是益处所遵循的东西，比如从德性出发的行为，因而它是善的；最后，它是产生益处的主体，比如拥有德性的人，也拥有端正的品性，因而它是善的。他们还为善下了一个特殊的定义："善是来自于理性存在者的本性的一种完满。"德性就是如此，而那些与德性有关的行为、实践或者品行端正之人，因为拥有了德性，因而都是善的；另外，欢乐、愉快以及类似的东西都是其附属品，也都是善的。[7.95] 同样，恶的东西包括愚蠢、怯懦、不仁不义以及类似的东西；而那些与恶有关的东西，比如恶人或者由恶而产生的行为，还有沮丧、忧虑等伴随着恶而产生的东西都是恶的。

另外，有的善是外在的，有的善是内在的，有的善不是外在的也不是内在的。内在的善是指德性和伴随着德性而产生的行为；外在的善是指好的国家、好的朋友以及伴随着国家和朋友而来的幸福；而一个人本身的美好和幸福，不是内在的善，也不是外在的善。[7.96] 有的恶是内在的，比如，邪恶以及伴随着邪恶而产生的行为；有的恶是外在的，比如糟糕的国家、朋友和国家和朋友带来的各种不幸；而有的恶不是内在的也不是外在的，比如一个人的低贱、卑劣和不幸等。另外，善可以分为三种，目的性的、手段性的以及目的性和手段性的。朋友从他身上获得的好处，就是手段性的善；而目的性的善包括审慎、快乐、自信、自由、愉快、远离痛苦，还有伴随着德性而产生的行为等。[7.97] 各种各样的德性，一方面是手段性的善，另一方面也是目的性的善。从幸福源自它们这一点来说，它们是手段性的善；从它们本身就是幸福的一部分并且最终实现了幸福这一点来说，它们是目的性的善。同样的道理，恶也可以分为三种，分别是目的性的恶、手段性的恶，以及两者皆是的恶。手段性的恶，比如敌人以及随之而来的伤害；目的性的恶，比如忧伤、卑劣、恐惧、沮丧、奴役、过度悲痛以及恶产生的各种行为等。各种各样的邪恶既是手段性的恶，又是目的性的恶：之所以说是手段性的恶，是因为它们会导致不幸；之所以说它们是目的性的恶，是因为它们本身就是不幸的一部分而且最终实现了不幸。[7.98] 那些内在的善，有的是习性，有的是状态，还有的既不是习性也不是状态。其中习性包括生活方式，状态包括德性，而活动既不是习性也不是状态。通常情况下，有的善是复合的，比如幸福的晚年生活和优秀的子女；而有的善是单一的，比如知识。有的善始终是可能的，[1] 比如德性；有的善并不是始终都可能的，比如散步、快乐等。

所有的善皆是必要的、有利的、有益的、合适的、有帮助的、有用的、

---

[1] 可能 παρόντα 的词根是动词 ττάρειμι，原本的意思是"在场，在身边"。

美好的、正义的、值得被选择的。[7.99]善之所以是利的，是因为随着它的出现，还带来了很多让我们能从中获利的事物。善之所以是必要的，是因为它总是在恰当的时候予以我们帮助和扶持。善之所以是合适的，是因为它不仅将我们耗费在它身上的本金还给了我们，还给了我们利息，我们因而获利。善之所以是有用的，是因为它为我们带来有用的事物。善之所以是有帮助的，是因为它升华了有用的事物，使之成为被称赞的对象。善之所以是美好的，是因为它的各种用途的比例恰到好处，和谐统一。善之所以是有益的，是因为它本身就能让我们深受惠泽。善之所以是值得被选择的，是因为它本身就是符合理性的事物。善之所以是正义的，是因为它和法律有着相同的特征。

[7.100]他们认为，美是一种完满的善，这是因为美包含了自然所要求的各种要素，达到和谐完美。有四种东西是美好的：正义的东西、勇敢的东西、有秩序的东西和知识性的东西。与此同时，有四种东西是丑陋的：不正义的东西、怯懦的东西、无秩序的东西和愚蠢的东西。美，有时候指那些拥有美这种品质的人是值得称颂的，或者善是值得被称颂的；有时候指能够产生某种特殊的功能。另外，美还可以指对于某种事物的敬意，比如我们所说的"只有智慧之人是善的、美的"。

[7.101]他们认为，只有美是善的，比如赫卡同在他的著作《论善》第三卷、克律希珀斯在《论美》中都持有这一观点。德性以及与德性有关的事物就是如此，言下之意，一切的善皆是美，美与善拥有同样的力量，它们都指向同样的事物。原因是，它是善的，故而它是美的；它是美的，故而它是善的。另外，他们指出，一切的善都是平等的，都值得被选择，并没有高低之分。在万事万物中，有的是善的，有的是恶的，有的是非善非恶的。

[7.102]善是德性，包括审慎、正义、勇敢与节制等。恶即是其反面，诸如轻率、不义等。非善非恶是指那些既不能从中获益又不会伤及他人的事物，比如健康、生命、力量、财产、快乐、眉毛、高贵的出身、好的名声，还有其反面的事物，比如病痛、死亡、丑陋、贫困、痛苦、低贱的出身、坏的名声等。赫卡同在他所写的《论目的》第七卷中，阿波罗多洛斯在他的著作《伦理学》中，还有克律希珀斯都持有这一观点。健康、财富以及诸如此类的东西不是善的，而是中性的，即非善非恶的。[7.103]就像热的特性是温度升高，而不是温度降低，同理，善的特性是给人带来益处，而不是带来坏处。然而，无论是健康还是财富，它们所带来的益处并不比坏处多，因此，它们都不是善的。他们还指出，既能妥善运用又能不妥善运用的，都不是善的，而健康和财富就是如此，因而，它们都不是善的。但是，珀塞多尼俄斯认为，这些都是善的东西。而赫卡同在他写的《论善》第九卷中、克律希珀斯在他写的《论

快乐》中都提到，快乐不是善的东西。这是因为，还有可耻的快乐存在，[7.104]任何可耻的事物都不是善的。有益指的是以德性为出发点，加以促进或制止，而有害指的是以邪恶为出发点，加以促进或制止。

中性包括两重含义。首先，它是指那些不会有幸福随之而来也不会有不幸随之而来的事物，比如名声、健康、财富、力量等；因为即使不拥有这些东西，一个人同样可以拥有幸福，而且幸福与否完全取决于如何使用它们。其次，它是指那些不会随之激发欲望或厌恶的事物，比如一个人头发的根数是奇数的还是偶数的，或者一个人的手指是弯曲的还是伸直的。然而，刚才提到的中性并不是在这一层面来说的，因为它们的确可以激发欲望或厌恶。[7.105]因此，它们之中有的被接受，有的被拒绝；然而，对后一种中性事物而言，无论是选择或避免，都是一样的。就中性事物而言，他们认为，有的是被选择的，有的是被拒绝的。具有价值的事物被选择，缺乏价值的事物被拒绝。他们指出，首先，价值指的是可以带来和谐生活的事物，比如那些与善有关的事物；其次，价值指的是能让人们遵循自然来生活的间接性的用途或力量，比如健康或财富，就可以帮助人们遵循自然来生活；最后，价值是一种得到人们认可的交换物，具体的价值是对这种事物很熟悉的专家来确定的，比如用一定量的小麦可以换取等量的大麦再加上一头骡子。

[7.106]所以，富有价值的事物是被人所选择的，比如，从灵魂方面来说，是能力、进步、聪明等；从身体方面来说，是健康、力量、健全的体魄、活力、美貌等；从外在事物来说，是名声、财富和高贵的出身等。没有价值的事物遭人拒绝，比如，从灵魂方面来说，是无能、愚笨等；从身体方面来说，是疾病、死亡、虚弱、状态不佳、丑陋、残疾等；从外在事物来说，是贫困、出身、坏名声等。然而，还有中性的事物，它们不被选择，也不被拒绝。

[7.107]在各种被选择的事物之中，有的是因其自身而被选择，有的是因其他事物而被选择，还有的既是因其自身也是因其他事物而被选择。聪明、进步等，是因其自身而被选择；财富、出身高贵等，是因其他事物而被选择；力量、良好的感官、健全的体魄等，既是因其自身又是因其他事物而被选择。因其自身而被人选择，是因为与自然和谐一致；因其他事物而被人选择，是因为它带来了诸多好处。同理，被拒绝的事物也有三个与之相反的理由。另外，他们认为，义务是指一件事之所以要做，是因为它本身就有着要这么做的恰当的理由，比如，生活要与自然和谐一致，这是动植物的义务，因为它们身上具有与义务一致的理由。

[7.108]芝诺首次提出义务这个概念。从词源来说，它来自于"来自某

种东西"[1]，就行为本身而言，就好像自然的安排。那些随着欲望而产生的行为，有的是义务，有的与义务恰好相反，有的既不是义务也不是与义务相反的行为。所谓义务，指的是在理性的驱使下选择做的事情，比如敬爱祖国、父母和兄弟姐妹，结识朋友。与义务相反的行为，是指理性所不选择的行为，比如忽视父母、对兄弟冷漠、不关心朋友、蔑视祖国等。[7.109]那些既不是义务也不与义务相反的行为，是指理性没有选择也没有制止的行为，比如拿起一把刀、拾起一支笔或者捡起一根麦秆等。有的义务是无条件的，有的义务是有条件的。所谓无条件的义务，比如关注自己的感官感受、身体健康等。有条件的义务，比如放弃财产、自我牺牲等。可以按照相同的理由来区分与义务相反的行为。另外，有些义务是必须做的，有的义务并不是必须做的。遵循德性来生活是必须做的，而散步、回答、提问以及诸如此类的事物，并不是必须做的。可以按照相同的理由来区分与义务相反的行为。[7.110]有的义务处于中间状态，比如，学生服从自己的老师。

他们认为，灵魂由八个部分组成，包括五种感知能力、语言能力、生殖能力和心灵的理智能力等，它们都是来自灵魂的一部分。错误会导致心灵产生谬论，由此引发激情与混乱。芝诺认为，激情是非理性的、过度的冲动，也是一种违背自然的灵魂运动。然而，赫卡同在《论激情》的第二卷和芝诺在《论激情》中都指出，常见的激情分为四种，分别是恐惧、渴望、快乐和痛苦。[7.111]而克律希珀斯在他的《论激情》中指出，激情其实是一种评判，比如，贪婪是错误地认为钱财是一种美好的事物，酗酒、放纵还有诸如此类的事物也一样。痛苦是灵魂的一种非理性的退缩，它其中又包含着怨恨、悲悯、羡慕、妒忌、烦恼、忧愁、悲痛、苦恼、狂乱等。怨恨是因为其他人的好而产生的一种痛苦。悲悯是因为其他人遭受了不幸而产生的一种痛苦。羡慕是因为别人拥有了自己渴望的东西而产生的一种痛苦。忌妒是自己渴望的东西却被别人所拥有而产生的一种痛苦。[7.112]烦恼是让人感到焦虑和不安的一种痛苦。忧愁是因为自我压抑而产生的一种痛苦。悲痛是一种连续不断或与日俱增的伤感而产生的痛苦。困难是一种让人倍感艰辛的痛苦。狂乱是一种非理性的痛苦，让人不能看明白当前的形势。

恐惧指的是对恶的一种预料，包括害怕、羞怯、退缩、惊愕、呻吟、担忧等。害怕是一种引发惊慌的恐惧；羞怯是一种对不光彩的事情的恐惧；退缩是一种对即将发生的事情的恐惧；惊愕是一种因为奇怪的事所引发的恐惧；

---

[1] 希腊语中，"义务"（καθῆκον）这个词的词根是动词"走出来、走下来"（καθι̂κειν），而动词 καθήκειν 源于"来自某种东西"（τσῦκατάτινυςήκειν）这个短语。

［7.113］呻吟是一种被压迫的声音而引起的恐惧；担忧是一种对于未知事物的恐惧。

渴望是一种非理性的欲望，包括希望、厌恶、好胜心、生气、爱欲、愤恨、嗔怪等。希望是一种渴望，即使遭受阻碍，依旧奋力向着目标而努力；厌恶是一种渴望，是对其他人的憎恶的不断增加；好胜心是一种渴望，与某种选择有关；生气是一种渴望，是对带来不应当伤害的人的报复；爱欲是一种渴望，与善良无关，而是因为美貌而渴望与对方结识并有所图谋；［7.114］嗔怪是一种渴望，是一种充满了恨意和企图的怨气。就像这句话所说的：即使他的怒火在某一天熄灭了，然而，事后心里还留有怨气，直到最终得以实现。

快乐指的是面对值得被选择的事物而产生的一种非理性的激情，比如沉醉、幸灾乐祸、欢欣、情难自已等。沉醉是快乐之一，是指由耳朵所引起的迷惑；幸灾乐祸是快乐之一，是指因为他人遭遇的不幸而暗暗窃喜。欢欣是快乐之一，是指一种"转向"[1]，也就是灵魂的一种软化；情难自已是快乐之一，是指德性的一种释放。

［7.115］他们认为，人的身体与各种各样的毛病，比如关节炎、痛风等，灵魂也有很多毛病，比如贪图享受、爱慕虚荣等。所谓毛病，就是因为虚弱而引发的疾病，而疾病，就是过分关注那些看似值得被选择的事物。就像身体很容易患上某些疾病，比如腹泻、伤风、感冒，灵魂也很容易患上某些疾病，比如同情、猜疑、忌妒等。

［7.116］他们认为，好的情绪有三种，分别是高兴、审慎和意愿。他们认为，高兴乃快乐的反面，它是一种符合理性的激情。审慎乃恐惧的反面，它是一种符合理性的规避，因此，智慧之人从来不会觉得恐惧，然而，他的言行举止无不谨慎。意愿乃渴望的反面，它是一种符合理性的欲求，就像最主要的激情下面还含有某些其他的激情。一样的道理，最主要的是好的情绪下面还含有某些其他的好情绪，所以，意愿下面又包含着和善、珍视、好心、尊重；审慎下面又包含着敬畏和虔诚；高兴下面又包含着愉快、兴奋、欣喜等。

［7.117］按照他们的观点，智慧之人不动心，因为他们不会受这些情绪所支配；然而，"不动心"一词对恶人同样适用，指的却是截然不同的一回事，指的是恶人的残忍和无情。另外，智慧之人心如止水，他们无所谓恶名或善名；但是，"心如止水"一词对恶人同样适用，指的是另一番意思，即他们肆意妄为。他们认为，任何善良之人都是苦涩而严苛的，因为他们从不追求所谓的快乐，也不允许其他人追求快乐；当然，"苦涩"一词也适用于其他方面，比如有的

---

1 希腊语里的"欣喜"（τέPψι·ς）和"转向"（τρέψης）是一对形近词。

酒不是用来饮用的，而是用来治疗疾病的，就可以用苦涩这个词。

［7.118］善良之人真诚、无邪，专注于如何通过摒弃邪恶、展现美好而让自己成为更好的人。他们从不矫揉造作，他们的表情和声音都抛开了伪装。俗世的纷纷扰扰不能打扰他们，因为他们不会做任何有悖于义务的事。他们也喝酒，却从不会喝醉。另外，他们不会处于狂乱的状态，当然，偶尔因为迷惑或忧愁，他们也会陷入某种不同寻常的表象之中。行事遵循的原则不是值得被选择的事物，而是有悖于自然。智慧之人不会陷入痛苦的泥潭，就像阿波罗多洛斯在《伦理学》一书中指出的，痛苦是灵魂的一种非理性的退缩。

［7.119］他们无限接近于神，这是因为他们身上具有与神一样的特征。恶人却是无神的。所谓无神，包含两重含义：第一重含义指的是与神明相反，第二重含义指的是轻视神明，后一重含义并不是对每一个恶人都适用。善良之人对神怀有敬畏之心，他们了解各种与诸神有关的法度轨仪。所谓虔敬，指的是与侍奉诸神有关的知识。另外，他们为了保持纯洁，还为诸神献祭，竭力避免犯下任何亵渎神明的错误；而诸神也对他们称赞有加，对神明而言，他们是正义而圣洁的。只有智慧之人才能成为祭司，因为他们为献祭、洁净、修建寺庙以及与神有关的诸多事宜劳心劳神。

［7.120］他们认为，尊敬父母、兄弟是仅次于侍奉诸神的事情。父母对儿女的爱发乎天性，但是恶人并不具备这种爱。克律希珀斯《伦理学问题》的第四卷，还有佩尔塞俄斯和芝诺都指出，一切罪恶都是同等的。原因是，一个真的事物如果不比另一个真的事物更真，一个假的事物也不比另一个假的事物更假。所以，一种欺骗或罪恶并不比另一种欺骗或罪恶更严重。因为一个人距离卡诺波斯一百里，另一个人距离卡诺波斯一里，但是，他们都不在卡诺波斯[1]；一样的道理，一个人犯的过错比较严重，另一个人犯的过错比较轻微，他们都不在正轨上。［7.121］但是，塔尔索斯的安提帕特洛斯的朋友、来自塔尔索斯的赫拉克勒德斯和阿特诺多洛斯却认为，罪恶并不总是同等的。

另外，他们认为，只要不遭受阻碍，智慧之人就要尽力参与城邦事务，比如克律希珀斯在《论生活》第一卷中就持有这一观点。因为他们有义务弘扬德性、扼制邪恶。比如，芝诺在《国家篇》中指出，智慧之人应当结婚生子。智慧之人的行为举止从不受意见的支配，也就是说，不会对任何错误的事物表示认同。他们会加入犬儒派，就像阿波罗多洛斯在《伦理学》中提出的，犬儒主义是通向德性的一条近道。在特殊情况下，他们连人肉都吃。只有智慧之人拥有自由，而邪恶之徒永远处于奴役之下，因为自由即独立行事的能

---

[1] 卡诺波斯，下埃及一座以奢华而闻名的古城。

力，而奴役就意味着失去了这种能力。[7.122]奴役还有重含义，即处于一种从属的状态；另一重含义，即处于一种被占有的从属状态。上述两重含义的反面是主宰，然而这也是一种恶。智慧之人不仅是自由的，同时，他们还是君王，因为王权是一种至高无上的权力，无须任何人审视，唯有智慧之人才能拥有这种权力。克律希珀斯在《正确使用芝诺的有关术语》中就持有这一观点，他认为，作为统治者，应该具备与善和恶有关的知识，而恶人对此却一无所知。同样的道理，只有智慧的人可以成为法官、演讲家和官员，而恶人却不行。智慧之人不会犯下任何错误；[7.123]同时，他们是无害的，他们既不会伤害自己，亦不会伤害他人。他们没有怜悯之心，不会对任何人心怀同情；他们的灵魂中并没有屈服、怜悯、宽容以及诸如此类的东西，因此，他们从不试图逾越法律规定的相关惩罚，在惩罚的过程中，他们也从不扮演老好人的角色。在他们看来，惩罚也不是过于严苛的事情。另外，对于某些看上去很奇怪的事情，智慧之人也不会产生好奇心，比如与卡戎[1]有关的事情、起落的潮汐、喷薄而出的温泉、爆发的火焰等。他们认为，善良之人从不远离人群，从本质上来说，他们就是公共性的、实践性的。他们经常锻炼，目的是强化身体的忍耐力。

[7.124]在他们看来，智慧的人时常祈祷，从而向诸神祈求各种善，珀塞多尼俄斯在《论义务》的第一卷、赫卡同在《论悖论》的第三卷中都提到了这一点。他们还指出，只有善良之人之间拥有友谊，因为他们是类似的。他们认为，如果我们能像对待自己那样对待朋友，友谊就成了对与生活有关的事物的一种分享。他们认为，朋友本身就是值得被选择的，拥有众多友谊乃是善事一桩。然而，友谊在恶人那里完全不存在，没有任何一个恶人拥有朋友。所有的愚蠢之人都是狂乱之徒，他们缺乏审慎的德性，完全处于和愚蠢一样的狂乱的支配下。[7.125]而智慧之人能恰到好处地处理任何事，正如伊斯美尼亚斯能把所有长笛曲都吹奏得那么动人。智慧之人拥有万物，这是因为法律赋予了他们绝对的权力。然而，某些东西属于恶人，还有些东西属于不义之人；实际上，某些东西属于城邦与某些东西属于正在享用它的人，完全是两回事。他们说，各种德性相辅相成，具备了其中一种就具备了所有，因为它们遵循着同样的原则，克律希珀斯在他的《论德性》第一卷中，阿波罗多洛斯在他的《来自古代思想的自然哲学》中，还有赫卡同在他的《论德性》第三卷中都表达了这一观点。[7.126]有德性之人总是能发现并实践他应当做的那些事。但凡应当做的事，亦是应当选择的、应当忍受的、应当坚持的、

---

[1] 卡戎，指摆渡亡灵穿过恨河、去往冥府的船夫。

应当分享的，如果一个人做了应当选择之事、应当忍受之事、应当坚持之事、应当分享之事，他就是审慎、果敢、克制与正义之人。每种德性都有与之相关的对象，比如，果敢与那些应当忍耐的事有关，审慎与那些应当做、不应当做或者无所谓应不应当做的事有关。与此同时，其他的德性也有与之对应的对象。精明干练和深思熟虑与审慎有关，遵守规矩和井然有序和克制有关，宽厚和公正与正义有关，精力旺盛与坚定不移与果敢有关。［7.127］漫步学派指出，德性与邪恶之间存在着一种中间状态，即由恶向善的进步，而他们的观点却不同，认为德性与邪恶之间并不存在中间状态。他们说，就像一根木棍，它或者是直的，或者是弯的，同样，一个人或者是正义的，或者是不义的，无论如何也不会比正义更正义，或者比不义更不义。这一点对其他情况同样适用。克律希珀斯还指出，德性有丧失的可能性，而克勒昂特斯却否定了这一点，认为德性永远不会丧失；前者指出，醉酒或抑郁等行为，都会导致德性的丧失，后者却指出，只要能坚守德性，就永远不会失去它。另外，德性本身就是值得被选择的，不管怎样，一旦我们意识到只有美的东西才是善的，我们就会为曾经犯下的各种罪恶而羞愧难当。芝诺说，对幸福来说，德性自身就已足够，这一点克律希珀斯在《论德性》第一卷以及赫卡同在《论善》第二卷中都提到过。［7.128］芝诺说："高尚只是德性的一方面，但是，如果高尚本身就能够让我们通过超越其他所有的方式去行事，那么，对幸福而言，蔑视一切有可能扰乱自己的事物的德性就足够了。"但是，帕奈提俄斯和珀塞多尼俄斯反对德性自身是足够的这一观点，他们认为，健康、力量和物资都是必不可少的。他们提出，可以借助万物来修炼德性，克勒昂特斯的门徒们也持有这一观点。正因为德性永远不会失去，无论何时，善良之人都能修炼臻于完满的灵魂。克律希珀斯在《论美》中指出，正义是与生俱来的，而不是源自于后天的规定，法律以及正确的理性亦然。［7.129］他们认为，哲学家们的观点可能不尽相同，但是，不能因此就摒弃哲学，因为这么做就等于抛弃了生活的一切，珀塞多尼俄斯在《劝勉集》中也指出了这一点。克律希珀斯还认为，日常学习是有益的。另外，他们认为，对待其他动物，我们不需正义，因为我们与它们截然不同，克律希珀斯在他的《论正义》的第一卷中以及珀塞多尼俄斯在他的《论义务》的第一卷中也指出了。他们还提到，智慧之人由衷地爱着年轻人，这是因为，就外表而言，年轻人就有趋向于德性的天赋，芝诺在《国家篇》、克律希珀斯在《论生活》第一卷中，还有阿波罗多洛斯在《伦理学》中都指出了这一点。

［7.130］他们认为，爱，是因为外表的美而渴望结为朋友的一种冲动，

它的目的是友谊，而不是肉欲。[1]忒拉索尼德斯虽然得到了他钟情的女子，但是，因为那个女子怨恨他，他最终释放了她。按照克律希珀斯在《论爱》中的说法，爱是一种友谊，它不应该被责备。而青春是德性绽放的光芒。

他们认为，有三种生活，分别是理性的、实践的和静观的。[2]而其中理性的生活值得被选择，因为自然创造了理性动物，赋予了他思考与行动的能力。他们指出，为了祖国、朋友或者因为某种不堪忍受的病痛、残疾或痛苦，智慧之人会合理地终结自己的生命。

[7.131] 他们还指出，在两情相悦的前提下，智慧之人应当实行共妻，芝诺在《国家篇》和克律希珀斯在《论政制》中都指出了这一点，而犬儒派的第欧根尼和柏拉图也持有这一观点。如此，我们就像父亲那样爱每个孩子，而且通奸引起的忌妒和仇恨将不复存在。最好的政治制度是民主政制、贤人政制以及君主政制一同组成的混合政制。在伦理学方面，他们说的就是上述这些，此外，还有相关论证。但是，对我们来说，纲要性地概述就足够了。

[7.132] 他们认为，自然哲学[3]分成这几个部分：有关物体的、有关原则的、有关元素的、有关诸神的、有关边界的、有关位置的、有关虚空的。这是以种为根据进行划分的，按照属来划分，有三个部分：与宇宙有关的、与元素有关的、与原因的思考有关的。他们认为，与宇宙有关的可以分成两部分。数学家探索了恒星与行星，从一个层面对其进行了思考，比如，太阳和月亮是不是像看上去那么大，他们还研究了天体的旋转以及诸如此类的问题。[7.133] 然而，自然哲学家们从另一个角度出发，对宇宙展开了思考，对实体展开了探究，太阳以及星辰是不是由质料和形式组成的，宇宙究竟是不是被创造的，它是不是有生命的，它是不是不朽的，它是否处于神意的支配下，还有类似的问题。与原因有关的思考也可分为两部分：医生从一个角度出发，对灵魂的主导部分、灵魂中诞生的种子以及发生的事情，还有诸如此类的东西；而数学家则从另一个角度展开了思考，比如，我们是怎么看东西的，镜子里的影像是如何形成的，云是如何聚集的，彩虹、光晕、电闪雷鸣和彗星还有类似的东西是如何形成的。

[7.134] 他们认为，宇宙有两个原则，分别是被动原则、主动原则。被动原则指的是质料，即无定性的实体；而主动原则指的是神，他永垂不朽，

---

1 其实，希腊文"$συνουσία$"的意思是"交际、性交"。

2 "$Θεωρητικός$"这个词的词根是动词$θεωρέω$，意思是"看"，也有"思考、默想"的意思，后来"理论"这个词也来自于它。

3 确切地说，"$φυσικός λόγος$"这个词应该翻译为"自然理论"。

即存在于质料中的逻各斯,[1]通过无处不在的质料创生万物。在《论实体》一书中,来自基提翁的芝诺提出了这个理论,而克勒昂特斯在《论原子》、克律希珀斯在《自然哲学》的第一卷、阿尔克德谟斯在《论元素》,还有珀塞多尼俄斯在《自然哲学》第二卷中也指出了这一点。他们认为,原则与元素有差异,原则不是创生的,是永垂不朽的,而元素会因为大火而被摧毁;另外,原则无形体、无形状,而元素有形状。[7.135]按照阿波罗多洛斯在《自然哲学》中的说法,物体有长、宽、高三维,是立体的。物体的极限是面,指只有长、宽却没有高的东西;珀塞多尼俄斯在《论天象》第三卷中指出,面不只是一种观念,而且是实体性的事物。面的极限是线,也就是没有宽、只有长的东西。线的极限是点,是最小的标记。神是努斯（νοῦς),是命运,是宙斯,此外,他还有其他很多名字。[7.136]首先,神是独自存在的,他将一切实体通过气的方式转化为水,就像繁殖过程中的种子始终保持潮湿的状态,同样,他是宇宙的种子理性,[2]也一直保持潮湿的状态,从而能在随之而来的创生过程中恰到好处地安排各种质料。接着,他首先创造了火、土、水、气四种元素。关于这一点,芝诺在他的《论宇宙》中,克律希珀斯在他的《自然哲学》第一卷中,阿尔克德谟斯在《论元素》中都提到了。所谓元素,指的是万物皆出自于它最终又回归于它的东西。

[7.137]四种元素一同构成无定性的实体,也就是质料,其中火是热性元素,土是干性元素,气是冷性元素,水是湿性元素。火处于最上层的位置,又被称作以太,首先诞生于火中的是恒星,接着是行星。火的下面是气,接着是水,土处于最下层,它也是整个宇宙的中心。[3]他们从三重意义出发来探讨宇宙。首先,宇宙是神本身,他的特性来自于整个实体,他是非生成的,也是不朽的,他创造了整个有序的世界,他按照既定的时间周期将一切实体吞噬,接着,再一次创生它们。[7.138]其次,他们认为,各个天体的秩序本身就是宇宙。再者,宇宙是前面两者的结合体。

另外,宇宙是一切实体表现出来的一种特质,或者,按照珀塞多尼俄斯在《论天体的元素》中的说法,它是一个由天、地以及其中的万事万物构成的系统,或者是一个由神、人还有为了他们而创生的各种事物所共同构成的系统。天处于最外环,那里包括了所有神性的东西。克律希珀斯在《论神意》第五卷以及珀塞多尼俄斯在《论神》第三卷中指出,宇宙处于神意和努斯的

---

1 逻各斯,也可译为"理性","λό·γος"这个词的有着丰富的内涵,这里是音译。

2 "σιτερμοπχκόςλόγος"有很多种翻译,比如"种子理性""种子原则""种子形式""种源理性""种源德性"等。

3 整个宇宙是圆形结构的,所以,处于最里面或最下面的,就是中心。

259

统治下，努斯遍布于整个宇宙，就好像我们身体的每一处都拥有灵魂，区别在于有的地方比较多、有的地方比较少。[7.139]正如灵魂渗透骨骼和肌腱之中，它也会渗透宇宙的某些地方，在那里以习性的形式表现出来；就像灵魂渗透头颅中去，它还会渗透到宇宙的另一些地方，在那里以理性的形式表现出来。所以，宇宙是生命体，拥有灵魂与理性，其中以太进行统治，关于这一点，提洛斯的安提帕特洛斯在《论宇宙》的第八卷中指出了。然而，按照克律希珀斯在《论神意》的第一卷和珀塞多尼俄斯在《论神》中的说法，宇宙的统治力量乃是天才；而克勒昂特斯不认同这一观点，他指出，太阳才是宇宙的统治力量。但是，克律希珀斯的说法有点前后矛盾，他在同一部著作中指出，宇宙的统治力量乃是以太中比较纯洁的那部分，它被斯多葛主义者们称为最初的神，它是可以感知的，渗透气中存在的事物，渗透所有的动植物中，渗透土里，通过一种习性的方式在它们身上体现出来。

[7.140]宇宙是一个球形，这是最适合运动的形状，有关这一点，珀塞多尼俄斯在《自然哲学》的第五卷，还有安提帕特洛斯的学生们在有关宇宙的某些著作中都提到了。它的外面弥漫着无穷无尽的虚空，而虚空是无形的；所谓的无形，是指能被物体占有，而又未曾被真正占有的东西。宇宙中间并不存在虚空，而是被紧密地结合为一个整体，这一点是由天上与地上万物间的和谐与张力造成的。克律希珀斯在《论虚空》和《自然学艺》的第一卷中对虚空进行了探讨；同时，阿波罗多洛斯在《自然哲学》，还有珀塞多尼俄斯在他的《自然哲学》第二卷中也都讨论了这一点。

[7.141]和谐和张力以及诸如此类的东西也都是无形的。另外，时间也是无形的，它是宇宙运动的一种延伸。在时间中，过去与未来都是无限的，现在却是有限的。他们认为，比起那些能够被感知和理解的事物，宇宙也会被摧毁，因为它也是可以生成的；而且，但凡某个部分可以被毁灭，其整体也必然可以被毁灭。宇宙的各个部分都不是不朽的，因为它们可以互相转换；因此宇宙也会毁灭。他们还说，如果某种事物能逐渐变坏，它就是可朽的，而宇宙会逐渐枯竭并最终变为水。

[7.142]宇宙是这么生成的：首先，实体会从火变成气，再变成湿气，其中黏稠的部分会逐渐凝结，形成土，而其中比较稀疏的部分会蒸发变成气，气又会进一步稀化，最终形成火。接着，四种元素混合在一起，从而产生了动物、植物以及其他事物。关于宇宙的生成与毁灭，芝诺在《论宇宙》、克律希珀斯在《自然哲学》的第一卷、珀塞多尼俄斯在《论宇宙》的第一卷、克勒昂特斯，还有安提帕特洛斯在《论宇宙》的第十卷中都谈到了。但是，帕奈提俄斯持有不同的观点，他认为宇宙不会毁灭。宇宙是一个生命体，拥有

理性、生气以及思想，克律希珀斯在《论神意》第一卷、阿波罗多洛斯在《自然哲学》，还有珀塞多尼俄斯都赞同这一主张。[7.143]之所以说宇宙有生命，也就是说，它是拥有感知和生气的实体，因为有生命的事物比无生命的事物更优越，而万物不可能比宇宙更优越，因而宇宙是有生命的事物。宇宙具有生气，这一点从我们的灵魂是它的碎片就可以看出来。然而，波厄托斯认为，灵魂是没有生命的。

宇宙，关于这一点，芝诺在《论宇宙》、克律希珀斯、阿波罗多洛斯在他的《自然哲学》，还有珀塞多尼俄斯在《自然哲学》的第一卷都提到过。按照阿波罗多洛斯的说法，世界[1]，是指宇宙本身，或者宇宙以及外面的虚空一同构成的系统。宇宙有限，而虚空无限。[7.144]众多星辰之中，恒星跟随着天宇一同运转，而行星拥有属于自己的运动轨迹。太阳沿着一条倾斜的轨道，从黄道带穿过，而月亮沿着一条椭圆的轨道，从黄道带穿过。珀塞多尼俄斯在《论天象》第七卷中指出，太阳是一团纯粹的火，而他在《自然哲学》一书的第六卷中指出，太阳比地球更大。而他的学生认为，与宇宙类似，太阳也是球形的。太阳是火，所有火都源于它；它比地球更大，它不仅能照亮地球，也能照亮整个宇宙。另外，太阳在地球上投射出圆锥形的阴影，这也足以证明太阳比地球大。因为太阳拥有巨大的形体，因此，无论处于地球的何处，都能看到它。

[7.145]月亮离地球更近，因此，它更像地球。熊熊燃烧的天体和其他星辰都需要养料，地球是一团燃烧着的东西，还具备思想，它从汪洋大海之中摄取养料。按照珀塞多尼俄斯在《物理学》第六卷中的说法，月亮之中混杂着空气，它离地球很近，从淡水之中摄取养料。而其他很多星体从土中摄取养料。他们提出，所有的星体都是球形的，而地球则是静止不动的球形。月亮原本没有光，但受到太阳照射，从而获得了光亮。当月亮面向着我们经过太阳前面时，日食就出现了，在《论宇宙》一书中，芝诺生动地描绘了这一点。[7.146]他们发现，每当月亮和太阳重叠在一起，太阳就被它遮住了，不久后，它又离开了太阳。如果盛一盆水，让太阳和月亮在水面形成倒影，也可以观察到这一点。当月亮进入地球的阴影中，月食就会出现。所以，虽然月亮每个月都会有一段时间面向太阳，但是，只有当满月时，月食才会出现，因为月亮是以倾斜的角度面向太阳进行运动，并不和太阳处于同一纬度，有时偏向北，有时偏向南。但是，如果月亮和太阳在同一纬度上，而地球恰好位于月亮和太阳之间，并且月亮还面向太阳，就会发生月食。珀塞多尼俄

---

1 "Ττάν"一词原本的意思是"全体、整体"，在这里意译成"世界"。

斯的追随者主张，当月亮处于巨蟹座、天蝎座、白羊座和金牛座之间时，它和太阳就在相同的纬度上。

［7.147］神也有生命，他是理性的、不朽的；从这一点来说，他是完满的，是思想性的；他不能接受丝毫的恶，能预知世界以及世间万物。但是，他不拥有人形，他既是宇宙的父亲，又是万物的缔造者，无论是从整体来说，还是从他渗透万物的各个部分来说，都是如此。按照力量的不同表现，他拥有了各种名字。他们称他为"帝亚"（Δία），因为万物都"由"（διά）他而来；他们说，应当称他为"策纳"（Ζῆνο○），这是因为，他是"生命"（ζῆν）的源泉，渗透生命之中；他们把他称作"雅典娜"（Αθηνδιν），因为他的权能延绵不绝，一直到"以太"（αιθέρα）那里；称他为"赫拉"（Ηρα ν），因为他的权能不断延伸，一直到"气"（άέρα）中；称他为"赫菲斯托斯"，因为他的权能可以延绵至拥有创造力的"火"那里；称他为"波塞冬"，因为他的权能延绵至湿气之中；称他为"得弥忒耳"，因为他的权能能延绵至苍茫的大地。同样，根据他的其他特征，人们又用其他的名称来称呼他。

［7.148］芝诺认为，整个宇宙和天宇，乃神的实体，克律希珀斯在《论神》的第一卷和珀塞多尼俄斯在《论神》的第一卷中也指出了这一点。然而，安提帕特洛斯在《论宇宙》的第七卷中有不同的说法，他认为神的实体与气类似；波厄托斯在《论自然》一书中指出，神的实体就是恒星遍布的苍穹。他们主张，自然就是将宇宙凝聚为一体的事物，或者是让地上的万物被创生的事物。自然是一种习性，它自由自在地进行运动，在特定的时间内，按照种子理性产生并维持那些源于它的事物，并保持和谐的状态。

［7.149］功用和快乐都是自然的目的，从人的各种创造中就可以看出这一点。克律希珀斯在《论命运》中，珀塞多尼俄斯在《论命运》的第二卷中，芝诺以及波厄托斯在《论命运》的第一卷中都指出，万物产生于命运。所谓的命运，就是世界存在事物的原因，或者宇宙赖以维持所遵循的准则。他们指出，如果天意存在，那么，一切预言都得以成立。他们认为，预言是通过既定的步骤学习到的技艺。关于这一点，克律希珀斯在《论预言》的第二卷，珀塞多尼俄斯在《自然哲学》的第二卷以及《论预言》的第五卷中，芝诺以及阿特诺多洛斯都表示认同。然而，帕奈提俄斯认为，预言缺乏可靠的基础。

［7.150］他们认为，万物的实体就是最初的质料，芝诺和克律希珀斯在《自然哲学》的第一卷中都指出了这一点。而质料乃是万物的来源。无论是实体还是资料，都具有双重意义，或者是与万物有关的，或者是与特殊事物有关的。与万物有关的质料既不会增也不会减，而与特殊事物有关的实体却有增

也有减。他们认为，身体乃是一种有限的实体，关于这一点，安提帕特洛斯在《论实体》的第二卷和阿波罗多洛斯在《自然哲学》中都提到了。安提帕特洛斯还指出，质料是可以被影响的，因为它若是不变的，那它也就不可能产生任何事物。所以，质料是无限的，也是可分的。但是，按照克律希珀斯的说法，质料本身并不是无限的，因为没有任何事物能够将之无限分割。然而，分割仍然持续不断地发生。

[7.151] 克律希珀斯在其著作《自然哲学》第三卷中指出，某些情况下，两种不同的事物会彻底融合，并不是因为一个将另一个完全包围起来，或者两个并列起来。因为把少许酒水倒入海洋里，它就会与海水彼此渗透，直到完全消失。他们还认为，有某些守护神存在，他们关怀着人类，时刻关注着人类的各种事情，实际上，他们就是人类的英雄。他们认为，气里有各种事情发生：太阳离地面越来越远，空气随之变冷，因而出现了冬季；随着太阳不断靠近地面，空气的温度适宜，因而产生了春天；[7.152] 随着太阳运行至北方，地面温度变热，因而出现了夏天；当太阳再次与地面越来越远，秋天到来了。空气的流动产生了风，按照吹来的方向，风拥有不同的名字。风产生的原因是太阳的热量蒸发了云雾。彩虹指的是阳光在潮湿的云层里反射出的现象，而珀塞多尼俄斯在《天象学》中指出，彩虹是太阳或月亮的一部分在云层中形成的影响，它是空虚的，外表上看上去连续不断，就像它在镜子里呈现出的拱形影像那样。当稠密的气体进入以太区域之中，就会出现扫帚星、流星以及彗星。[7.153] 当一团火从空气中迅速穿过时，就会发光并形成一道长长的影像，就是流星。雨是云产生的，当太阳从海洋或大陆吸收了大量湿气并没有彻底蒸发时，云就转变为水；当湿气逐渐冷却就形成了霜。冰雹是冷凝的云被风吹散后形成的。雪源于冷凝的云，是一种湿气，珀塞多尼俄斯在他的《自然哲学谈话》第八卷中也提到了这一点。闪电是一种发光现象，是由云互相摩擦或云被风撕裂而形成的，芝诺在他的《论宇宙》中也这么讲。雷是云互相摩擦或发生爆裂而形成的一种巨响。[7.154] 霹雳是云互相摩擦或被风撕裂而引起的一种猛烈燃烧的现象，并且威力巨大，经常冲向地面；也有人说，霹雳是空气燃烧的同时猛烈地向地面俯冲而造成的一种收缩。台风是数量众多的一种猛烈的霹雳，或者是因为云的爆裂而形成的一种烟状的旋风。飓风是带着风的火把云撕裂所形成的。珀塞多尼俄斯在第八卷中指出，每当风猛烈地冲入地面的空洞里，或者被封闭在地面之下，地震就会发生。有的地震是抖动的，有的是撕裂的，有的是水平位置的斜移，有的是进行垂直移动。

[7.155] 他们指出，宇宙的次序如下：地球处于中间的圆心；地球外面

分布着与它同心的水，也是球状的，也就是说，水在外层包裹着地球；水的外面还环绕着球形的气。天上分布着五个圈，北极圈是第一个圈，是可见的；夏至线是第二个圈；春分圈和秋分圈是第三个圈；冬至圈是第四个圈；南极圈是第五个圈，它是不可见的。这五个圈是平行的，不会交叉；但是，它们都围绕着同一个中心。黄道带始终保持倾斜，它与这些平行的圈彼此交错。[7.156]地上分布着五个带：北极是第一个带，位于北极圈的外层，天气严寒，人或动物都不能居住；北温带是第二个带；热带是第三个带，天气炎热，也不能居住；南温带是第四个带；南极是第五个带，天气严寒，也不能居住。

他们认为，自然是一团火，拥有某种技艺，可以按照一定的步骤来创生，就像拥有火的特性和技艺能力的"普纽玛"[1]。灵魂是拥有感知能力的自然，它是我们与生俱来的普纽玛。所以，它是有形的，当我们死后，它还会存在下去。但是，我们的灵魂并不是不朽的；然而，就整个宇宙的灵魂而言是不朽的，其他动物具备的灵魂同样是宇宙灵魂的一部分。[7.157]基提翁的芝诺、安提帕特洛斯在他的《论灵魂》中，还有珀塞多尼俄斯都认为，灵魂是人的普纽玛，正是因为它们，我们才拥有了生命，我们才能运动。在克勒昂特斯看来，一切灵魂都可以永远存在，一直到被大火所吞没；然而，在克律希珀斯看来，唯有智慧的人所拥有的灵魂才会如此。

他们认为，灵魂由八个部分组成，包括五种感知、我们身上存在的种子理性、语言能力以及理性能力等。克律希珀斯在他的《物理学》第二卷中指出，视觉能够发生，是因为视觉器官和视觉对象之间的光线通过圆锥体的方式延展造成的；圆锥体的顶部就是眼睛，而圆锥体的底部则是被看的对象，因此，就像沿着一根木棍一样，被看的对象沿着空气传到了我们那里。[7.178]而听觉能够发生，是因为发音体和接受者之间的空气通过球形的方式进行振动，接着，这种振动形成了波，最终撞击耳朵，正如把一颗石子投入水池里，形成了一圈圈的波纹。睡眠能够发生，是因为那些与统治灵魂的部分有所关联的感官从紧张的状态中松弛下来。他们认为，是围绕着普纽玛发生的各种转动造成了各种激情。

他们认为，种子能够产生其他事物，而那些事物具有与种子一致的本性。人的种子是与湿气一同被释放出来的，它与灵魂的各部分掺杂在一起，与其在父母那里掺杂的情况类似。[7.159]按照克律希珀斯在《物理学》第二卷中的说法，对实体来说，普纽玛就是种子，这一点通过播撒在地里的种子就看得出来：如果种子太陈腐，就不能生根发芽，因为它们原本具有的能力统统

---

[1] 普纽玛（ιτνευμα）的意思是"气息"，此处取音译。

蒸发掉了。斯菲洛斯的追随者认为，种子的来源是整个身体，因为它可以产生身体的各部分。他们说，雌性的种子无法生育，因为它们数目很少、富含水分、没有弹性，斯菲洛斯也认可这一点。灵魂最主要的部分即其统治部分，表象、欲望和理性都源于其中；它处于心脏。[7.160]上述种种就是他们讨论的自然哲学，我们认为，已经介绍得很详细了。我们之所以这么做，是为了让这部分与本卷的其他内容在比例上保持一致。接下来，我们介绍他们中间的某些人持有的不同看法。

第二章　阿里斯通[1]

阿里斯通来自开俄斯，绰号是塞壬[2]，据说，他是秃头。他认为，人生的至高目标是面对在德性和邪恶之间的事情而毫不动心地生活，不加区分地同等对待它们。这是因为，智慧之人就像最优秀的演员，不管是扮演忒耳西特斯[3]、阿伽门农[4]或者其他角色，他都能表演得恰到好处。他将自然哲学和逻辑学抛诸脑后，认为前者超越了我们的理解范畴，而后者与我们的生活没有关系，只有伦理学与我们息息相关。[7.161]他认为，辩证推理如同一张错综复杂的蜘蛛网，虽然它看似表现出了技艺性的东西，但其实完全无用。他与芝诺不一样，他不认为有诸多德性存在，对于麦加拉学派之间的只存在着一种拥有不同称谓的德性，他也不赞同，他是从一定的关系出发，对德性进行思考。对哲学也展开思考，还在库诺萨尔革斯发表演讲，他拥有巨大的影响力，很多人认为他是一个学派的开创者。米尔提阿德斯和狄菲洛斯都是他的追随

1　阿里斯通，大约生活在公元前320年至公元前250年。

2　塞壬，指的是一种鸟身女首的妖，它在海岛上用动人的歌声迷惑水手，让水手因为失神而陷入危险。

3　忒耳西特斯，是与特洛伊作战的希腊士兵中最丑陋的、最爱捣乱的。

4　阿伽门农，即迈锡尼王，在进攻特洛伊时担任希腊军队的大统帅。

者，被称为阿里斯通主义者。他有很强的说服力，深受大众欢迎。所以，提蒙是这么评价他的：一位阿里斯通学派的成员使出了哄骗他人的伎俩。

［7.162］来自马格涅西亚的狄俄克勒斯指出，当芝诺大病未愈时，他认识了波勒蒙，接着，自己的看法也随之改变。他对斯多葛学说最大的贡献就是提出智慧之人是不被意见所支配的。但是，对于这一点，佩尔塞俄斯并不认同，他让双胞胎中间的一个人把一笔钱存在了阿里斯通那里，接着，让双胞胎之中的另一个人取走了这笔钱。阿里斯通由此陷入困境，并且被他们轻松地驳倒了。他坚决反对阿尔克西拉俄斯的观点，据说，他有一次看到一头公牛不仅长相怪异，还拥有子宫，于是，他说："啊，阿尔克西拉俄斯拥有了一个与自明性截然相反的证据。"

［7.163］一个来自学院派的人说，他对任何事物都不确信，于是，阿里斯通问他："难道就连坐在你身边的人，你都看不到吗？"对此，那人说：确实是的。于是，他又说："你被谁弄瞎了？你明亮的眼睛被谁夺走了？"他的著作包括：《论智慧》七卷、《论芝诺的学说》、《演讲集》六卷、《对话集》、《回忆》三卷《论虚荣》、《劝勉集》二卷、《论爱》、《轶闻录》十一卷《驳演说家》、《记录》二十五卷、《驳辩证论者》三卷、《致克勒昂特斯的书信集》四卷、《驳阿勒克西诺斯的答辩》。[1] 但是，按照帕奈提俄斯和索希克拉特斯的说法，列出的上述作品中，他只创作了那些书信，其他作品出自漫步学派的阿里斯通之手。

［7.164］有人说，他是因为太阳灼伤了他的秃头而去世了。我们为他写了一首短长格形式的戏谑诗：

啊，阿里斯通，当你年迈秃顶之时，
为何要把额头献给阿波罗？
因为你通过不恰当的方式寻找温暖，
最终事与愿违，来到了阴暗寒冷的哈德斯。

除了他，还有一些名为阿里斯通的人。第二位来自尤利斯，是一位来自漫步学派的成员；第三位是一位来自雅典的音乐家；第四位是悲剧诗人；第五位来自哈莱，创作过有关修辞术的作品；第六位来自亚历山大里亚，是漫步学派的一员。

---

1 阿勒克西诺斯，大约生活在公元前339年至公元前265年，是一位麦加拉学派的哲学家。

第三章 赫里洛斯[1]

[7.165] 赫里洛斯来自迦太基。他认为知识是最高的目的,人应当这么生活:无论做什么事,都应该以知识为根据,不要被无知支配。而知识是一种习性,也就是说,接受表面现象要以理性作为标准。他指出,没有任何目的是一成不变的,目的会随着环境与具体的事情发生变化,就像一块青铜可以被塑造成亚历山大的雕像,也可以被塑造成苏格拉底的雕像。他认为,目的分为主要目的和次要目的,对那些不具备智慧的人来说,他们往往追求的是次要目的,只有智慧之人会执着地追求主要目的。而那些处于德性与邪恶之间的事物则是中性的。他一生的著作数量不多,但是极具力量,其中还有一些内容是驳斥芝诺的观点的。

[7.166] 有人说,当赫里洛斯还是孩子时,就深受人们喜爱。芝诺横加阻拦,给他剃了光头,好让人们看见后讨厌他。他的著作包括《论意见》《论激情》《论练习》《反抗者》《立法者》《教师》《助产士》《指导者》《赫尔墨斯》《对话集》《安排者》《美狄亚》《伦理学命题》。

---

1 赫里洛斯,大约生活在公元前330年至公元前250年。

第四章　狄俄尼西俄斯[1]

狄俄尼西俄斯被称为变节者,他的眼睛发炎,受尽了折磨,他认为快乐是目的。因为他深受痛苦的折磨,因此,他不认为痛苦是无须在乎的中性的东西。他来自赫拉克勒亚城邦,他的父亲是忒俄方托斯。狄俄克勒斯说过,一开始,他去听他阿德同胞赫拉克勒德斯讲课,接着,他还听过阿勒克西诺斯和墨涅德谟斯的课,最后,他投入芝诺门下。

[7.167]一开始,他喜欢写作,创作过很多诗歌,接着,他开始努力模仿阿拉托斯的风格。他从芝诺那里离开后,又加入犬儒学派,并经常在妓院出没,纵情享受欢愉。到了接近80岁时,他绝食而死。他的著作包括:《论练习》两卷、《论快乐》四卷、《论不动心》两卷、《论幸运》、《论财富、荣誉与报复》、《论人的用途》、《论古代国王》、《论蛮族的习惯》、《论应当被称赞的事物》。上述介绍的几位都不是斯多葛学派的正统。芝诺真正的继承者是克勒昂特斯,接下来,我们来介绍他。

---

[1] 狄俄尼西俄斯,大约生活在公元前330年至公元前250年。

第五章　克勒昂特斯[1]

[7.168] 克勒昂特斯的父亲是法尼阿斯，来自阿索斯。安提司特涅斯在《师承》中指出，一开始，他是一名拳击手。有人说，初到雅典，他身上只有4个德拉克马，当他遇到芝诺之后，他毅然决然地投身哲学，从始至终坚持同一种理论。他以勤奋而为人们所称道，因为穷困潦倒，而不得不受人雇佣。白天，他接受论辩方面的训练，晚上，他在菜园子里挑水，有人戏谑地称他为"弗勒安特斯"[2]。据说，有一天，他被带入法庭，让他当众解释通过什么方式保持如此健康的体魄。对此，他请来他挑水的那个菜园子的园丁和售卖他负责碾压大麦的妇女出庭作证，很快他就被释放了。[7.169] 最高法院的那些法官对他钦佩有加，经过投票，他们决定给他10米那，然而芝诺让他不接受这一笔钱。另外，有人说，安提戈洛斯要把3000德拉克马送给他。来自马格涅西亚的德谟特里俄斯在他的《同名人》中记载，有一次，他带领一群年轻人去看戏，一阵风吹过，他的斗篷被掀开了，人们看到里面他没有穿其他衣物。因此，雅典人纷纷拍手称赞他，对他也更加敬重。据说，安提戈洛斯是他的学生，曾经问过他，为什么要挑水？他说："难道我只挑水了吗？我没有做别的事吗？我没有挖地吗？没有浇水吗？没有为了效力哲学而做过各种事吗？"在芝诺的言传身教下，他很快适应了这种生活，芝诺还要求克勒昂特斯从外出劳动的酬劳中分出1奥卜尔给他。[7.170] 据说，某一天，芝诺把通过这种方式筹集的钱币摆在他的众位门徒面前，对他们说："只要他愿意，克勒昂特斯可以把另一个克勒昂特斯养活。然而，虽然有的人拥有可观的财产，却向其他人讨要生活必需品，同时，满不在乎地研究哲学。"克勒昂特斯因此被称作赫拉克勒斯第二。他兢兢业业，但是，他天资不高，对事物的理解能

1　克勒昂特斯，大约生活在公元前331年至公元前232年。

2　弗勒安特斯（Φρεαντληζ）是由"水井"（φρ^αρ）和"打水"（ιντλ^ω）这两个词构成的，也就是"从井里打水的人"。

力也很差。所以，提蒙如此评价他：

这头公羊是谁呀？是谁走在了人群的最前面？
他是一位来自阿索斯的笨蛋，沉迷于文艺，
就像一个石滚子，缺乏勇气。

他的同学经常取笑他，但他总是很淡定，就连有人称他为驴，他也泰然处之；而且他说，他一个人就能担负起芝诺的抱负。［7.171］有一次，他因为谨慎小心而被人责备，对此，他说："正因为这样，我很少出错。"他更喜欢自己的生活，而不喜欢富人的生活，他说，每当那些人打球取乐时，他都在埋头挖地，讨生活。他有自省的习惯，据说，有一次，阿里斯通听见他正在自省，就问："你在责备谁呢？"他笑了笑，说："一个老头儿，头发灰白了，心智却还不够。"有人说，阿尔克西拉俄斯没有做他本来应该做的事，对此，他说："好了，别责怪他了。哪怕他在言语方面免除了义务，至少他在行动上确立了它。"但是，阿尔克西拉俄斯说："我从不接受任何奉承。"克勒昂特斯跟他说："没错，我奉承了你，因为我发现了你说的是一套，做的是另一套。"

［7.172］有人问，应该怎样教育儿子，他引用了厄勒克特拉[1]所说的话：

安静点，安静点，把你们的脚步放轻。

一个斯巴达人说，勤劳乃善事一桩，听后，克勒昂特斯万分高兴，他说：

亲爱的孩子，你的话彰显了你高贵的出身。

赫卡同在他的《轶闻录》中指出，有一个外貌英俊的年轻人说，如果一个击打了肚子的人击打了肚子，那么，一个击打了大腿的人也就击打了大腿。对此，克勒昂特斯说："小伙子，那就把你的双腿分开，类似的言辞不一定表示显然类似的事情。"据说，他和一个青年交谈，问对方是不是听懂了，青年给出了肯定的回答，他说："为什么我并没能明白你已经明白的东西呢？"

［7.173］有一天，在剧院里，诗人索斯特俄斯在克勒昂特斯的面前说：

---

1 厄勒克特拉，索福克勒斯和欧里庇德斯创作的悲剧作品中的一位著名人物，她是阿伽门农的女儿。

有的人就像牛群，克勒昂特斯的愚蠢驱赶着他们。

然而，克勒昂特斯听了，却没有反应，听众通过鼓掌对他表示赞许，并赶走了索斯特俄斯。事情发生后，索斯特俄斯深感后悔，向克勒昂特斯道歉了，而克勒昂特斯欣然接受了他的歉意，说道：当诗人取笑他们时，狄俄尼索斯和赫拉克勒斯从不生气，如果我因为偶然间的诽谤而苦恼，这简直太荒谬了。他说过，那些来自漫步学派的人的处境就像是七弦琴——虽然它们能发出动人的音乐，自己却不能聆听。有人说，他认同芝诺的观点，认为可以根据外表来判断一个人的品性，有的青年搞恶作剧，特意将一个放浪之徒带到他面前，这个人长时间在田地里劳动而看上去饱经风霜。青年要求他评价一番这个人的品性。对于这件事，克勒昂特斯很迟疑，还让那个人赶快离开。那人临走前打了个喷嚏，对此，克勒昂特斯说："好了，我知道了，这是一个胆怯的[1]人。"［7.174］一个人与他交谈时表现得唯唯诺诺的，于是，他说："你并不是与一个恶人交谈。"有人诅咒他是一个老不死的，对此，他说："我也想离开，不过，我发现身体的各部分运转良好，还可以读书写作，于是我继续留下来了。"有人说，因为他没有钱购买纸张，就将芝诺那里听到的内容记在牛的肩胛骨和牡蛎壳上。克勒昂特斯的品性就是如此。虽然芝诺的学生有众多名人，但是，在芝诺之后，他成为斯多葛学派的主持。他留下了大量佳作，包括：《论芝诺的自然哲学》两卷、《论感觉》、《答德谟克利特》、《答阿里斯塔尔科斯》、《论技艺》、《关于赫拉克利特的解释》四卷、《论时间》、《答赫里洛斯》、《论欲望》两卷、［7.175］《古代的历史》、《论神》、《论巨人》、《劝诫》、《论德性》、《论婚姻》、《论慎思》、《论恩惠》、《论高尔吉珀斯》、《论忌妒》、《义义务》三卷、《论敬重》、《论诗人》、《论智慧》、《论自由》、《爱的艺术》、《论爱》、《论忠告》、《论荣誉》、《论政治家》、《论领导》、《论审判》、《论法律》、《论美》、《论目的》、《论逻各斯》三卷、《论知识》、《论王权》、《论行为》、《论友谊》、《论宴会》、《论男人和女人兼具的德性》、《讨论》两卷、《论用途》、《论智慧之人成为智者》、《论困境》、《论快乐》、《论私人财产》、《论范畴》、《论风格》、《论辩证法》。

上述是他的作品。

［7.176］他的牙龈肿了，按照医生的吩咐，他禁食两天，他很快恢复了，因此，医生让他恢复进食。但是，他拒绝了，说他已经活够了，他想继续禁食。很快，他就死了，去世时与芝诺去世的年龄一样大。然而，也有人说，他一直活到80岁，听了19年芝诺的课程。

1　Μαλακός原本的意思是"胆怯的、柔和的"，这里译成"娘娘腔"也可以。

我们这样歌颂他：

我称赞克勒昂特斯，更称赞哈德斯。
因为他不忍心看那人步入垂暮之年，
于是，让他安息于死亡之中，
那人生前背负着沉沉的水担。

第六章　斯菲洛斯[1]

[7.177] 斯菲洛斯来自博斯普鲁斯，我们在前面说过，芝诺死后，他开始听克勒昂特斯的课程。他积累了足够的理论知识后，就去了亚历山大里亚，住在托勒密国王菲洛帕特尔的宫廷里。在此期间，发生了一场争辩，主题是智慧之人会不会被意见支配，斯菲洛斯认为不会。国王要驳斥他，命人拿几个蜡制的石榴摆在他的面前，果然骗了斯菲洛斯。于是，国王大声说：你对虚假的表象表示了认同。对此，斯菲洛斯说，他并不是认同那些东西就是石榴，而是认同那些东西很有可能是石榴；能把握住的表象与合情合理的可能性是两件截然不同的事。墨涅希斯特拉托斯曾对他提出指控，说他曾经否认托勒密是国王，对此，他说："就托勒密的个人特征来说，他是当之无愧的国王。"

[7.178] 下面都是他的作品：《论元素》、《论种子》、《论最小》、《论义务》、《论欲望》、《论宇宙》两卷、《五篇有关赫拉克利特的讨论》、《论原子和影像》、《论感官》、《论命运》、《论伦理的安排》、《论激情》两卷、《论王权》、《论斯巴达政制》、《关于爱的对话》、《论定义》、《论矛盾》三卷、《论吕库尔戈斯[2]和苏格拉底》三卷、《论预言》、《论相似》、《论习性》、《论逻各斯》、《论法律》、《论

---

[1] 斯菲洛斯，主要活跃的时期是公元前 220 年前后。

[2] 吕库尔戈斯，生活在公元前 9 世纪，是一位斯巴达的立法家。

辩技艺》两卷、《论厄瑞特里亚学派哲学家》、《论名誉》、《论死亡》、《论财富》、《论模棱两可》、《书信集》、《论范畴》。

第七章　克律希珀斯[1]

[7.179] 按照亚历山大在他的《师承》中的说法，克律希珀斯的父亲是阿波罗尼俄斯，他或者是索里人，或者是塔尔索斯人，他的老师是克勒昂特斯。狄俄克勒斯以及其他很多人说，一开始，他练习长跑，接着，去听芝诺或克勒昂特斯讲课，克勒昂特斯在世时，他离开了他，而且在哲学方面颇有成就。他聪慧过人，在诸多方面都有着惊人的敏锐，在很多问题上都持有与芝诺和克勒昂特斯相反的观点，他经常跟克勒昂特斯说，他只需要得到理论方面的指导，而他自己会进行证明。但是，每次和克勒昂特斯争吵以后，他都万分懊悔，他经常说：我在很多方面都很有福气，然而，在克勒昂特斯那里，我是不幸的。

[7.180] 在辩证法方面，他的名气很大，在很多人看来，如果辩证法在诸神之间也存在，那么，必然是像克勒昂特斯那样的。他总是轻松搜集到丰富的材料，但是，措辞与表达方面的能力略逊一筹。他比所有人都更勤奋，我们从他的论著中就能看出这一点，这是因为他拥有705部著作。他反复讨论同一个主题，记录下发生在他身上的各种事，作品的数目越来越多，他不断地修正之前的观点；与此同时，还经常引经据典，滔滔不绝。在一部作品中，他将欧里庇德斯所写的整本《美狄亚》都引用了，当一个人捧着这本书并被问这本书是谁写的，他回答："这是克律希珀斯所写的《美狄亚》。"

[7.181] 在《学说汇编》一书中，来自雅典的阿波罗多洛斯尝试着指出，伊壁鸠鲁几乎不引用其他人的观点，完全凭借自己的能力写作，但是，他写的作品在数量上远远超过了克律希珀斯。下面是他的原话："如果把克律希珀

---

[1] 克律希珀斯，生活在公元前282年至公元前206年。

斯书中引用其他人的部分拿走，书页只剩下光秃秃的一片。"狄俄克勒斯说，一位老妇人长期待在克律希珀斯身边照顾他，按照她的说法，他每天要写 500 行左右。而赫卡同说，他从祖上继承了可观的遗产，却被充了国库，他才投身哲学。

[7.182] 他瘦瘦小小，通过他在克拉美科斯的那尊雕像就可以看出这一点，旁边的那尊骑士雕像几乎把它完全遮住了。这就是为什么他被卡尔涅阿德斯[1]称为"克律普希波斯"[2]的原因。有一次，有个人公开责备他不和其他人一同听阿里斯通的课，对此，他说："如果跟随其他人，那我就不会献身哲学。"有一次，一位辩证法论者为了让他难堪，向克勒昂特斯提出了一连串诡辩论证，于是，克律希珀斯说："你的那些问题就问一问我们这些年轻人吧，让老人可以安心地思考更重要的问题。"据说，有个人在私下与他安静地讨论问题，但是，当一群人向他俩走时，那人就变得聒噪起来，于是，克律希珀斯对他说：兄弟啊，你的眼睛正在四处乱看！你方才还是清醒的，现在却如此狂乱。

[7.183] 在宴会上，他双腿站不稳，但是，其他举止都自如得体，因此，一个女仆说："只是他的腿喝醉了而已。"他很清高，有人向他询问："我的儿子应该交给谁呢？"他说："交给我吧。如果还有比我更优秀的人，我必然会去向他学习哲学。"于是，有人这样评价他：

人世间，只有他是智慧的，其余人都是飘忽不定的影子。

还有：

如果没有克律希珀斯，就没有斯多葛。

索提翁在他的作品的第八卷中写道，[7.184] 最终，他来到阿卡德米学园，成了阿尔克西拉俄斯和拉居德斯的学生，在那里学习哲学。因此，习惯以及诸如此类的事物，他有时会表示反对，有时又会表示认同，并且通过阿卡德米学院特有的方式就数量与性质等问题进行探讨。据赫尔米珀斯所说，有一次，他在剧院给人们讲课，当时，有学生邀请他一同献祭。他喝了少许纯甜酒，开始发晕，短短五天之后他就死了，当时 73 岁。按照阿波罗多洛斯在《编年史》中的记载，他是在第 143 届奥林匹亚运动会期间去世的。我们为他创作了如下诗歌：

---

1 卡尔涅阿德斯，大约生活在公元前 214 年至公元前 129 年，他是晚期学园派一位著名的怀疑论者，反驳了当时最流行的斯多葛和伊壁鸠鲁学派的相关理论。

2 "Χρύσι/τητος"（克律希珀斯）和 "Κρüψι/ιττΓος"（克律普希波斯）的发音很接近，不过，后者是"κρüτω"（掩藏、掩埋）和"ίττος"（马）这两个词构成的，指的是"被马遮住"。

克律希珀斯馋嘴，喝下了甜酒，
他迷迷糊糊，
他没能返回祖国或自己的灵魂之中，
也没能前往斯多葛，
而是径直去往了哈德斯的住处。

［7.185］也有人说，他是因为放肆地大笑而死的。当时，他看到路边的一头驴在吃无花果，他对一名老妇人说："不如给这头驴一点纯酒喝，好让它润润喉咙。"接着，他开始哈哈大笑，很快就死了。

他生性孤傲，他的一生著作等身，却从来没有将其中的任何一本书献给某位过往之人。而德谟特里俄斯在他的《同名人》中写道，他最在乎的是一位老妇。勒密曾写了一封信给克勒昂特斯，希望他亲自前往宫廷，或者至少派一个人前往。斯菲洛斯去了，而克律希珀斯却毫不在意。但是，他让人找到了他妹妹的儿子阿里斯托克勒翁和菲洛克拉特斯，希望为他们提供帮助。德谟特里俄斯说，克律希珀斯是历史上第一位敢于在吕克昂发表公开演讲的人。

［7.186］还有一位名叫克律希珀斯的人，他是一名医生，来自克尼多斯[1]，按照厄拉希斯特拉托斯[2]的说法，他曾让自己受益良多。第二位克律希珀斯是第一位医生的儿子，同时，他也是托勒密王朝的宫廷医生，他曾经因为遭人诽谤而被抓捕，还遭到鞭挞。第三位克律希珀斯，他的老师是厄拉希斯特拉托斯。第四位曾经写过一部名为《稼穑》的作品。下面这些推论都是这位哲学家提出的："将天机泄漏给普通人的做法，是对神的不敬。天机被祭祀泄露给了众多普通之人，所以，祭祀对神不敬。"另外，"不处于城邦之中的事物也不处于房间里，并不在城邦里，因此，并也不在房间里"。或者，"这里有一个头，但是你并不拥有它。这里有一个你没能拥有的头，所以你没有头。"
［7.187］还有："一个人如果在麦加拉，那么，他就不在雅典。但是，有一个人在麦加拉，所以，没有人在雅典。"还有："你如果提起某东西，那你提起的那东西就从你的嘴通过。你现在说货车，所以货车就从你的嘴通过了。"还有："你如果没有失去某件东西，那你就拥有这件东西。而你没有失去角，所以，你是有角的。"然而，也有人指出，上述诡辩都出自欧布里德斯。

有人指责克律希珀斯写下的东西太下流、太无耻。他在《论古代自然哲

---

1 克尼多斯，一处有名的商埠，位于小亚细亚的西南部地区。
2 厄拉希斯特拉托斯，生活在公元前304年至公元前250年，是古希腊时期一位著名的宫廷医生以及解剖学家，他还在亚历山大里亚创建了一所解剖学学校。

学家》这本书中，通过某种下流的方式来讲述宙斯与赫拉之间发生的故事，足足六百行，没有人能在不弄脏自己的嘴的前提下复述他的这些话。[7.188]据说，就像称颂自然事物一样，他用最无耻的语言来讲述那个故事，然而，他的这些话更适合用来形容妓女，而不是神。就连那些编撰数目的人也很难开口提起它们，因为这些故事并不是波勒蒙、希皮斯克拉特斯或者安提戈洛斯讲述的，而是他凭空捏造的。他在《国家篇》中提到，一个人可以与自己的姐妹、母亲或儿子结婚；他在其作品《论那些因其自身而不应被选择的事物》的开篇就提起了相同的理论。在《论正义》的第三卷中用了长达1000多行来称赞人吃死人的事情。他在《论生活与生计》一书的第二卷中指出，他已经预知智慧的人应该怎样谋生，[7.189]他是这样说的："智慧的人谋生的目的是什么呢？如果目的是谋生，然而，谋生是无足轻重的事；如果目的是快乐，然而，快乐是无足轻重的事；如果目的是德性，然而，对幸福来说，德性本来就是自足的。另外，谋生的方式也总是荒谬滑稽的。比如，那些依靠国王活着的人，必然听从于国王；那些依靠友情活着的人，友情也成了一种买卖；那些依靠智慧活着的人，智慧就成了赚取酬劳的工具。"上述这些，就是他的辩驳。

他的著作很受大众欢迎，我们为这些著作列出一个详尽的目录，并且根据题目为其分类。

逻辑：

《逻辑论题》、《哲学家的问题》、《论从辩证法得来的名称：致芝诺》一卷、《关于辩证法的定义：致美特洛多洛斯》六卷、[7.190]《辩证的技巧：致阿里斯塔戈拉斯》一卷、《或然的假言推论：致狄俄斯库里德斯》四卷。

与事情有关的逻辑。

系列一：

《论非简单命题》一卷、《论肯定命题：致阿特诺多洛斯》一卷、《论命题》一卷、《论否定命题：致阿里斯塔戈拉斯》三卷、《论缺乏命题：致忒阿洛斯》一卷、《论不定命题之间的区别》四卷、《论关于时间性的命题》两卷、《论不定命题：致狄翁》三卷《论已完成的命题》两卷《论复合命题：致阿特那德斯》两卷。

系列二：

《论真的选言命题：致高尔吉皮德斯》一卷、《论真的假言命题：致高尔吉皮德斯》四卷、《论后件》一卷、《论可能判断：致克雷托斯》四卷、《关于菲洛论指称的回答》一卷、《论假为何物》一卷、[7.191]《论有关选项的选择：致高尔吉皮德斯》一卷《论三个前件得来的推论：再次致高尔吉皮德斯》一卷。

系列三：

《论疑问》两卷、《概述：论疑问和询问》一卷、《论询问》四卷、《论祈使》二卷、《论探究》两卷、《概述：论回答》一卷、《论回答》四卷。

系列四：

《论范畴：致美特洛多洛斯》十卷、《论联言命题：致阿波罗尼德斯》一卷、《论范畴：致帕叙洛斯》四卷、《论主动与被动：致佛拉尔科斯》一卷。

[7.192] 系列五：

《论五个格》一卷、《论普通名词》两卷、《论含义：致斯特萨戈拉斯》二卷、《论由主题得来的分类》一卷。

有关语词和语词构成的句子的逻辑。

系列一：

《论不规则语词：致狄翁》两卷、《论关于语词的复合推论》三卷、《论关于单数和复数的表达》六卷、《论语法错误》一卷、《不符合习惯的语句》一卷、《语词：致狄俄尼西俄斯》一卷、《论句子的错误使用：致狄俄尼西俄斯》一卷、《论语词：致索斯格涅斯和亚历山大》五卷。

系列二：

《论语句的构成》四卷、《论语句与表达的基本要素》五卷、[7.193]《论语句的构成和基本要素：致菲利珀斯》三卷、《论引起另一个句子的关联词》一卷、《论语句的基本要素：致尼基阿斯》一卷。

系列三：

《驳反对划分的人》两卷、《论比喻造成的歧义》一卷、《答潘托伊德斯论歧义》两卷、《论假言推理中比喻造成的歧义》两卷、《歧义的导论》五卷、《关于〈歧义导论〉的资料汇编》两卷、《歧义概要：致厄皮克拉特斯》一卷、《论模糊表达：致阿波拉斯》四卷。

与推论和论式有关的逻辑。

系列一：

《关于推论与论式的艺术：致狄俄斯库里德斯》五卷、[7.194]《论推论》三卷、《比较论式中的命题之比较》一卷、《论论式的构成：致斯特萨戈拉斯》两卷、《论按照顺序提问：致阿伽同》一卷、《论互置和假言推论》一卷、《论带着另一个或多个前提的三段论》一卷《论用不同的论式进行同一推论》一卷、《驳用三段论不能解决问题的观点》三卷、《答菲洛关于论式的理论：致提谟斯特拉托斯》一卷、《论推论：致阿里斯塔戈拉斯》一卷、《驳斥认为同一推论不能同时通过三段论和非三段论的方式进行的观点》两卷、《有关推论和论式的逻辑学著作的汇编：致提谟克拉特斯和菲洛马特斯》一卷。

277

[7.195] 系列二：

《论三段论的解决方式》一卷、《论多余的推论：致帕叙洛斯》两卷、《论推论与得出结论：致芝诺》一卷、《论对三段论的思考》一卷、《基本论式：致芝诺》三卷、《论基本三段论：致芝诺》一卷、《论假三段论》五卷、《论式研究：致芝诺和菲洛马特斯》一卷（有人说这本书是伪作）、《虽不能证明却依旧成立的三段论推论》一卷、《论基本且不可证明的三段论：致芝诺》一卷。

系列三：

《论谬误推理：致阿特那德斯》一卷（伪作）、《答阿美尼俄斯的选言推理》一卷、[7.196]《有关中项的谬误推理》三卷（伪作）。

系列四：

《论法律方面的假言推理：再致墨勒阿格洛斯》一卷、《假言推理的规则》两卷、《论阐述：致拉俄达马斯》一卷、《假言推理导论》两卷、《论如何解决亚历山大的假言推理》三卷（据说是伪作）、《论假设：致墨勒阿格洛斯》三卷、《论如何解决赫狄洛斯的假言推理的》两卷。

系列五：

《谬误推理导论：致阿里斯托克勒翁》一卷、《谬误推理导论》一卷、《谬误推理：致阿里斯托克勒翁》。

系列六：

《对认为命题可以既真又假的人的回答》一卷、[7.197]《对试图通过分解来解决谬误推理的人的回答：致阿里斯托克勒翁》两卷、《答反对模糊命题是可以分解的观点：致帕叙洛斯》、《论谬误推理的解决办法：致阿里斯托克勒翁》三卷、《由前人的方式得到的解决：致狄俄斯库里德斯》一卷、《证明模糊命题不可分解》一卷、《关于赫狄洛斯假言推理的解决：致阿里斯托克勒翁和阿波拉斯》一卷。

系列七：

《对认为谬误推理有错误前提的人的回答》一卷、《论否定推理：致阿里斯托克勒翁》两卷、《论不语者以及导致意见的推理：致厄涅托尔》两卷、《否定推理练习》一卷、[7.198]《论被隐藏者：致阿里斯托克勒翁》两卷、《论未被隐藏者：致阿特那德斯》一卷。

系列八：

《论无人辩论：致墨涅克拉特斯》八卷、《论无人辩论的相关推论：致厄皮克拉特斯》一卷、《论通过不定命题和确定命题得到的推论：致帕叙洛斯》两卷。

系列九：

《论无解的辩证推论：致狄俄斯库里德斯》五卷、《对阿尔克西拉俄斯的方法的解答：致斯菲洛斯》一卷、《论诡辩：致赫拉克勒德斯和珀利斯》二卷。

系列十：

《反驳习俗：致美特洛多洛斯》六卷、《捍卫习俗：致高尔吉皮德斯》七卷。

除了上述四类与逻辑有关的著作以外，其他著作专注于其他零散的问题，并没有形成一个完整的研究体系，这类著作一共有 39 部。所有的逻辑学著作总共有 311 部。

［7.199］下面是伦理学方面的著作，主要涉及伦理观念。

系列一：

《对文雅的定义：致美特洛多洛斯》两卷、《伦理问题》一卷、《对中性事物的定义：致美特洛多洛斯》两卷《对粗俗的定义：致美特洛多洛斯》两卷《从属出发对伦理概念的定义：致美特洛多洛斯》七卷、《从其他学科出发对伦理概念的定义：致美特洛多洛斯》两卷、《伦理理论可能的前提：致菲洛马特斯》三卷、《伦理学概论：致忒俄珀洛斯》一卷。

系列二：

《论相似：致阿里斯托克勒斯》三卷和《论定义：致美特洛多洛斯》七卷。

系列三：

《论关于定义的错误反驳：致拉俄达马斯》七卷、［7.200］《定义的可能性：致狄俄斯库里德斯》两卷、《论划分》一卷、《论对立面：致狄俄尼西俄斯》两卷、《论种和属：致高尔吉皮德斯》两卷、《对划分、属和种的可能性的思考及其对立面》一卷。

系列四：

《词源学：致狄俄克勒斯》四卷和《论词源学：致狄俄克勒斯》七卷。

系列五：

《论诗歌的鉴赏》两卷、《论诗：致菲洛马特斯》一卷、《答批评者：致狄俄多洛斯》一卷、《论箴言：致芝诺多托斯》两卷。

［7.201］下面是与公共理性和随之产生的诸学科和德性有关的伦理学著作。

系列一：

《论观念：致拉俄达马斯》两卷、《论意见：致皮提亚那克斯》三卷、《论理解、知识和无知》四卷、《论智慧之人不会被意见所支配》一卷、《论逻各斯》两卷、《驳描绘：致提谟纳克斯》一卷、《论逻各斯的用途：致勒普提涅斯》《论我们对每种事物的表达与思考》一卷。

系列二：

《论反对辩证法的人》三卷、[7.202]《论辩证法：致阿里斯托克勒翁》四卷、《论修辞学：致狄俄斯库里德斯》四卷、《论前人对辩证法和证明的观点：致芝诺》两卷。

系列三：

《论习性：致克勒翁》三卷、《论德性：致珀利斯》两卷、《论诸德性的性质》一卷、《论诸德性的区别：致狄俄多洛斯》四卷、《论技艺与无技艺：致阿里斯托克勒翁》四卷。

下面是与善恶有关的伦理学著作。

系列一：

《证明快乐不是目的》四卷、《对快乐非善的证明》四卷、《论美和快乐：致阿里斯托克勒翁》十卷、《论……》。[1]

---

[1] 希腊原文此处的书名以及后面的内容有缺失。

第八卷

第八卷

第一章　毕达哥拉斯[1]

[8.1] 我们前面已经介绍了始于泰勒斯的伊奥尼亚学派的哲学观点以及该学派比较著名的几位哲学家，接下来，我们继续介绍意大利学派。该学派的创立者是毕达哥拉斯，他的父亲是印章雕刻家墨涅萨尔科斯。赫尔米珀斯说，他是萨摩斯人，而阿里斯托克色诺斯[2]说，他是伊特鲁里亚人，而伊特鲁里亚是雅典人把伊特鲁里亚土著驱逐之后占领的众多岛屿之一。然而，也有人说，他的父亲是马尔玛科斯，而马尔玛科斯的父亲是希帕索斯，希帕索斯的父亲是欧叙弗戎，欧叙弗戎的父亲是从弗利乌斯被流放的克勒俄尼谟斯；另外，因为马尔玛科斯在萨摩斯居住，因此，有人又称毕达哥拉斯为萨摩斯人。[8.2] 他携带着一封他的叔父左伊洛斯写给斐瑞居德斯[3]的书信，来到了勒斯博斯岛。接着，他带着三只银制酒杯来到了埃及，将它们献给了三位祭司。他的两个哥哥分别叫欧诺谟斯和图瑞诺斯，希罗多德说过，他身边还有一个名叫扎摩尔克希斯的奴隶，哥特斯人[4]对他很推崇，因为他们认为他是克洛诺斯[5]。就像上文所说的，一开始，毕达哥拉斯听了叙洛斯的斐瑞居德斯讲课，后来，斐瑞居德斯去世了，他来到萨摩斯，开始听克瑞厄弗洛斯[6]的后裔赫尔谟达马斯讲课，当时，赫尔谟达马斯年事已高。毕达哥拉斯热爱学习，他离开了故乡，对希腊人以及其他外邦人的密教很有兴趣。[8.3] 他曾经去过埃及，那时候，珀吕克拉特斯帮他写了一封信给阿马西斯。安提丰在他的《论有着显著德性的人》一书中写道，他还学会了他们那里的语言。另外，他

1　毕达哥拉斯，大约生活在公元前582年至公元前500年。

2　阿里斯托克色诺斯，大约生活在公元前4世纪，是一位漫步学派的哲学家，写过有关音乐方面的著作。

3　斐瑞居德斯，生活在公元前6世纪，是希腊七贤之一，毕达哥拉斯是他的学生。

4　哥特斯人，指希腊人对色雷斯几个部族的称呼。

5　克洛诺斯，指天地所生的提坦，后来娶了瑞亚，一同生下宙斯以及其他五位神。

6　克瑞厄弗洛斯，荷马时代一位有名的作家。

与同迦勒底占星家和波斯僧侣的交情也很好。后来，他与厄皮美尼德斯一起去过克里特岛上的伊达洞穴[1]，他还在埃及最秘密的神殿住过一段时间。于是，他洞悉了诸神的秘密。后来，他回到了萨摩斯，然而，他发现僭主珀吕克拉特斯正统治着他的祖国，因此，他又去了意大利的克洛同。当时，他为意大利人制定了一系列法律，他与他的追随者都拥有显赫的名望，他的追随者有三百多人；城邦在他的治理下井井有条，甚至已经达到贤人政治的标准。

[8.4] 按照旁托斯的赫拉克利德斯[2]的说法，毕达哥拉斯曾这样提起自己：他曾经是埃塔里德斯，而有人认为埃塔里德斯是赫耳墨斯的儿子。赫耳墨斯曾对埃塔里德斯说，他可以选择除了不死之身以外的任何东西。因此，埃塔里德斯希望能记住生前或死后发生在自己身上的所有事情。所以，活着时，他能记住所有事，死后，同样的记忆也被保留了下来。埃塔里德斯死后，他的灵魂住在欧福耳玻斯的身体，而墨涅拉俄斯杀死了这个人。[3] 按照欧福耳玻斯的说法，他曾经是埃塔里德斯，他从赫耳墨斯那里获得了这种神奇的天赋，因此，他的灵魂可以到处游荡，曾经在哪一些动植物的身体里生活过，在地狱里经历过什么，[8.5] 还有其他灵魂在地狱里的各种经历，他都记得一清二楚。后来，欧福耳玻斯死了，他的灵魂又进入赫尔谟提谟斯的身体。此人想向其他人证明此事，于是，他来到了布拉格基德的阿波罗神庙里，他在那里获得了墨涅拉俄斯献给阿波罗的那块盾牌。这块盾牌饱经风霜，已经很破旧，唯一留下的就是象牙装饰物。赫尔谟提谟斯死后，他又进入了洛斯岛的渔夫皮洛斯身体里，这个人清楚地记得曾经发生的所有事，他一开始是埃塔里德斯，后来成了欧福耳玻斯，后来成了赫尔谟提谟斯，然后又成了皮洛斯。皮洛斯死了以后，他又成了毕达哥拉斯，前面说过的各种事，他都记得一清二楚。

[8.6] 据说，毕达哥拉斯一生并未留下任何著作，但是，这种说法是错误的。自然哲学家赫拉克利特曾经明确指出："毕达哥拉斯，墨涅萨尔科斯之子，他是众人之中最勤奋刻苦的；他编选了众多著作，久而久之，形成了精湛的技艺、独特的智慧和渊博的知识。"他之所以说了这番话，是因为毕达哥拉斯在《论自然》一书的开头处就说："我以我饮用的水和呼吸的空气发誓，这部作品不会让我找到任何批评。"《论自然》《论政制》《论教育》都是毕达哥拉斯的作品。[8.7] 但是，现在普遍认为是毕达哥拉斯创作的那部著作其实

1　伊达洞穴在克里特岛上，在传说中被看成宙斯的降生地。

2　旁托斯的赫拉克利德斯，大约生活在公元前387年至公元前312年，是一位希腊哲学家，他的父亲欧叙弗戎，其父是柏拉图的学生。

3　欧福耳玻斯是一名来自特洛伊的战士，墨涅拉俄斯杀死了他；而墨涅拉俄斯是阿伽门农的兄弟，他的妻子是海伦。

是来自塔拉斯[1]的吕希斯所写，他也属于毕达哥拉斯学派，后来逃到了忒拜，成了厄帕美农达斯的学生。不过，萨拉皮翁之子赫拉克利德斯在他的著作《索提翁著作摘要》中提到，毕达哥拉斯最初创作了一首名为《论宇宙》的诗，接着，又创作了《圣诗》，开头是这样的：

年轻人呵，你要用平静的心态敬畏如下的所有。

接下来，他又分别创作了《论灵魂》《论虔诚》《来自科斯岛的厄皮卡尔谟斯的父亲：赫洛塔勒斯》《克洛同》，此外，还有一些著作也出自他之手。按照赫拉克利德斯的说法，有人认为《论神秘事物》是毕达哥拉斯的作品，事实上却是希帕索斯写的，他写这本书的目的是为了诽谤毕达哥拉斯，另外，毕达哥拉斯名下的很多著作其实是来自克洛同的阿斯通写的。[8.8] 按照阿里斯托克色诺斯的说法，毕达哥拉斯的大部分伦理学说与观点都是来自德尔斐女巫忒弥斯托克勒娅那里。开俄斯岛的伊翁在他的《特里亚格谟斯》里写道，毕达哥拉斯曾经写了几首诗歌，献给了俄耳甫斯。有人说，他还写过一首名为《科皮达斯》的诗，诗歌的开头是这样的："无论在谁面前，都不可恬不知耻。"索希克拉特斯在他的著作《师承》里写道，弗利乌斯的僭主勒翁询问，他是谁，他说："哲学家。"他认为，生活是一场盛大的宴会，有的人的目的是获得奖赏，有的人的目的是做买卖，有的人的目的是充当观众。所以，他认为，那些奴性的人，平生的唯一追求是财富与荣誉，而哲学家孜孜以求的是真理。

[8.9] 毕达哥拉斯在上面提到的三部著作中，是这样教导人们的：他认为，人们不应当为自己祈祷，因为他们不知道真正有益于他们的是什么；他认为醉酒是堕落；他排斥任何形式的奢华，不管是喝酒还是吃东西，都不可过度；他是这样评价男欢女爱的："男女欢爱应该在冬天而不是夏天进行，春、秋两季也应该尽量减少。然而，无论在何时，这种事都是有害的，对健康毫无益处。"有一次，有个人问他，男欢女爱应该在何时进行，他说："在你想变得虚弱时。"

[8.10] 他是这样划分人的一生的："二十年是少年时期，二十年是青年时期，二十年是中年时期，二十年是老年时期。上述四个阶段与四个季节相对应。少年对应春季，青年对应夏季，中年对应秋季，老年对应冬季。"他认为，直到中年，才是真正的成熟。按照提迈俄斯[2]的说法，他首次提出，友谊

---

1 塔拉斯，位于意大利南部地区的一座殖民城市。
2 提迈俄斯，也译为"蒂迈欧"，大约生活在公元前350年至公元前260年。他在西西里出生，是一位著名的历史学家，曾被流放到雅典，后来投身伊索克拉特斯门下学习修辞学。

是平等的，朋友之间的东西是共有的。他的门徒把他们的东西放进一个柜子里，共同分享。在最初的五年里，门徒要保持沉默不语的状态，只能聆听毕达哥拉斯讲话，却见不到他，直到最终通过测试，才能进入他的房间，见到他。赫尔米珀斯在《论毕达哥拉斯》第三卷中记载，因为宙斯的权杖就是用柏木制成的，因此，他们从不用柏木来制作棺材。

[8.11] 毕达哥拉斯外表威严，在他的门徒眼里，他就是从北极而来的阿波罗。据说，有一次，他脱下衣物，人们看到他的大腿是黄金质地的，很多人说，过河的时候，就连河神涅索斯都向他致意。而提迈俄斯在他的《历史》第十卷写道，毕达哥拉斯常指出，那些嫁给男人们为妻的女人们拥有诸神的名字，分别是科拉、纽美菲以及美忒耳。[1] 安提克勒德斯在他的著作《论亚历山大》第二卷中指出，虽然几何学诸要素的基本原理最初是由墨伊里斯[2] 发现的，但是，这门学科是在毕达哥拉斯的努力下才真正完善了起来。[8.12] 毕达哥拉斯对几何学的数学原理特别感兴趣。单弦的音律规则也是由他发现的，另外，他也很重视医学。按照逻辑学家阿波罗多洛斯的说法，直角三角形斜边的平方等于两直角边的平方之和就是由他发现的，他发现以后，办了一场百牛大祭。有一段关于他的铭文：

毕达哥拉斯发现了这条定律，声名大振。
为此，伟大的他举办了一场盛大的杀牛献祭。

有人说，他首先提出，应该让受训的运动员食用肉类来补充营养，而法伯里诺斯在他的《回忆录》第三卷中指出，第一位被这样受训的运动员就是欧儒美涅斯，而法伯里诺斯又在他的《历史杂记》一书的第八卷中指出，在此之前，接受锻炼时，人们只是食用小麦、软奶酪和无花果干等来补充营养。[8.13] 有人说，是一个名为毕达哥拉斯的教练通过这种方式对运动员进行训练，而不是我们现在介绍的这位毕达哥拉斯。这是因为，毕达哥拉斯曾指出，动物和所有人一样，都拥有活着的权利，他禁止人们捕杀动物，更别提吃它们的肉。不过，这只是一个借口罢了，实际上，他禁止人们吃肉，是要训练人们习惯简单朴素的生活，这样一来，他们就能更轻松地寻找到果腹之物，比如没有烹煮过的食物或者天然水等。于是，身体就能保持健康状态，灵魂

---

1 科拉用作专名的时候，是指宙斯与地母得弥忒尔生下的女儿耳塞福涅；用作通名的时候，泛指所有女孩。纽美菲本意是山林女神，用作通名时，泛指新娘；美忒耳用作专名时，指的是地母得弥忒尔。用作通名时，是对母亲的泛指。

2 墨伊里斯，一位埃及国王。

也可以保持灵敏。他献祭的祭坛是位于洛斯岛上的阿波罗祭坛，这是因为阿波罗乃生命之父；这座祭坛坐落于兽角祭坛的后方，上面摆放着大麦、素饼、小麦等极品，按照亚里士多德在《得洛斯政制》中的记载，祭坛上没有摆放任何动物祭品。

［8.14］他指出，灵魂进行的是一种圆周运动，灵魂有时在这个动物身上，有时在那个动物身上。而音乐家阿里斯托克色诺斯指出，度量就是首先被他引入希腊的。而按照巴门尼德的说法，他首次指出暮星和晨星其实是同一颗星辰。人们对他推崇备至，凡是认识他的人，都将他的话作为神谕。而他曾在一本书中指出，他曾经在冥府里生活了207年，之后才到人间来。美萨皮人、罗马人、帕伊克提人和洛伊卡诺人都纷纷赶到他那里去，听他的课程。

［8.15］但是，一直到菲洛拉俄斯开始崭露头角，毕达哥拉斯学派的学说几乎都不为外人所知。直到菲洛拉俄斯，他才把毕达哥拉斯的那三部著作公开，而柏拉图说，为了购买那些书，他曾经花费了100米那。到了晚上，有六七百人赶去听他讲课，如果谁可以去见他，就会赶快写信告诉自己的朋友，说自己太幸运了。法伯里诺斯在他的《历史杂记》中写道，他住宅被美塔庞提翁[1]称为得弥忒耳神庙，而那条通向他的住宅的小路则被称为缪斯路。阿里斯托克色诺斯在他的《教育规则》的第十卷中指出，有的来自毕达哥拉斯学派的哲人经常说，实际上，毕达哥拉斯的教诲并不适用于每个人。［8.16］另外，这本书还写道，有一个人曾经询问来自毕达哥拉斯学派的克塞诺菲洛斯，怎么做才能把孩子教育好，对此，他说：“首先，孩子要在一个拥有良好的法律的城邦出生。”毕达哥拉斯在意大利讲课，让很多人成了优秀的善良之人，比如立法者扎琉科斯和卡隆达斯。他开朗豪爽，人缘很好，如果他认为某个人跟他遵循同样的戒律，他就会马上想办法结识对方。

［8.17］下面列举一些他遵循的戒律：不可用刀柄拨弄火；不可从秤杆上跨过；不可坐在科伊尼克斯[2]之上；不可吃动物的心脏；要帮助他人卸货，但不可帮助他人装货；要把所有的被褥捆绑起来；不可在环形物上放置神像；要抹掉残留在杯子或盘子上的灰尘痕迹；不可用火把擦拭座位；不可冲着太阳的方向小便；不可外出时走大道；不可随意将右手伸出；不可与燕子同住一个屋檐之下；不可饲养任何有弯爪的禽兽；不可在剪下的头发或指甲上撒尿；必须躲开锋利的刀；出国旅行的时候不可回头张望国界。

［8.18］不可用刀柄拨火，意思是不要激发统治者的怒火与骄傲；不可从

---

1 美塔庞提翁，位于塔拉斯海湾附近，是古希腊的一座重要的城市。

2 科伊尼克斯的本意是一种计量单位，1科伊尼克斯大约是0.85升。此外，它也可以引申为一天的口粮数量。

秤杆上跨过，意思是在公平和正义方面不可越界；不可坐在科伊尼克斯之上，意思是不仅要着眼当下，也要未雨绸缪；不可吃动物的心脏，意思是不应该用痛苦或忧愁的情绪来损伤灵魂；出国旅行的时候不可回头张望国界，意思是劝那些将死之人不要再留恋人世间的快乐。他秉持的其他戒律的解释也大同小异，此处不再赘述。

［8.19］此外，他禁止人们吃胭脂鱼和黑尾鱼，还有动物的心和豆子。而亚里士多德说过，有时候，他还禁止人们吃动物的肚子和红鲻鱼。有人说，他日常的食物包括蜂蜜、蜂脾和小麦面包，白天时从来不喝酒。蔬菜是他最喜欢的美味，有的用水煮一煮，有的生吃；他有时还会吃来自海洋的食物。他的衣服以白色为主，干净整洁，被褥也是白色的羊毛制成的，因为当时亚麻还没有引入。［8.20］他从来没有胡吃海喝，或者沉溺在男欢女爱之中。他从不取笑或谄媚其他人，也不随便开玩笑或者讲庸俗的故事。如果他生气了，他也绝不会惩罚其他人，不管对方是自由人还是奴隶。告诫被他称之为改正。他经常通过鸟留下的痕迹和声音来占卜，占卜的时候，他只会点燃乳香，而不献任何燔祭。他只用无生命的东西来献祭，不过，也有人说，他会用小山羊、乳猪或者公鸡等来献祭，但是，从来不用羔羊来献祭。按照阿里斯托克色诺斯的说法，他允许吃活物，只是不允许吃公羊和耕牛。

［8.21］此外，阿里斯托克色诺斯还说，毕达哥拉斯的学说主张来自德尔斐女巫忒弥斯托克勒娅那里。希罗尼谟斯说过，他来到冥府的时候，看见赫西俄德的灵魂被捆绑在一根铜柱上，嘴巴里絮絮叨叨地说着话，而荷马的灵魂被悬挂在旁边的一棵树上，一条蟒蛇紧紧地缠绕着他的灵魂，这是因为他们诽谤诸神而受到的惩处。另外，在那里，他看到那些背叛妻子的人饱受折磨。因为这种天赋，他在克洛同岛上深受人们的尊重。来自库瑞涅的阿里斯提珀斯在《论自然哲学家》一书中指出，他之所以被称为毕达哥拉斯，是因为他说的内容与德尔斐下达的神谕一模一样。

［8.22］他要求自己的门徒每次回家都要说下面这番话：

我做了什么事？我在哪方面犯错了？什么事是我原本应当做而没做的？

他禁止用牺牲献祭给诸神，只在没有被血迹污染的祭坛前向诸神跪拜。他认为，我们不应该以诸神的名义起誓，因为一个人应该尽量让自己成为被他人信任的人。要敬重长者，因为在时间的维度上走在前面的人值得被敬重。就像宇宙万物之中，日出比日落更应该被敬重；在日常生活中，开始比结束更应该被敬重；在众多生物中，出生比死亡更应该被敬重。［8.23］要敬重神明，而不是鬼魂[1]，应该敬重英雄，而不是人，在所有人之中，尤其要敬重自己的父母。人与人要和谐共处，不要化友为敌，而要化敌为友。不要将任何东西占为己有。要捍卫法律，与任何不法战斗。不要损伤任何植物，还有不会伤害人类的动物。所谓谨慎与威严，就是要既不可闷闷不乐，也不可开怀大笑。要摈弃肉欲；旅行的过程中，要做到张弛有度。要练习记忆力，愤怒的状态下，不要说任何话，也不要做任何事。[8.24]要敬重一切神谕；要用七弦琴为歌声伴奏，要感谢诸神和那些优秀的人，将颂歌献给他们。不能吃豆子，豆子会让肠胃胀气，从而损耗生气；另外，不吃豆子对肠胃有益，还会获得宁静安详的梦境。

按照亚历山大在《哲学家的师承》中的记载，毕达哥拉斯学派的著作对人们还有下面的教导。[8.25]单子是万物的始基。单子会产生出不定的二，它是质料，隶属于作为其源泉的单子。数从单子和不定的二之中产生出来，点从数中产生，线从点中产生，面从线中产生，体从面中产生，可感知物从体中产生，可感知物包含火、土、水、气这四种元素。通过元素之间的转化与结合，富有理性与生气的宇宙由此产生。宇宙是一个球形，宇宙的中心是球形的地球，各种生物居住在地球上。

[8.26]另外，还有"对地"存在，指的是那些在我们之下，而在另一些人之上的事物。宇宙之中，明暗、冷热、干湿，都是相对而言的。当热占据了优势，夏季就来了；当冷占据了优势，冬季就来了；当干占据了优势，春季就来了；当湿占据了优势，秋季就来了。在均衡的前提下，一年之中最好的季节就出现了。一年当中，春季生机勃发，是对健康有益的；而秋季万物凋零，是对健康有害的。一天的时间里，清晨生机勃发，黄昏暮霭沉沉，因此，黄昏也是对健康无益的。地球的外层围绕着静止不动的大气，而且对万物都是有害的，任何置身于大气中的事物都会死去；而处于上层的气则永远处于运动状态，纯净，明媚，对健康有益，其中的所有东西都是不朽的神圣之物。

[8.27]太阳、月亮和所有星体都是神，作为生命之源的热在它们之中处于掌控地位。月亮是被太阳照亮的。因为人也拥有热，人与神有着某种亲缘关系，因此，神也时刻关注着我们。无论世界是从整体或部分上被管理，命运始终都是管理世界的原则。太阳光能从冷的或稠密的以太之中穿过，冷的以太是空气，而稠密的以太是湿气和大海；太阳光甚至能从万丈深渊中穿过，让万物表现出一派盎然生机。[8.28]所有具有热的特性的事物都能生存下去，因此，植物也是一种生物，但是，并不是所有生物都拥有灵魂。灵魂有的是

---

1 "Δοάων"最初的意思是处于神和人之间的灵魂，到了晚期，指的是恶魔。

热的，有的是冷的，是以太的碎片。因为灵魂是冷的以太，因此，它与生命有差异。灵魂是永恒不朽的，因为它源自不朽的东西。生物来自于种子，任何东西都不可发地从土里生长出来。种子是脑干的结晶，其中富含热的蒸气；当它抵达子宫，就从脑干处产生湿气、血液以及体液，接着，又产生肌肉、骨骼、肌腱和毛发，甚至产生整个躯体。灵魂与感知同样来自蒸气。

［8.29］胚胎会在最初的四十天里凝结成形，接着，按照和谐原则，在第七个月、第九个月或第十个月发育成熟，接着，婴儿就出生了。每个胎儿的身体里都包含着所欲生命的原则，按照和谐的原则，它们互相结合起来，每一种都彼此相连，最终在合适的时间生发而出。总而言之，感觉，特别是视觉，其实是一种炽热的蒸气，因而人们说，它能从空气和水中穿过，因为热与冷互相抗衡。如果说，眼睛来自冷的蒸气，那么，因为它与空气是同样的温度，它就会消散在空气里。有时候，眼睛又被他称为太阳的门户。他也用类似的方式解释听觉和其他感觉。

［8.30］人的灵魂分为感知、理性和意愿三部分。其他动物身上也同样拥有感知和意愿，但是，理性乃是人特有的。灵魂的统治一直从心脏延伸至大脑，心脏部分掌控着意愿，而大脑部分则掌控着理性和感知。各种感觉就是由此形成的结晶。据说，理性是永恒不朽的，而其他的都是可朽的。灵魂被血液滋养着，而灵魂的官能是气息；因为以太是看不见的，因此，灵魂和它的官能同样也看不见。［8.31］静脉、动脉以及神经是灵魂的联结物。但是，当灵魂本身变得富有力量并静止下来之后，它的联结物就转变为言行举止；随着它被抛弃在地上，就像身体那样，它也在空气里四处晃悠。赫耳墨斯乃是灵魂的掌管者，所以，人们又称为守门人赫耳墨斯、引渡者赫耳墨斯、护送者赫耳墨斯，灵魂被他从身体、大地以及海洋中召唤而来，而洁净圣洁的灵魂又被他送往最高天。不洁的灵魂却无法升天，也无法彼此靠近，被复仇女神厄里倪斯用牢不可破的锁链捆绑起来。

［8.32］灵魂充斥于整个空气之中，有的被称为英雄，还有的被称为鬼魂。他们把梦境托给人们，都是疾病或健康的预兆；这些预兆不仅被展现给人们，还被展现给牛羊以及其他牲畜。正是因为他们，才形成了邪恶、洁净、各种预兆、预言以及类似的东西。他指出，人身上最美好的东西，就是指引着灵魂向善。当灵魂成为了善，人就幸福了；当灵魂成为了恶，人就会陷入纷乱之中，永无宁日。

［8.33］他认为，誓言彰显了正义，因此，宙斯被人们称为誓言之神。德性指的是和谐、健康、任何的善，还有神也是和谐，所以，根据和谐原则，万物结合在一起。所谓友谊，指的是一种和谐的平等。不能给予神和英雄同

等的敬重。对神来说，必须永远予以命中，祭拜之前要先进行洁净仪式，穿上圣洁的白袍，虔诚地献上颂歌；祭拜英雄的仪式，通常从午后开始。而洁净指的是进行施洗、沐浴、洒扫，因而为人们去除丧葬、床笫，还有诸如此类的事物造成的不洁。另外，还不允许食用动物的肉、黑尾鱼、蛋类、红鲻鱼、产蛋的禽兽、豆子，还有所有神庙的祭祀在举行仪式的过程中不允许进食的东西。[8.34] 亚里士多德在他的《论毕达哥拉斯学派》一书中指出，毕达哥拉斯禁止他的学生食用豆子，可能是因为它们看起来像哈德斯的门，也可能是因为它们看起来像生殖器……[1] 它们是唯一不具备节点的事物，可能因为它们的构造与宇宙类似，也可能因为它们是无益的，还可能因为它们预示着所谓的寡头政制（因为那里的人们用豆子来投票）。他不允许学生从地上捡起任何坠落的东西，也许是因为不让他们不能毫无节制地进食，也许是因为那些东西预示着死亡。但是，按照阿里斯托芬的说法，坠落的东西归属于英雄，就像他在《英雄》一书中指出的：不要吃任何从桌面坠落的食物。另外，他禁止人们吃白公鸡，因为对月神来说，它是圣洁的，可以预示时间；他禁止人们吃用来献祭的鱼，因为神和人不能食用同一种东西，就像自由人和奴隶那样。另外，白色象征着善，而黑色象征着恶。

[8.35] 不能把面包撕碎，曾经有一群朋友经常聚集在一块面包附近，迄今为止，外邦人还依然这么做；也不能用手把面包掰开，因为是它让朋友们欢聚一堂。有人说，这戒律与冥府的审判如出一辙；也有人认为，把面包撕碎或掰开的行为，会让人们在作战时心生胆怯；还有人认为，之所以规定这些戒律，是因为它与世界的起源息息相关。立体的球和平面的圆是最美的图形。老年类似于所有逐渐减少的事物，而青年类似与所有逐渐增加的事物。健康是一种状态的持续，而疾病是一种状态的衰减。他认为，应该把盐拿出来，时刻提醒所有人正义为何物；因为盐适用于保存任何它接触过的事物，并且来自水和海洋中最纯净的东西。

[8.36] 上述种种就是亚历山大指出的他在各类回忆毕达哥拉斯的论著中发现的内容。亚里士多德的记述也类似。虽然提蒙在《讽刺诗》中嘲笑了毕达哥拉斯，但还是高度颂扬了他高贵的品格。他是这么写的：

毕达哥拉斯，热衷于各类巫术，
说话威严庄重，布下天罗地网。

1　此处希腊原文有遗漏。

不同时代的不同人都多多少少提起过毕达哥拉斯，比如，克塞诺法涅斯[1]在他的一首哀歌的开篇是这么写的：

我现在要说另外一番话，指明一条路。

他是这样评价毕达哥拉斯：

有一次，他看见一只小狗遭人毒打，
他心怀怜悯，说道：
住手！别再打了！因为有位朋友的灵魂在它体内居住，
因此，它哀鸣的时候，我听得懂。

[8.37]克塞诺法涅斯就说了这些。而克拉提诺斯[2]在他的《毕达哥拉斯学派的妇女》中也挖苦过他，然而，在《塔拉斯人》中，他又这么写：

如果他们偶遇了一位外行，
他们经常走上前去，拷问他的学说，
通过各种限制、错误、对比、偏题和烦琐，
来为难那个人，让他困惑不已。

而古希腊的喜剧加谟涅希马科斯在他的《阿尔克迈翁》中写道：

就像毕达哥拉斯一样，我们向"预言者"阿波罗献祭，
不吃任何有生命的东西。

[8.38]来自雅典的政治家阿里斯托丰在他的《毕达哥拉斯学派》中这样说：

A.他说，当他去往下界时，
他见到了每一个死去的人，
发现毕达哥拉斯学派的哲人与其他死者明显不同。
他说，因为他们的虔诚，冥王才邀请他们一同用餐。

---

1 克塞诺法涅斯，也译为"塞诺芬尼"或"克塞诺芬尼"，生活在公元前570年至公元前480年，是一位希腊的诗人和哲人。

2 克拉提诺斯，大约生活在公元前520年至公元前423年，是雅典的一位喜剧诗人。

B.他如果愿意与对污秽食物感到满足的人待在一块儿，
你就说，神是普遍存在的。

另外，他还在这本书中写道：

他们喝的是清水，吃的是蔬菜。
身上长满虱子，斗篷破破烂烂，几乎不洗澡。
任何人都不愿接近他们。

[8.39] 毕达哥拉斯的死是这样的。有一天，他在米隆的家里与几个门徒交谈，有一个得不到接见的人深感忌妒，一把火把房子烧了。但是，也有人说，是克洛同人自己干了这件事，因为他们担心他推行僭主制度。毕达哥拉斯在逃跑过程中被抓了。他在一块长着豆子的菜地前停住了脚步，说他宁愿被抓，也不愿意踩踏豆子，宁愿被杀，也不愿背负言行不一的罪名。于是，那些人割断了他的喉咙。他的大多数门徒也死了，死去的人有四十多个，只有少数几人偷偷逃走了，活下来的人包括塔拉斯的阿尔基珀斯，还有上文提过的吕希斯。

[8.40] 而按照狄凯阿拉克斯[1]的说法，毕达哥拉斯逃去了美塔庞提翁的缪斯神庙，忍饥挨饿地过了四十天，然后死去了。赫拉克勒德斯在他的《萨提洛斯生平概述》一书中写道，他来到得洛斯岛，在那里把斐瑞居德斯安葬好，随后，他回到了意大利。但是，他发现克洛同的库隆隔三岔五地举办一场盛大的宴饮。失望之下，他又去了美塔庞提翁，他失去了继续活下去的意愿，在那里饿死了。

赫尔米珀斯说，阿克拉伽斯[2]与叙拉古之间的战事爆发了，毕达哥拉斯带着他的门徒赶去阿克拉伽斯参战。交战时，他发现了一片长着豆子的菜地，于是，他绕着那块地跑了起来，结果被叙拉古人杀死了；还剩下大约三十五人，试图继续反抗当权者，结果他们在塔拉斯被一把大火焚烧而死。

[8.41] 赫尔米珀斯还提到另一件有关毕达哥拉斯的事。他说，当时，毕达哥拉斯在意大利生活，他住在洞穴里，让他母亲在一块木板上将新近发生的事情记录下来，并标注好日期，再送给他，直到他下一次从洞穴里出来。他母亲依照他的吩咐做了。过了一段时间，毕达哥拉斯从地下出来了，他就

---

1 狄凯阿拉克斯，生活在公元前350年至公元前285年，是一位希腊的哲学家、数学家和地理学家，曾在吕克昂学园听过亚里士多德讲课。

2 阿克拉伽斯，坐落在西西里的南部，是一座靠近大海的城市。

像一具骷髅。接着，他去了集市，对其他人说，他刚从冥府回来，而且他对最近他们身边发生的事情一清二楚。人们被他的话哄骗了，开始痛哭流涕，相信毕达哥拉斯身上拥有神性，他们甚至将自己的妻子托付给他，希望她们能跟随他学习。人们称这些女人为毕达哥拉斯学派的妇女。上述种种都是赫尔米珀斯说的。

[8.42] 毕达哥拉斯有一位名为忒阿诺的妻子，她来自克洛同，她的父亲是布伦提诺斯。也有人说，忒阿诺其实是布伦提诺斯的妻子，而且是毕达哥拉斯的门徒。吕希斯在一封写给希帕索斯的书信中说，毕达哥拉斯有一个名叫达谟的女儿；他在这封信里这样评价毕达哥拉斯："很多人说，你公开从事哲学，不过，毕达哥拉斯觉得这种活动毫无意义。他把自己的文稿交给了女儿达谟，让她不要将内容泄露给房间之外的其他人。她原本可以卖掉文稿，赚一大笔钱，但是她并没有这么做。她认为，她虽然只是一介女流，但是清贫与忠于父亲的嘱托比黄金更宝贵。"

[8.43] 此外，毕达哥拉斯夫妇还育有一子，名为特劳格斯。他继承了他父亲的事业，有人说，他是恩培多克勒斯的老师。按照希珀伯托斯的说法，恩培多克勒斯说过下面这番话：特劳格斯，他是毕达哥拉斯与忒阿诺的孩子，他如此有名。不过，特劳格斯没有留下任何作品，而他的母亲忒阿诺反而留下了一些。据说，有人问过她，女人与男人欢爱以后，要过多久才会回归纯洁。对此，他说："从丈夫那里起身的一刻起。但是，如果与其他男人欢爱，无论过多长时间，永远都不会再纯洁。"她认为，女人与丈夫欢爱时，应该将自己的羞耻性与衣物一起脱下；但是，在起身离开的时候，也要记得把它们一块儿穿上；有人问："它们所谓何物？"她说："那些让我被称为女人的东西。"

[8.44] 萨拉皮翁的儿子赫拉克勒德斯说过，毕达哥拉斯在80岁去世，这恰好符合他对人的寿命的描述；但是，也有人说，他活到90岁。我们写了一段与他有关的戏谑之词：

不只你一人吃无生命的东西，我们也如此。
毕达哥拉斯啊，究竟谁吃过有生命的东西？
食物经过了盐腌、煎、烤等，
我们吃下的东西都不再有生命。

还有一段：

毕达哥拉斯聪慧过人，

他从不吃肉，并说那是邪恶之举，
但是，他让其他人吃肉。这种智慧让我心生好奇：
他说不可作恶，却允许别人作恶。

［8.45］还有：

你想不想了解毕达哥拉斯的智慧？
不妨看看欧福耳破斯盾牌中心的那个圆脐。
因为他说，我是之前活着的那个人。[1]
当他死去了，他说他还活着；
当他活着时，他说他不是他自己。

最后，是一段与他的死亡有关的话语：

唉！毕达哥拉斯，为何你对豆子满怀虔诚？
与自己的门徒一同死去。
你面前有一片豆子地，为了不将之踩踏，
你宁愿被阿克拉伽斯人在路口杀死。

他比较活跃的时间是第60届奥林匹亚运动会期间，但是，他的学派一共延续了九代或十代人之久。［8.46］阿里斯托克色诺斯曾见过毕达哥拉斯学派最后的那些成员，他们包括从色雷斯来的卡尔希狄人克塞诺菲洛斯、弗利乌斯人方同，还有厄刻克拉特斯、狄俄克勒斯和珀吕纳斯托斯，最后三位都是弗利乌斯人。他们的老师是塔拉斯人菲洛拉俄斯和欧儒托斯。

同一时期里，还有四个名叫毕达哥拉斯的人，他们居住的地方也不远。第一个是僭主，他是克洛同人；第二个是一位摔跤手，他是弗利乌斯人，还有人说他是体育教练；第三个是扎昆托斯[2]人；第四个就是我们上面介绍的这一位，他讨论了许多与哲学有关的秘密，成为了这方面杰出的导师。当时，人们的日常生活中经常使用"导师本人说"这句话，成为了一句广为使用的谚语。［8.47］有人说，还有一位在莱吉翁[3]的雕刻家也叫毕达哥拉斯，他还对韵律和对称进行过研究；还有一位是来自萨摩斯的雕刻家；此外，还有一位

---

1 我们在前面指出过，毕达哥拉斯以欧福耳破斯的转世自居。
2 扎昆托斯是一座岛屿，位于伯罗奔尼撒的西海岸。
3 莱吉翁与西西里岛隔海遥遥相望，位于意大利的南部。

并不高明的演说家；还有一位是医生，他写过一部有关疝气的医学著作，还编辑了几篇与荷马有关的论文；狄俄尼西俄斯说，还有一位叫毕达哥拉斯的人，他写过一部有关多里斯人的历史著作。法伯里诺斯在《历史杂记》第八卷中的说法，还有厄拉托斯特涅斯的说法，我们这部书介绍的这位毕达哥拉斯是一位技艺高超的拳手，他甚至参加了第48届奥林匹亚运动会，他当时披着一件紫色的长袍，蓄着一头长发，威风凛凛。当青少年组拒绝他加入后，他在人群的嬉笑声中加入了成年组，最终获胜了。[8.48] 泰阿泰德所写的讽刺诗也证实了这一点，他是这么写的：

陌生人，你知不知道有个名叫毕达哥拉斯的人，
就是那位留着一头长发的毕达哥拉斯，萨摩斯人中最有名的拳手？
我就是毕达哥拉斯。
倘若你寻味一个与埃利斯人有关的事迹，
你肯定会觉得，他在说一个传说罢了。

法伯里诺斯说，他将定义的方式实践于数学，苏格拉底和他的学生则在更宽泛的领域运用定义，后来，亚里士多德和斯多葛主义者们则更广泛地运用这种方法。另外，他首次称天空为宇宙，还指出地球是圆的。不过，忒俄弗拉斯托斯认为这种诗是写给巴门尼德的，而芝诺则认为这首诗是写给赫西俄德的。[8.49] 另外，他们还说，库隆对他的观点表示反对，就像安提洛科斯反对苏格拉底的观点。

还有一首讽刺诗是为作为运动员的毕达哥拉斯而写的：

毕达哥拉斯，萨摩斯人克拉特斯的儿子，
尚未成年，就只身前往奥林匹亚参加拳击赛。

下面这封信也是毕达哥拉斯所写的：

毕达哥拉斯致阿那克西美尼

啊，我最亲爱的人，如果在声誉和出身方面你都比不上毕达哥拉斯，那么，你早就从米利都离开，去了其他地方。如今，继承自父辈的荣耀阻止你从那里离开。倘若我是阿那克西美尼，我也会被它留在那里。如果连你们这些最卓绝的人都离开了城邦，那么，跟着你们一同离开的还有城邦最美好的

东西，米堤亚人[1]会将城邦置于险境。[8.50]思索天上的事物并不一定是好事，为自己的祖国而操劳，反而更加有益。我并不会将全副精力都投入到自己感兴趣的东西上，而是积极地加入与意大利人的较量中。我们介绍完了毕达哥拉斯的生平，然后，我们接着介绍毕达哥拉斯学派中那些佼佼者，还有那些零散的哲学家。这样一来，当我们介绍伊壁鸠鲁时，所有值得介绍的学说就被我们串联在了一起。我们前面论述过了忒阿诺和特劳格斯，接下来要介绍恩培多克勒斯，因为很多人认为，他师从毕达哥拉斯。

第二章　恩培多克勒斯[2]

[8.51] 按照希珀伯托斯的说法，恩培多克勒斯的父亲是墨同，他的祖父和他同名，也叫作恩培多克勒斯，他是阿克拉伽斯人。提迈俄斯在他的《历史》的第十五卷中也是这么说的，他还补充了一点，即这位诗人的祖父是当时响当当的人物。关于这一点，赫尔米珀斯也同意提迈俄斯的观点。

根据赫拉克勒德斯在他的《论疾病》中的记载，他出身显赫，他的祖父在家里豢养了很多好马。而厄拉托斯特涅斯也接受了亚里士多德的说法，在他的《奥林匹亚运动会的胜利者》中记载，墨同的父亲，也就是他的祖父，在第71届奥林匹亚运动会上以优异的表现赢得了胜利。[8.52] 语法学家阿波罗多洛斯在他的《编年史》中说道：

他的父亲是墨同，
格劳科斯说，他去了图里翁[3]，
那时，这座城市新建不久。

1　即古代的伊朗人，主要在今天的伊朗西北部地区生活。
2　恩培多克勒斯，生活在公元前484年至公元前424年。
3　图里翁，位于南意大利，是一座希腊殖民城市。

接着说：

有人说，他一路流亡，来到了叙拉古，
与当地人一同反抗雅典人。
但是，这些说法都错了，
因为他当时或者已经去世，或者已经年迈，
那些人的说法不符合实际情况。

按照赫拉克勒德斯和亚里士多德的说法，他在60岁那年去世。而与他同名的祖父则在第71届奥林匹亚运动会上的赛马比赛中获胜了。这就是阿波罗多洛斯关于他的生卒年的说法。

[8.53] 而萨提洛斯在他的《传记》中提到，恩培多克勒斯的父亲是厄克塞涅托斯，此外，他也为自己的儿子取名为厄克塞涅托斯。他在同一届奥林匹亚运动会的赛马比赛中获得了胜利，而他的儿子在摔跤比赛获胜了，又或是按照赫拉克利德斯在《摘要》一书中的说法，成为了赛跑比赛的赢家。法伯里诺斯在《回忆录》中指出，恩培多克勒斯曾经用大麦和蜂蜜作为原材料，制成了一头祭牛，把它献给了那些前来观看祭祀的人们；此外，他还有一个名为里克拉提德斯的兄弟。在毕达哥拉斯的儿子特劳格斯写给菲洛拉俄斯的一封书信中，他提到，恩培多克勒斯的父亲其实是阿尔基诺谟斯。[8.54] 恩培多克勒斯在《净化》一书的开头说，他的故乡是西西里的阿克拉伽斯，啊，我的朋友们，你们在伟大的城市里生活，俯视着黄色的阿克拉伽斯。有关他的身世，我们就说到这里。

提迈俄斯在他所写的《历史》第九卷中指出，他听过一段时间毕达哥拉斯讲课，此外，他还剽窃了毕达哥拉斯的学说而受到人们的指责，后来，他就像柏拉图那样，被禁止参与任何学派的活动。

他本人是这样评价毕达哥拉斯的：

人群之中有一位博学多才之人，
他的心智极高。
然而，也有人说，他在这里说的是巴门尼德。

[8.55] 按照涅昂特斯的说法，在菲洛拉俄斯和恩培多克勒斯之前，毕达哥拉斯学派的理论学说是其成员共享的；后来，恩培多克勒斯以诗歌的形式

公开了那些学说，而且制定了一条法令，禁止任何人将学说传授给诗人。另外，他还指出，柏拉图也有过同样的遭遇，也曾经被禁止。但是，涅昂特斯并没有指出，恩培多克勒斯到底听的是毕达哥拉斯学派哪一位成员的讲课。因为遗留的特劳格斯所写的书信，还有他在书信里提到的恩培多克勒斯的老师是希帕索斯和布伦提诺斯的说法其实并不可信。此外，忒俄弗拉斯托斯指出，他是巴门尼德狂热的追随者，在创作诗歌时也尽力模仿巴门尼德的风格，因为巴门尼德是用诗歌的形式创作了《论自然》这本书。[8.56] 但是，按照赫尔米珀斯的说法，他并不是巴门尼德的崇拜者，而是克塞诺法涅斯的崇拜者。据说，他与克塞诺法涅斯在一起生活过一段时间，还模仿他的风格爱创作诗歌，后来，他又结识了毕达哥拉斯学派的哲人。阿尔基达马斯在他的《自然哲学》中指出，芝诺和恩培多克勒斯在差不多同一时期听过巴门尼德授课，但是，又都选择了离开他；芝诺的哲学理论随之形成，而恩培多克勒斯则又去了阿那克萨戈拉和毕达哥拉斯那里听课，他在生活方式和言行举止上尽力模仿后者的高贵，而在自然哲学方面则受益于前者。

[8.57] 亚里士多德在《智者》中提到，恩培多克勒斯奠定了修辞学的理论基础，而芝诺则开创了辩证法。另外，他在《论诗人》一书中指出，恩培多克勒斯在风格上与荷马类似，擅长运用隐喻，精通修辞，对诗歌的写作技巧也触类旁通。此外，他还经常创作诗作，其中一首的主题是有关薛西斯入侵的，还为阿波罗写了一首颂歌，然而，按照希罗尼谟斯的说法，这些诗歌被他的妹妹或者女儿烧掉了。那首关于波斯人的诗歌被烧是有意的，而为阿波罗创作的那首颂歌被烧则是无心的。[8.58] 亚里士多德说，简略地说来，恩培多克勒斯的作品以政论文章以及悲剧为主；但是，按照萨拉皮翁的儿子赫拉克利德斯的说法，是另外的人创作了那些悲剧；而希罗尼谟斯却说，恩培多克勒斯曾创作过四十三部悲剧；涅昂特斯也说，恩培多克勒斯在年轻时创作了这些悲剧，他还读过其中的七部。萨提洛斯在他的《传记》中记载，恩培多克勒斯既是高明的医生，又是杰出的演说家。他的学生众多，其中一个是勒昂提诺伊[1]的高尔吉亚，他也在修辞学上造诣颇深，著有《论技艺》一书。阿波罗多洛斯在他的《编年史》中指出，高尔吉亚到109岁才去世。[8.59] 萨提洛斯指出，高尔吉亚曾说过，有一次，恩培多克勒斯正在运用巫术，而他当时在其身边侍奉。另外，他提到，恩培多克勒斯在他的诗文中就指出，他在这方面具有特殊的能力：

---

[1] 勒昂提诺伊，位于西西里的东南部，是一座希腊殖民城市。

你们将知道，一切延缓衰老、治疗病痛的药物，
我要把这一切揭示给你们。
那永不倦息的肆虐的狂风将被你们终止，
它们摧毁了庄稼，践踏了田地。
你们要是愿意，可以召回它们，
强劲的风也会报答你们。
暴风雨后，你们赋予人们适当的干旱，
干旱后，你们又让甘霖从天而降，润泽大地。
你们将获得神力，把死者从冥府召回。

[8.60] 提迈俄斯在他的《历史》第十八卷中提到，此人深受人们敬重。有一次，季风肆虐而过，摧毁了庄稼。他让人用驴皮制成口袋，把它们安置在山梁和山脊之上，铺展开用来挡风。风停了，而他则被人们称为"挡风者"。赫拉克勒德斯在他的《论疾病》中提到，他曾把一个已经没有呼吸的女人的病例提供给帕萨尼阿斯学习。阿里斯提珀斯和萨提洛斯都指出，帕萨尼阿斯是恩培多克勒斯的恋人，《论自然》这本书就被他献给了帕萨尼阿斯，他是这么写的：

[8.61] 帕萨尼阿斯，你的父亲是智慧的阿格基托斯，你听我说。

另外，他献给了他一首讽刺诗：

阿格基托斯之子，一位医生，他的名字是帕萨尼阿斯，
他在格拉[1]出生，是阿斯克勒匹俄斯的后裔。
很多病入膏肓之人，
被他从珀尔塞福涅的圣所呼唤回来。

上文提到的那个已经没了呼吸的女人，按照赫拉克勒德斯的说法，是这样的：那具没有了呼吸、脉搏也不跳动的尸体，被他继续保存了三十天。所以，在赫拉克勒德斯看来，他不仅是医生，还是预言家，这一点从如下诗句中也可以看出来：

---

[1] 格拉，处于西西里岛的南部。

[8.62] 哦，我亲爱的朋友，你们在伟大的城市里生活，
俯视着黄色的阿克拉伽斯。
你们守护着善良之事，
请欢呼吧！
对你们来说，我不再死去，是一位不朽的神，
我东游西逛，所有的人都崇敬我，
我的头上佩戴着花冠，缠绕着彩带。
我来到这座繁华的城市，
男女老少都拥戴我。
数不清的人跟着我，
追寻那条通向幸福安康的大道。
有的人在虔诚地祈求神谕，
也有人四处打探治愈疾病的良方。

[8.63] 他之所以将阿克拉伽斯称作大城市，是因为有 80 万人居住在那里。所以，恩培多克勒斯这么评价那些沉溺在奢华之中的人们："阿克拉伽斯人沉迷一切奢华的事物，好像明天他们就会死去；但是，他们把房屋修建得牢不可破，就像他们会永远活下去。"法伯里诺斯在他的《回忆录》中指出，克勒俄濯捏斯曾经在奥林匹亚朗诵过这首名为《净化》的诗。按照亚里士多德的说法，他热爱自由，不能接受任何形式的统治，就像克桑托斯在探讨恩培多克勒斯的作品时所提到的，王位就摆在他眼前，但他断然拒绝了，这说明他喜欢的是简单质朴的生活。[8.64] 这件事提迈俄斯也讲过，还分析了他为什么甘心做平民。他说，有一天，执政官邀请恩培多克勒斯前去参加一场宴会，各种主食和菜肴都被端上了桌，却迟迟没有上酒。其他人都一声不吭，而恩培多克勒斯却开始发脾气，要求马上把酒水端上来，而执政官说他正在等待议事会的秘书。过了一会儿，秘书来了，担当了这场宴会的主持者，显然，这是执政官安排的，他希望通过这种方式效仿僭主制度。他要求人们或者把酒喝光，或者把酒从头顶上倒下。那时候，恩培多克勒斯低头不语，但是，第二天，发起这场宴会的执政官和那位主持者都被他告上了法庭，要求将其处死。他的政治生涯就是从那时开始的。

[8.65] 有一次，医生阿克戎请求议事会拨给他一块地方，在那里为他的父亲——一位医术高明的医生竖一块纪念碑，而恩培多克勒斯却制止了此事。他围绕着和平发表了一番演说，还提出了一个问题：要在纪念碑上刻什么文字呢？难道刻上：阿克洛斯的儿子，阿克拉伽斯最伟大的医生阿克戎，被埋

在他的伟大祖国最伟大的处所。[1]

有人说，接着是一行这样的文字：

他躺在最高处的最高墓穴之中。
据说，上述这番话出自西蒙尼德斯[2]。

[8.66] 当千人议会成立三年以后，就被恩培多克勒斯解散了，可见，他虽然身为富人，但是，也积极地为平民的生活考虑。提迈俄斯在他的作品的第一、第二卷中写道：他在政治生涯和诗歌创作中所持的观点几乎是完全相反的，在政治生活中，他宽厚谦逊；在诗歌创作中，他骄傲自负。他说过：你们欢呼吧！对你们来说，我永远不死，是不朽的神，我东游西荡……有一次，他去参加奥林匹亚运动会，人们对他推崇至极，人们总是把他挂在嘴边，没有人能与他媲美。

[8.67] 实际上，后来，阿克拉伽斯人开始思念他，但是，他的仇敌的后裔坚决反对他回归，于是，他去了伯罗奔尼撒，直到在那里去世。下面这段文字是提蒙为他写的：

恩培多克勒斯，他精通诉讼和辩论，
他投身于公共事务，倾其所有，
他选择的基质需要用其他基质进行说明。

有关他的死，流传着不同的版本。赫拉克勒德斯说过，恩培多克勒斯曾经让一个女人死而复生，由此，他获得了非凡的声誉。他又接着说，有一次，恩培多克勒斯在佩西阿纳克斯的田地里举行献祭。他的几个朋友也应邀参加，[8.68] 其中一位是帕萨尼阿斯。当宴饮结束后，有的人动身回家了；有的人躺在田边的树下休息；还有人去了其他地方；而恩培多克勒斯继续坐在那里，一动不动。黎明时分，人们纷纷起身，却没有看到他。于是，大家到处找他，问他的仆人们他去了何方，但是，他们也不知道他去了哪里。这时，有一个仆人说，半夜三更，他听见一个声音在大声地呼喊着恩培多克勒斯的名字，

---

1 在希腊文中，"阿克戎"（Ακρων）和"杰出的、伟大的"（άκρον）是同音字，不过，翻译成中文不再具有原文的意味。

2 西蒙尼德斯，生活在公元前556年至公元前468年，是古希腊的一位讽刺诗人。

听到动静，他起身前去查看，但是，除了一道从天边划过的光和几盏灯笼的光，别无他物。人们对这件事很震惊，后来，帕萨尼阿斯又派人到处打探他的下落。不久后，他让人们不要再继续寻找恩培多克勒斯，据他所说，一件幸运的事发生在恩培多克勒斯身上：他既然已经成了神，人们就应该祭拜他。

[8.69] 根据赫尔米珀斯的说法，阿克拉伽斯女人潘忒娅身患重疾，医生们束手无策，而他最终治好了她的病，因此，他举办了献祭，邀请了八十多个人来参加献祭活动。希珀伯托斯却说，随着献祭结束，恩培多克勒斯动身离去，去了埃特那火山。他来到火山口的边缘，纵身一跃，跳了下去，消失得无影无踪。实际上，他是想通过这种方式证明他成了神的预言。不过，有人后来在火山口发现了他遗留的一只拖鞋，因为他习惯把各种铜制东西钉在拖鞋上，也由此真相大白。不过，帕萨尼阿斯并不接受这种说法。

[8.70] 在提起阿那克西曼德时，爱菲斯的狄俄多洛斯说，恩培多克勒斯身着华服、神情倨傲，前去与阿那克西曼德一较高下。因为周围的河流散发出一阵阵恶臭，瘟疫侵袭了塞里诺斯[1]人，很多孕妇难产而死，男人也纷纷死去。恩培多克勒斯把附近另外两条河的河水引过来，水流混合在一起，水质变好了。就这样，有效地控制了瘟疫。后来，塞里诺斯人在河边举行了盛大的宴会，当恩培多克勒斯现身时，人们一拥而上，向祭拜神那样祭拜他。为了强化人们的这种信念，他纵身一跃，跳进了熊熊火焰之中。[8.71] 不过，提迈俄斯并不接受这些说法，他说，恩培多克勒斯去了伯罗奔尼撒之后就再也没回来，他的死因并不明确。在作品的第四卷中，提迈俄斯反驳了赫拉克勒德斯的说法，因为佩西阿纳克斯是叙拉古人，他在阿克拉伽斯并没有土地。另外，有人说，帕萨尼阿斯家财万贯，早就为他的朋友修建了纪念物，类似于为神修建的纪念物，可能是雕像，也可能是举行祭祀的场所。此外，提迈俄斯还说："虽然那些火山口就在不远的地方，但是，他提都没提过，又怎么会跳进去？"[8.72] 所以说，他应该是在伯罗奔尼撒去世的，只不过没有人发现他的墓地，不过，这种现象很常见。此外，提迈俄斯还补充了一点："赫拉克勒德斯对各种奇谈怪论很感兴趣，他还说，有的人是从月亮上掉下来的。"

而希珀伯托斯说过，最初，阿克拉伽斯那里树立着一尊恩培多克勒斯的蒙面雕像，后来，它被挪到了罗马人的元老院门前，雕像上的蒙面也被去掉了。很明显，这是罗马人干的。雕像上刻着浮雕形式的铭文，时至今日，依旧清晰可见。库日科斯的涅昂特斯著有《论毕达哥拉斯学派》一书，他在书中写到，

---

1 塞里诺斯，位于西西里的南部地区，是希腊人建立的一座殖民城市。

随着墨同去世，僭主制度开始崭露头角，因此，恩培多克勒斯说服了阿克拉伽斯人，他们结束了派系之间的斗争，在政治上推行平等的制度。[8.73]另外，他富可敌国，因此，他经常送嫁妆给那些贫困的城邦女孩。就像法伯里诺斯在他的《回忆录》中所描述的，他家境殷实，总是披着鲜亮的紫袍，腰间缠着金腰带，脚上穿着铜制的拖鞋，头上佩戴着德尔斐花冠。他的一头长发又浓又密，有几个男孩在他身旁伺候；他的表情总是庄重严肃。每当他以这副模样走出来，人们就会连声称赞，因为他的言行举止无不显露出王者风范。有一天，他乘坐着马车，去麦色涅出席一个庆典，不料，他从马车上跌落，把大腿摔断了。他大病了一场，很快就死了，享年77岁。他被埋藏在麦加拉。

[8.74]亚里士多德对他的年龄的记载与其他人有出入，说他在60岁去世的；还有人说，他活到了109岁。第84届奥林匹亚运动会期间是他的重要活动时期。特洛依真的德谟特里俄斯曾经在《驳智者》中提及他，还引用了一句荷马的话：

他将绳索系在高高的山茱萸树干上，
接着，他把脖子伸入绳索中，
他的灵魂奔向了哈德斯。

前面说起的特劳格斯所写的信函中提到，他因为年迈体弱，不慎掉进了海里，结果被淹死了。关于他的死，我们就说到这里。

在《帕美特洛斯》一书中，我们写了一首与他有关的讽刺诗：

[8.75]恩培多克勒斯啊，你曾用滚烫的岩浆来清洗你的肉身，
你在那不朽的火山口畅饮烈焰。
我不说，你故意投入埃特那滚烫的岩浆中，
你盼望着跳入其中，永远不为人知，
最终却事与愿违。

还有：

有一则故事，与恩培多克勒斯的死有关。
据说，他从马车上跌落，把右腿摔断了。
但是，他若是纵身跃入熊熊烈火的大碗之中，畅饮自己的生命之源，
那么，为何他的坟墓远在麦加拉？

[8.76] 概而言之，他的学说是这样的：世界包括水、火、土、气四种元素；另外，还有这四种元素互相结合形成的友谊，以及它们彼此分离所形成的斗争。对此，他这么说：

光明的宙斯，赐予生命的赫拉，埃多涅乌斯[1]，
涅斯提斯[2]，她用泪水润湿了逝者的眼眶。

这段话中，水是涅斯提斯，火是宙斯，土是赫拉，气是埃多涅乌斯。对此，他说："各种元素不停地转化，生生不息。"这种安排是不朽的，因此，他这么说：

有时候，因为友谊，它们结合成整体；
有时候，因为斗争，它们作鸟兽散。

[8.77] 他说，火聚积起来，就形成了太阳，太阳比月亮大。月亮是圆盘形状的，天空晶莹剔透，像水晶一样。灵魂在各种动植物的体内寄居。因此，他这么说：

我曾经身为男子，也曾经身为女子，
我曾经身为鸟儿、灌木，还有在海面上跃起的鱼儿。

他创作了《净化》和《论自然》这两首诗，总长为5000行。另外，他所写的《医学理论》也有600行，我们在前面已经提过了他创作的悲剧。

---

1 埃多涅乌斯，也就是哈德斯。
2 涅斯提斯，也就是冥王哈德斯之妻，珀尔塞福涅。

第三章　厄皮卡尔谟斯[1]

［8.78］据说，厄皮卡尔谟斯的父亲是赫洛塔勒斯，他来自科斯岛。他曾听过毕达哥拉斯讲课。他在他的著作中说过，他才三个月大时，就被带到位于西西里的麦加拉，后来，又被带到叙拉古。他的雕像上刻着一段铭文：

倘若伟大的太阳之光让群星黯然失色，
而江河的能量远逊于大海千万倍，
那么，厄皮卡尔谟斯的智慧超群，
他的头上佩戴着他的祖国叙拉古献给他的荣誉之冠。

他留下了自然哲学、医学理论以及生活箴言方面的众多论文。很多论文中，他都做了详细的注释，可见，他的确是这些作品的作者。他活到了90岁。

1　厄皮卡尔谟斯，大约生活在公元前550年至公元前460年。

第四章　阿尔库塔斯[1]

[8.79] 阿尔库塔斯的父亲是墨涅萨格拉斯，他是塔拉斯人；而阿里斯托克色诺斯却说，他的父亲是赫斯提埃俄斯。他也属于毕达哥拉斯学派。当时，狄俄尼西俄斯想对柏拉图处以死刑，而他写了一封信，最终救了柏拉图一命。他因为崇高的德性而受到人们的敬仰，他先后七次担任城邦的统帅，而因为法律的相关规定，其他人的任期从未超过一年。柏拉图曾经给他写过两封信，而他也曾经给柏拉图写过信，其中有一封信是这么写的：

阿尔库塔斯问候柏拉图

[8.80] 很高兴得知你已经康复，你的来信和拉米斯科斯都让我知晓了这个好消息。我会关注那些论文。我去了卢卡尼亚，在那里，我还遇见了厄克洛斯[2]的后裔。我现在拿到了他所写的《论王政》《论法律》《论宇宙的生成》《论虔诚》，我把它们随信一并寄给你。我目前还没有找到他的其他作品，如果找到了，我也会寄给你。

以上就是阿尔库塔斯写给柏拉图的信。下面是柏拉图的回信：

柏拉图向阿尔库塔斯致意

[8.81] 收到你寄来的那些论文，让我万分高兴。我很崇拜这些论文的作者，我认为，他的成就配得上他的先辈的英名。就像传说所说，他们是密拉[3]

1　阿尔库塔斯，大约生活在公元前4世纪。

2　厄克洛斯，生活在公元前5世纪。他是卢卡尼亚人，属于毕达哥拉斯学派，著有《论世界的本性》一书。

3　密拉，在小亚细亚的西南部地区的一座城市，临近地中海。

人，正是拉俄墨冬[1]开创的特洛伊人的后裔，他们卓越超群。至于你在信中所要的论文，现在的论述不够充分，但是，我还是把它们寄给了你。关于这些论文的保管方式，我们俩的意见是一致的，我无须多言。再会。

上述就是他们之间的书信往来。

[8.82] 一共有四位名为阿尔库塔斯的人。第一位就是我们正在讨论的这一位；第二位是音乐家，他是密提勒涅人；第三位著有《论农业》这一著作；第四位是讽刺诗作家。根据有的人的说法，还有第五位名叫阿尔库塔斯的人，他是一位建筑师，写过《论机械》一书，书的开篇写道："这些东西来自迦太基人透克洛斯。"还有一个关于那位音乐家的故事：有一次，他因为说话含混不清而被人指责，对此，他说："我的乐器将代表我说话以及参加比赛。"

按照阿里斯托克色诺斯的说法，在出任统帅期间，阿尔库塔斯从未有过败绩，但是，因为遭人嫉恨，他不得不辞掉了统帅一职，而他率领的军队也很快被敌军打败。

[8.83] 阿尔库塔斯的贡献是，他首次将数学原理引入力学之中，从而实现了力学的科学化，此外，他也首次在几何描绘中运用了机械运动。也就是说，他试图通过在半个柱体的截面上找到两个等比中项，然后以此将一给定的立方体加倍[2]。根据柏拉图在他的《国家篇》中的记载，他是第一个在几何学中发现了立方体的人。

---

1 拉俄墨冬，特洛伊王，他创建了特洛伊城。
2 指古希腊著名的三大数学难题之一，即"立方倍积"问题。

第五章　阿尔克迈翁[1]

　　阿尔克迈翁是克洛同人,他也去听过毕达哥拉斯讲课。他写过很多与医学有关的作品,与此同时,他对自然哲学也很感兴趣,他说过:"人类的很多事情都存在着两个方面。"法伯里诺斯在他的《历史杂记》中写道,他应该是历史上第一个撰写自然哲学方面的作品的人,他指出,从本质上来说,月亮和其他天体是永恒的。他在一本著作的开篇写道,他的父亲是佩里托斯。他是这样写的:"下面的话是佩里托斯的儿子、克洛同的阿尔克迈翁对布洛提诺斯、勒翁和巴图洛斯说的:关于不可见的、可朽的事物的确切知识,只有神知道,而人类能做的只是通过结构来推测而已。"他认为,灵魂是不朽的,就像太阳那样,永不停歇地运动。

---

[1] 阿尔克迈翁,大约生活在公元前5世纪中期。

第六章　希帕索斯[1]

［8.84］希帕索斯也属于毕达哥拉斯学派，他是美塔庞提翁人。他认为，宇宙是有限的、永恒运动的，而世界变化的时间也是有限的。根据德谟特里俄斯在他的《同名人》中的说法，希帕索斯一生没有留下任何作品。有两位名为希帕索斯的人，其中一位就是我们现在介绍的这一位；另一位是斯巴达人，著有《斯巴达政制》，是五卷本。

第七章　菲洛拉俄斯[2]

菲洛拉俄斯是毕达哥拉斯学派的哲学家，他是克洛同人。柏拉图曾经给狄翁写了一封信，通过菲洛拉俄斯购买了毕达哥拉斯的著作。克洛同人认为，他有建立建筑政制的图谋。最终，他因猜忌而死。下面这首诗是我们为他写的：

我说，人们要警惕猜忌之心，
因为哪怕你没有做任何事，只是看上去有做的可能，也会遭霉运。

1　希帕索斯，大约生活在公元前4世纪。
2　菲洛拉俄斯，大约生活在公元前470年至公元前390年。

菲洛拉俄斯就是这样被他的祖国克洛同杀死的,
他们认为,他的房屋表明他企图成为僭主。

[8.85]他的学说是这样的:万物源自于必然性与和谐性。他指出,地球进行着圆周运动,不过,也有人说,首次提出这一观点的是叙拉古的希刻塔斯[1]。按照赫尔米珀斯的说法,他写过一本书,有人说,柏拉图去往西西里的狄俄尼西俄斯,在那里,他花了40个亚历山大银币从菲洛拉俄斯的亲戚手里买到了这本书,[2]而他写的《提迈俄斯篇》就是对这本书的改写。但是,也有人说,菲洛拉俄斯的一位跟随者被狄俄尼西俄斯在监狱里关了起来,后来,柏拉图救了他,于是,他把这本书送给了柏拉图。根据德谟特里俄斯在其《同名人》中的相关记载,在众多毕达哥拉斯学派的哲学家中,他是第一个发表著作的人,他为自己的作品取名为《论自然》,书的开篇是这么写的:"无限与有限的事物一同构成了世界中的自然,整个世界以及其中的所有皆是如此。"

第八章　欧多克索斯[3]

[8.86]欧多克索斯是克尼多斯[4]人,他的父亲是埃斯基涅斯,他本人是医生、几何学家、天文学家以及立法者。按照卡里马科斯[5]在《总目》中的说法,他曾经听过阿尔库塔斯讲的几何学,还听过来自西西里的医生菲里斯提翁讲的医学。索提翁在他的《师承》中指出,他还听过柏拉图的课。他的生活穷

1　希刻塔斯,大约生活在公元前400年至公元前335年,他是叙拉古人,属于毕达哥拉斯学派。

2　此处记载有误,因为柏拉图死后亚历山大才出生。

3　欧多克索斯,大约生活在公元前407年至公元前357年。

4　克尼多斯,是当时很有名的一座商埠,位于小亚细亚的西南角。

5　卡里马科斯,大约生活在公元前310年至公元前240年,他是古希腊时期著名的诗人和学者,在亚历山大图书馆工作。

困潦倒，他对苏格拉底学派的鼎鼎大名仰慕已久，23岁那年，他与医生忒俄墨冬一起去了雅典，忒俄墨冬为他提供了一部分资金援助。有人说，忒俄墨冬钟情于他。据说，他在珀奈欧斯住了下来，每天都去雅典听那些智者讲课，听完课，他又返回珀奈欧斯。

[8.87] 在那里，他待了两个月，就回到了他的家乡。接着，他的几个朋友为他提供了资金援助，于是，他又和医生克律希珀斯一起去了埃及。他带着一封阿格希拉俄斯[1]写给涅克塔纳庇斯[2]的介绍信，因此，涅克塔纳庇斯向祭司们引荐了他。在那里，他剃掉了眉毛和胡须，生活了16个月；也有人说，他的《俄克泰忒里斯》一书就是在那里写的。接着，他去了库日科斯和普洛庞提斯[3]，他在那里讲课。不久后，他又投奔了毛索洛斯[4]；最后，又一大批学生跟随他回了雅典。据说，他之所以这么做，是为了让柏拉图难堪，因为柏拉图之前抛弃了他。[8.88] 有人还说，有一次，柏拉图举办一场盛大的宴会，因为参加的人数太多，因此，欧多克索斯要求按照半圆形来摆放桌椅。按照亚里士多德的儿子尼科马科斯的说法，在欧多克索斯看来，快乐就是善。在他的国家，他深受人们推崇，一项与他有关的议案就可以证明这一点。另外，赫尔米珀斯在他的《论七位智者》中指出，他为同胞们制定了一系列法律条款，还创作了几何学、天文学以及其他许多方面的著作，在所有希腊人中，他都受到了敬仰。他生了三个女儿，分别是菲尔提丝、阿克提丝和德尔斐丝。[8.89] 厄拉托斯特涅斯在一封写给希腊新喜剧作家巴同的信中提到，欧多克索斯还写过一本书，题目是《狗的对话》。不过，有人说，这本书本来是埃及人用埃及语写的，之后欧多克索斯翻译成了希腊文，将其介绍给了希腊人。据说，厄里涅俄斯的儿子克律希珀斯曾去听过他的课，主要是与神、世界和天象有关的课程，而西西里人菲里斯提翁传授了他医学方面的相关知识。欧多克索斯留下了很多精彩的评注。他有一个名叫阿里斯塔戈拉斯的儿子，而阿里斯塔戈拉斯也生了一个儿子，取名为克律希珀斯，他的老师是阿厄特里俄斯，他写过一部与眼睛有关的作品，不过，他最感兴趣的还是自然方面的探索与研究。

[8.90] 总共有三位名叫欧多克索斯的人：第一位就是我们正在介绍的这

---

1 阿格希拉俄斯，生活在公元前444年至公元前360年，是斯巴达国王。

2 涅克塔纳庇斯，埃及国王涅克塔纳庇斯二世，他的在位时间是公元前360年至公元前343年。

3 普洛庞提斯（Προττοντίς）在希腊语中的意思是"前海"，也就是黑海前面的海，实际上是马尔马拉海，位于黑海和地中海之间。

4 毛索洛斯，是当时的波斯统治者，在位时间是公元前377年至公元前353年。

一位；第二位来自罗得斯岛，是一位历史学家；第三位是从希腊移居西西里岛的希腊人，是一位喜剧诗人，他的父亲是阿伽托克勒斯，阿波罗多洛斯在他的《编年史》中写道，城里每年都会举行酒神节，他曾经三次夺得冠军，而乡间每年举行的酒神节上，他曾经五次夺冠。另外，还有一位医生也叫欧多克索斯，他是克尼多斯人；我们这里介绍的这一位欧多克索斯曾经在他的《旅行记》一书中提到过这个人，据说，他经常劝说人们，要经常锻炼肢体以及感官。按照阿波罗多洛斯的说法，第103届奥林匹亚运动会期间是克尼多斯的欧多克索斯的活跃时期，曲线的有关理论也是由他发现的。他活到53岁。法伯里诺斯在他的《回忆录》一书中指出，有一次，他和赫里欧珀里斯[1]的科努菲斯一同前往埃及，当时，神牛阿皮斯舔了欧多克索斯的斗篷，因此，那里的祭司预言，有朝一日，他会拥有显赫的名望，但是，他的寿命不长。

[8.91] 下面这首诗是我们为他写的：

有人说，在遥远的孟斐斯，
长着一对美丽犄角的公牛告知了欧多克索斯他的命运。
公牛为何能说话呢？其实，它什么都没说。
年轻的阿皮斯并没有从自然那里获得一张喋喋不休的巧嘴。
不过，它站在他身边，舔了舔他的斗篷，
显然，这预示着：你将不久于人世。
宿命很快降临在他身上，
他只看过七簇星升起五十三次。

他拥有显赫的声名，因此，人们称他是"恩多克索斯"，而不是直呼他的名讳——欧多克索斯。[2] 我们已经介绍完了毕达哥拉斯学派，接下来，我们要继续介绍零散的哲学家。首先介绍的是赫拉克利特。

---

1 赫里欧珀里斯，指的是埃及的太阳城。
2 恩多克索斯（Ἔνδοξος）的意思是"著名的，有名的"，在希腊语里与欧多克索斯（Εὐδόξος）的发音很接近。

 第九卷

第一章　赫拉克利特[1]

[9.1] 赫拉克利特是爱菲斯人，他的父亲是布洛松；也有人说，赫拉孔是他的父亲。第69届奥林匹亚运动会期间是他比较活跃的时间。他高贵而自负，在这两方面，他远远超过其他人，这一点在他的作品中就可见一斑，他在书中写道："博学是无法教导任何人的心灵的，要不然，它早就教导了赫西俄德和毕达哥拉斯，还有克塞诺法涅斯和赫卡泰俄斯。"[2] 他还说："智慧就是去认识和了解那分布在万物之中并且统治着万物的事物。"此外，他还说，应该把荷马从各种大会上赶出去，还要鞭挞他；还要用同样的方式对待阿拉基洛科斯。[3]

[9.2] 他认为，比起扑灭一场大火，消除狂妄更重要，人民保护法律要像保护城邦的城墙那样。爱菲斯人放逐了他的朋友赫尔谟多洛斯，他攻击那些爱菲斯人，说："所有爱菲斯的成年人都应该被处以绞刑，让年轻人来统治城邦。因为他们之中最杰出的赫尔谟多洛斯被放逐了，而他们还说，'我们不需要所谓的杰出之人，如果他确实存在，那么，就请加入其他人的队伍吧。'"当他们恳请他为其制定法律时，他断然拒绝了，因为恶的制度已经统治了这座城邦。

[9.3] 他选择了隐退，在阿耳忒弥斯神庙居住，经常与一帮孩子玩掷骰子的游戏。当爱菲斯人围着他观看时，他就说："啊，你们这些坏东西，到底好奇什么呢？比起你们参与的城邦事务，这么做不是更好吗？"他最终成了一个愤世嫉俗之人，经常在田间山林里游荡，离群索居，食物是各种野生植物。后来，他患上了浮肿病，只能回到城邦，通过打谜语的方式询问医生，他们

1　赫拉克利特，生活在公元前500年左右。

2　赫卡泰俄斯，大约生活在公元前550年至公元前476年。他是米利都人，是当时著名的哲学家、历史学家和地理学家。

3　阿拉基洛科斯，大约生活在公元前680年至公元前645年。他的出生地是帕洛斯岛，是一位著名的诗人。

能不能将潮湿的天气变得干燥。然而，他们都不能理解他说的话。他没有办法，只有来到一处牛棚，用牛粪把自己埋了，希望通过牛粪的热气蒸干他身上的湿气。然而，还是没有效果，在60岁那年，他去世了。

［9.4］我们写了一首关于他的诗：

关于赫拉克利特，我好奇不已，
为何他要选择那种生活，
如此不幸地死去。
可怕的疾病侵袭了他的肉身，
他眼睛的光被水扑灭，随之而来的是一片漆黑。

按照赫尔米珀斯的说法，他曾经请教医生，能不能把他的肠子清空，把肠子里的湿气排出去。但是，医生说不能这么做，于是，他就在太阳下暴晒，还让仆人在他身上涂抹牛粪。于是，他的身体被牛粪包裹着，第二天，他就死了。在集市的一角，人们埋葬了他。根据库日科斯的涅昂特斯的说法，他身上的牛粪无法去除，于是，他就继续被牛粪包裹着；因为他的外貌改变了，因此，没有人能认出他，最终，狗啃掉了他的尸体。

［9.5］从孩提时代开始，他就令人啧啧称奇。他在年轻时说自己一无所知；但是，随着他逐渐长大，他又说自己无所不知。他没有去听过任何人的课程，按他的说法，他经常对自己发问，通过自己来学习知识。然而，索提翁说，他曾经听过克塞诺法涅斯的课。按照阿里斯通在《论赫拉克利特》中的说法，他的浮肿病其实治愈了，但是，另一种疾病最终夺走了他的生命。关于这一点，希珀伯托斯也同意。他传世的作品是一部与自然有关的论文集，这本书分为三个部分，分别是论神、论万物以及论政制。［9.6］这本书被他藏在了阿耳忒弥斯神庙里，他专门用晦涩难懂的语言撰写了这本书，因此，只有那些具备一定能力的人才能读懂这本书，也避免了这本书被无知之人轻薄。提蒙是这样描述他的：一只布谷鸟从人群中腾空而起，他是群氓的批判者，晦涩难懂的赫拉克利特。而忒俄弗拉斯托斯说，令人遗憾的是，这部著作只完成了一半，剩下的部分还只是草稿，但是，风格与前半部分截然不同。安提司特涅斯在他的《师承》中举了一个例子，来彰显他高贵的品格，那就是他将自己的王位让给了兄弟。他的著作受到人们追捧，一个学派由他而产生，这一学派的成员被称作赫拉克利特主义者。

［9.7］他的学说大致说的是，世界万物源于火，又回归为活；万物的产生都源于其命运，一切存在的东西都通过对立面而结合起来；万物之中充斥

着魂魄与精神。他讨论了宇宙中发生的各种事情，比如，他说，太阳的大小和它看上去一样。他还说过，即使一个人走过了所有道路，也找不到灵魂的边界，因为灵魂的逻各斯是如此深远。他指出，思想[1]是一种神圣的疾病，视觉总是欺骗人们。有时候，他在作品中会使用清楚、简单的语言来表述，就连最愚笨的人也能明白他的意思，从而使灵魂得到升华。从他在表达上的简洁有力来说，没有人能与之媲美。

[9.8] 他的学说具体包括以下这些内容。他认为，火是元素，归根结底，万物是火的某一种变化，通过浓缩或稀释的方式而形成。不过，他并没有进行更深入的阐述。万物的产生都源于其对立面的冲突与矛盾，整个宇宙就像一条河流，奔腾不止。只有一个世界存在，其中的万物都有终结；这个世界源自于火，到了一定的时间，火会再次摧毁这个世界，这样不断循环；而命运是所发生的一切的根据。就对立面而言，造成生成的那一方被称作战争或者冲突；造成被火摧毁的那一方被称为安宁或和谐。所谓变化，就是向上或向下的路，世界也由此产生。[9.9] 火浓缩了，就变成了湿气，凝结之后，就变成了水，而水又会凝结成土；这就是所谓的向下的那条路。然后，土会稀释，从而产生水，而其他一切事物又会从水中产生，他认为，海洋的蒸发产生了一切事物；而这就是所谓的向上的那条路。土或海洋都会出现蒸发的现象，有的是浑浊不清的，有的是洁净明亮的，前者使湿气加重，后者让火变旺。但是，他并没有指明究竟是何物环绕在我们周围。但是，他指出，环绕在我们周围的事物中存在着一些碗状的东西，碗的中空那部分面向着我们，一切明亮洁净的蒸发现象都在那里积聚起来，发出光芒，那就是星辰。[9.10] 其中阳光是最炽热、最明亮的；相比之下，其他星星距离地球的距离比较远，发出来的光和热也弱一些。虽然月亮离地球比较近，但是，它在一个不洁净也不明亮的轨道上运行；而太阳却在一个洁净明亮的轨道上运行，与地球保持着适当的距离，因此，它发出的光和热更多。当太阳和月亮的碗状物发生翻转时，日食和月食就发生了。每一个月，月亮表现出的状态是不一样的，这是因为其碗状物逐渐发生着翻转。另外，不同形式的蒸发导致了昼夜轮转、月份、四季和年，刮风下雨以及诸如此类的现象。当太阳的碗状物的中空部分出现明亮的蒸发时，白天就出现了；如果浑浊不清的蒸发出现时，夜晚就出现了。当明亮的蒸发逐渐催生出热，夏季就出现了；当浑浊的蒸发逐渐累积湿气，冬季就出现了。关于造成其他类似现象的原因，他也一一作了解释。

---

1 除了"思想"之外，"ΟἴησιϛB"的意思还包括"主张""观念""意见"等。这个词的词根是动词"οἴομοα"（主张、预知）。

但是，他并没有阐述地球的性质，也没有对碗状物的性质予以说明。上述种种就是他的学说。

阿里斯通曾提起一些与苏格拉底有关的事，还谈到了欧里庇德斯把赫拉克利特撰写的著作送给了苏格拉底，而苏格拉底对这些著作发表了评论，在介绍苏格拉底的时候，我们已经讲述了这些内容，详情可见2.22。[9.12] 按照来自罗马的语法学家塞留科斯的说法，一个名为克洛同的人在他所写的《潜水者》中写道，赫拉克利特的著作最初是一个名为克拉特斯的人带到了希腊；此人说，他需要一名不会被淹死的得洛斯潜水员。这本书被称为《缪斯》或《论自然》，而斯多葛主义者狄俄多托斯将其称为"关于正确生活的指引"，还有人将其称为"关于伦理的规范，关于万物的运行法则"。有人说，每当有人问他为什么沉默不语，他就说："为了让你们唠叨下去。"大流士希望与他见上一面，还给他写了一封信：

[9.13] 希斯塔斯佩斯的儿子，大流士王，致意爱菲斯的智者赫拉克利特

你撰写了《论自然》，这是一本晦涩难懂的书。书中的某些内容，如果从字面上来解释，体现的是一种静观宇宙以及其中万物的能力，而它们都在进行着神圣的运动。不过，这本书的大部分内容的具体含义都是不确定的，就连那些深入研究你的著作的人都无法准确地理解你表达的意思。所以，我，希斯塔斯佩斯的儿子，大流士王，希望能聆听你孜孜不倦的教诲，希望能得到希腊式教育。[9.14] 请你尽快来到我的王宫，来到我身边。智者总是能给出很多耐人寻味的教导，而希腊人却经常看不起他们。请来到我身边，我将赋予你特权，我们之间的谈话将是严肃而美好的，我们也会遵循你的谆谆告诫，过上一种善良的美好生活。

下面是赫拉克利特写给大流士的回信：

爱菲斯的赫拉克利特，致意大流士王，希斯塔斯佩斯的儿子

实际上，所有人都与正义和真理渐行渐远，在邪恶和愚蠢的支配下，他们沉迷于对名誉和财富的追求。对于他们的一切贪婪和邪恶，我早已忘却，只希望能远离同胞们的浮躁和忌妒，所以，我无法前往波斯。如今，我习惯了卑微，我尊重自己的意愿而生活。

赫拉克利特就是这么与国王打交道的。

[9.15] 德谟特里俄斯在《同名人》一书中指出，虽然他深受雅典人追捧，

但是，他依然看不起他们；虽然他遭到爱菲斯人的蔑视，但是，他由衷地热爱着自己的故土。在《苏格拉底的申辩》一书中，法勒隆的德谟特里俄斯也曾提起过他。有很多人试图解读他的著作，比如旁托斯的赫拉克利德斯、狄俄尼西俄斯、安提司特涅、斯多葛主义者斯菲洛斯、克勒昂特斯，还有以善于模仿赫拉克利特而著称的帕萨尼阿斯以及古希腊数学家尼科谟德斯。语法学家狄俄多托斯说过，实际上，这本书探讨的并不是自然，而是政治，书中对自然展开的讨论只是举例而已。

[9.16] 按照希罗尼谟斯的说法，讽刺诗人斯库提诺斯曾经尝试用韵文的形式来改写赫拉克利特的著作。有很多与他有关的讽刺诗，下面是其中一首：

我就是赫拉克利特。
你们这些无知的人啊，为什么把我拖上又拖下？
我不是为了你们而劳作，而是为了那些懂得我的人们。
对我来说，一个穷光蛋的价值也许高达三万，
而一个富翁也许一钱不值。
这番话我是在珀尔塞福涅的殿堂说出的。

另外还有一首：

别急着把赫拉克利特的书翻完，
这条路布满艰辛，
那里漆黑一片，遍布迷雾，没有丝毫光亮。
但是，如若这位向导指引着你，
它会比太阳更璀璨。

[9.17] 值得一提的名为赫拉克利特的人一共有五位。第一位就是我们刚刚提到的这一位；第二位是抒情诗人，他曾经为十二位神创作了颂词；第三位是一名哀歌诗人，来自哈利卡尔纳索斯[1]，下面的诗句是卡里马科斯为他而写的：

赫拉克利特啊，你死去的消息传到了我这里，
我为此而悲泣。

---

[1] 哈利卡尔纳索斯，位于小亚细亚的西南部地区。

这让我回想起了我们的曾经，
我们无数次愉快地交谈，直到太阳西沉。
亲爱的哈里卡尔纳索斯客人啊，
虽然你已经化为尘土，
但是，你的歌声如夜莺般婉转，
它会代代流传。
纵然哈德斯可以将一切夺走，却永远不能带走你的歌声。

第四位来自勒斯博斯岛，他写过一部有关马其顿历史的著作；第五位是一名竖琴师，很擅长讲笑话。

第二章 克塞诺法涅斯[1]

[9.18] 克塞诺法涅斯的父亲是德克斯俄斯，阿波罗多洛斯却说，厄尔托美涅斯才是他的父亲。他是科洛封人，提蒙对他赞不绝口：

克塞诺法涅斯从不狂傲，也不自负，对于荷马的欺世盗名，他猛烈地抨击。

他的祖国放逐了他，后来，他在西西里的扎个克勒生活……[2] 他在卡塔涅[3] 住过一段时间。有人说，他从没听过别人讲课，也有人说，他的老师是雅典人波同或是阿尔刻拉俄斯。索提翁说过，他与阿那克西曼德生活在同一时期。他经常通过箴言的方式来写作，也创作过一些讽刺诗和哀歌，用来驳斥荷马

---

1 克塞诺法涅斯，生活在公元前 570 年至公元前 478 年。
2 此处的希腊原文有遗漏。
3 卡塔涅，一座处于西西里东岸的城市。

和赫西俄德有关诸神的言论。有时候，他还会在公开场合朗诵自己的作品。有人说，他对泰勒斯和毕达哥拉斯的观点也不认可，还反驳过厄皮美尼德斯。就像他自己说的，他是一个长寿的人：

[9.19] 我的思想在希腊这片土地上传播开来，已经过去了 67 年。
在此之前，我已经活了 25 年。

他认为，万物包含着四种元素，世界在数量上是无限的，而且并不是交替着出现的。当太阳产生的蒸气向上蒸腾，进入环绕在我们周围的天空之中，云就形成了。从本质上来说，神是球形的，而且与人完全不同；他凝视着全宇宙，也倾听着全宇宙，然而，他本身没有呼吸；他是思想，是理性，亦是永恒。克塞诺法涅斯最先提出，所有被生成的事物最终都会被毁灭，而灵魂的本质是气息。[9.20] 此外，他指出，很多事物都比不上思想的力度。或者与僭主和谐共处，或者离他们远一点。当恩培多克勒说，不可能找到智慧之人，对此，他说："当然了。想要发现一位智慧之人，你就必须先找到另一位智慧之人。"索提翁错误地指出，克塞诺法涅斯是最先指出万物是不可知的。他创作过一首有关科洛封建城和意大利爱利亚殖民的诗，长达千行。第 60 届奥林匹亚运动会期间是他的重要活动时间。法勒隆的德谟特里俄斯在他的《论老年》以及斯多葛学派的帕奈提俄斯在他的《论快乐》中都指出，和阿那克萨戈拉一样，他曾经亲手埋葬了自己的儿子。而法伯里诺斯在《回忆录》第一卷中指出，他曾被卖掉……[1] 后来，毕达哥拉斯学派的帕拉美尼斯科斯和厄瑞斯塔多斯解救了他。此外，还有一个名为克塞诺法涅斯的人，他是一位讽刺诗人，来自勒斯博斯岛。

我们介绍的赫拉克利特和克塞诺法涅斯都不属于任何学派，他们都是零散的哲学家。

1　此处的希腊原文有遗漏。

第三章　巴门尼德[1]

［9.21］巴门尼德的父亲是皮瑞斯，老师是克塞诺法涅斯；他是爱利人；按照忒俄弗拉斯托斯在《概要》中的说法，他曾经听过阿那克西曼德的讲课。但是，巴门尼德虽然听过克塞诺法涅斯的讲课，但是，他并不是那个人的追随者。索提翁说过，他与狄俄凯塔斯之子、毕达哥拉斯学派的哲人阿美尼阿斯交情甚笃；虽然阿美尼阿斯穷困潦倒，然而，他拥有良善而崇高的德性。巴门尼德主要追随的正是阿美尼阿斯，当后者去世之后，他还专门为他修建了一座祠堂来纪念他，因为巴门尼德家世显赫，财力雄厚；然而，最终是在克塞诺法涅斯的指引下，他才过上了恬静祥和的生活。

他首次指出，地球位于宇宙的中心，是球形的。有两种元素存在，分别是火和土；火是富有创造力的匠人，而水是匠人创造时使用的质料。［9.22］人的生息繁衍源自于太阳；热和冷都从太阳那里产生，而万物又源自于热和冷。他还指出，理性与灵魂具有同一性，关于这一点，忒俄弗拉斯托斯在他的《自然哲学》中也提到了，他在这本书中几乎阐述了所有学派的学说与观点。巴门尼德认为，哲学包括两部分，一部分以真理作为依据，另一部分以意见作为依据。因此，他曾经说：

你需要了解所有的一切，
其中既包含着宁静的心灵所理解得完满的真理，
又包含着人们的意见，那里根本不存在任何真正的信念。

就像克塞诺法涅斯、恩培多克勒斯和赫西俄德那样，巴门尼德也经常通过诗歌的形式来表达自己在哲学方面的思考。他认为，理性乃是精准的尺度，而感知并不可靠。他说过：

1　巴门尼德，公元前500年前后是他的比较活跃的时间。

不要沿着人们习以为常的道路走，
用聒噪的舌头、轰鸣的耳朵以及茫然无措的眼睛作为准绳，
而不要通过理性来决断纠纷。

［9.23］提蒙是这样评价他的：

高贵的是巴门尼德，而不是来自四面八方的意见，
他的力量将思想从重重幻想中托举起来。

柏拉图创作了关于他的对话，即《伦理念》和《巴门尼德》。第69届奥林匹亚运动会期间是他的重要活跃时间。而法伯里诺斯在他的《回忆录》第五卷中指出，应该是他首先发现暮星和晨星其实就是同一颗星；不过，也有人说，是毕达哥拉斯发现的。按照卡里马科斯的说法，记载了这首发现的诗歌并不是毕达哥拉斯所写。斯彪西珀斯在他的《论哲学家》中指出，他曾为同胞们制定了一系列法律。而法伯里诺斯在他的《历史杂记》中写道，他是第一个探究"阿喀琉斯论辩"[1]的人。另外，还有一位演说家也叫作巴门尼德，他还撰写过一部有关演说的作品。

第四章　墨里索斯[2]

［9.24］墨里索斯，他的父亲是伊泰格涅斯，他是萨摩斯人。据说，他曾听过巴门尼德讲课，而且他曾与赫拉克利特展开过对话。据说，就像希波克拉底把德谟克利特介绍给阿布德拉人那样，赫拉克利特就是被墨里索斯介绍

1　就是有名的"阿喀琉斯追不上乌龟"的论辩，可以简称为"追龟辩"。
2　墨里索斯，也可以译为"麦里梭"，他比较活跃的时间是公元前440年前后。

给爱菲斯人的,当时他们对他并不了解。后来,他开始参与政治活动,深受他的同胞的尊敬。他也由此当选舰队司令,因为崇高的德性,而受到更多人的爱戴与拥护。

在他看来,宇宙是无限的、不运动的、不变化的,它与其本身保持一致,构成了完满自足的"一"[1]。所有的运动都是表象,真正的运动并不存在。他还认为,不应该讨论诸神,因为我们并没有掌握与他们有关的任何知识。

按照阿波罗多洛斯的说法,他比较活跃的时间是第 84 届奥林匹亚运动会期间。

第五章　爱利亚的芝诺[2]

[9.25] 芝诺是爱利亚人。根据阿波罗多洛斯在他的《编年史》中的说法,特吕塔格拉斯是他的生父,后来,皮瑞斯的儿子,巴门尼德收养了他。对于他与墨里索斯,提蒙这么说:

当芝诺驳斥任何问题时,他总是从正反两方面展开论证,
这种论证的力量是如何大,任何人都难以企及;
墨里索斯也是这样。
在很多问题上,他们都有过人的见解,
只是在个别方面略逊一等。

芝诺是巴门尼德的学生及其忠实的追随者。柏拉图在《巴门尼德篇》一书中指出,巴门尼德长得高高大大。在《智者篇》和《斐德洛斯篇》中,柏

---

1 在希腊文中,"ττλήρ^ς"指的是"完满的""充满了……的",所以,这句话的意思是"万物充盈于其中"。

2 芝诺,比较活跃的时间是公元前 460 年前后。

拉图也提到过他，将其称为爱利亚的帕拉墨得斯[1]。而亚里士多德指出，就像恩培多克勒斯开创了修辞学那样，芝诺则是辩证法的奠基者。[9.26] 在政治和哲学方面，芝诺都表现出了他的高贵。他存世的作品也彰显了他过人的智慧。赫拉克勒德斯在他的《萨提洛斯生平概述》一书中指出，他曾试图推翻僭主涅阿尔科斯的统治，最终却被抓捕，也有人说，这是狄俄美冬的壮举。他的伙伴把大批武器运送到西西里岛北海岸附近的利帕拉，他被连累，抓到审问，他指出，所有僭主的朋友都是他的同伙，希望通过这种方式孤立僭主。接着，他跟僭主说，他有一些要事要在私下说，于是，僭主走到他身前，怎料他紧紧咬住僭主不松口，直到最后被乱刀砍死，他的命运与试图刺杀僭主的阿里斯托格同[2]如出一辙。

[9.27] 德谟特里俄斯在他的《同名人》一书中指出，他咬掉了僭主的鼻子。而安提司特涅斯在他的《师承》中指出，当僭主的朋友们都被揭发之后，僭主又问他，这件事还有没有其他同谋，他说："还有你，你是城邦的罪人。"接着，他对围观者说："如果只是因为我现在遭受的一切，你们就沦为僭主的奴隶，那么，你们的懦弱让我羞愧。"最终，他把自己的舌头咬断了，吐到了僭主脸上。接着，市民们一拥而上，用石头把僭主砸死了。这个故事流传甚广，而赫尔米珀斯还说，他被扔进了一个大石臼里，被捣成了肉泥。

[9.28] 我们写了如下这段话献给他：

芝诺，你想刺杀僭主，解救爱利亚于水深火热，
你心怀着善良的意愿。
但是，你却失败了，僭主将你投入一口石臼里，
捣打成了肉泥。

对此，我要说的是：

他们只是摧毁了你的身体，而不是真正的你。

在其他方面，芝诺的表现也很优秀，他和赫拉克利特一样，对权贵很鄙夷。比如，在狂傲自负的雅典人面前，他始终把自己的国家摆在第一位，最初，那里是来自小亚细亚的佛开亚人的殖民地，最初叫作叙埃勒，后来改名为爱

---

[1] 帕拉墨得斯，曾揭露奥德修斯装疯卖傻。
[2] 阿里斯托格同，雅典人。公元前514年，他与一个名为哈默狄俄斯的朋友一同前去刺杀雅典当时的僭主希皮亚斯，最终，两个人都被处决。

利亚。这座城市所处的地位并不高，唯一引以为骄傲的事就是知道怎样让城邦的人们变成善良之人。他从来没去拜访过任何雅典人，而是一直都在自己的国家生活。

［9.29］他是第一个提出"阿喀琉斯论辩"的人，然而，法伯里诺斯却说是由巴门尼德提出的，此外，他还进行过很多论辩。他的主要学说包括：虚空并不存在，反而同时存在着多个宇宙；万物的本质源于冷热、干湿，各种元素彼此转化；人源自于土，然而，他的灵魂是由上述几种元素混合而成的，而且任何一种元素都没能占据主导地位。据说，当有人指责他时，他很愤怒。有人因此而责备他，他却说："如果有人骂我，我还表现出无所谓的样子，那么，当有人赞扬我，我也会感到麻木。"介绍基提翁的芝诺时，我们提到了八个名叫芝诺的人。这里提到的这位芝诺的比较活跃的时间是第79届奥林匹亚运动会期间。

第六章　留基伯斯[1]

［9.30］留基伯斯是爱利亚人，不过，也有人说他是阿布德拉人，又或是米利都人。他曾去听过芝诺讲课。他认为，万物是无限的，可以彼此转化；宇宙是一片虚空，各种物体充斥其中。物体进入虚空而且彼此结合起来，就形成了世界。随着物体的数量不断增加，星辰的本质从运动之中产生。在一个比较大的圆形轨道之上，太阳围绕着月亮不断运转；而地球位于中心，也在不停地旋转，它的形状类似于一面鼓。留基伯斯首次提出原子是始基这一观点。刚才提到的只是关于他的学说的概述，具体来说，他的学说是这样的：

［9.31］他认为，宇宙是无限的，空虚与充实都蕴含其中；他将它们称作元素。宇宙源于它们，又回归于它们。世界是这么形成的：各种物体源于无限，接着，进入巨大的空虚之中；这些物体不断聚集，从而形成了一个巨大的旋

1　留基伯斯，生活在公元前500年至公元前450年。

涡，它们在旋涡里彼此碰撞，同一种性质的物体结合起来，这种以不同的方式进行旋转的物体就发生了分离。随着数量不断增加，再无无法维持旋转的平衡状态，就像筛麦子那样，比较轻的物体进入了外部的空虚之中，而剩余的物体结合起来，继续运动，产生了一个球状的系统。[9.32]这个系统就像是一层膜，各种物体蕴含在其中。旋转产生了一股离心力，因此，外面的部分比较轻，最终形成了一层外部的膜，而其他物体受到旋转的影响，也结合起来。最终，那些结合起来的物体进入了中心的位置，地球由此形成。另外，来自外层的物体不断涌入，外层的那张膜也越来越大，这是因为，它在旋涡中不断吸纳触碰到的任何物体；这些物体中的一部分又彼此结合，构成了一个整体，一开始，它们像黏土一样，很湿润，接着逐渐变干，跟随着旋涡一同旋转，它们之中会产生火，产生星辰的本质。

[9.33]太阳的运行轨道处于最外层，距离地球最近的是月亮的运行轨道，两者之间则分布着其他各种星辰的轨道。因为高速的运动，所有的星辰都在燃烧着，而其他燃烧的星辰又会使太阳的燃烧变得更剧烈，相比之下，月亮的燃烧则轻很多……[1] 日食和月食也随之产生，黄道也随之倾斜，因为地球朝着南边倾斜。地球的最北端总是飘着雪花，是一片寒冷的冰天雪地。日食很少出现，月食却经常出现，因为太阳和月亮的轨道不一样。世界的形成、成长、衰败与毁灭，都遵循着某种必然性，然而，留基伯斯并未明确指出这种必然性到底指的是什么。

第七章　德谟克利特[2]

[9.34]据说，德谟克利特的父亲是赫格希斯特拉托斯；不过，也有人说他的父亲是阿特诺克里托斯；还有人说，达马希波斯才是他的父亲。他是阿

---

[1] 此处的希腊原文有遗漏。

[2] 德谟克利特，大约生活在公元前460年至公元前357年。

布德拉人，或者米利都人。他曾去听过波斯僧侣和迦勒底人讲课，希罗多德说，德谟克利特的父亲曾热情地招待过波斯王薛西斯，于是，薛西斯派下了几个身边的人给他的父亲，让他们教导德谟克利特。孩提时代，那些人就教授了他天文学和神学。后来，他的父亲又带着他去了留基伯斯和阿那克萨戈拉那里，有人说，他比阿那克萨戈拉小了40岁。法伯里诺斯在他的《历史杂记》中说过，德谟克利特指出，阿那克萨戈拉那些与太阳和月亮的学说并不是他本人的原创，而是援引自之前的哲人，他只是窃取了前人的想法罢了。

［9.35］阿那克萨戈拉拒绝德谟克利特成为他的学生，因此，德谟克利特对他怀恨在心，对他的心灵学说以及宇宙生成论冷嘲热讽。如果情况真的是这样，他为什么又会像某些人说的，听过阿那克萨戈拉讲课呢？德谟特里俄斯在他的《同名人》中和安提司特涅斯在他的《师承》中都说过，他去过埃及，让当地的祭司教授他几何学；他也去过波斯，拜访了那里的迦勒底人；还去过波斯湾或者红海。有人说，他与印度的裸体派的哲学家[1]交情很深，还去过埃塞俄比亚。他家兄弟三人，因此，他得到了丰厚的家产。有人说，他挑选了其中比较少的那部分，因为他旅行需要钱，而那部分刚好是现金；而他的其他两个兄弟刚好猜到了他的这种需求。

［9.36］据德谟特里俄斯说，他分到了100多塔朗同的遗产，而且在旅行途中花光了。德谟特里俄斯说，德谟克利特勤奋好学，他在房屋附近的花园里修建了一间小屋子，自己在屋子里埋头苦读。有一次，为了举办祭祀活动，他的父亲牵了一头小牛出来，把它拴在小屋旁边的木桩子上，过了好久，德谟克利特都没发现，一直到他父亲去叫他参加祭祀活动，并且把牛的事情告诉了他。德谟特里俄斯还说过："德谟克利特应该去过雅典，但是，他对荣誉很鄙视，也不希望为人们所知。他还认识苏格拉底，但是，苏格拉底并不认识他。他说过：我去过雅典，但是没有人认识我。"［9.37］而语法学家忒拉叙洛斯[2]指出："如果《敌手》的作者是柏拉图，那么，德谟克利特就是对话当中除了厄诺皮德斯[3]和阿那克萨戈拉之外的那个无名者，也就是那个与苏格拉底探讨哲学的人。对话中，他跟苏格拉底说，哲学家应该像一个全能类型的运动员。"[4]实际上，就哲学方面来说，他正是一位全能的运动员，他对伦理学、

---

1 应该是指当时印度的苦行僧。

2 忒拉叙洛斯，来自亚历山大里亚，是当时一位著名的语法学家，此外，他还编辑了柏拉图和德谟克利特的著作，他还是一位天文学家。

3 厄诺皮德斯，古希腊著名的数学家和天文学家。

4 "Ττένταθλος"原本的意思是参加五项竞赛的运动员，也就是摔跤、掷铁饼、跳远、赛跑和拳击。

自然哲学、数学还有各种普通科目多有涉猎，精通各项技艺。他还说过一句格言："言语是行为的影子。"法勒隆的德谟特里俄斯在他写的《苏格拉底的申辩》中提到，他甚至从来未曾去过雅典，可见，他并不在乎这座伟大的城邦，也不想在这座城邦中获得荣誉，相反的是，他希望有一座城邦能因为他而声名鹊起。

［9.38］通过阅读他的作品，我们就可以看出他到底是怎样的一个人。忒拉叙洛斯说过："他是毕达哥拉斯学派的虔诚追随者，另外，他经常提起毕达哥拉斯，在《毕达哥拉斯》这本书中对毕达哥拉斯本人称赞有加。他的所有思想似乎都来自毕达哥拉斯，如果不是时间方面的限制，人们可能觉得他曾听毕达哥拉斯讲过课。"无论如何，和他生活在同一个时代的莱吉翁的格劳科斯[1]指出，他曾去听过一位毕达哥拉斯学派的哲人讲课。库日科斯的阿波罗多洛斯[2]还说，他与菲洛拉俄斯交情很深。

安提司特涅斯说，他经常进行体育锻炼，通过各种办法来培养自己的感知能力；他喜欢独处，经常在墓地里坐上半天。［9.39］另外，安提司特涅斯说，他从各地游历回来之后，他的所有钱财都被花得干干净净，于是，他过上了一种卑微寒酸的生活；他穷困潦倒，而他的兄弟达马索斯经常资助他。不久后，他成功地预言了某些事情，之后，他的名声越来越大，人们像对待神明那样崇拜他。当时，有一条法律规定，但凡将家产挥霍干净的人，都没有资格安葬在自己的祖国。按照安提司特涅斯的说法，德谟克利特对这一点很明白，他也不愿意被那些指责或忌妒他的人控诉，于是，他想了个办法——在众人面前朗诵他的得意之作《大宇宙》，他因此获得了500塔朗同作为奖赏，此外，他还获得了一尊铜像。当他去世之后，人们用国葬的规格安葬了他，享年百岁有余。［9.40］不过，德谟特里俄斯说，朗诵《大宇宙》的并不是他本人，而是他的亲戚，最终获得了100塔朗同作为奖赏；对于这一点，希珀伯托斯表示认同。

在《历史的记忆》一书中，阿里斯托克色诺斯指出，他原本可以收集到德谟克利特的全部作品，然而，却被克拉斯和克雷尼阿斯阻止了，说这么做毫无意义，因为这些书已经传播得很广。通过下面这一点，我们也可以看出柏拉图对德谟克利特心怀怨恨：柏拉图在他的作品中几乎提到了每一位之前的哲学家，唯独没有提及德谟克利特，就连某些原本应该予以反驳的地方，他也

---

1 莱吉翁的格劳科斯，比较活跃的时间是公元前410年前后，《论古代的诗人和音乐家》是他的代表作。

2 按照柏拉图在其《伊翁篇》中的有关记载，库日科斯的阿波罗多洛斯是一个外邦人，却被任命为雅典将军，苏格拉底也对他称赞不已。

完全没有提到。这是因为，他知道自己一旦这么做了，他与这位最杰出的哲学家之间必然爆发一场争端。提蒙写了如下诗句称赞此人：

德谟克利特，你是言辞的领袖，真正的智者，
我所知道的最杰出的谈话者。

[9.41] 就像他在《小宇宙》中提到的，从年代上来说，当阿那克萨戈拉已经垂垂老去时，他还青春年少，他比阿那克萨戈拉年轻40岁。据说，当特洛伊沦陷之后730年，他才写了《小宇宙》这本书。按照阿波罗多洛斯在其《编年史》中的说法，他是在第80届奥林匹亚运动会期间出生的；而忒拉叙洛斯却在他的《德谟克利特著作导论》中指出，他是在第77届奥林匹亚运动会的第三年出生的，因此，他比苏格拉底大一岁。所以，他应该和阿那克萨戈拉的学生阿尔刻拉俄斯以及厄诺皮德斯的学生们处于同一时期，实际上，他的确提到过厄诺皮德斯。

[9.42] 他还就巴门尼德和芝诺有关"一"的理论进行过探讨——在他生活的年代，这两个人经常被人们提起；另外，他还提到过阿布德拉的普罗泰戈拉，这是一个和苏格拉底处于同一时代的人。斯多葛学派的阿特诺多洛斯在他的《漫步讨论》第八卷中指出，有一次，希波克拉底带了些奶去拜访他时，德谟克利特仔细观察了他带来的奶，说，这些奶来自一头刚刚生下头胎羊羔的黑山羊，他的观察精准无误，让希波克拉底惊叹不已。还有一个女孩跟着希波克拉底一同前来，第一天一大早，他问候她说："你好，姑娘。"到了第二天早晨，他却向她问候说："你好，夫人。"这是因为那个女孩在前一天晚上失身了。

[9.43] 按照赫尔米珀斯的说法，德谟克利特是这样死去的。当时，他年事已高，他妹妹觉得他可能在地母节[1]期间死去，因此而焦虑不安，因为他如果去世了，他就不能履行对神的义务。德谟克利特告诉她无须多虑，还让她每天送一些热面包给他。他把热的面包放在鼻子旁边，熬过了地母节。当持续三天的节日刚结束，他就去世了，没有丝毫痛苦。希帕尔科斯[2]说，他享年109岁。

关于他，在《帕美特洛斯》一书中，我们写了如下这段话：

1　地母节是女神得弥忒尔的节日，也是雅典妇女的节日，在雅典阴历四月初十至十三日，也就是公历十月末举行。

2　希帕尔科斯，生活在公元前190年至公元前120年，他是希腊化时期的天文学家和数学家。

谁这般智慧，谁又能做德谟克利特做过的壮举？
死神来临之际，他挽留了他三天，
用冒着热气的面包款待他。
这个人的生平就介绍到这里。

[9.44] 他的学说讲的是，原子和虚空乃是宇宙的始基，其他的一切都来自意见。世界在数量上是无限的，它们既会生成，又会毁灭。没有任何事物产自于虚无，也没有任何事物在被摧毁后回归虚无。在大小和数量两方面，原子都是无限的，在宇宙之中，它们以旋转的方式不停地运动，从而产生各种复合物，还有水、土、气和火，它们同样是由原子聚集而形成的，而原子是坚不可摧的，不会受影响，也不会变化。这些光滑的圆形的原子聚集成了太阳和月亮，灵魂也是这样，实际上灵魂和理性是同一的。因为事物影响发生冲击，因此，我们能看见各种东西。

[9.45] 万物的产生都遵循必然性，而涡旋运动就是形成万物的原因，也就是他所说的必然性。愉悦乃生活的目的，有的人错误地认为，愉悦与快乐是相同的；因为愉悦，灵魂得以安泰祥和地存在，不会受到迷信、恐惧或其他情感的干扰。这种愉悦被他称作幸福，此外，还有其他很多名字。他认为，事物的各种性质都是约定俗成的，唯有虚空和原子是自然形成的。他的学说就是以上这些。

忒拉叙洛斯对柏拉图的和德谟克利特的著作都进行了整理，他将后者的作品分成四类。

[9.46] 伦理学著作宝库：

《论冥府的事》、《论智慧之人的安排》、《毕达哥拉斯》、《忒里托格尼娅》（因为与人事有关的三件事物都源于她）[1]、《论德性》、《论勇敢》、《论高兴》、《关于阿玛尔忒娅[2]的角》、《伦理学评注》（内容并没有涉及有关幸福的讨论）。

上述这些就是伦理学方面的著作。

自然哲学著作包括：

《大宇宙》（根据忒俄弗拉斯托斯的学生的说法，这本书出自留基伯斯）、《论行星》、《小宇宙》、《宇宙结构学》、《论人的本性》（又名《论肉体》）第二卷、《论自然》第一卷、《论理性》、《论感知》（有人将《论理性》和《论感知》编撰在一起，名为《论灵魂》）、《论颜色》、《论味道》（又名《论汁液》）、[9.47]

1　忒里托格尼娅是雅典娜的别称。

2　希腊神话里的一头母山羊，曾喂养过宙斯。

《论不同的形状》、《论形状的变化》、《论影像》或《论预见》、《问题集》、《论逻辑规则》三卷、《克拉提特里亚》（该书是对之前讲内容的补充）[1]。

上述这些就是自然哲学方面的著作。

此外，还有一些归类不便的著作：

《云雾的原因》《天体的原因》《平面的原因》《论种子、植物与果实的原因》《论火以及与火有关的事物的原因》《论声音的原因》《论磁铁》《各种杂乱的原因》《论动物的原因》三卷。

上述著作都是没有具体归类的。

数学著作包括：

《几何学》、《数》、《论几何学》、《球的投影》、《论角的差异》（又名《论圆周与球的关联》）、《论无理的线和立体》二卷，[9.48]《大年》或《天文学》、《历法》、《极地图》、《光线图》、《天象图》、《水钟和天的比赛》、《地理学》。

上述是数学方面的著作。

文艺著作包括：

《论诗歌》《论诗歌的优美》《论韵律与和谐》，《论荷马》或《论如何正确地表达与说话》，《论悦耳或不悦耳的文字》《论语词》《专名词典》《论歌曲》。

上述是文艺方面的著作。

与技艺有关的著作包括：

《预知》《摄生法》《论生活习惯》《论绘画》《论不合时机和合乎时机的原因》《医学杂论》《战术》《重装战斗》《论耕作》《稼穑学》。

上述是技艺方面的著作。

[9.49] 有人还从他的评注性作品中辑录出来一部分专注，包括：《论历史》《论佛里基亚人》《论发烧和那些生病咳嗽的人》《论巴比伦的圣书》《论麦洛埃的圣书》《与法律有关的原因》《论迦勒底人》《问题集》《手工制品》《外海航行》。

除此之外，有的作品也认为是出自他，但是，它们都是关于著作的摘录，而且其中一部分显然作者另有其人。关于他的作品，我们就说到这里。有六位名为德谟克利特的人。第一位就是我们正在介绍的这位哲学家；第二位与他生活在同一时期，是音乐家，来自开俄斯；第三位是安提戈洛斯提起过的一位雕塑家；第四位是一位作家，他写过一部有关爱菲斯神庙和萨摩特拉克城邦的书；第五位是一位诗人，他创作的诗歌风格典雅、隽永；第六位是珀尔迦谟斯人，在演讲方面造诣颇高。

---

1 克拉提特里亚（KpatuvTήpux）的意思是"巩固、加强"。

第八章　普罗泰戈拉[1]

[9.50] 普罗泰戈拉的父亲是阿尔特蒙，而按照阿波罗多洛斯和历史学家狄农在他的《波斯史》第五卷中的说法，他的父亲其实是麦安德里俄斯。按照旁托斯的赫拉克利德斯在他的《论法律》中所记载的，他的出生地是阿布德拉，他曾为图里翁人立过法。旧喜剧诗人欧珀利斯在他的《谄媚者》一书中却指出，他在特俄斯[2]出生，因为他说过这样的话：其中有来自特俄斯的普罗泰戈拉。和克俄斯的普洛狄科斯一样，当他在公众面前演讲时，他会收费，按照柏拉图在《普罗泰戈拉篇》中的说法，普洛狄科斯声音雄浑低沉。普罗泰戈拉曾听过德谟克利特的课，按照法伯里诺斯在《历史杂记》中的说法，当时，德谟克利特有"索菲亚"[3]之称。

[9.51] 他认为，一切事物之中都存在着两种彼此对立的理由，并且将其运用于论辩之中。另外，他的一部著作的开篇中写道："人是万物的尺度，是善意的尺度也是恶意的尺度。"柏拉图在他的《泰阿泰德篇》中写道，他指出，除了进行感知之外，灵魂一无所长；万物都是真的。他的另一部著作的开头是这样的："就神而言，我对其所是与所不是都一无所知。因为太多事物阻碍我们的认知，问题是那么晦涩难懂，而人生是那么短暂易逝。"[9.52] 由于这本书开头的这番话，他被赶出了雅典。传令官从他的读者那里收缴了他所有的书，在广场付之一炬。他是第一个向学生收取100米那作为学费的人，也是第一个对时间的顺序进行分析从而彰显时机重要性的人；他还首次举办了辩论赛，将自己辩论技巧倾囊相授。他关心的是在言辞上占据上风，而认为思想本身无足挂齿，他是当前还流行的那种肤浅争论的奠基者。因此，提蒙这么评价他：

1　普罗泰戈拉，生活在公元前481年至公元前411年。

2　特俄斯，一座处于小亚细亚西岸的城市，因为海上贸易而闻名。

3　Σοφία，意思是"智慧"。

普罗泰戈拉，能言善辩，社交圈的佼佼者。

[9.53] 所谓的苏格拉底式的辩论方式，其实是他提出的。柏拉图在他的《欧绪德谟篇》中指出，他首次利用安提司特涅斯的论证来证明矛盾并不存在。辩证法家阿尔忒弥多洛斯在他所著的《答克律希珀斯》一书中提到，他是第一个向人们展示如何驳斥任何形式的命题的人。亚里士多德在《论教育》一书中指出，搬运工肩上的护垫是他发明的，而伊壁鸠鲁曾经提到过，普罗泰戈拉本人曾经是一名搬运工。因为这一点，德谟克利特才欣然接纳了他，因为德谟克利特有一天恰好看到他将树根木头整齐地捆绑起来。他认为，辩论有四部分，分别是恳请、询问、回答与要求，这四部分是论辩的基本内容。也有人说，辩论分为陈述、询问、回答、要求、宣告、恳请和呼吁这七部分。阿尔基达马斯[1]说，论辩有四部分，分别是肯定、否定、询问和陈词。

《论神》是他公开发表的第一部作品，我们在前面已经提到过这本书开篇的内容。在雅典的欧里庇德斯家中，他向人们公开了这部著作，也有人说，是在墨伽克雷多斯的家里；还有人说是在吕克昂，他的学生、忒俄多托斯的儿子阿尔卡戈洛斯担当诵读者。据亚里士多德所说，是欧阿特洛斯告发了他，也有人说，是四百人集团[2]的珀吕泽洛斯的儿子皮提亚多洛斯。

[9.55] 他传世的作品有：《论数学》、《论人犯下的错误》、《训诫集》、《矛盾》两卷、《论摔跤》、《论辩技艺》、《论德性》、《论在冥府发生的事》、《论正当的收费》、《论名望》、《论古代的制度》、《论政制》，他的作品就是这些。柏拉图还曾写过一篇与他有关的对话。据历史学家菲洛科洛斯所说，他乘船去西西里，途中船沉了；欧里庇德斯在他的《伊克西翁》中提到了此事。但是，也有人说，他是在一次旅行途中去世的，享年90岁。[9.56] 然而，根据阿波罗多洛斯的说法，他70岁就死了，他以智者的身份生活了40年，第84届奥林匹亚运动会期间是他重要的活跃时间。

如下诗句是我们为他写的：

普罗泰戈拉，我听说了你的故事，
你已是垂暮之年，在离开雅典的路上去世，

---

1 阿尔基达马斯，生活在公元前4世纪前后，是智者和修辞学家，他的老师是高尔吉亚的学生。

2 四百人集团，是一个寡头政制，于公元前411年在雅典成立。

是刻克洛普斯[1]的城邦放逐了你。

虽然你从帕拉斯[2]的城邦逃离，却没有避开普路同的拥抱。

有一次，他向学生欧阿特洛斯收缴学费，对此，欧阿特洛斯说："我从来没在论辩中赢过。"而普罗泰戈拉说："你要是赢了，我应该得到我应得的，因为你赢了；我要是赢了，我应该得到我应得的，因为我赢了。"还有一位名叫普罗泰戈拉的人，是天文学家，诗人欧佛里翁为他写过一首挽歌；第三位普罗泰戈拉是一位哲学家，属于斯多葛学派。

第九章　阿波罗尼亚的第欧根尼[3]

［9.57］阿波罗尼亚的第欧根尼的父亲是阿波罗特米斯，他是当时颇有名气的自然哲学家。虽然据安提司特涅斯所说，他的老师是阿那克西美尼，但是，其实他与阿那克萨戈拉才是同一时代的。据法勒隆的德谟特里俄斯在《苏格拉底的申辩》中所说，雅典人很讨厌他，他甚至差点在雅典丢了性命。他的学说的主要观点是：气是一种元素；世界的数量无限，虚空亦是无限。气的凝聚或稀释形成了世界。没有任何事物产生于无，也没有任何事物在毁灭之后回归于无。地球位于世界的中心位置，是圆形的，它的结构是由热引起的旋转和冷引起的凝固而形成的。

他的作品的开头是这么写的："我认为，无论人们讨论什么，给出的原则都应该是不容辩驳的，给出的解释应该是凝练有力的。"

1　刻克洛普斯，创立了雅典，是阿提卡第一任国王。

2　帕拉斯，雅典娜的别称。

3　第欧根尼，大约在公元前460年。

第十章　阿那克萨尔科斯[1]

[9.58] 阿那克萨尔科斯是阿布德拉人。据说，他曾听过士麦那的第欧根尼讲课，而士麦那的第欧根尼的老师是开俄斯的美特洛多洛斯，有人说，美特洛多洛斯经常说，自己是一无所知的，甚至不知道他是一无所知的。美特洛多洛斯的老师是开俄斯的涅萨斯，此外，他还听过德谟克利特讲课。阿那克萨尔科斯与亚历山大是朋友，主要活跃的时期是第 110 届奥林匹亚运动会期间，此外，他还是塞浦路斯僭主尼科克勒翁[2]的死对头。据说，在一场宴席上，亚历山大问他菜肴的味道如何，他说："陛下，食物很美味，接下来要做的是把某位总督的人头端上来。"其实，他骂的是尼科克勒翁。[9.59] 从那之后，尼科克勒翁就开始记恨他。亚历山大死后，有一次，阿那克萨尔科斯刚到塞浦路斯，就被尼科克勒翁派人抓住了。他被扔进了一口石臼里，有人拿着铁杵，想要把他捣死。然而，对于这种肉体上的折磨，阿那克萨尔科斯毫不在意，脱口而出，说了下面这句著名的话："请捣碎阿那克萨尔科斯的皮囊吧！但是，你永远不能捣碎阿那克萨尔科斯本人！"尼科克勒翁让人割掉他的舌头，而他却把自己的舌头咬断了，吐到了尼科克勒翁脸上。

如下诗句是我们为他而写的：

尼科克勒翁，捣吧，用力地捣！
那只是一具皮囊罢了。
捣吧！阿那克萨尔科斯早就去了宙斯身边。
但是，珀耳塞福涅会把你挂在她的梳子上，
说：你这可恶的磨坊主，去死吧！

---

1 阿那克萨尔科斯，比较活跃的时间是公元前 340 年前后。

2 尼科克勒翁，塞浦路斯的一位国王，曾一度臣服于亚历山大。但是，亚历山大去世之后，他与托勒密结盟，开始公然反抗安提戈洛斯。

[9.60]阿那克萨尔科斯主张不动心，满足于当下的生活，因而被人们称作"幸福者"。此外，他还能让其他人也成为明智之人，比如，亚历山大一度认为自己是神，而阿那克萨尔科斯改变了他的想法。有一次，他看到亚历山大的伤口处流着血，于是，他对亚历山大说：请看，这是血，而不是至高无上诸神身体里流淌的体液。但是，按照普鲁塔克的说法，这句话是亚历山大对自己的朋友说的。据说，有一次，他与亚历山大一同喝酒，高举着酒杯，说：一位神将被将死之人的手所伤。

第十一章　皮浪[1]

[9.61]根据狄俄克勒斯的相关记述，埃利斯的皮浪的父亲是普雷斯塔尔科斯。阿波罗多洛斯在他的《编年史》中提到，他本来是一名绘画师。亚历山大在他的《师承》一书中记载，他曾听过斯提尔朋的儿子布律松讲课，后来，他还听了阿那克萨尔科斯讲课，还两人结伴去四处游历，他甚至还跟印度的裸体派哲学家和波斯僧侣有往来。所有的一切让他在哲学方面拥有了高贵的出身，阿布德拉的阿斯卡尼俄斯说，悬搁判断与不可知论就是由这一派的哲学家引入的。皮浪认为，没有任何事物是高贵的或可耻的，正义的或不正义的；同理，没有任何事物是绝对真实的，人们的所作所为都必须遵循法律与风俗，因为世界上没有任何事是本身就应该这样，而不应该那样。

[9.62]他的生活与他的观点保持高度一致。他从不逃避或警惕任何事，总是敢于直面所有的一切，即使是遇见了狗、悬崖、车辆，他也不对任何感

1　皮浪，也可译为皮罗或皮洛，大约生活在公元前360年至公元前270年。

官事物予以肯定。卡里斯托斯的安提戈洛斯[1]说，跟在他身边的朋友经常拯救他的性命。据埃涅希德谟斯[2]说，他以悬搁判断为依据来进行哲学思考，无论做什么事，他从不鲁莽。他活到了90岁。卡里斯托斯的安提戈洛斯在他所写的《论皮浪》一书中讲述了一些与他有关的事。最开始，他是一个籍籍无名的画师，穷得叮当响，他绘制的火炬手的画像至今仍保留在埃利斯的体育场上，水平很一般。[9.63]后来，他过上了离群索居的隐居生活，很少联系家人。这是因为，有一次，他听到一个印度人指责阿那克萨尔科斯，说他从没有教授其他人任何关于善的事物，全副精力都耗费在宫廷的王公贵族那里。无论何时何地，他都让自己保持同样的心境与言行举止，哪怕在他说话过程中有人离开，他依然会把话说完，不过，年轻的时候，他也很容易激动。[3]卡里斯托斯的安提戈洛斯说，他经常外出活动，而且不会跟其他人说，有时候会与他喜欢的人一同结伴外出。有一次，阿那克萨尔科斯掉入一个大水坑，他直接离开了，并没有援助他；有人因此而指责他，而他的冷漠与不动心却让阿那克萨尔科斯本人称赞不已。

[9.64]有一次，有人看到他喃喃自语，就询问他为何这么做，对此，他说他正在练习如何成为一个善良之人。讨论时，无论谁都不敢小觑他，因为无论面对什么问题，他总能详尽地阐述。所以，瑙希法涅斯[4]从年轻的时候就跟随在他身边，说虽然要获得思想上的独立，但在言行方面应该学习皮浪。此外，瑙希法涅斯还说，伊壁鸠鲁对皮浪的为人处世也称赞不已，经常跟他打听皮浪的事迹。皮浪赢得了他的同胞的尊敬，甚至还被人们推选为祭司长；因为他的缘故，所有哲学家的公共负担都被免除了。他总是一副超然于世的态度，也因此获得了众多追捧者与效仿者。提蒙在他的《皮同》和《讽刺诗》中是这样评价他的：

[9.65]皮浪啊，你年事已高。
你是如何摆脱了智者们的奴性学术以及轻浮的头脑呢？

1　卡瑞斯托斯的安提戈洛斯，他比较活跃的时间是公元前240年前后。他在雅典居住，是一位作家以及青铜匠人。卡瑞斯托斯是古希腊时期的一座城邦，因为不肯效忠于雅典而被雅典摧毁。

2　埃涅希德谟斯，大约生活在公元前1世纪晚期和公元2世纪早期。他的出生地在克里特岛，是一位怀疑派哲学家。

3　此处的希腊原文应该有遗漏。

4　瑙希法涅斯，比较活跃的时间是公元前340年至公元前320年。他是一位德谟克利特学派的哲学家，也是皮浪的得意门生。

你又是怎样摆脱诱惑与欺骗交织而成的锁链的呢？
怎样的风吹拂着希腊，
万物来自于何方，又要去往何处，
这些都不是你想探索的。
他在《幻象》中写道：
皮浪啊，我的心盼望着凝听这样的事迹：
生而为人，你如何能活得这般宁静祥和，
人海茫茫，为何唯有你能如神那般活着？

狄俄克勒斯说，为了表彰他杀死了色雷斯王科提斯，雅典人决定授予他公民权。[9.66] 厄拉托斯特涅斯[1] 在他的《论富裕和贫穷》中指出，他的姐姐是接生婆，姐弟二人一起生活，他平时会带上小猪崽子和其他家禽去集市上出售，而且他经常收拾房间，毫无怨言。有人说，他还经常给成年的猪洗澡，从不抱怨。他的姐姐名叫菲里斯塔，有一天，他冲他的姐姐发了脾气。对于那些指责他的人，他回应说，一个男人不应该对女人表现不动心。还有一次，一条狗紧紧地追着他跑，他被吓坏了。对于那些指责他的人，他说，虽然很难彻底摆脱人性的束缚，但是，还是应当尽可能地从行动上与那些东西做斗争，如果没法做到，那也要用言辞与它们较量一番。

[9.67] 据说，有一次，他受伤了，医生用一种具有腐蚀性的药膏给他处理伤口，对伤口又是烧又是切割，但他毫无畏惧。在写给皮同的一封信里，提蒙也描绘了皮浪的言行。据他的朋友雅典人菲洛所说，他最喜欢德谟克利特，其次是荷马。他对荷马崇拜不已，还经常引用他所说的话：

人，就像是一片片树叶。

荷马是他的偶像，时常把人比喻成飞鸟、黄蜂以及苍蝇，因此，他也时不时引用荷马的如下诗句：

朋友，你终有一死，为何如此伤心？
帕特洛克洛斯也死了，他比你强多了。

---

1 厄拉托斯特涅斯，生活在公元前285年至公元前194年，是一位希腊的数学家、天文学家和诗人。作为数学家，他首次计算出了地球的表面积。

荷马的诗句经常涉及人的虚幻、无常和幼稚，他也经常引用这些诗句。
[9.68]珀塞多尼俄斯曾说过一件关于他的趣事。有一次，他与一群人一同乘船出海，途中遭遇了风暴，其他人都吓坏了，而他却淡定如故，用手指着船上一只低头吃食的小猪崽子说，智者应该像它一样，镇定自若。按照努谟尼俄斯[1]的说法，他也提出过某些学说。他还有些很有名的学生，比如欧儒洛科斯，但此人始终没有改掉自己身上的坏毛病。有一次，他愤怒不已，拿着带烤肉的叉子一路追赶着厨师，跑到了闹市里。[9.69]还有一次，他在埃利斯与其他人谈话，他让其中某些提问的人很尴尬，最终，他脱了衣服，游到了阿尔斐俄斯河的对岸。提蒙说，他对智慧之人怀着敌意。另外，菲洛也去听过皮浪的课，此人喜欢独处与沉思，于是，提蒙这么评价他：

离群索居，安于闲暇，
对于论辩的声誉，他不以为意。
这就是菲洛。

除了上述这些人，还有不少人也听过皮浪讲课，比如，阿布德拉的赫卡泰俄斯、特俄斯的瑙希法涅斯、写有《讽刺诗》的弗利乌斯人提蒙，我们会在后文提到最后这个人。此外，也有人说，伊壁鸠鲁也听过他讲课。上述这些人都因为他们老师的名字而被世人称为皮浪主义者，也因为皮浪的学说而被称之为犹疑主义者、存疑主义者、怀疑主义者、探究主义者。[9.70]他们所主张的哲学之所以被称为"探究"，是因为他们始终孜孜以求地探寻着真理；称为"怀疑"，是因为他们始终积极地思考问题，却一直没有找到满意的答案；称为"存疑"，是因为探究过程中保持的心理状态，也就是所谓的悬搁判断；称为"犹疑"，是因为独断论者总是因为他们的主张而感到困惑，因为这些独断论者本身也总是犹豫再三。因为皮浪本人，他们被人们称为"皮浪主义者"，然而，忒俄多希俄斯在《怀疑主义综述》这本书中指出，实际上，怀疑主义不应当被称为皮浪主义。因为每个人的所思所想对别人来说都是很难把握或琢磨的，因此我们对皮浪的心思也并不了解；既然我们完全不了解皮浪的新奇，因此我们也就不能被称作皮浪主义者。此外，忒俄多希俄斯还指出，第一个指出要保持怀疑的人并不是皮浪，他也没提出这一方面的任何学说，将一个人称为皮浪主义者，只是因为他的言谈举止与皮浪很接近。

---

1 努谟尼俄斯，生活在公元2世纪中期到晚期，是一位新毕达哥拉斯主义者，同时也是新柏拉图主义的先驱人物。

[9.71] 有人说，这一学派的开创者是荷马，因为他总是就同一件事情的不同方面给出不同的主张，而从来不直接给出答案。另外，七贤提出的很多箴言也带有明显的怀疑性，比如，"诸事不宜过度"，还有"但凡做出承诺，距离灾祸就不远了"。言下之意，灾祸总是紧紧跟随那些信誓旦旦的人们。此外，阿尔基洛科斯[1]和欧里庇德斯也表现出明显的怀疑论倾向，正如阿尔基洛科斯所说：

啊，格劳科斯，勒普提涅斯的儿子，
对终会死去的人们来说，
宙斯似乎每天都在精心雕琢他的灵魂。
而欧里庇德斯却在《请愿的妇女》中说：
啊，宙斯！
为何他们说垂死之人会思考？
因为我们全都仰仗于你，
无论我们做何事，都必须遵从你的意愿。

[9.72] 实际上，克塞诺法涅斯、爱利亚的芝诺和德谟克利特也是典型的怀疑论者。克塞诺法涅斯曾说：没有人看清楚过任何事，也没有人真的知道。芝诺彻底否定了运动，他认为："对运动的物体来说，它既不会在它所处的位置上运动，也不会在它不在的位置上运动。"德谟克利特认为，应该彻底抛弃事物的属性，他指出："热也好，冷也罢，都是约定俗成的事物而已，唯有原子和虚空乃是确凿无疑的。"此外，他还说过："实际上，我们一无所知，因为真理在深处。"柏拉图也认为，应该把真理交付给诸神以及诸神之子，人类只负责探究可能性。欧里庇德斯还说过：

[9.73] 何人能知，生是不是死，
而凡人认为的死，实则是生？

恩培多克勒斯说：所以，对人来说，这些事物既看不到，也听不到，而且无法理解。

这句话的前面还有一句话是：每个人相信的只是他遇见的事物而已。

就连赫拉克利特都说过："我们不应该随意猜测那些深奥难懂的事情。"

1　阿尔基洛科斯，生活在公元前7世纪，是古希腊的一位诗人。

另外，希波克拉底也经常有一种很模糊的方式来表述他的观点。而他们的前辈荷马说：人的舌头很灵活，从那里吐出变幻莫测的语言。

他还说：词汇就像浩瀚的牧场，无边无际。

他还说：无论说了什么，都能从听的人那里得到回应。言下之意，矛盾的语言拥有同等的力量。

[9.74]怀疑主义者们总在竭尽所能地试图推翻其他学派专断的主张，而他们自身也从不会展现任何专断的主张。他们致力于揭露他人的学说，而从不曾正面而直接地表达任何观点，甚至不会从正面肯定这一点。于是，对任何事物，他们都不断言，他们甚至不可能说"我们对任何事物都不断言"。实际上，这句话本来就是某一种断言。他们说：我们之所以揭示各种观点，就是为了让人们知道言论不可轻率；如果我们对这些观点表示认同，那么我们的作为也是轻率的。所以，"我们对任何事物都不断言"体现的是一种沉静的心境，同理，"这并不比那更怎么样"或者"无论面对哪种说法，都能提出完全相反的说法"。也表达了同样的意思。[9.75]但是，"这并不比那更怎么样"，表达的也是一种肯定，意思是，两者是同样的，比如，"海盗并不比撒谎的人更坏"。然而，在怀疑主义者看来，这种说法不是肯定的，而是否定的，就好像一个人反驳说"斯库拉[1]并不比喀迈拉[2]更如何如何"。然而，就"更"这个词来说，原本就经常用在比较之中，比如，可以说"蜂蜜比葡萄更甘甜"；有时候，"更"可以用来表示肯定或否定，比如，可以说"德性带来的好处比害处更多"。[9.76]然而，怀疑主义者不愿意使用"这并不比那更如何如何"这种表达方式，同理还有"有先见之明并不比没有先见之明更如何如何"，或者"这并不比那更如何如何并不比这并不比那更不如何更如何如何"。而提蒙在《皮同》这本书中指出，这种主张的含义就是，不对任何事物断言，对任何判断都悬搁。关于"对任何说法都可以提出完全相反的说法"这句话，也可以悬搁判断，因为当事情不一样，而且关于事情进行的陈述又具有同样的力量，这就说明我们对真理是无知的。另外，甚至连这个主张本身也有对立的主张存在，当它把其他主张推翻之后，又会反过来把自己推翻，这就好像一剂泻药，它清除了肠胃里的东西以后，也会清除并毁掉自己。

[9.77]对于这些，独断论者们认为，怀疑论者的上述主张并没有扼杀理性判断，而是恰到好处地运用了理性判断。对此，怀疑主义者们回应，他们只是像对待奴隶那样来运用各种各样的理性判断，因为只有用一个理性判断

---

[1] 斯库拉，指西西里岛周围的海妖。

[2] 喀迈拉，一种妖怪，它是狮头、羊身和蛇尾。

才有可能推翻另一个理性判断。这就好像我们一方面认为"空间"并不存在，同时，又经常使用"空间"一词，然而，这种书是论证性的，而不是独断性的。同理，我们指出任何事物都不是"必然"的，同时，我们又必须使用"必然"一词。他们就是通过这种方式来阐述的。事物所表现出的种种，并不是事物原本的样子，而只是表现出来的样子罢了。此外，他们认为，他们所探究的并不是他们所思考的事物，因为某件事正在被思考这一点是显而易见的，实际上，他们探究的是各种处于感知状态的事情。

［9.78］埃涅希德谟斯在他的《皮浪学说论纲》中指出，皮浪主义遵循地原则是，对某种思想或现象进行汇报，通过这种汇报的方式，比较所有的一切。接着，我们会发现，其中存在的只是互相的冲突与混乱而已。对他们反思中所出现的矛盾，他们首先指出这些事物通过何种方式获得了人们的确信。接着，又通过同样的方式将人们对它们建立的那种确信推翻。这是因为，人们确信的事物，要么是恒常感知的，要么是从来没有或者很少发生变化的，比如那些约定俗成的事物、法律规定的事物，或者那些让人感到新奇或愉快的事物等。［9.79］接着，他们会进一步指出，那些处于人们确信的事物的对立面的事物，同样可以获得同等的确信。现象或思想中的一致性，有很多驳难存在，他们将这些驳难分成了十种类型。以这些驳难为标准，一切事物都处于不停的变化之中。这十种驳难包括：

第一，快乐与痛苦、有益与有害的感受，各种动物有所差异。因此，对于相同的事物，不同的动物得到的表象也有区别，随着这种冲突与矛盾而产生的是悬搁判断。比如，有的动物是无性繁殖的；比如，产生于火的动物、某些蠕虫，还有阿拉伯的凤凰等；［9.80］还有的动物是有性繁殖的，比如包括人在内的某些动物。有的动物是通过这种方式构成的，还有的动物是通过那种方式构成的，所以，它们的感官也是有区别的，比如，鹰的眼光最敏锐，狗的嗅觉最灵敏。当然，感光上也存在着差异，以视觉上的差异为例，就会造成在其面前的展现出现区别。对山羊来说，鲜嫩的树枝是甘甜可口的，但是对人来说，却是难以下咽的；对鹌鹑来说，芹叶[1]是营养丰富的佳肴，但是对人来说是一剂毒药。马从来不吃自己的粪便，而猪有时会吃。

第二，人的天性与体质之间存在着区别。比如，德谟丰是侍奉亚历山大用餐的仆人，他在太阳底下瑟瑟发抖，在阴凉处却全身冒汗。［9.81］亚里士多德说过，来自阿尔戈斯的安德戎在滴水不进的情况下从利比亚沙漠穿越了。另外，有的人种地，有的人从商，有的人当医生，即使是同一件事，对有的

---

1 "Κώνειον"指的是一种毒芹，希腊人通过毒芹花提取毒芹汁，用来处决死囚。

人是有益的，对有的人却是有害的。所以，最恰当的做法就是悬搁判断。

第三，各种感官的表象方式存在区别。对苹果来说，用眼睛看是浅黄色的，用鼻子闻是清香的，用嘴巴品尝是甘甜的；在不同的镜子里看到的同一个形状的影像也是不一样的，所以，表现出来的事物并不比其他事物更应当是这一件事物。

[9.82] 第四，身体内部的状况也存在着区别，存在着广泛的变化，比如：健康、疾病、清醒、睡觉、高兴、悲伤、年轻、老迈、勇敢、胆小、缺失、充裕、仇恨、喜欢、冷、热，还有顺畅或不顺畅的呼吸等。所以，因为身体的不同状况，得到的事物的表象也有所区别。哪怕是某些精神错乱的人，也经常处于一种与自然和谐一致的状态下，要不然，为什么他们与我们不太一样？当我们抬头仰望太阳时，发现它一动不动，保持静止。托勒阿的忒翁是一位斯多葛派的哲人，他经常一边睡觉，一边散步；伯里克利的一个奴隶也时不时在他家的屋顶上做这种事。

[9.83] 第五，法律、风俗、关于神话的信仰、民族风尚、接受的学说等方面，也存在着各种区别。其中涉及对高贵与羞耻、真伪、善恶的认知，还有对神的认知，以及对各种现象的产生与毁灭的认知等。就同一件事来说，有的人认为是正义的，还有的人认为是不正义的；有的人认为是善的，还有的人认为是恶的。在波斯人看来，一个人迎娶自己的女儿是天经地义的，希腊人却认为这是有悖于法律和习俗的。希腊的数学家和天文学家欧多克索斯在他的《环行记》第一卷中写道，马萨格塔人[1]实行共妻制度，但是希腊人却从不这样。奇里乞亚人[2]喜欢做海盗，而很少有希腊人这么做。[9.84] 而且不同的人群信奉的神也不同；有人相信天意，也有人不相信。在埋葬死人时，埃及人总是要仔细地给尸体涂满香料，防止尸体腐败，罗马人却直接焚烧尸体，而帕俄尼亚人一贯的做法是把尸体投入湖里。

所以，真理究竟是什么这一问题，我们能做的只有悬搁判断。

第六，因为各种事物结合、杂糅在一起，所以，任何事物都不是独自呈现的，始终与光线、空气、冷、热、湿气、固体、蒸发、运动还有各种力量彼此结合。在阳光、月光以及灯光下，紫骨螺总是呈现出不同的颜色。正午和黄昏时，我们的皮肤也呈现出不同的色调。[9.85] 同一块石头，在空气里必须两个人才能抬得动，在水里一个人就能轻松地移动，或者它原本很重，却被水减轻了重量；或者它原本很轻，却被空气增加了重量。我们对事物本身

---

[1] 马萨格塔人是现在伊朗国境内的一个民族。

[2] 奇里乞亚，地处小亚细亚的东南部，从公元前2世纪开始，地中海地区就处于奇里乞亚海盗的统治之下，持续了二百多年。

的性质并不了解，就像我们对油膏中含有油的性质不了解那样。

第七，位置、距离、地点以及处于某个地点的事物之间有区别。因此，有时候，原本很大的事物看上去却很小，方的东西看上去成了圆的，平的东西看上去变得凹凸不平，直的东西变成了弯的，没有颜色的东西变得五颜六色。因为距离，太阳看上去很小。从远处看，一座山上云雾袅袅，［9.86］绵延起伏，走到近处，却看起来乱石林立。太阳刚刚升起是一个样子，到了正午，却变成了另一个样子；同一个东西，它处于田野与丛林的样子也有明显区别。事物的影响在很大程度上是由其所处的具体位置决定的，比如，鸽子的颈部就会因为头颅的扭动而表现得不同。所以，我们完全无法脱离地点或位置来对事物进行观察，而事物的本性却是不可知的。

第八，事物在量上也有明显区别，比如冷热、快慢、有无颜色等。比如，适量饮酒，可以强身健体，而饮酒过度就会损害身体。食物以及其他事物也是同样的道理。

［9.87］第九，事物发生或呈现的频率也有区别，有的始终存在，有的很特殊，有的很稀有。比如，那些经常面临地震的人不会因为地震而大吃一惊，因为我们每天看到太阳，因而太阳也不会让我们惊讶。这第九个驳难在法伯里诺斯那里被列为第八个，而在塞克斯托斯[1]和埃涅希德谟斯那里被列为第十个。另外，在塞克斯托斯那里，第十个驳难被列为第八个，而在法伯里诺斯那里则被列为第九个。

第十，事物始终处于不同的关系之中，因此获得了相对性。比如强弱、大小、轻重、上下等。处于右侧的事物并不是因为它的性质而被认为处于右侧，而是因为它与其他事物的相对位置而被认为处于右侧。也就是说，其他事物的位置改变了，它也就不再处于右侧。［9.88］同样的道理，一个人相对于另一个人，才能被称为父亲或兄长；白天与太阳有关系，万物与我们的内心有关系。所以，万物都处于一种相对性之中，但是，就其自身来说，都是不可知的。上述种种就是怀疑论者的十种驳难。以此为基础，阿格里帕的追随者又增加了五种驳难方式，包括：不同意见产生的分歧、无尽的倒退、源于他物关系的相对性、独断性假设、循环论证。不同意见产生的分歧说明，无论是实际生活所讨论的问题，还是哲学家提出的问题，其中充斥着混乱与争辩。无尽的倒退说明，人们探究的事物根本不能通过真正可靠的方式得以确立，因为要确立某一事物，必须以另一事物作为基础，如此循环往复。［9.89］

---

[1] 塞克斯托斯，也就是塞克斯托斯·恩披里柯斯，生活在公元160年至公元210年，也可译为塞克斯都·恩披里柯。他的主要作品包括《皮浪学说概论》《驳教师》《驳独断论者》，这些作品详尽、完整地呈现了古代怀疑主义的主要思想与观点。

源于他物关系的相对性说明，无论什么事物都不能根据其自身得以确立，而必须通过与他物之间的关系而被确立，因为就其自身而言，都是不可知的。独断性假设说明，人们所认为的事物中所存在的某些原则因其自身都应该被接受，它们是如此应该被人们所相信，因此不需要进行更深入的追问；但是，这一点是何其荒唐，因为其他人很容易提出另一个相反的假设。循环论证说明，用来证明其他事物的事物本身还需要依靠被证明的事物而得到证明。比如，如果一个人试图证明毛孔是真实存在的，那么，就要通过体液的蒸发来证明，但是，体液的蒸发必须通过毛孔的存在这一点来证明。

[9.90] 他们对一切证明、标准、迹象、原因、学习、运动、产生，还有某些本质上就是善或恶的东西都持否定态度。他们认为，一切证明或者以已经得到证明的事物为基础，或者以尚未证明的事物为基础。如果是以得到证明的事物为基础，那么，那些事物本身就需要被证明，由此进入无穷的循环往复；如果是以尚未证明的事物为基础，那么，整体、部分还有其中的任何异步，都是应该被怀疑的，因此，整个论证都是不可信的。他们指出，如果有人认为有无须证明的事物存在，那么，此人的智力水平也应该被怀疑，因为他根本没意识到，他视为信念的事物本身应该被证明。[9.91] 一个人绝对不应该从有四种元素这件事出发，就断定这四种元素的存在。另外，如果我们不相信一个证明的某部分，那整个证明也是不可靠的。此外，如果我们想知道某一个证明是否存在，就必须使用某一种标准；而这一种标准之所以能成为标准，也必须加以证明。所以，这两者互相作为对方存在的基础简直不可理喻。但是，对于某些不确定的东西，如果我们不能证明，我们应该怎样把握呢？因为我们所探寻的，并不是事物表现得怎样，而是其实质是怎样的。他们指出，独断论者都是头脑简单的家伙。因为这些人通过假设得到的结论并不是真实存在的，只是推测罢了；通过这种方式，我们还可以论证那些根本不可能的事物。

[9.92] 在他们看来，有的人认为，应该根据事物的本质来设定准绳，而不应该根据周遭的情况来进行判断，这些人其实是将自己作为万物的准绳，不知道所有现象都是以周围事物的相互联系与分布而表现出来的。所以，他们认为，所有一切或者是真的，或者是假的。因为如果一部分是真的，而另一部分是假的，那我们依靠什么来剖析？显然，用感官是行不通的，因为所有依赖感官而把握的事物都同等地显示给感官；同理，依赖心灵也不行。但是，除了上述这两种能力，我们并不具备其他任何判断事物的能力。因此，他们认为，那些坚持通过感官和心灵来判断事物的人们，首先必须先确立与其有关的学说；但是，有的人反对这一种学说，还有的人又反对那一种学说。

[9.93] 判断事物时，我们或者依赖感官，或者依赖心灵，然而，究竟依赖二者之中的哪一种，尚无定论。如果因为思想中存在的冲突，我们就抛弃了这两种学说，那么，随之抛弃的就是本来用来判断万物的标准。最终结果就是，一切都被视为拥有同样的有效性。此外，他们指出，那些与我们一起就某一现象进行探究的人，要么是可靠的，要么是不可靠的。他如果是可靠的，当他面对正好相反的事物时，他将无以言对；因为就像他探讨某一现象是可信的，那么，同理，与之相反的现象也是可信的。他如果是不可靠的，那么，他就某一现象侃侃而谈时，人们也并不相信他。

[9.94] 我们不应该认为，我们但凡被某件事说服了，就应该相信它是真的，这是因为同一件事未必能说服每个人，也未必能在任何时刻都说服同一个人。说服受到各种外界因素的影响，也受到说话人的思考能力、言论技巧、名声的影响，也受到他本人的喜好以及对这件事的了解程度。基于同样的原因，他们也对标准置之不顾。标准或者是可以被确立的，或者是不可以被确立的。如果是不可以被确立的，那么，它就不可信，也无从辨别真假；如果是可以被确立的，那么，它就成为一种特别的判断，因此，就同一件事物而言，一方面在于对他物的判断，另一方面在于被判断，那么，判断他物的标准又摇身一变，成了根据其他事物进行判断的事物，而其他事物又需要根据其他事物进行判断，如此循环往复。[9.95] 另外，关于标准，也存在各种看法，有的人以人作为标准，有的人以感觉作为标准，还有的人以理性作为标准，甚至有的人以可以把握的表象作为标准。但是，就像法律和习俗的区别显而易见，一个人与其他人有区别，甚至与他自己也有区别。理性具有不一致性，感觉具有欺骗性，而那些可以把握的表象，必须经受心灵的判断，而心灵本身处于不断变化之中。所以，标准是不可知的，由此可知，真理也是不可知的。

[9.96] 另外，证据也不存在，如果证据确实存在，那么，它或者以感官为依据，或者以心灵为依据。但是，它并不能以感官为依据，因为可感知的事物是普遍存在的，但是，证据是特殊的。另外，可感知的事物是一种与他物有所区别而得以存在的事物，而证据确实一种与他物对立存在的事物。证据并不是心灵所能把握的，因为心灵可以把握的东西，有的是显现者的显现，有的是隐蔽者的隐蔽，有的是显现者的隐蔽，有的是隐蔽者的显现。但是，证据并不能归入其中，因此，证据这种东西完全不存在。首先，证据不是显现者的显现，因为本来就显现的事物是不依赖任何证据的；其次，证据不是隐蔽者的隐蔽，因为以他物作为依据而得以揭示的事物本身也需要显现出来；[9.97] 再次，证据也不是显现者的隐蔽，那些揭示他物的东西本身也必须显现出来；最后，证据也不是隐蔽者的现象，因为证据是与他物对立存在的事

物，它必须与使之成为证据的事物联系起来，一同把握，但是，这样一来，它就不再作为证据而存在。也就是说，但凡自身没有显现的事物，都不是可以理解的，但是有人说，那些不能显现的事物通过证据就可以理解了。他们是这么对原因予以否定的：原因是相对他物而存在的，因此，它才成其为原因；但是，与他物相对的事物只是思想的产物，它本身是不存在的；［9.98］所以，原因是思想的产物，因为它如果是原因，那它就必须与使之成为原因的事物联系起来，要不然，它就不是原因。比如一个父亲，如果那让他成为父亲的事物并不存在，那么，他就不可能被称为父亲。同理，原因也是。因为原因而能被思考的事物并不存在，因为生成、毁灭以及诸如此类的事物都不是真实存在的，因此，原因这种事物同样不存在。另外，即使原因这一事物存在，那么，有形之物的原因也必然是有形之物，无形之物的原因也必然是无形之物，但是，这两种情形都不成立，因此，原因这种事物也不存在。有形之物不可能是其他有形之物的原因，因为二者的本性相同。如果因为其中的某一事物是有形之物而称其为原因，那么，另一个事物同样是有形之物，它也应当称其为原因。［9.99］然而，它们如果都是原因，就不存在任何被动之物了。同理，一个有形之物的原因也不可能是一个无形之物，因为无论哪种无形之物都不能产生一个有形之物。同时，一个无形之物的原因也不可能是一个有形之物，因为无论哪种方式的生成，都必须具备一定的质料，但是，任何作用都不能施加于无形之物，因此，任何事物都不能生成它。因此，原因根本不存在。我们又可以进一步指出，世界最本源的事物也是不存在的；如果该事物确实存在，那么必然有某个事物在运动、在创造。同时，运动也不存在。这是因为，运动的事物或者在它所处的位置运动，或者在它所处的位置运动。但是，它不能在它所处的位置运动，它也不能在它不在的位置运动。所以，运动根本不存在。

［9.100］他们对学习也持否定态度。他们认为，事物如果可以教授，那就通过存在的事物的存在来教授，通过不存在的事物的不存在来教授。但是，不可能通过存在的事物的存在来教授，这是因为，存在的事物的本性可以显现给每一个人，所有人都可以认识到。同时，也不可能通过不存在的事物的不存在来教授，因为任何事物都不可以加诸不存在的事物之上，因此，它是不可能被教授的。他们指出，生成这一事物也不存在。是者不会生成，因为它已然是；非是者也不会生成，因为它完全不具备实在性。［9.101］本质就是善或恶的事物也不存在。如果说，某一事物的本性是善的，或者是恶的，那么，对每个人来说，它都必须是善的，或者是恶的，比如，对每个人来说，雪都是冷的。但是，对每个人来说都是善的或者是恶的事物并不存在，因此，

本质上是善的或恶的事物并不存在。一件某人视为善的事物，或者被其他人视为善的，或者不是。很明显，这个人视为善的事物，那个人也许视为恶的，就像伊壁鸠鲁觉得快乐属于善，而在安提司特涅斯看来，快乐属于恶。所以，就同一件事物来说，它同时是善的和恶的。但是，如果每一件被某人视为善的事物都并不是善的，那么，针对不同的意见，我们必须有所判断。因为每一种意见的理由的效力都是同等的，因而无法对它们进行判断。所以，本质上就是善的事物是不可知的。

[9.102] 我们可以从他们遗留的著作中找到他们提出的所有论证方式。实际上，皮浪没有留下任何作品，然而，他的朋友，比如努谟尼俄斯、提蒙、埃涅希德谟斯等人都有传世之作。

那些独断论者反驳他们的观点，说：实际上，所谓的怀疑论者也正在进行理解、把握与论断。原因是，他们在反驳的同时，也在理解与把握，也在进行论断与正面的肯定。比如，他们说"每一个命题都有一个反命题存在"或者"不确定任何事物"，其实，他们也在进行着某种论断与确定。[9.103] 对此，怀疑论者回应说：就生而为人所遭遇的一切来说，我们同意你们的说法。因为我们很清楚地知道，生活中还有很多其他的事。但是，就这些事物来说，独断论者总是运用判断从正面来肯定，指出它们是可以理解与把握的，而我们却认为它们是不能确定的事物，从而悬搁判断，我们唯一知道只是当前的感受罢了。我们必须承认，我们在看、在听、在思考，然而我们并不知道自己怎么看、怎么听、怎么思考。[9.104] 关于"我对任何事物都不确定"这句话以及诸如此类的话语，我们的说法并不是独断的，这种话与"世界是圆的"的说法有明显的区别。因为后者显然是不确定的，而其他的人只是表达了一种赞同罢了。所以，尽管我们说了"对任何事物都不确定"，但是，我们并不是肯定这句话。另外，独断论者指责怀疑论者抛弃了现实生活，这是因为他们对现实生活所依赖的各种事物都毫不在意。然而，怀疑论者回应说，这些人满嘴胡话，因为怀疑论者对他们在看的这一事实并不否认，他们只是不知道怎么看。对此，他们说：对于显现出来的现象，我们是承认的，然而，我们并不承认它就是那样的；我们可以感知到火正在燃烧着，然而，关于它是不是具有燃烧这一本性，我们采取悬搁判断的方法。

[9.105] 我们看到一个人在活动，在死去，然而，对于这一现象是如何发生的，我们并不知道。所以，他们说，我们反对的只是附加于现象之上的不确定的事物。因为我们提到一幅画上有凸起的地方时，这只是现象而已；而我们提到一幅画没有凸起的地方时，这不是未曾显现出来的事物，而是其他的事物。因此，提蒙在他的《皮同》一书中指出，他没有摒弃习惯。此外，

他还在《幻象》中说：现象所到之处，都显现出各种力量。

在《论感觉》一书中，他说："我不承认蜂蜜是甜的，但我承认它显现出了甜。"

[9.106] 埃涅希德谟斯在他的《皮浪学说》第一卷中写道，正因为有了矛盾，皮浪并没有独断地对任何事物进行确定，而是跟随了现象；此外，《驳智慧》和《论研究》这两本书里，他也说过类似的话。另外，埃涅希德谟斯的朋友宙克希斯在他的《论两可》一书中，拉俄底克亚的安提俄科斯，还有阿培拉斯在他的《阿格里帕》一书中，承认的都只是现象。所以，就像埃涅希德谟斯说的，在怀疑论者严重，现象是真正的标准。对于这一点，伊壁鸠鲁也认可，然而，在德谟克利特看来，现象根本不存在，因此也不可能是标准。

[9.107] 在独断论者看来，现象不可视为标准，因为就连同一事物也会表现出不一样的表象，比如，有时候塔看上去是方形的，有时候又是圆形的，如果怀疑论者不做选择，那么，最终结果就是一无所有，但是，他如果选择了其中之一，他的立场就动摇了，即所有现象的效力是同等的。对此，怀疑论者反驳：当不同的表象表现出来，我们就会说，每一种表象都表现出来了；因此，才能确立某种现象。按照提蒙和埃涅希德谟斯的说法，怀疑论者的终极目标就是悬搁判断——通过它，心灵的安静祥和就如同一道影子，随之显现。

[9.108] 对于那些需要我们决定的事物，我们不逃避，同时，也不选择；对于那些我们所不能决定的必然的事物，我们也同样不能逃避，比如，疼痛、口渴、饥饿、痛苦等感觉，因为理性无法驱逐它们。独断论者指责怀疑论者，他们如果真的能那么生活，那么，在被命令的情况下，他就不会避免地把自己的父亲吃掉。对此，怀疑论者表示：他能那么生活……[1] 意思是，不要陷入独断论者探究的事物之中，而不是那些关于生活或谨慎的事物。所以，他会以习俗作为依据，从而选择规避或选择某一件事，而且会遵循法律。有人说，怀疑论者追求的是温顺，也有人说是不动心。

---

[1] 此处希腊原文有遗漏。

第十二章　提蒙[1]

[9.109] 尼西亚[2]人阿波罗尼德斯是我们之中的一个,他在为提比留·恺撒[3]而写的《〈讽刺诗〉评注》第一卷中记载道,提蒙是弗利阿西亚人,他的父亲是提马尔科斯。他父母在他年幼时就去世了,最初,他学习舞蹈,后来放弃了,去往麦加拉的斯提尔朋那里。他在当地生活了一段时间,然后回到家乡,在那里结婚。后来,他又和他的妻子一同前往埃利斯,拜访了皮浪,他在那里一直住到了孩子出生。提蒙给长子取名为克桑托斯,还教会了他医术,[9.110] 并指定他作为自己的继承人;按照索提翁在他的作品的第十一卷中说的,后来,这个孩子的名气越来越大。提蒙越来越穷,于是,他又去了赫勒斯庞托斯[4]和普洛庞提斯。在与拜占庭隔海相望的卡尔克同,他以智者的身份讲课,不仅获得了显赫的声誉,还赚了很多钱。当他拥有了雄厚的财产之后,他又去了雅典,一直生活在那里,直到死去,只在很短一段时间去过忒拜。他在一首抑扬格诗中指出,他与安提戈洛斯国王以及托勒密·菲拉德尔弗斯[5]交情很深。

据安提戈洛斯所说,提蒙热衷于饮酒,不仅思考哲学方面的问题,闲暇时光里,他也经常写诗。他写过史诗、悲剧、羊人剧,创作了六十部悲剧以及三十部喜剧,此外,还有一些色情诗、讽刺诗等。[9.111] 卡里斯托斯的安提戈洛斯曾经撰写过讲述提蒙生平的传记,提蒙大约写过两万多首诗歌。他创作的《讽刺诗》为三卷本,作为一个典型的怀疑主义者,提蒙在书中用讽刺的口吻嘲笑了所有人,特别是那些独断论者。第一卷采取了独白的形式;

1　提蒙,生活在公元前320年至公元前230年。

2　尼西亚,一座地处小亚细亚西部的城市。

3　提比留·恺撒,罗马皇帝,在位时间是公元14年至37年。

4　赫勒斯庞托斯,指现在的达达尼尔海峡。

5　托勒密·菲拉德尔弗斯,埃及托勒密王朝的国王,在位间间是公元前283年至公元前246年。

第二卷和第三卷都采取了对话体形式，提蒙在其中充当提问者，向科洛封的克塞诺法涅斯提出形形色色的问题，而克塞诺法涅斯则是回答者。第二卷主要讨论了早期的哲学家，而第三卷主要讨论了近期的哲学家，因此，有的人又称第三卷为"尾声"。［9.112］第一卷探讨的问题与第二、第三卷是一样的，不过使用的是独白的形式，它的开篇写的是：

智慧之人啊，你们这些喜欢追问的人，请跟随我。

按照安提戈洛斯和索提翁在他的作品第十一卷中提到的，提蒙一直活到接近 90 岁。有人说，其实他只有一只眼睛，实际上，他经常以库克罗普斯[1]自居。还有一个名为提蒙的人，他是一个愤世嫉俗之人。安提戈洛斯说，我们介绍的这位哲学家很喜欢种植花花草草，而且只关心自己的事情。漫步学派的希罗尼谟斯是这样评价他的："在所有的希叙亚人[2]之中，只有两类人能用箭射中猎物，分别是逃跑者和追逐者。同理，在哲学家之列，有的人通过追逐而拥有了学生，而有的人通过逃跑而拥有了学生，显然，提蒙属于后者。"［9.113］他富有洞察力，尤其擅长讽刺他人。他擅长写作，总是为诗人提供丰富的素材，还擅长安排剧情的结构。他在创作悲剧时经常与荷马、亚历山大[3]合作。每当狗或者仆从打扰他时，他就会放下手头的工作，专注于怎样让自己重新恢复平静。有人说，阿拉托斯曾询问过他，通过何种方式才能获得可信的荷马诗作，对此，他说："除非能获得那些古代流传的抄本，而不是那些经过校订的文本。"他经常随意摆放他的诗稿，有时候，被老鼠啃掉了大半。［9.114］所以，当他为著名的演说家左皮洛斯朗诵他创作的诗歌时，他总是随意地翻开自己的诗稿，遇见哪一页就读，当读到中间部分，就会看到有些地方已经脱落，而他之前毫不知情。他对任何事都满不在乎。另外，他也是随性之人，经常饭都没吃就出门了。有一次，他看到了阿尔克西拉俄斯从克尔科普斯市场经过，他说："这里是我们自由人待的地方，为什么你到这里来了？"有人认为，各种感知伴随着与之相关的心灵证实，对此，提蒙说：这是山鹑与鸟鹬聚在了一块儿。

---

1 库克罗普斯，指希腊神话里的独眼巨人。

2 希叙亚人是一个古代的游牧民族，而希叙亚泛指的是黑海以北的区域，古时候，很多游牧人在那里放牧。

3 此处的荷马应该是指拜占庭的荷马，主要活跃时期是公元前 280 年前后，他是一位悲剧诗人和语法学家。此处的亚历山大应该是指埃托里亚的亚历山大，主要活跃时期是公元前 280 年前后，他是一位诗人，同时，还是一位语法学家。

类似的俏皮话，他经常脱口而出。有一个人对任何事都充满好奇，于是，他对那人说："为什么我们三个人只有四只眼睛，你却不觉得好奇呢？"这是因为他和他的学生狄俄斯库里德斯都只有一只眼睛，而那个人却拥有一双正常的眼睛。[9.115]有一天，阿尔克西拉俄斯询问他，为什么又从忒拜回来了，对此，他说："为了当你们到处行骗时，好嘲弄你们。"但是，他虽然在《讽刺诗》中指责了阿尔克西拉俄斯，但是，后来在《阿尔克西拉俄斯的丧宴》一书中又对他表示了赞美。

　　按照医生美诺多托斯的说法，提蒙没有留下任何继承者，最终，他的学派彻底消失了。后来，大约在公元前100年，库瑞涅的托勒密又重新建立了怀疑主义学派。然而，按照希珀伯托斯和索提翁的说法，罗得斯岛的尼科洛科斯、特洛阿斯的普劳洛斯、塞浦路斯的狄俄斯库里德斯和塞留西亚的欧福拉诺尔等人都听过提蒙的课。而历史学家佛拉尔科斯指出，特洛阿斯的普劳洛斯的性格坚韧，虽然有人指控他是叛国贼，而他因此遭受了不公正的责罚，但他还是坦然接受了这一切，从没有丝毫怨言。

　　[9.116]欧福拉诺尔的学生之一是来自亚历山大里亚的欧布洛斯，欧布洛斯的学生之一是托勒密，托勒密的学生包括萨尔佩冬和赫拉克勒德斯，而赫拉克勒德斯的学生之一是克诺索斯的埃涅希德谟斯，此人撰写了《皮浪学说论纲》，一共有八卷。宙克希波斯既是埃涅希德谟斯的学生，又是他的同胞，宙克希波斯有一个学生名叫宙克希斯，据说，这个人走起路来是明显的八字脚。宙克希斯有一个学生拉俄底克亚的安提俄科斯，安提俄科斯门下有一个学生是来自尼科美底亚的美诺多托斯（这是一个有着丰富经验的医生），还有拉俄底克亚的忒厄达斯。美诺多托斯有一个学生是塔尔索斯的希罗多德，他的父亲是阿里俄斯。经验主义者塞克斯托斯[1]是希罗多德的学生，据说，他撰写了十卷有关怀疑主义的作品，此外，还有其他很多优秀的作品。塞克斯托斯门下的一名学生是库忒那斯的萨托尔尼诺斯，据说，他也是一名经验主义者。

1　塞克斯托斯，就是塞克斯斯托斯·恩披里柯斯，其中恩披里柯斯（ἐμπιρικὸς）的意思就是"经验主义"。

第十卷

第一章　伊壁鸠鲁[1]

[10.1] 根据美特洛多洛斯在他的《论高贵的出生》一书中的记载，伊壁鸠鲁的父亲是涅俄克勒斯和凯瑞斯特拉特，他是雅典人，在伽尔格托斯的乡间生活，是菲拉伊德家族[2]的一员。而赫拉克勒德斯在他的《索提翁摘要》一书中提到，当雅典人在萨摩斯建立殖民地之后，他就在那里生活，直到18岁时才回到雅典，主持学园的是克塞诺克拉特斯，当时，亚里士多德住在位于希腊东南部的卡尔基斯，终日消磨时光。而马其顿的亚历山大去世之后，佩尔狄卡斯开始驱逐雅典人，于是，他动身赶到科洛封，去那里投奔他的父亲。[10.2] 他在那里住了一些日子，一群学生在他身边聚集起来，后来，当阿那克西克拉特斯[3]开始执政后，他又回到了雅典。最初，和其他人一样，他也注重哲学方面的思考，但是，没有任何特殊的地方，但是，他后来提出了一套特殊的理论，在此基础上建立了用自己的名字命名的学派。按照他自己的说法，他从14岁开始投身哲学事业，而伊壁鸠鲁主义者阿波罗多洛斯在他所写的《伊壁鸠鲁的生平》第一卷中指出，他之所以选择投身哲学，是因为他当时发现所谓的文法教师完全不能解释清楚赫西俄德在书里提到的"混沌"一词的含义。而根据赫尔米珀斯的说法，其实，他本人也当过文法教师，后来，他读了德谟克利特的著作，对哲学产生了浓厚的兴趣。

[10.3] 提蒙是这样评价他的：

他来自萨摩斯，是所有自然哲学家中最新近、最无耻的那一个。

作为一位文法学教师，他却是最没有修养的人。

---

[1] 伊壁鸠鲁，生活在公元前344年至公元前271年。

[2] 菲拉伊德家族，指雅典当时颇具名望的贵族家族。

[3] 阿那克西克拉特斯，雅典执政官，公元前307年至公元前306年执政。

伊壁鸠鲁主义者菲洛德谟斯[1]在他的著作《哲学家的分类》的第十卷中指出，他曾鼓励他的三个兄弟，也就是涅俄克勒斯、凯瑞德谟斯和阿里斯托布洛斯与他一同投身到哲学研究的事业。而密洛尼阿诺斯在他的《同样的历史事件》一书中指出，他还曾经鼓励身边一个名为密斯的奴隶也投身到哲学研究之中。斯多葛主义者狄俄提谟斯很看不起伊壁鸠鲁，经常恶毒地诋毁他。据说，这个人收集了数十封下流无耻的书信，诽谤说这些书写是伊壁鸠鲁所写，他还诽谤说克律希珀斯的那些书信也是伊壁鸠鲁写的。[10.4]另外，伊壁鸠鲁还经常遭受斯多葛主义者珀塞多尼俄斯的追随者攻击。此外，还有尼科拉俄斯、索提翁和哈利卡尔纳索斯的狄俄尼西俄斯；索提翁是在他的著作《狄俄克勒斯的反驳》的第十二卷中猛烈地抨击了伊壁鸠鲁，而这是一本总共二十余卷的书。据说，他经常与他母亲一同外出，到处溜达，去周围的小村庄举行洁净仪式，还和他的父亲一起利用教授他人文法赚一些微薄的收入。他的一个兄弟是皮条客，与一个名为勒昂提翁[2]的妓女一同生活。有人说，他窃取了德谟克利特提出的原子理论以及阿里斯提珀斯提出的快乐理论。提谟克拉特斯和希罗多德在他的《论伊壁鸠鲁的青年时期》一书中指出，实际上，他不能称得上一个合法[3]的市民。也有人说，他不知羞耻，巴结吕希马科斯的大臣米特拉斯，甚至在几封书信中称呼这个人是主人或救世主[4]；[10.5]此外，他还经常吹捧希罗多德、提谟克拉特斯、伊多美纽斯等人，他的秘传学说正是这些人公开的，因此，他肆无忌惮地拍他们马屁。他在一封写给勒昂提翁的信中说道：哦，救世主啊，主人啊，亲爱的小勒昂提翁，读了你写的信，我们都感到无比舒坦，甚至忍不住为你鼓掌、喝彩。另外，他对勒昂丢斯[5]的妻子忒弥斯塔说：你们如果不到我这里来，那么，我就会滚去你和忒弥斯塔希望我去的任何地方。他在一封写给容貌英俊的皮提亚克勒斯的书信中说：我就在这里坐着，热切地盼望着你的到来，仿佛盼望着神的降临。而忒俄多洛斯[6]在他的著作《驳伊壁鸠鲁》第四卷中写道，他还给忒弥斯塔写了另

---

1 菲洛德谟斯，大约生活在公元前110年至公元前40年或公元前35年，是当时很有名的一位伊壁鸠鲁主义者。大约在公元前75年前后，他去了罗马，在当时拥有很大的影响力。

2 勒昂提翁，这个人在历史上的确存在，她大约生活在公元前300年前后，是伊壁鸠鲁忠诚的追随者之一，也是古希腊时期屈指可数的女哲学家。她之所以被说成妓女，应该是敌对者对伊壁鸠鲁的诋毁。

3 此处所谓的"不合法"，应该指的是他是一个私生子。

4 救主（πιαναν）、主人（άναξ）等称呼通常适用于太阳神阿波罗。

5 勒昂丢斯，伊壁鸠鲁的学生，大约生活在公元前3世纪的早期。

6 忒俄多洛斯，指犬儒学派的无神论者忒俄多洛斯，他生活在公元前300年前后。

一封信，信中说道，他认为他应该给她提供某些规劝。[10.6]此外，他还给很多别的妓女写过信，值得一提的是勒昂提翁，美特洛多洛斯为这个女人倾倒。伊壁鸠鲁在他的《论目的》这本书中写道："如果将美味带来的快乐、情爱带来的快乐、动人的声音带来的快乐、美丽的外形带来的快乐都抛到一边，那么，我完全不能思考善究竟为何物。"他在一封写给皮提亚克勒斯的书信中说道："啊，亲爱的，你要尽可能地避免一切教育，自由自在地昂起你的风帆。"厄皮克特托斯认为，伊壁鸠鲁总是在人群中传播各种淫荡思想，而且严厉地斥责了他。美特洛多洛斯的兄弟提谟克拉特斯曾投身到伊壁鸠鲁门下，但是，他后来离开了，他在一本书名是《欢乐》的作品中指出，伊壁鸠鲁因为嘴馋贪吃而在一天之内呕吐了两次，而且为了避免参与那些在夜晚举办的神秘聚会和哲学活动，他费尽了心思。[10.7]在他看来，伊壁鸠鲁对各种关于理性的事知之甚少，对各种关于生活的事更是一无所知；他的健康状况也一团糟，只能长期坐在椅子上。另外，伊壁鸠鲁写给勒昂提翁还有那些密提勒涅[1]的哲学家的书信中提到，每一天，他都花1米那的费用在饮食方面；他与美特洛多洛斯一起生活，此外，还有很多妓女。伊壁鸠鲁在他的《论自然》中反驳他人的观点，尤其是瑙希法涅斯。他在书中写道："别管它们！因为这个人经过了一番苦苦思索，说的话也不过是智者的夸夸其谈罢了，就像很多奴仆做的事情那样。"[10.8]另外，伊壁鸠鲁也曾在他写的书信中提起过瑙希法涅斯："他变得疯疯癫癫，经常胡乱辱骂我，说我是一个售卖学问的教师。"在他眼里，瑙希法涅斯是淫贼、骗子、文盲以及肺痨。而柏拉图的追随者被他称为"狄俄尼索斯的跟屁虫"，不过，他称柏拉图是"金子"。而亚里士多德被他称为浪子，因为他将祖产挥霍干净，只能参军当兵，后来又通过卖药维持生计。他称普罗泰戈拉为搬运工，担当了德谟克利特的书记员，在乡间教人们如何书写为生；他称赫拉克利特为搅拌器；他称德谟克利特是"勒洛克利特"，还称安提多洛斯是"萨尼多洛斯"[2]；犬儒学派被他称为希腊的敌人；而辩证论者被他称为将一切摧毁的人；皮浪被他称为从未接受过教育的蠢人。

[10.9]但说以上这些话的那些人全都发疯了（原文是这么写的，感觉很奇怪，逻辑不通）。有充分的证据表面，此人对任何人都满怀着善意，他的国家为他修建了青铜雕像，表示对他的纪念与尊崇，他的朋友遍布五湖四海，数不胜数。凡是认识他的人都被他的学识折服，心甘情愿地追随他，只有斯

---

1 密提勒涅，地处爱琴海的勒斯博斯岛，是当地一座很重要的城市。
2 勒洛克利特（Ληρόκρι·τος）指"废话连篇的人"；萨尼多洛斯（Σαννίδωρος）指"赠送礼物的巴结者"。

特拉托尼克俄斯的儿子美特洛多洛斯¹是个例外，后来，他投奔了卡尔涅阿德斯，据说，这是因为伊壁鸠鲁那种无以加复的善良让他感到厌倦。另外，其他的学派纷纷走向没落，而他的学派却得以留存，通过他数不清的继承者一代代延续下去。[10.10] 他敬重父母，友爱兄弟，善待仆从，他留下的遗嘱以及与他一同投身哲学研究的人们都可以证明这一点，其中最著名的就是我们前面提到的密斯。总之，他虔诚地热爱着每一个人。虽然他过度强调宽厚而没有参与任何城邦事务，但是，他对国家的热爱以及对诸神的诚挚都是无可置疑的。当时，希腊已经四面楚歌，但是，他还是没有抛弃自己的祖国，在此期间，只是前往伊奥尼亚探望过几次朋友罢了。按照阿波罗多洛斯的说法，很多人千里迢迢赶去投奔他，与他在花园里一同生活，而他花了80米那买下了那座花园。[10.11] 狄俄克勒斯在他所写的《哲学家纵览》第三卷中提到，这些人过着简单朴素的生活，他说："他们偶尔会喝一杯度数很低的葡萄酒，至于其他时间，都只喝清水。"另外，他说伊壁鸠鲁不认同毕达哥拉斯的观点，他不认为朋友的财产应该共同享有，因为那说明朋友之间缺乏深厚的信任感，而缺乏信任感的人也很难成为真正的朋友。在一些书信中，伊壁鸠鲁说，一片素面包和一杯清水就能让他心满意足，他还说："有时候，我觉得可以享受一下，就会来上一些库忒拉乳酪。"他认为快乐是目的，雅典人是这样称赞他的：

[10.12] 人啊，你们孜孜以求那些有害的事物，
　　因为贪婪，你们永远不会满足，冲突不断，战争频发。
　　然而，自然的财富是有限的，
　　而虚无的选择却永不停歇。

据说，这是涅俄克勒斯那个充满智慧的儿子听缪斯所说的，也有人说，是他从皮提亚那个神圣的三脚凳那里听到的。² 他的学说和箴言都清楚地反映出这一点。而狄俄克勒斯说，他最喜欢的古代哲学家是阿那克萨戈拉（虽然他们的有些观点完全不同）和苏格拉底的老师阿尔刻拉俄斯。另外，他说，伊壁鸠鲁时常让他的学生背诵他所写的著作。[10.13] 按照阿波罗多洛斯在他的《编年史》中的说法，伊壁鸠鲁曾去听过瑙希法涅斯和漫步派哲学家普拉克斯法涅斯的课，然而，关于这一点，伊壁鸠鲁本人并没有提起过，他在一

1　这里提到的美特洛多洛斯与前面的那一位并不是同一个人。
2　三脚凳指德尔斐神庙的女祭司坐的那个凳子。

封写给欧儒洛科斯的信中提到，他完全是通过自学。伊壁鸠鲁认为留基伯斯这位哲学家并不存在，赫尔马尔科斯[1]也同意他的说法，但是，包括伊壁鸠鲁主义者阿波罗多洛斯在内的有些人认为，留基伯斯是德谟克利特的老师。而马格涅西亚的德谟特里俄斯指出，伊壁鸠鲁曾去听过克塞诺克拉特斯讲课。伊壁鸠鲁经常使用通俗易懂的语言来探讨各种问题，对于这一点，文法学家阿里斯托芬大加赞扬。他要求写作必须清晰，他甚至在《论修辞学》中指出，著书论说的首要要求就是清晰。［10.14］他在写信时从不使用"你好"这一类常见的问候语，而喜欢用"严肃认真地生活""好好做事"这类话。根据亚历山大里亚的阿里斯通在他的《伊壁鸠鲁的生平》一书中的说法，伊壁鸠鲁以瑙希法涅斯所写的《三脚凳》为基础，写了《准则》这本书，此外，据说他还去听过瑙希法涅斯以及萨摩斯的柏拉图主义者帕美菲洛斯的课。有人说，12 岁那年，他就开始进行哲学研究，并且在 32 岁时建立了属于自己的哲学学派。阿波罗多洛斯在他的《编年史》中写道，伊壁鸠鲁是在第 109 届奥林匹亚运动会的第三年、阿提卡历第七月的第七天出生的，当时由索斯格涅斯执政，也就是柏拉图去世后的第七年。［10.15］32 岁那年，他首先在密提勒涅建立了一个学派，接着，他又去了拉姆帕萨科斯，在那里待了五年，又去了雅典；第 127 届奥林匹亚运动会的第二年，他在雅典去世，当时执政的是皮塔拉托斯，他活到了 72 岁。接着，阿格谟尔托斯的儿子、来自密提勒涅的赫尔马尔科斯出任该学派的主持。赫尔马尔科斯在他的一些书信中提到，伊壁鸠鲁生病了，在第十四天因为肾结石而死。根据赫尔马尔科斯回忆说，临死之前，伊壁鸠鲁在一个青铜盆中泡了澡，喝了一杯纯酒，［10.16］还反复嘱咐身边的朋友不要遗忘他的学说，才放心地咽气。

我们写了一段这样的话来纪念他：

永别了，请记住我的教导。
临死之前，这是伊壁鸠鲁最后留给朋友们的话。
他洗了一个温水澡，喝下一杯纯酒，
随后，冷漠无情的哈德斯带走了。

上述就是伊壁鸠鲁的生平事迹以及死亡。他留下了这样的遗嘱：

按照我留下的这份遗嘱，我所有的财产都赠送给来自巴特来的菲洛克拉

---

[1] 赫尔马尔科斯，伊壁鸠鲁的学生，同时也是学派继承者。

特斯的儿子阿密诺马科斯,还有德谟特里俄斯的儿子、波塔谟斯的提谟克拉特斯;赠予协定由美特若翁代为保管,上面规定了他们各自的份额,[10.17]相应的条件是,花园以及花园中所有的东西,他们都必须无偿地提供给阿格谟尔托斯的儿子、密提勒涅的赫尔马尔科斯以及那些与他一同研究哲学的人们,还有他选的继承者无偿使用,以便他们可以继续在那里进行哲学研究,而且遵循哲学的宗旨而生活。我的花园永远交付给那些遵循我的主张而投身到哲学研究的人们,他们要尽可能地帮助阿密诺马科斯和提谟克拉特斯管理好花园里的各种琐事,而他们的后继者也应该妥善地管理好花园,正如那些追随我投身到哲学研究的前辈托付给后辈那样。我那座位于美里忒的房屋,在赫尔马尔科斯活着的时候,阿密诺马科斯和提谟克拉特斯要无偿地提供给他和他的追随者使用,以便他们进行哲学研究。[10.18]我遗赠给阿密诺马科斯和提谟克拉特斯的财产产生的收益,他们应该妥善对待,要经常与赫尔马尔科斯协商,充分利用它们的价值。其中一部分要被用来祭奠我的父母以及兄弟;还有一部分用来纪念我的单程,也就是每一年阿提卡历第七月的第十天,还有每个月第二十天例行举办的哲学聚会,这场聚会是用来纪念我和美特洛多洛斯的。还要像我生前做的那样,每当到了阿提卡月第六月[1]的海神节,就要纪念我的兄弟,每当到了阿提卡月的第二月[2],就要纪念珀吕埃诺斯。[10.19]阿密诺马科斯和提谟克拉特斯要将美特洛多洛斯的儿子伊壁鸠鲁以珀吕埃诺斯的儿子抚养长大,直到他们能够与赫尔马尔科斯一同生活并学习哲学。此外,他们要养育美特洛多洛斯的女儿,直到她成年,如果到时候她拥有端正的品性,而且愿意听从赫尔马尔科斯的建议,那就让赫尔马尔科斯从他的追随者中间挑选一个人,将她许配给他。阿密诺马科斯和提谟克拉特斯通过与赫尔马尔科斯商量,每年要从我遗产产生的收益中抽出一部分赠予这对夫妻,让他们维持生活。[10.20]阿密诺马科斯和提谟克拉特斯要邀请赫尔马尔科斯一起管理遗产产生的收益,从而方便赫尔马尔科斯过问每一件事。此人一生跟随我从事哲学研究,我死之后,他就是我的追随者的领袖人物。等我的女儿成年之后,在赫尔马尔科斯认可的情况下,阿密诺马科斯和提谟克拉特斯根据当时的实际情况,从我财产产生的收益中抽取一部分,作为她的嫁妆。要像我生前做的那样,他们要继续照顾尼卡诺尔。总而言之,那些在哲学研究的过程中向我伸出友谊之手,为我提供过帮助并且一直追随我的人,我都会尽力为之妥善安排,避免他们在生活上陷入窘迫。[10.21]

---

1 即公历的12月下半月到1月上半月。

2 即公历的8月下半月到9月上半月。

我所有的书都赠送给赫尔马尔科斯。如果赫尔马尔科斯在美特洛多洛斯的孩子们成年之前就不幸去世了，孩子们只要拥有端正的品性，阿密诺马科斯和提谟克拉特斯就要尽量从我的遗产所产生的收益中抽取一部分交给他们，让他们维持生活。阿密诺马科斯和提谟克拉特斯要遵循我的嘱咐，照顾病管理好其他的一切，只要条件允许，任何一件事都要贯彻。我恢复奴隶密斯、尼基阿斯以及吕孔的自由之身，同时，也让女奴斐德里翁获得自由。

[10.22] 临终前，他写了一封信给伊多美纽斯：

对我来说，今天是我生命中最后一天，也是幸福的一天，现在，我写下这封信给你。痢疾和尿淋沥长期折磨着我，然而，回想起我们曾经的谈话，我的内心就荡漾起无比的喜悦，而这些痛苦也随之消失。你要像热爱我和哲学那样，充满热情地照顾好美特洛多洛斯的孩子们。

他的遗嘱就是这样。

伊壁鸠鲁的门徒中多，其中最有名的是阿特奈俄斯或提谟克拉特斯与桑德的儿子美特洛多洛斯，他是拉姆帕萨科斯人。自从认识伊壁鸠鲁之后，他除了花了六个月的时间回家省亲之外，从未离开过伊壁鸠鲁。[10.23] 美特洛多洛斯在各个方面都很优秀，伊壁鸠鲁曾经在他的一本作品的导言中提到了这一点，此外，他还在《提谟克拉特斯》的第三卷中提到了这一点。据说，美特洛多洛斯把妹妹巴提斯嫁给个伊多美纽斯，此外，雅典的妓女勒昂提翁是他的情妇。伊壁鸠鲁在他的《美特洛多洛斯》第一卷中提到，美特洛多洛斯勇于直面人生的各种苦难，就连死亡也不会让他畏惧。有人说，伊壁鸠鲁死前七年，他就去世了，享年53。而伊壁鸠鲁也在他的遗嘱中交代他的继承人要妥善照料美特洛多洛斯的孩子，显然，他当时已经去世。美特洛多洛斯有一个名叫提谟克拉特斯的兄弟，我们在前面曾提到，这个人鲁莽冲动。

[10.24] 美特洛多洛斯留下了如下著作：《答智者》九卷、《论通向智慧的路》、《论变化》、《答提谟克拉特斯》、《答辩证论者》、《驳德谟克利特》、《论高贵的出身》、《论伊壁鸠鲁的疾病》、《论高尚》、《答医生》三卷、《论感知》。

阿特诺多洛斯的儿子、拉姆帕萨科斯的珀吕埃诺斯也是伊壁鸠鲁的学生，就像那些菲洛德谟斯的追随者说的，他宽厚仁义、友爱良善。此外，伊壁鸠鲁的继承人是赫尔马尔科斯，他的父亲是阿格谟尔托斯，他密提勒涅人，家境贫寒，他一开始学习修辞学。他留存的优秀著作包括：

[10.25]《关于恩培多克勒斯的通信》二十二卷、《驳柏拉图》、《驳亚里

士多德》、《论数学》。他颇有才华，最后因瘫痪而去世。

另外，还包括拉姆帕萨科斯的勒昂丢斯和他的妻子忒弥斯塔，伊壁鸠鲁与忒弥斯塔曾经通过书信进行交流。此外，还有科洛特斯和伊多美纽斯，他们都是拉姆帕萨科斯人。上述这些都是当时的名人，此外，还有赫尔马尔科斯的继承人珀吕斯特拉托斯、狄俄尼西俄斯的继承人巴希勒德斯、珀吕斯特拉托斯的继承人狄俄尼西俄斯。另外，阿波罗多洛斯也很著名，有"花园僭主"的称号，他留存的作品多达四百卷。此外，还有亚历山大里亚的两位托勒密，他们一个是白人，还有一个是黑人。还有从西洞而来的芝诺，他的老师是阿波罗多洛斯，也留下了众多作品。

[10.26]此外，还有被人们称作拉科尼亚人（也就是斯巴达人）的德谟特里俄斯、塔尔索斯的第欧根尼——他对学院的讨论集进行了编选，厄里翁还有那些被伊壁鸠鲁主义者称作智者的人们。

名为伊壁鸠鲁的人还有三个，第一个是勒昂丢斯和忒弥斯塔所生的儿子，第二个是马格涅西亚人，第三个是军事教练。伊壁鸠鲁一生著作等身，在作品数量方面，他远远超越了其他作者，一共有三百多卷。写作时，伊壁鸠鲁从来不引用其他人的话，而是专注于表达自己的看法。克律希珀斯被卡尔涅阿德斯称为伊壁鸠鲁作品中的寄生虫，他说，克律希珀斯曾经想方设法想在著述这方面超越伊壁鸠鲁；伊壁鸠鲁写了某方面的作品，克律希珀斯马上会在统一方面着手，想要与之一较高低；[10.27]因此，他的作品要么是某些从头脑中一闪而过的东西，要么是同样的内容重复出现，某些作品没有进行校订就发表了；他还大量引用其他人的观点，甚至通篇都是他人的观点，虽然类似的情况在芝诺和亚里士多德身上也发生过，但是，他远远比后面两人严重。伊壁鸠鲁的作品的数量与质量的大致情况就是如此，其中最优秀的作品包括：《论爱》、《论空虚与原子》、《论自然》三十七卷、《论选择和规避》、《论目的》、《凯瑞德谟斯》、《论虔敬》、《准则》（又名《论标准》）、《驳麦加拉学派》、《问题集》、《论诸神》、《驳自然哲学家论纲》、《首要原理》、[10.28]《赫格希阿那克斯》、《会饮》、《论幻觉》、《论表象》、《预知》、《劝勉集》、《涅俄克勒斯：答忒弥斯塔》、《论生活》四卷、《论正义行为》、《论音乐》、《论正义和其他的德性》、《论原子的角》、《论触觉》、《有关激情的学说：答提谟克拉特斯》、《论命运》、《提谟克拉特斯》三卷、《安提多洛斯》两卷、《关于疾病的理论：答米特拉斯》、《卡里斯托拉斯》、《阿里斯托布洛斯》、《美特洛多洛斯》五卷、《阿那克西美尼》、《书信集》、《珀吕谟德斯》、《论王权》、《论视觉》、《欧儒洛科斯：答美特洛多洛斯》。

我将通过他所写的三封信来阐述伊壁鸠鲁在其著作中的观点，这三封信概括了他的哲学思想的整个脉络。[10.29]我还会引用他所写的《首要原理》还有他其他那些值得加以引用的话，从而使你能充分了解此人，并且知道应该对他作何评价。他的第一封信是写给希罗多德的，主题与自然有关；他的第二封信是写给皮提亚克勒斯的，主题与天象有关；他的第三封信是写给墨诺伊库斯的，主题与生活有关。我们从第一封信开始讨论，但是，在此以前，我们必须简要介绍一下哲学的划分问题。他认为哲学分成三个部分，分别是准则学、自然哲学以及伦理学。[10.30]准则学指的是探索事物的方法，他主要在《准则》一书中进行探讨。自然哲学指的是与自然有关的理论，他在三十七卷本的《论自然》一书中进行探讨，另外，在多封书信中也经常涉及。伦理学是对选择与规避展开的探讨，主要在《论目的》《论自然》以及多封书信中涉及，但是，准则学和自然哲学总是被放在一起讨论，前者是关于原理、要素和标准的探讨，后者是关于本性、生成和毁灭的探讨；而伦理学是关于选择与规避，还有对目的、生活等的探讨。

[10.31]他们排斥辩证法，认为毫无意义，他们认为，对自然哲学家来说，运用与事物有关的通俗语言就能获得成功。伊壁鸠鲁在《准则》一书中指出，各种各样的感觉、心灵的图形以及情感乃是真理的标准，还有的伊壁鸠鲁主义者认为理智的表象力也是标准之一，关于这一点，伊壁鸠鲁在他写给希罗多德的《概要》和《首要原理》中也表示认同。他这样写道："一切感觉皆是非理性的，也是不能记忆的。它们之所以生成，既不是源于它们自身，也不是源于某种外界因素；它们身上既不能被拿走某种事物，也不能被增加某种事物。[10.32]任何东西都不能驳倒它们，比如，一种感觉不能驳倒另一种感觉，因为所有感觉都拥有同等效力；一种异类的感觉也不能驳倒另一种感觉，因为它们的感知对象是不一样的。另外，它们也不会被理性所驳倒，因为任何理性判断都是以感觉为基础而展开的。一种感觉不能为另一种感觉所驳倒，这是因为它们对我们来说拥有同等的效力。真实各种知觉的真实性确保了各种感觉的真实性。看、听就如痛的感觉那么真实。所以，对未知的事物来说，我们应该从各种显现出来的事物入手，因为任何观念都是在某种理性的作用下从感觉而来的，或者来自直接的感觉，或者来自组合、类似和类比等。就连精神错乱患者眼前或梦境中出现的景象都是真的，因为它们同样具有触动作用，而不真实的东西是不具有触动作用的。"

[10.33]他们认为，心灵的图形就像心灵中贮藏着的一种正确的观念、意见、把握或者普遍思想，也就是对时常现象的外界事物的相关记忆。比如，因为我们预先对人存在着各种感知，因此，每当我们说出"人"这个词汇，我们就可以根据心灵中有关的图形想象出人的形象。所以，一切术语一开始

的指称对象都是明确无误的。实际上，如果我们对探究的对象完全不了解，我们也就无从探究它。比如，我们说远处是一头牛或者一匹马，在得出这个断言以前，我们必须在心灵的图形的基础上知道牛或马的外观形状。我们无法给任何事物命名，除非我们在心灵的图型的基础上事先描摹了它的形状。所以，存在于心灵中的各种图形都是确凿无疑的。关于事物的判断必须以预先明确无误的某种事物为基础，我们通过它才能得出一个判断，比如，我们从何得知这个东西是一个人？［10.34］他们认为，意见是一种设想，有真与假的区别。如果它可以被证实却不能被证伪，那么它是真的；如果它可以被证伪却不能被证实，那么，它是假的。所以，他们提出了一个术语，即"等待"，比如，我们等待着得出那是一座塔的结论，一直到我们来到它面前并确定它就是我们在近处看到的模样。他们把情感分成两种，即快乐与痛苦。这两种情感在任何生物身上都有体现，前者符合生物的本性，后者不符合生物的本性。在它们的影响下，生物做出相应的选择与规避。存在着两种探究，一种与事物有关，另一种与语言有关。上述就是伊壁鸠鲁对哲学的划分和他的准则的概括。

现在，我们回到他的书信上来。

伊壁鸠鲁向希罗多德致意

［10.35］希罗多德啊，有的人并不能准确地探讨我写的与自然有关的作品中的那些问题，或者没有能力详尽地阅读这些篇幅较长的作品，因此，我为他们列出了一个与整体体系有关的纲要，他可以让他们把握那些最重要的原理，当他们进行自然方面的探讨时，就能随时随地从最重要的地方切入。另外，即使那些已经比较准确地把握了整个体系的人，也应该牢牢记住关于整个体系的原则。对我们来说，更重要的是与整体有关的一般原则，而不是详尽地把握各方面。

［10.36］所以，我们应该更专注一般原则，牢牢地记住它们，才能对事物进行决定性的理解；如果我们记牢了整个体系的原则，就能精准地探索与各个细节有关的知识；能够敏锐地运用各个概念，并且让每个概念都回溯至最简单的原则与术语，对于一位已经在研究方面卓有成就的人而言，同样是他整栋知识大厦的基石。我们总是不停地进行整体的探究，却不可能对这种无休止的探究予以总体上的把握，除非能够借助某些简单明确的准则来对整体进行把握，由此也能准确地把握其中的各个部分。

［10.37］因此，这对任何进行自然哲学研究的人都是有意义的，身为一个长期致力于哲学研究并从中得到安宁的人，我为你写下了一个有关整体学

说的纲要及其基本原理。

希罗多德啊,你必须首先把握语词的意义,才能利用它们来判断各种探究、猜想以及问题,这样一来,我们就可以尽力避免不确定的事物,也无须进行无休止的解释,还可以避免运用没有确切意义的语词。[10.38]如果说,我们要用某种东西作为准则来判断各种探究、问题和猜想,那么,每个术语的基本含义就必须是准确无误的,而且不需要再进行阐述。其次,必须将感觉作为对事物进行探究的基础,直接以当下的感觉为基础,无论这种感觉源于心灵或是其他标准。我们通过它们来对那些感知可以证实的事物或者那些不处于感知范畴内的事物进行判断。

当以上这些都明确之后,我们必须对那些不处于感知范畴内的事物进行思考。首先,任何事物都不可能来自无。[10.39]要不然,即使没有种子,所有东西也可以从其他东西中生成。另外,如果消失不见的事物毁灭,归为无,那么,万事万物也都会毁灭,因为它们会分解成无。其次,宇宙无论过去、现在或将来都是这样,它不会有任何改变。任何宇宙之外的事物都不能进入宇宙,也不能引起它的变化。

另外,他在《大纲要》的开篇以及《论自然》的第一卷中指出,物体与空虚一同构成了宇宙。感觉从各方面证实了物体的存在;就像前面提到的,对那些处于感觉范畴之外的事物,必须以感觉为依据进行推理并证明。[10.40]如果说,空虚、处所和本性为无形的事物都不存在,物体也就失去了存在与运动的处所,正如现在显现出的物体正在运动那样。除了物体与空虚,我们通过理解或推理都无法设想还有其他任何事物存在。物体与空虚被我们视为完整的本性,而不是某种完整的本性的属性或偶性。他在《大纲要》和《论自然》的第一、第十四、第十五卷中指出,物体之中有的是复合物,还有的是构成复合物的事物。[10.41]那些构成复合物的事物是不可分的、也是不变的[1],如果万物不是毁灭成无,而是在复合物的分解过程中以某种坚实的形态得以保存,那么,这些事物具有坚实的本性,也不可能被继续分解。所以,对各种有形的物体来说,最基础的本性必然是不可分的。

另外,宇宙是无限的。有限的事物必然有边界,而边界必须借助其他事物来显现。所以,没有边界的事物也就没有限制,而没有限制的事物就是无限的,也是不受限制的。另外,宇宙是无限的,通过虚空的范围以及物体的数量这两方面来表现。[10.42]如果说,虚空是无限的,而物体是有限的,因

---

[1] 形容词"ἄτομος"原本的意思是"不可分的",作为名词使用时指的是"原子"。

为缺乏阻挡带来的平衡与支撑，物体就不能在任何地方停留，而是在无限的虚空之中穿越并到处飘逸。如果说，虚空是有限的，那么，数量上无限的物体就失去了容身之所。物体之中存在着无数的充实而不可分的原子，复合物正是源于它们并且进一步分解成它们，它们在形状上有着各种区别，因为千变万化的事物不可能来自有限的形状。从数量上说，任何一种相同形状的原子都是绝对无限的，然而，原子之间在形状上的差别并不是绝对无限的，仅仅是数不清罢了。[10.43]此外，他认为，事实上，无限分割是不可能的。他说，每一种性质都在不断变化，除非一个人试图让他们在数量上拓展到绝对的无限。原子处于不断的运动之中，他指出，各种原子保持着同样的运动速度，因为无论是最轻的原子，还是最重的原子，虚空都会把道路让给它们。他们的运动是永恒的，有的碰撞之后远远地分离，还有的在原地不断抖动，还有的互相纠缠在一起，也有的被那些互相纠缠的原子包围着。[10.44]之所以出现这种情况，一方面是每个原子与其他原子分开带来的空虚的本性所导致的，因为虚空不能产生任何作用力；另一方面是互相碰撞后原子的坚实性会造成反弹，反弹的距离是由它在何时与其他原子纠缠或者被那些彼此纠缠的原子所包围来决定的。因为原子与空虚是永恒的，因此，这些运动没有起点。另外，他还指出，除了大小、形状和重量之外，原子不具备其他方面的性质；但是，他在《基本原则十二条》一书中指出，随着原子排列情况的变化，颜色也会随之变化，原子没有大小的分别，而且是感官所不能知觉的。

[10.45]如果能牢记上述要点，就能作为我们充分理解事物本性的原则。另外，世界具有无限的数量，有的类似于我们的世界，有的则不然。就像我们前面提到的，原子拥有无限的数量，它们通过运动去往远方。因为那些作为世界源泉的原子，并没有在某个世界或者一定数量的世界中耗尽——且不论它们是否近似于我们的世界。所以，任何东西都不能妨碍或阻止产生无限多个世界。[10.46]另外，还有很多轮廓在形状上与各种坚固的物体很类似，然而比起那些表现出来的现象，它们更为精细。就事物的表面而言，很容易形成这种流射物。从纯外观[1]与精细度方面来说，这些流射物与那些坚固的物体是相对应的，而且内部的排列与运动也与坚固物体保持一致。这种轮廓被我们称为影像。另外，质押不存在任何阻碍，虚空中的运动就会在超乎想象的短时间内通过任何长度的距离，速度快慢与否是由是否遇上阻碍所决定的。

[10.47]就任何一段理想可以设想的时间段里，一个处于运动状态的物体都无法同时抵达多个地方，这一点是无法想象的，然而，在一个可以察觉

1　κοίλωμα 的确切含义是"空"，在这里暂且译为"纯外观"。

的时间内,这种同时抵达又是有可能的,且不论这种运动是从我们可以看到的哪一个地方出发的。这是因为它无论转向何处,都会遭遇同样的抵抗,虽然在它遭遇抵抗之前并没有任何事物阻碍它进行高速运动。[1] 此外,影响绝妙的精细度与我们觉察到的现象并不是冲突的。影响有着无法超越的运动速度,因为它们始终在合适的路径上进行着运动,从不或者很少遇上阻碍,而无限多的物体在运动过程中总是很快就会遇上阻碍。

[10.48] 另外,实际上,影响的形成与知觉是在同一时间发生的。它们源源不断地从物体表面流射,但是,又有新的原子不断补充进去,因此,我们察觉不到物体有任何损耗;在相当长的一段时间里,它们始终保持着原子在那些坚固物体中所保持的顺序与位置,不过,偶尔也会出现混乱。在我们周围的空间里,影响迅速形成,因为它们不需要以充实的内容作为基础;不过,影响还存在其他某些生成方式。我们如果好好回想一下,感觉是通过怎样的方式将感受以及清晰的形象从外面传达给我们的,那么所有的一切都与我们的感觉不冲突。

[10.49] 还需要知道的一点是,我们之所以会看到或者联想到各式各样的形状,是因为某种东西从外界进入我们的内里。因为我们对外界事物的颜色和形状的本性的把握,既不是通过我们和外界事物之间存在的空气,也不是通过从我们向外界事物发出的光线以及流射物,而是外界事物的影响通过核实的大小进入我们的心灵或眼睛,而这些影响在形状和颜色上与外界事物是一致的。[10.50] 因为这些影响以极快的速度运动着,因此,它们表现为单一且连续的表象,并与外界事物保持着一致性,而影响则源于坚固物体内部的原子发生的振动。我们通过心灵或者各种感官而把握的表象,且不论是关乎形状或其他性质的,都是坚固物体自身所具备的形状或性质,或者是影像反复出现而形成的,又或者是影像留下的痕迹。所谓的假或错误,是因为仓促间就对那些还没有发生冲突或者有待进一步验证的事物发表了看法,结果,这些事物后来出现了冲突或者被证伪了,仓促间发表意见其实是我们自身内部进行的运动,它与表象有联系,也有区别,由此形成了假。

[10.51] 表象和外界实在的事物存在着相似性,就如我们通过图像或睡梦把握到的,或者通过心灵或其他感官把握到的,都是因为我们真实地接触了某一事物。错误之所以会出现,是因为我们意识到自己身上正发生着某种运动,该运动与表象既有联系又有区别。如果通过这种运动不能证实意见或者意见出现了冲突,假就由此产生;如果没有出现冲突或者被证实了,真就

---

1 这一段话似乎是串入,因为这段内容与目前讨论的主题不符。

由此产生。

[10.52] 为了不轻易抛弃通过清晰明确的感觉而得到的标准，也为了不将错误与牢固的东西混淆，从而使所有一切都陷入混乱的境地，就必须好好把握上述原则。另外，某种正在发出噪声、声响、鸣响或者任何会引发人们感受的东西发出了一种流射，那么，听觉随之产生。这一股流射通过数不清的同类粒子的方式散布开来，而粒子之间始终保持着某种特殊的统一以及联系，而这种统一又可以回溯到发出这种流射的事物那里。因为这种统一，关于该事物的听觉以及其他感觉才会形成；一旦失去了这种统一，唯一能表明的就只剩下外界事物的出现罢了。

[10.53] 如果失去了粒子之间的那种内在联系，就根本不会形成听觉。听觉之所以形成，并不是空气被声音或者诸如此类的事物塑造成为某种特殊的形状，因为声音根本无法这样作用于空气；实际上，每当我们发出某种声音，我们这里就会立即通过挤压的方式发射出一部分粒子，这些粒子会形成像气流那样的流射物，这种流射物会带给人们听的感觉。另外，和听觉一样，嗅觉也是这么产生的。如果事物那里没有流射出某种对嗅觉器官产生刺激的粒子，那么，根本就不会产生这种感觉。上述有的粒子通过某种异常或混乱的方式对嗅觉器官产生刺激，还有的通过平静柔和的方式对嗅觉器官产生刺激。[10.54] 除了形状、重量、大小以及其他与形状有关的性质之外，原子不具有其他表现出来的事物方面的属性。这是因为任何属性都处于变化之中，而原子却不变化；因为在复合物的分解过程中，必然保存下来某种坚固且不可分解的东西，这种东西既不会让变化回归虚无状态，也不会让它们在虚无中产生。变化之所以产生，是因为这种东西发生了位置上的变化，或者数量上的增减。所以，这种只是位置发生变化的东西肯定是永恒的，它的本性与可变事物不同，仅仅拥有固定的形状与重量。可见，这种东西肯定是永恒不朽的。

[10.55] 就我们经历过的事物的形状变化而言，形状其自身总是被保存下来，而其他属性在变化过程中却会消失，它们不会像形状那样被保存下来，而是从整个物体中完全消失。既然说，必然有某一件东西会被保存下来，而不会被毁灭或者回归虚无，这种被保存下来的东西就可以形成形形色色的复合物。然而，不能因为各种现象是互相矛盾的，就认为原子的大小、尺寸各不相同，而只应该认为原子在大小上存在着一定的差异。这样一来，就能更恰当地解释那些我们感知或者感受到的事物。[10.56] 我们无须认为原子具有一切大小、尺寸才足以解释事物所具有的千差万别的性质，因为如此一来，有的原子一定会足够大，甚至能被我们看到。然而，事实上这种情况从未出

现过，而我们也不能想象原子通过怎样的转变才会成为可见的。此外，我们也无须认为一个有限的物体内存在着无数的原子，哪怕这些原子很小。因此，一方面，我们不应该认为可以对事物进行不断分割，让它变得越来越小，在分割的过程中逐渐粉碎它们，让其回归虚无，这样一来，我们就会虚化万物；另一方面，我们也不能认为有限的物体会越变越小。

［10.57］如果说，一个物体包含着无限原子，不论这些原子多么小，我们都很难想象这一物体在大小上是有限的。因为有一点是显而易见的，那就是不论无限多的原子的尺寸如何，都是有大有小的，因为数量是无限的，因此，它们聚集而形成的事物必然也是无限大的。另外，每一种有限的物体都具有一个确切的边界，哪怕这种边界是不能被发现的，但是，我们可以想象它的旁边还存在着一个性质相同的边界，这些边界一个个地按照顺序排列，无穷无尽。

［10.58］我们应该这么理解那些可以被观察到的最小点：比起那些广延的事物，它既有联系又有区别。也就是说，最小点与广延物存在着某种相似，但又不足以被作为一个整体分割成多个部分。但是，如果我们以这种相似为基础，通过想象的方式对其进行分割，假设一部分在这边，而另一部分在那边，那么，我们得到的就只是另外一个性质相同的最小点。从第一个最小点开始，按照一定的顺序对这些最小点进行观察，它们既不处于同一个地方，也不是前一个最小点的某个部分贴着后一个最小点的某个部分；它们是通过自身的某种特殊方式对大小进行衡量，比如说，一个物体比较大，那它含有的最小点就更多，一个物体比较小，那它含有的最小点就更少。我们应该用同样的方法对原子所含的最小单位进行思考。［10.59］很明显，原子最小的单位与我们观察的物体最小的单位是不同的，但是，从道理上来说，二者是一致的。通过类比的方式，我们发现，原子也是有大小的，只是接近于无限的小。其中那些最小的单纯原子可以被看成极限单位，用它们作为衡量大小的尺寸，当我们对那些不可见的原子进行思考时，不管是比较大的原子还是比较小的原子，都用其作为衡量大小的尺寸。原子所含的最小单位与我们观察到的物体的最小单位很相似，这可以说明它们就是衡量原子大小的单位。然而，它们无法通过运动的方式聚合在一起。

［10.60］就无限来说，并不存在最高点或者最低点，因此，不应该说"上"或者"下"。不管我们身处何处，我们都可以从头顶出发，发出一条向上无限延伸的线，或者从我们的脚底出发，画出一条向下无限延伸的线；然而，无论什么地方，都不可能同时向我们表现为"上"与"下"，这简直匪夷所思。因此，我们可以想象一个无限向上延伸的运动和一个无限向下延伸的运动，

373

但那个从我们这里跑到我们头上去的东西无数次地到达了那些更上面的东西的脚下，而那个从我们这里向下延伸的东西也无数次地到达那些在更下面的东西的头上。即使这样，我们还是可以将整个运动想象成向相反方向进行的无限延伸。

[10.61] 此外，只要原子在虚空穿行的过程中没有遭遇阻碍，那么，它们必然保持着相同的运动速度。因为只要没有遭遇阻碍，更重一些的原子就不会比更轻一些的原子以更快的速度运动；同理，更小一些的原子也不会比更大一些的原子以更快的速度运动，前提是他们在合适的通道上运动而且没有碰上阻碍。无论是因为碰撞而造成的偏斜或向上的运动，还是因为自身重量而造成的向下的运动，原子都保持着同样的运动速度。无论进行哪一种运动，原子都保持着和思维一样快的速度，不断地运动着，一直到遇到阻碍物：或者是外界事物的碰撞，或者是自身重量与碰撞力量之间的抗衡。

[10.62] 虽然原子保持着相同的运动速度，但是它们构成的复合物的速度不一定相同。这是因为，就一个很短暂的连续时间来说，复合物所含的原子也朝着一个方向运动，只有理性所能控制的短暂的细微时间里，原子才不是朝着一个方向运动的，而是接连不断地发生碰撞，直到我们能够感知到它们的连续运动。就不可见的原子来说，有人认为，它们在理性可以把握的细微时间内也能进行连续不断的运动，这并不是真的。因为唯有心灵或感官可以直接感知或把握的事物，才是真的。

[10.63] 此外，还应该注意各种感知和感受，这是最坚实的基础。灵魂是有形物体，由精细的原子组成，遍布于身体的每个角落，与风和热气构成的混合物很类似，在某些方面的表现与风类似，而某些方面的表现又与热气类似。它的第三部分具有非凡的灵活性，比起前面两个部分都更加精细，因此，与身体之间保持着更密切的联系。上述种种都通过灵魂的感受、功能、灵敏的运动和思考表现出来，也为我们一旦失去了它就会死亡这一点所证明。另外，我们必须记住一点，感知之所以发生，灵魂是最主要的因素，[10.64] 然而，如果身体没有包裹着灵魂，灵魂就无法感知。正是身体为灵魂提供了这种前提条件，它才从灵魂那里获得了感知的性质，但是，并未因此获得所有性质。因此，一旦失去了灵魂，身体也就不再具有感知的能力。这是因为身体本身不具备那种能力，为它提供这种能力的乃是某种与之共生的东西。随着这种东西通过运动的方式将潜能转化成现实，它自身也马上得到了感知能力，而且就像前面提到的，因为它与身体趋同，身体也随之获得了这种能力。[10.65] 因此，即使身体丧失了某些部分，但是，只要灵魂依旧存在于身体中，它就仍然具有感知能力。然而，随着身体包含着灵魂的那个部分完全

或部分解体的时候，灵魂也会消失——然而，只要灵魂尚且存在，它就仍然可以感知。但是，一旦失去了组成灵魂之本性的原子，不管原子数量的多寡，无论身体是整体或部分的方式保存下，感知能力都随之消失。另外，一旦身体被彻底摧毁了，灵魂就会四散消失，不再运动，也不再具有之前的各种能力，自然也不再进行感知。

［10.66］另外，灵魂如果不是存在于身体之中而且与身体一同进行各项运动，如果环绕着灵魂的身体并不是灵魂居住并且正在运动的身体，那么我们就无从设想它可以感知。此外，他在别的著作中提到，灵魂是由最圆润、光滑的原子组成的，与构成火的那些原子有着明显区别。原子包括两部分，即理性部分与非理性部分，理性部分分散在身体的每个角落，后者则集中分布在胸部，愉快、恐惧等情感可以清楚地反映这一点。随着分布于身体中的灵魂的各部分被固定了下来，或者四下散步并且互相碰撞的时候，人就会陷入睡眠状态。而精子源于整个身体。

［10.67］我们还需要注意的一点是，按照语词常规的用法，"无形"是指被认可的独立存在的东西。但是，唯独空虚可以被设想为独立存在的东西。空虚不能作用，亦不能被作用；它运动的目的只是让其他物体穿过它罢了。所以，持有灵魂是"无形"这一观点的人实在是荒唐，因为这样一来，它就不能进行作用，也不能被作用。但是，这两种能力都是灵魂所具备的。［10.68］如果用各种感知或者感受作为标准，对这些有关灵魂的思考进行检验，而且牢牢记住最开始说过的那番话，我们就会清楚地发现这些原则都是充分的，能够让我们明确各种不易察觉的细节。另外，颜色、大小、重量、形状还有各种用来称谓物体的性质，都可以通过感官的方式被知觉。这些事物的本性既不是独立存在的——这简直是匪夷所思的，［10.69］也不应该被看成完全不存在。它们既不应该被看成依附于某件事物上无形的事物，也不应该被视为物体的某个部分。相反地，物体正是通过这些事物得到了恒定不变的本性，但是，并不是通过这些东西聚合起来而组成的，正如很多微粒聚合在一起并形成了一个更大的复合物——且不论这些微粒是最初的最小粒子，还是小于复合物的组成单位，而是像我说的那样，它们的本性是通过这些东西获取的。这一切性质都有其被感知、被区分的特殊方式，但是，它们总是与整个集合体同在，不会分开。"物体"这一概念正是表达了各种性质的集合。

［10.70］同时，物体经常表现出偶性，所谓偶性，并不总是恒定地伴随着物体，它们不是有形的事物，也不是不可见的事物。我们需要明确一点，根据最普遍的含义使用这个词的事实，这一整体被我们看作集合体而且称为物体，但偶性并不具备整体的本性，同时，也不是恒定地伴随着物体的性质，

也就是一旦失去了物体就不可被设想的性质。每当物体出现时，某些东西就会随之出现，这些东西会被不同的感官所知觉，以这一点为基础，这些东西被我们称作偶性，[10.71]然而，只有当它们真的伴随着物体出现时，我们才可以将其视为偶性，因为它们并不是恒常的性质。有一个事实是显而易见的，我们不应该不顾实际情况而予以否认，即偶性并不具有它依附并被称之为物体的那个整体所具有的本性，也并不是恒常伴随着物体的性质，也不是独立存在的东西——实际上，偶性以及恒常伴随着物体的性质，我们都不能设想成独立存在的东西。相反，它们被看成物体的偶性，也就是说，它们不是恒常的伴随物，也不具有独立存在的本性；它们都只是被看成不同的感官通过自身的方式呈现的特性罢了。

[10.72]另外，有一点也要深入思考，即探究时间不能像探究其他性质那样。就其他性质来说，我们总是以一个对象作为基础来展开研究，并且最终将它包括在我们自身的观念之中；然而，就时间而言，它本来就是明确的现象，我们也因此才说"短时间""长时间"等，它们都是延绵不断的时间中的一段。我们不用寻找更确切的语词来表达时间，只要使用那些最日常的语词就可以了，也不用寻找其他事物来对时间进行称谓，就像那件事物和时间具有同样的本性——实际上，确实有人这么做了；我们唯一要思考的是，我们要将什么与时间这种极其特殊的事物联系起来，用什么来衡量时间。[10.73]实际上，这一点是确凿无疑的，我们只要稍作反思即可，我们把时间与白昼、夜晚以及其他部分联系起来，也把时间与感受或无感受联系起来，还把时间与运动或静止联系起来。时间只是这些事物中存在的一种特殊的偶性，也是因为这一点，它才被我们称作"时间"。这一点他在《大纲要》和《论自然》第二卷中也有提及。

我们还应该意识到的一点是，数目众多的世界，还有一切有限的复合物，都与我们观察到的事物很接近，都是产生于无限。不管大小与否，它们都是从自身所处的原子群中分离而来的；它们也都会又一次分解，只是有的分解速度快一些，有的分解速度慢一些，有的因为这样或那样的原因而分解。他还明确指出，众多世界的结局都是毁灭，因为它们的每个部分都处于不断变化之中。此外，他还指出，地球其实是悬浮在空气中的。

[10.74]我们不应该认为诸多世界都是同一种形状……[1]在《论自然》的第十二卷中他指出，各个世界拥有不同的形状。有的世界是圆形的，有的世界是椭圆形的，还有的世界是其他形状的；然而，它们并不会包括一切形状。

1　此处希腊原文有遗漏。

它们也并不是源自于无限的某种生命体。另外，我们也无从证明作为各种动植物以及可见的事物的源头的种子只能在这个世界里存在，而不能在另一个世界里存在。之后漫长的生息繁衍的过程也是这样。我们还应该意识到，这种情况在整个地球都是如此。

[10.75]我们还要意识到，最开始，在事物本身的逼迫下，人本能地学会了很多技能；后来，理性又对那些通过本能习得的技能进行了再加工，在此基础上进行创造发明，只是在某些方面快一些，而在某些方面慢一些，在某些时代进展迅速，而在某些时代进展缓慢。所以，最初，各种事物的名称并不是我们认为安排的，而是不同的民族居住在不同的地方，他们对事物也有着不同的感受和表象，基于对事物的感受和表象，人们本能地散发出对应的气息。[10.76]之后，各民族通过商定，都设计了属于自己的语言，便于彼此之间顺畅地沟通。某些事物不能直接进行观察，因此，那些已经对它们有所了解的人们就发明了一些新的术语，这些术语之中，有的是必须发出的声音，有的是遵循以普遍原因为基础通过推理而得到的。此外，天体的运动、循环往复、日食、月食、日月的升起与降落等天象之中并不存在着一位享有永恒福祉的存在者在安排与规定。[10.77]因为劳动、操劳、愤怒与恩惠等都与幸福格格不入，相反，它们经常存在于怯懦、恐惧与依赖他人之中。实际上，天体是一团聚集起来的火，我们不应该认为它们是幸福的，也不应该认为它们是根据自身意愿进行运动的。我们应该保留不朽、幸福以及诸如此类的概念的尊严，免得它们与尊严产生冲突。因为这种冲突会严重干扰我们的灵魂。因此，我们应该认为，当世界形成的时候，那些构成天体的原子最初聚集起来时，天体之后必定的周期运动就早已被注定。

[10.78]自然哲学的主要任务就是准确地把握主要事物的原因，对天象的认识乃是幸福产生的基础，通过认为与了解天象，我们才能洞悉事物的本性，从而准确把握与幸福有关的一切事物。

就这些事物而言，不可能有诸多原因存在，也不可能有诸多解释方式，关键是要坚持下去，任何会产生混乱或疑虑的事物都与幸福和不朽的本性格格不入。这一点是确凿无疑的，我们可以通过理智来把握。

[10.79]就各种天象展开的具体研究，比如天体的升起、降落与回归，日食、月食还有类似现象的相关知识等，与幸福并没有太大关联。懂得这些事物的人，却并不了解这些事物的主要原因和本性，因此，也一样可能感到恐惧，仿佛他们完全不了解这些事物；实际上，如果他们在探究过程中对这些事物产生的惊讶不能被消除并且弄明白这些事物是受到最主要的原因的限制，他们内心的恐惧可能较之以往更甚。所以，我们发现了多种可以用来解

释天体的升起、降落、回归，日食、月食以及类似现象的原因，就像针对天体的具体研究中做的一切，[10.80]因此，我们不应该认为我们对事物的研究尚且不足，还不足以让我们获得宁静与幸福。当我们对天象和各种不显现的事物进行探究时，我们就应该与周围发生的类似情况相对比。有一部分人经常忽略的是，有的事物遵循着单一的原因而发生，还有的事物遵循着多种原因而发生，有的事物要从远处来探索其表象，有的情况下我们的心灵难以保持宁静的状态。我们应该鄙视这些人。最初，我们可能认为某一事物是由某种特殊原因引起的，之后，我们意识到它其实是由多种原因引起的，但是，无论是哪一种情况，我们始终应该保持心灵的宁静。

[10.81]除了上述这些，还有一点值得注意，那就是，对人来说，如下原因总是造成灵魂最大的纷扰：首先，人们一方面觉得天体是幸福的，也是不朽的；另一方面又认为它们的意志、动机和行为与幸福、不朽等格格不入。其次，他们经常立足于某种奢华传说，猜想有某种永恒的痛苦存在，或者担心死后失去感觉，就好像这一切会对他们造成影响那样。最后，他们之所以要承受这一切，是因为非理性的想象，而不是因为理性的判断。因此，比起那些胡思乱想的人，那些不懂得限定痛苦的人，他们遭受的纷扰甚至更大。[10.82]所谓的灵魂无纷扰，就是从这一切之中解脱，牢牢记住首要原则。所以，我们必须更加关注各种直接的感受和感觉，且不论是个人独有的，还是人类共有的，还要根据每一种判断标准对所有确凿无疑的直接证据多加留心。我们如果能注意这些，那么，我们就能准确地把握那些让灵魂恐惧与纷扰的原因，尽可能消除它们；就能探寻天象以及诸如此类的现象发生的原因，而人类极大的恐慌正是由它们带来的。

希罗多德啊，上述这些就是有关自然哲学的纲要。[10.83]我认为，如果有人能准确地掌握这一理论，那么，哪怕一个人没有精细地研究过形形色色的具体细节，他也远远超过了其他人。因为我曾经付诸努力探索过的各种细节，他也将付诸实践，一一探索，只要他牢牢记住这些原理，他就能不断从这些原理中获得帮助。这些原理都拥有这种特点：那些已经充分了解各种细节的人，可以运用这些基本原理来分析他们所掌握的知识，从而更好地把握整个自然；那些尚未形成完整的知识框架的人，可以在没有老师指导的情况下就准确地掌握首要原理，尽快达到心灵上的宁静。

上面这些就是他写的自然哲学方面的信函。我们接下来看一看他在天象方面的书信。

伊壁鸠鲁向皮提亚克勒斯致意

[10.84]克勒翁给我带来了你写的信，你在信中表达了与我对你的热情相匹配的友好；另外，你还回忆了我们就如何获得幸福生活而展开的讨论，你让我给你写一个关于天象方面的纲要，好让你能更准确地记忆。就像你说的，我针对这一主题的著作晦涩难懂、很难记忆，哪怕你经常把它们随身携带。对于你这一诚恳的建议，我欣然接受。[10.85]我现在完成了其他的著作，马上来写这个纲要，除了你之外，这个纲要进行的讨论也会让其他很多人从中受益，特别是那些接触自然哲学不久的人，还有那些操持其他事物而没有太多空闲时间的人。你要好好记住我所写的东西，同时，我写给希罗多德的那封信中列出的简明纲要你也要时常阅读。

首先，就像其他各个领域的知识那样，与天象有关的知识，无论它是作为独立的一门学问，还是与其他各类学问联系起来，它的目的都是要帮助我们树立坚定的信念，从而实现灵魂的无纷扰。[10.86]对于超出我们能力范围的事情，不要过于强求，也不要想当然地认为任何理论的特性都是一样的，从而认为天象学和那些与人生或自然的理论一样清晰明确。比如，"世界是物体以及不可感触的本性组成的"[1]，或者"原子是构成事物的基本元素"，这一类知识的特点是，关于现象的解释都是唯一的。但是，这一点对天象方面的知识并不适用，因为天象的形成是多方面的原因共同造就的，而且始终与我们的感知保持一致。我们应该遵循天象的规律去研究自然，而不应该以任何空虚的假设或教条为依据。[10.87]我们的生活不接受任何虚假或非理性的意见，我们希望过上无纷扰的生活。所有一切都持续不断地发生，它们能通过各种方式进行阐释，而且与现象保持一致，只要这种阐释是令人信服的，我们就应该接受。面对形形色色的关于现象的解释，有的人如果接受了这一个而放弃了那一个，那么，他肯定是彻底放弃了对自然进行理性的探索，而陷入了神话的泥沼之中。我们可以直接观察到某些现象，以此为出发点，进一步推测各种天象。但是，还有的现象我们不能直接观察到，因此，我们可以用多种原因来解释其发生。

[10.88]对于发生在我们身上的每一种现象，我们都应该留心，并且将与之伴随而来的现象区分开，后者如果与我们身上发生的现象并不矛盾，我们就可以通过多种原因进行解释。世界是宇宙的一部分，星辰、地球以及各种现象遍布其中。它是从无限之中被切割的一部分，它拥有一个薄厚不一的边界，这个边界一旦被摧毁了，它所蕴含的一切都会陷入一片混沌；它要么

---

1 此处的"不可感触的本性"（άνοίφηζ φύσιζ）指的是虚空。

静止不动，要么旋转不停；要么是三角形的，要么是圆形的，要么是其他形状的。一切皆有可能，因为它们与世界中的各种现象并不矛盾。但是，要想准确把握世界的边界，却是痴人说梦。

［10.89］就数量而言，这样的世界是无穷的，这一点确切无疑。一个这样的世界可以在另一个世界中形成，也可以在几个世界之间的空间形成——实际上，就是不同世界之间的空隙，那里浩瀚无边，但并不是纯粹的虚空。一个世界、世界之间的空隙或者多个世界之中流出适合的种子，它们慢慢聚集起来，互相连接，位置发生了变化，当得到一定的滋养之后，它们最终在足以支撑它们的某种基础上固定下来。

［10.90］并不像某位自然哲学家说的，世界的形成只是原子聚集起来并且在虚空之中进行必然的旋涡运动，不停地增长，直到撞上了另一个世界。这种观点有悖于诸多现象。日月星辰并不是自发地形成，再被这个世界接受，因为这个世界会阻碍它们进入其中；实际上，它们是本质上类似于风、火或二者混合物的某种精细物质经过漫长的积累之后发生的无旋涡运动而形成的，大地、海洋也是这样形成的。因为感知就是如此指示所有一切的。

［10.91］太阳和其他星体的大小就像它们呈现在我们面前的一样。在《论自然》第十一卷中，他这样写道：如果随着距离的增大，体积逐渐减小，那么，光的亮度也会这样。但是，距离并没有影响光亮的程度。就其本身来说，它们实际的大小可能比看上去大一些或小一些，或者就像看上去那么大。当我们用眼睛观察远处的一堆篝火，我们看到的情形也是一样的。我们如果专心研究这些清楚明白的现象，关于这部分内容的反对意见也会随风而逝，就像我在《论自然》中提到的那样。［10.92］日月星辰的升起、沉降或许跟它们的燃烧或熄灭有关，只要它们升降的地点会引起这类现象发生。因为这种解释与现象并不矛盾。我们甚至可以认为，随着它们运行至地球的上方时出现；随着它们运行至地球的下方并且被地球遮挡住时消失。因为这种解释与现象并不矛盾。它们不停地运动，也许是因为天体的旋转造成的，也许是因为天体本身并不发生运动，而天体在世界初生的时候就拥有了一种必然的向上张力。

［10.93］火始终向上升腾，占据附近的空间，受到火的扩张的影响，热……[1] 关于太阳和月亮的回归，也有多种解释：或许是因为不同季节的天体倾斜造成的，或许是因为受到大气的压迫，或许是因为它们燃烧必不可少的燃料在那时消耗殆尽，或许是因为这种旋转运动是这些天体所固有的，因此，

1　此处希腊原文有遗漏。

它们只能进行圆周运动。如果说，一个人不被天文学家捏造出的各种胡言乱语唬住，面对上述种种理论，牢牢抓住其中的可能性，那么，他就用可能使它与现象达到和谐统一，因为上述所有解释以及其他诸如此类的解释都与明确无疑的现象产生冲突。[10.94]月亮的阴晴圆缺可能是它的自转引起的，可能是大气的形状引起的，还可能是被某种事物遮挡住了。总而言之，它可能通过任何一种方式发生，只要我们不偏信偏听某一种解释，而毫不犹豫地排斥其他所有解释——这种情形之所以发生，是因为我们不知道，人类对万事万物的观察保持在一定限度，因而格外渴望进一步发现那些无法发现的事物。月亮的光可能源于其自身，[10.95]也可能源于太阳。我们通过观察得知，有的事物本身会发光，有的事物的光芒则来自其他事物。总而言之，无论何种天象，都是可以解释的，只要我们牢记一个天象总是有可能从多方面加以解释，有着多个与天象和谐统一的原因和假设。我们要排斥那些与天象不一致的解释，一方面，不能愚蠢地把它们夸大；另一方面，也不要跌入"一因论"的泥沼之中。月亮表面呈现的样子可能是因为构成它的各部分的位置变化造成的，可能是因为被某种东西遮拦引起的，也可能是因为某种与现象并不矛盾的原因引起的。[10.96]在探索天象的奥秘时，无论如何，我们都不能放弃这种探究方式。因为如果一个人始终与那些清楚无疑的现象较劲，那么他的心灵就永无宁日。日食和月食之所以发生，可能因为它们耗尽了光亮——就像我们身边发生的那些现象一样，可能因为被其他某种东西遮挡了，比如地球、其他天体或者其他某种东西。面对这些彼此和谐的原因，我们要一一进行探究，它们很有可能在同时发挥作用。他在《论自然》第十二卷中也是这么说的，此外，他还指出，发生日食，是因为被月亮遮挡发生月食，可能是因为被地球遮挡，也可能是因为月亮的避让。[10.97]伊壁鸠鲁主义者第欧根尼在他所写的《精选集》第一卷中也提出了类似的看法。就像我们身边发生的那些现象一样，天体的规则运行也是可以把握的。我们不必将其诉诸某种神圣的本性，实际上，诸神并不会管这类事，他们处于一种纯粹的福祉之中。如果我们不能持有这样一种态度，那么，我们对各种天象的原因的探索也是徒劳无功的。实际上，一部分人的情况就是如此，他们没有掌握一种具有可能性的方法，而是愚蠢地认为天象的发生始终由某种单一的原因引起，而排斥其他解释；他们深陷在不可理喻的泥潭之中，不能全面地把握那些本来可以用来作为解释线索的现象。

[10.98]白昼与黑夜的长短变化，可能是受太阳在地球上方运行速度的快慢变化的影响，因为它经过的某些区域的长度发生了变化，与此同时，它在有的区域走得比较快，而在有的区域走得比较慢。我们在身边也能看到类

似的情况，关于天象的讨论应该与其保持一致。有的人坚信仅仅存在着一种解释，他们的认知与现象不符，因为他们忘了人类的认知是有限度的。某种征候的发生，可能只是因为时间上的巧合，就像我们在动物身上所观察到的，也可能是因为大气的变化。这两种解释与现象并不矛盾，[10.99]至于到底是因为何种原因引发的，很难说清楚。云的形成与汇聚可能因为空气受到风的挤压而凝结在一起，也可能是因为原子之间的黏结作用（那些原子互相紧密结合，很容易形成这一现象），还可能是来自陆地和海洋的气流汇集在一起。当然，这种汇集还可能通过其他方式进行。当云被挤压或者出现其他变化，就可能下雨；[10.100]当云在某个合适的地方形成，从空气中穿过，就会阴雨连绵；之所以形成暴雨，是那些容易引发这种现象的云聚集在一起了。雷之所以产生，可能是因为风在云的空隙之间不断翻卷，就像在一个罐子里翻卷那样，可能因为云里蕴含的火被吹动而发出隆隆的声响，也可能因为伴随着云的撕裂而发出的巨响，还可能因为云逐渐变成了坚硬的冰进而破碎并发出声响。总而言之，不管是整个天象，还是其中某一种现象，我们都必须认同，它是由多种原因引发的。[10.101]同理，闪电也是因为多种原因引起的：每当云彼此摩擦、碰撞，就会形成一种形状特殊的火光，接着，一道闪电就会从天际掠过；也可能是云中某一种可以产生光亮的物体被风驱逐出来，随着云越来越密集，互相挤压，或者受到风的挤压，这种现象就会出现；也可能是星体发出的光亮被包裹在云层之中，受到云和风的运动的驱逐，最终从云里被挤压而出；也可能是因为最精细的粒子构成的光亮从云中穿过；也可能因为云的运动形成了雷，随之有火熊熊燃起；也可能因为风的运动过于猛烈，挤压过于强烈，从而发生了燃烧；[10.102]还也可能是因为风撕裂了云，使易燃的原子从中逃逸，最终形成了闪电。实际上，我们在探索中发现，闪电还可以通过其他很多方式形成，只要我们对身边发生的现象多加留意，并将其运用于对天象的有关解释。上述种种与云有关的情况之中，当云受到风的挤压时，那些能产生闪电的原子也被从云里面赶出来，接着，风不断在云里翻卷，产生了雷；又或许，二者虽然是同时产生的，但是闪电以更快的速度运动，[10.103]而雷声的速度慢一些，就如我们看到某些人在较远处不断敲击东西的情况那样。霹雳之所以形成，可能是因为风的汇聚、挤压以及强烈的燃烧造成的；可能是因为云的凝聚使连接处太多浓密，从而使某一处被撕裂而且向下发生猛烈的挤压，最终导致爆裂；或许就像雷的形成那样，是因为火被挤压而发生了喷发，当越来越多的火聚集在云里面，并且在风的作用下越烧越旺，而它们彼此挤压而不能向周围的空间释放，这时候，云就会被撕裂——山巅上经常发生这种情况，那里是霹雳最喜欢光顾的场所。[10.104]

其他很多方式也可以形成霹雳，我们唯一要排斥的是神话——面对不明事物，如果我们始终能遵循现象的法则，就可以做到这一点。

旋风之所以形成，可能是云受到风的挤压，聚集形成了圆柱形，不断向下运动，同时，外面的风挤压这一圆柱的侧面，最终形成了大风；也有可能是因为受到上面空气的不断挤压，风呈旋涡形运动而造成的；也可能是因为大量的风不断聚集，受到密集空气的挤压，无法像周围释放而形成的。[10.105] 如果旋风在陆地上降落，就会随之形成龙卷风——其运动方式与使之形成的风的运动方式保持一致；如果旋风在海洋上降落，就会随之形成海龙卷风。地震的形成，可能是因为风被密封在地下，地下的土块被击碎，再加上其自身的不停运动，从而导致大地不断震动——这种风也许是从外界涌入的，也许因为地下发生了坍塌，岩石落进了洞穴里，激荡起洞穴内静止的空气，从而产生了风；也可能是因为地下发生了坍塌，在坠落过程中碰到了下一层更坚实的地层，遭到弹回，从而产生了一种持续不断的往返运动，引起了大地的震动。[10.106] 同理，其他很多方式也会产生地震。

风之所以形成，可能是某些异质的东西不断涌入空气，也可能是大量的水聚集在一起。当风涌入地下的空洞并四下散开时，就会形成多种类型的风。冰雹之所以形成，可能因为风聚集在一起，紧密地凝结起来，接着又碎裂；也可能是因为水凝结起来，聚集的同时发生了碎裂，接着，它们可能形成坚实的一大团，也可能形成多个坚实的小团。[10.107] 大多数冰雹是圆的，可能是在降落的过程中它的各个突出部分融化了，可能是因为在最初形成时，其表面包裹着一层均匀的风或者水。雪之所以形成，可能是因为受到风的挤压，细微的水汽通过某些通道从云里跑出来了，在下降时，又在其下方的云那里遭遇了冷空气，再一次出现凝结；也可能是因为密度相同的云互相挤压，从而形成了水汽，接着发生凝结——当这些云被挤压，也会形成冰雹，这种现象在春天尤其常见。[10.108] 另外，紧密凝结的云互相摩擦，也会聚集形成雪。此外，雪还可以由其他很多方式形成。露水之所以形成，可能是因为湿润的空气紧密凝结；可能因为潮湿的地方或有积水的地方出现了蒸发现象。露水主要在这一类地方凝结形成，接着再一次进行凝结，形成湿气，降落到地面，就像我们经常看到的情形。[10.109] 霜的形成与露水类似，受到周围冷空气的影响，露水进一步发生凝结，就产生了霜。冰的形成，可能因为水中所含的带有尖角的凹凸不平的原子将圆形原子从水中挤压而出；也可能因为带有尖角的凹凸不平的原子从外界进入水中聚集起来，将水中所含的圆形原子挤压而出，从而使水出现了凝结。

彩虹可能是阳光照射湿润的空气而形成的；也可能是阳光与空气以一种

383

特殊的方式结合起来，从而形成了多种颜色，或者某种颜色；还可能是阳光照射不同区域的空气并被反射，给周围的空气染上了我们观察到的各种颜色。〔10.110〕虹是圆弧形的，可能是我们看到的虹的各部分与我们保持着同样的距离，也可能是空气或云所含的原子与来自太阳的原子就是通过那样的方式结合起来的，它们的结合本身就是圆弧形的。月晕之所以出现，可能因为空气从周围朝着月亮运动；也可能因为月亮流射的物质被阻拦，形成了一个无法分离的圆形云状物；还可能因为月亮周围的空气从四面八方均匀地向着上方升起，形成了一个厚厚的圆形，环绕着月亮。〔10.111〕月晕仅仅在空中的局部区域形成，可能因为那里存在着一部分气流，从外部进行阻拦，也可能因为适合的通道被热气所占据，最终发生了这种现象。彗星可能因为火从天上的某些地方经过，当各方面的条件适宜的情况下，不断得到滋养和补充而形成；也可能因为我们头上的天空发生了某一种特殊的运动，从而使这一类星体表现出来；还可能因为这类星体在某一种特殊情况下发生了运动，而从我们头顶的天空经过；如果出现了与之相反的原因，它就会又一次消失不见。〔10.112〕有的星体始终原地打转，这不只是因为世界的这个地方是保持静止的，其他地方围绕着这个地方不停地旋转，而是因为一股涡流紧紧地包裹着这个地方，阻止这些星体向着其他地方运行；也可能因为它们无法从别处获得作为补充的燃料，只能在我们观察到的那个地方获得补充。如果说在推论过程中，一个人始终能与现象保持一致，那么，就可以通过多种方式来说明某种现象。有的星体的运行并不遵循既定的轨道——如果它们真的是通过这种方式进行运动，〔10.113〕还有的星体遵循着既定的轨道运动。之所以出现这种情况，可能因为最初的圆周运动就使有的星体按照既定的轨道不断旋转，而有的星体不按照既定的轨道进行旋转；也可能因为星体从不同地区经过，有的地区是均匀的空气，让星体保持着均匀燃烧并向着固定的方向运行，而有的地方是不均匀的空气，从而使星体呈现出不规则的运行。我们必须从多个方面对现象加以解释，如果只是执着于某一个原因，那么就是疯人做了疯事。比如说，热衷于荒谬的占星术的人就是如此，他们不愿接受神圣本性管理天体的观点，而是一味地用空洞乏味的原因对天体现象进行阐释。〔10.114〕我们通过观察发现，有的星体总是处于其他星体的后面，可能因为虽然它们与其他星体的运行轨迹相同，但是运行的速度比较慢；也可能因为旋转运动阻拦了它们，于是，它们只能向反方向运动；还可能因为运动的速度虽然一样，但是，有的星体经过较大的区域，而有的星体经过较小的区域。唯有那些试图妖言惑众的人，才会通过某种单一的原因来阐述这些现象。

所谓的流星，可能是星体彼此碰撞形成的碎片；也可能是受风的作用，某些东西从天空坠落——我们在讨论闪电的形成时提到过这一点；[10.115]也可能容易燃烧的原子聚集在一起，进而引发了这种现象；也可能是原子聚集时彼此猛烈地碰撞，形成了某种运动；还可能是因为风聚集并形成了一种浓雾一样的东西，当它们被挤压后，就会发生燃烧和爆炸，并沿着爆炸的方向向下坠落。另外，还可以通过其他方式对这种现象加以阐释，但是神话除外。

有的动物的行为成为了现象的征兆，不过是时间上的巧合罢了。因为动物的行为和冬天的结束之间并没有某一种必然联系，也没有某种神圣本性在动物冬眠结束后来实现这些征兆。[10.116]就连最卑微低贱的人也不愿接受这类愚蠢的见解，更别提那些得到了幸福的人。皮提亚克勒斯啊，请你牢牢地记住这些。唯有如此，你才能离神话远远的，看清楚与上述现象类似的其他事物。首先，你要努力探究本原和无限以及诸如此类的问题，其次，你再探索准则、情感，还有我们对这类事物进行研究的目的。一旦弄明白了这些问题，就能轻松地把握住引起具体事物的原因。[10.117]上述就是他就天象提出的理论。

在下面的书信中，他写了生活之道，还写了我们应该如何选择或规避某些事。但是，我们先来介绍一下他和他的追随者是怎样看待智慧之人的。人带来伤害，或者是因为忌妒，或者是因为仇恨，或者是因为轻视，而智慧之人通过理性摆脱了它们的束缚。一个人如果成了智慧之人，那么，他就永远不会陷入另一种相反的状态，也不会故意伪装成另外一副模样，就好像他受到了情感的逼迫。再也没有什么能阻碍他通往智慧的步伐。但是，并不是每一种身体状态都能促使一个人成为智慧之人，也不是每一个民族都会产生智慧之人。[10.118]即使智慧之人饱受磨难，他还是幸福的。智慧之人会借助言行举止表达对朋友的感激，且不论对方在场与否。但是，当他们饱受折磨时，他们仍旧会痛哭、呻吟和哀号。第欧根尼在他所著的《伊壁鸠鲁伦理学说概要》一书中写道，智慧之人不会与法律不允许的那些妇女一同生活。智慧之人对仆人怀着深深的怜悯，从不责罚他们，甚至会体恤其中的品德高尚者。他们认为，智慧之人不会陷入情爱的泥沼之中，也不会劳心死后的丧葬事宜。第欧根尼在上述作品第十二卷中指出，爱不是来自神的恩典。智慧之人从不热衷于成为演说家。在他们看来，性不是有益的，但是，如果它没有造成实质性的伤害，那么至少它是可爱的。

[10.119]伊壁鸠鲁在他的《问题集》和《论自然》中指出，智慧之人不会结婚，也不会养育儿女。然而，在某些特殊情况下，他们会抛弃这条原则，选择结婚。在《会饮》中，伊壁鸠鲁指出，智慧之人不会因为烂醉如泥

就胡说八道。他在《论生活》第一卷中写道，智慧之人对城邦事务并不热心，也不会成为僭主，不会乞讨为生，此外，他在第二卷中写道，不会成为犬儒主义者。他还在《论生活》中说过，即使智慧之人双目失明，也会继续活下去。[1]第欧根尼在他的《精选集》第五卷中写道，智慧之人仍旧能感受到痛苦。[10.120]他们会去法庭进行诉讼；会著书立说，但是，从来不撰写颂词；[2]他们也会关心自己的财物和将来。智慧之人对自己的家乡满怀热情，总是积极地与命运做斗争，从不轻易抛弃朋友。他爱惜羽翼，但在合适的范围内，那就是不被其他人所蔑视即可。他们通过沉思得到的快乐远远超过其他人。智慧之人也会对神像行叩拜之礼，但是，他们并不在乎自己是不是会走运。唯有智慧之人能恰到好处地就音乐和诗歌展开探讨，但是，他们从不写这方面的东西。这个智慧之人并不比那个智慧之人更智慧。他们陷入困境之中，也会钻营，但是依靠的是智慧而已。有时候，他们也会阿谀奉承掌权者。他们对纠正自己过错的人满怀感激之情。智慧之人也会创建学派，但是绝不是为了吸引一批乌合之众。只有在他人再三恳求的情况下，智慧之人才会在众人面前诵读自己的作品。智慧之人热衷于创建理论，而拒绝悬搁一切。智慧之人即使在睡觉的状态下，也始终保持一致。有时候，他们会为了朋友慨然赴死。

他们认为，过失有大有小。健康有时是善，有时非善非恶。勇敢并不是与生俱来的，而是借助理性来判断哪些东西是合适的。友情源于某一种需求，但是朋友之中必须有一个人率先迈出第一步，就像我们在田地里播种；友情的维系是以对快乐的分享为基础的。[10.121]两种快乐是可以发现的。第一种快乐是至高无上的快乐，也就是神的快乐，它不会再以任何形式增加；第二种是可以增减的快乐。现在我们来看一看他写的那封信。

伊壁鸠鲁向墨诺伊库斯致意

[10.122]我们不可因为年纪尚轻而不去钻研哲学，也不可因为垂垂老矣而认为钻研哲学过于辛劳，因为一个人对灵魂健康的追求，从来不会时机尚未成熟，也不会失去了时机。如果一个人认为研究哲学为时尚早，或者已经错失良机，这与幸福的来临为时尚早或者不复出现没有区别，都是荒诞的。所以，年轻人和老年人都应当致力于哲学研究。老年人可以借助丰富的阅历，面对善良之事时效仿年轻人那样行事，年轻人也因为对未来不再惶恐而日益

---

[1] 在斯多葛学派看来，如果一个人双目失明，他应该选择自杀。

[2] "Ττα ι ν η γ υ ρ ι ε ῖ ν"原本指的是在集会上公开进行演讲，歌颂某个人或某件事。

成熟。对那些可以带来幸福的事物，我们应该努力研究；如果幸福已经来临，我们就拥有了所有；如果它还未来临，我们就应该尽力争取。

［10.123］对于那些我时常规劝你的事，你要行动、要实践，将它们看成美好生活的准则。首先，就像关于神的一般观念所表现出来的那样，你要坚信，神是不朽的、幸福的生命体。不要把那些不符合不朽性或最高幸福的事物与神联系在一起。神是至福，是不朽，你要竭尽所能地捍卫这种观念。神存在，与他们有关的知识是清晰无疑的，只不过与大众的普遍认知有所出入，因为大众并不能坚定地捍卫他们的认知。一个将大众认为的与神有关的观念抛诸脑后的人并不是不虔诚的，相反地，将大众认为的与神有关的观念加诸神的身上的人才是真正不虔诚的。［10.124］这是因为大众对神的种种认识，并不是预见，而是谬见；在他们看来，神会惩善扬恶，会珍爱自己的品德，喜欢那些与他们类似的人类，拒绝那些与他们不同的人类。你要慢慢接受"死亡与我们无关"这一点。一切的善和恶都是感觉可以察觉的，一旦失去了感觉，死亡就降临了。所以，正确意识到死亡与我们无关这一点，就能让我们欣然接受生命的有死性。这是为了消除人们对永生的渴望，而不是赋予生命无穷无尽的时间。［10.125］如果一个人真正意识到生命的终结并不可怕，那么他也可以无所畏惧地活着。因此，有的人认为死亡之所以可怕，不是因为它到来时带来的痛苦，而是因为它迟早会带来，这种想法愚蠢至极。一件事真正到来不会让人困扰，而因为知道它早晚会来而让人困扰，这种想法其不荒谬？因此，诸恶之中最让人恐慌的死亡，其实与我们无关；这是因为，我们活着时，死亡尚未到来，死亡到来时，我们已经死去。因此，对生者和死者来说，死亡都是无关的；因为对生者来说，死亡还没降临，对死者来说，他们自己已然不在。有人认为，死亡是最大的恶，苦苦逃避；也有人认为，死亡是生活中各种恶的解脱，苦苦追求。［10.126］对智慧之人来说，他们既不会追求生，也不会害怕死。在他看来，生不是一种纠缠，而死亦不是一种恶。就像我们进食，追求的是可口的食物，而不是数量的多寡；同理，对智慧之人来说，时间无所谓长短，而在于快乐。有的人头脑简单，认为年轻人应该纵情声色，而老年人应该颐养天年，实际上，不仅生活会带给人快乐，如何好好地生和好好地死，其实殊途同归。甚至有人说，最好不要出生，如果出生了，也最好尽快去往哈德斯的大门。这种说法简直糟糕透了。［10.127］他如果是真心实意地说了这番话，为什么他不马上去死？如果这是他真实的想法，那他马上就可以实现；如果这只是胡说八道，在那些不相信这种话的人眼里，他只是个蠢货罢了。

387

请记得，未来的事并不完全处于我们的掌握之下，也不完全不处于我们的掌握之下。因此，对于未来之事，我们不要期待一定会如我们所愿，也不要认为它绝对不会发生。各种欲望，有的是自然的，有的是虚妄的。自然的欲望中，有的是必须的，有的不是。必须的欲望中，有的是获得幸福所必不可少的，有的是摆脱身体遭受的折磨所必不可少的，有的是生活所必不可少的。[10.128]一旦我们真切地意识到上述组合，我们任何的选择和规避都会通向肉体和灵魂的安宁，而这正是幸福生活的目的。我们做的一切，都是为了避免痛苦与恐惧。当这种情况降临在我们身上，所有灵魂的风暴戛然而止。届时，我们再也不用为某种缺失而东奔西跑，也不用再苦苦追寻其他通过身体和灵魂的善才能获取的东西。当我们因为快乐的缺失而痛苦时，我们才需要快乐；当我们再也不会感到痛苦，我们自然也就不再需要快乐。因此，快乐是幸福生活的起点与终点，[10.129]它是首要的、与生俱来的善，我们选择和规避任何事物，都是以它作为起点与终点，就像我们用感受作为准绳对所有的善进行判断。因为快乐是首要的、与生俱来的善，因此，我们并不会选择一切的快乐，反而会主动放弃很多快乐，因为某些快乐反而让我们深受其扰。有时候，我们甚至认为痛苦比快乐更好，尤其是当我们长时间忍受某种痛苦并从中获得更多快乐的时候。就其本质来说，任何快乐都是善的，但是，并不是所有的快乐都值得被选择；同理，任何痛苦都是恶的，但是，并不是所有的痛苦都应该规避。[10.130]最正确的做法，是通过比较的方式，通过弄明白何为有益、何为有害，然后对所有一切进行判断。这是因为，我们有时候会把善视为恶，有时候又会把恶视为善。在我们看来，自足是大善，这并不意味着我们只能享受极少的东西，而是说，当我们在缺乏很多东西的情况下，依然能享受极少的东西。我们坚信，那些对奢华生活的需求度最低的人，才能最大限度地享受奢华的甘甜与美好；最容易获得的是所有自然之物，而所有难以获得的东西都是虚无缥缈的。当缺乏带来的一切痛苦都消失，锦衣玉食和粗茶淡饭会带来同样的快乐。[10.131]一个人如果饥渴难耐，哪怕清水和粗糙的面包就能让他获得无比的快乐。习惯了朴素纯粹的生活，人就能保持健康，也能承担起生活的必需品，而当我们参加宴会时，也更加知足，也不再对命运心怀畏惧。

我们所说的，快乐是生活的目的，并不是指那种荒淫无度的快乐，或者单纯的感官享受所带来的快乐——实际上，这是那些没有真正了解我们观点的人对我们的恶意曲解；相反，我们追求的是身体的无痛苦，还有灵魂的无纷扰。[10.132]这是因为，快乐不是痴迷于恋童和女色，亦不是无休无止的狂欢豪饮，也不是山珍海味、美味佳肴，而是通过冷静的推理寻找出我们选择或规避某件事的原因,驱赶那些让灵魂陷入纷扰之中的观念。这一切中,居于首位的善乃是明智,[1]因此,比起哲学,明智更加珍贵,其他所有德性都源于它。它教导人们,一个人不可能美好、明智、正义地活着,除非他快乐地活着;一个人也不可能快乐地活着,除非他能美好、明智而正义地活着。这是因为,快乐的生活与德性合而为一,而快乐的生活与德性难以分开。[10.133]再没有任何人比下面这个人更好?这个人对诸神满怀虔诚;对死亡毫无畏惧;他审慎地思索自然的目的;他懂得善的目标是容易达成并获取的,而恶的东西只能短暂地延续,而且会带来痛苦;他对命运嗤之以鼻,而有人却认为此乃万物的主宰;他认为有些事物源于必然性,有些事物源于偶然性,有些事物源于我们自身,因为他发现必然性是不具有责任的,而偶然性是不断变化的,[10.134]唯有我们自己所选的东西才是值得警醒称赞或批评的。与其被自然哲学家所谓的"命运"奴役,不如接受神话有关诸神的说法,因为后者至少还能给予我们零星希望,也就是通过侍奉神而被神宽宥,而前者让我们感到的是无从逃避的必然性;和其他很多人不一样,他不将偶然视为神,因为神的行事不会如此变化无常,也不将其视为一种不确定原因,因为偶然不会为了让人获得幸福的生活而将某种善或某种恶带给他,然而它的确是大善大恶的起点;[10.135]在他看来,运气不好却保持理智的人,总比运气好却做事愚蠢的人好得多,因为在行动中能够准确预判却没有获得成功的人,总比那些做事愚蠢却通过机遇获得成功的人好得多。你和你的同伴要时刻钻研诸如此类的道理。这样一来,无论是清醒时还是睡梦中,你都不会遭受纷扰,在人群之中,你就像神那样生活。一个生活在不朽和至福之中的人,他绝对不是要死的生物。

就像他在这封书信中提到的那样,他在其他地方也很排斥各种神谕。他说:"神谕这类东西根本不存在,哪怕真的存在,也应当认为由此引发的事情与我们无关。"上述就是他就生活展开的阐述,他在其他作品中进行了更加详尽的论述。

[10.136]就快乐而言,他的观点与库瑞涅学派有所区别。因为后者不认为快乐保持静止状态,而认为快乐始终存在于运动之中。但是,伊壁鸠鲁认为快乐分为两种,它们在灵魂与身体中存在,他在《论生活》《论选择和规避》《论目的》等书的第一卷中,还有写给那些密提勒涅的朋友们的书信中都提到了这一点;第欧根尼在他的《精选集》第十七卷和美特洛多洛斯在他的《提谟克拉特斯》中也持有类似的观点:把握快乐,就要从运动出发,又

---

1 φρόνησή的本义是实践智慧,也可以译为"审慎"。

要从静止的状态出发。在《论选择》一书中，伊壁鸠鲁指出："所谓静止的快乐，指的是灵魂的无纷扰和身体的无痛苦，而运动的快乐，指的是高兴、愉悦等，它们都是动态的。"[10.137]在库瑞涅派的哲人看来，比起灵魂遭受的痛苦，肉体遭受的痛苦更糟，因此，那些罪犯都必须承受身体上的惩罚。但是，在伊壁鸠鲁看来，灵魂的痛苦更加不堪忍受，因为身体只能感到当下的痛苦，而灵魂感受的却是曾经、当下以及未来的痛苦；所以，灵魂的快乐也更重要。此外，他认为，快乐是目的，从生物降生之初起，就通过理性去选择快乐、规避痛苦，这一切都是自然而然的。我们总是本能地规避痛苦，因此，当赫拉克勒斯承受毒袍的百般摧残时，他痛苦地呼喊：每一下刺痛，他都大呼一声。

这种痛苦的声音，回荡在洛克里斯[1]的陡崖，回荡在优卑亚[2]海岬的岩石。

[10.138]第欧根尼在《精选集》第二十卷中记载道，我们之所以选择德性，不是为了德性本身，而是为了快乐，就像我们为了健康的身体才求助于医术；此外，他说，教育本身是一种娱乐。而伊壁鸠鲁说，唯有德性不会与快乐分离，而包括食物在内的其他事物，都是可以与快乐分离的。

接下来，我们用这位哲学家的生平介绍作为这部著作的结尾，我们将通过援引伊壁鸠鲁所著的《首要原理》来结束本书的论述，使它的结尾与其幸福的开篇相匹配。

[10.139] 1. 幸福、不朽的存在者一方面不会陷入纷扰之中，另一方面也不会让他物陷入纷扰之中，所以，他不会愤怒，也不会施加恩惠。诸如此类的事物只在软弱之物的身上存在。他在其他作品中指出，唯有通过理性，才能认识神。有的神可以通过其身份进行识别，有的神是因为同样的影响接连朝着同样的方向流射，最终形成一个类似于人的形象。

2. 死亡与我们无关。随着身体的分解，感觉也随之丧失，失去了感觉的事物与我们无关。

3. 从量上来说，快乐的上限是去除所有痛苦。只要快乐持续存在下去，就不会有灵魂的纷扰，亦不会有身体的痛苦。

[10.140] 4. 连续不断的痛苦不会长时间地停留在身体上，而极端的痛苦往往也只能持续很短的时间，那些只是在身体方面超过了快乐的痛苦是不会长期存在的。那些缠绵病榻的人所拥有的身体上的快乐可能远远超过痛苦。

---

1 洛克里斯，与优卑亚海岛遥遥相望。
2 优卑亚，一座岛屿，地处希腊半岛的东海岸外。

5. 一个人不可能快乐地生活下去，除非他可以美好、明智、正义地生活；一个人不可能美好、明智、正义地生活，除非他可以快乐地生活下去。上述几点缺一不可，一个人如果不能理智地生活，那么，即使他美好、正义地活着，他也不能快乐地活着。

6. 对领袖或国王来说，只要能获得人们的拥戴，任何实现这一目的的手段从自然上来说都是善的。

［10.141］7. 有的人渴望声名显赫、万人拥戴，他们认为，这样一来就能从其他人那里获得足够的安全感。因此，这些人如果真的拥有安全的生活，那么，他们就得到了自然的善；如若不然，那么他们就并没有得到最开始遵循自然之本性去追求的事物。

8. 就其本身而言，没有哪种快乐是恶的。然而，有的带来快乐的东西却带来了远远大于快乐的纷扰。

［10.142］9. 如果任何一种快乐都可以无限延伸，那么，当这种快乐持续了一段时间并且对整个身体以及本性的主要部分（即灵魂）时，不同的快乐就没有任何区别。

10. 对浪荡之徒来说，如果那些让他们感到快乐的事物真的能消除他们心中对死亡、痛苦、天象等的恐惧，能够引导他们控制欲望的限度，那么我们就不必苛责他们，因为他们在每个方面都是快乐的，因为他们没有身体上的痛苦，也没有灵魂上的纷扰，而这二者都是恶的。

11. 如果异常的天象并不让我们恐慌，死亡也不让我们烦扰，而我们还能恰到好处地洞悉欲望和痛苦的限度，那我们就完全不必投入自然哲学的研究之中。

［10.143］12. 如果一个人不能恰到好处地理解整个自然，而是以神话为基础，对其中某些事物产生怀疑，那他就不可能摆脱对某些事情的恐惧感。所以，不研究自然哲学，就不能享受真正的纯粹的快乐。

13. 如果一个人对天上或地下的事情，也就是对浩瀚无边的宇宙之中的任何一件事产生了恐惧，那么，即使他可以从其他人那里获得安全保障，也毫无意义。

14. 当一个人从其他人那里获得了安全保障，并且得到了财富、权力的支持，他就想有一种离群索居的宁静的安全感。

［10.144］15. 自然的财富是有限的，也是最容易获取的；而随着虚妄而来的财富却是无穷无尽的。

16. 智慧之人很少受运气的影响。对他来说，最关键的事情在于，不管曾经、当下，还是未来，人生都处于理性的指引之下。

17. 正义之人心如止水，不正义之人惶惶不可终日。

18. 如果身体因为缺乏某种因素而产生的痛苦被消除，身体的快乐也就停止增长，只不过以不同的方式呈现。当我们懂得了给灵魂带来恐惧的事情以及诸如此类的事情，我们也就了解了灵魂的快乐限度。

［10.145］19. 一个人如果用理性来衡量快乐的限度，那么，无限的时间和有限的时间就会拥有等量的快乐。

20. 身体认为快乐是无限的，并且需要无限的时间。而心灵通过理性思考对身体的目的和限度进行把握，让人不再恐惧和渴望永恒，从而过上完满的幸福生活，而不再追求无限的时间。但是，心灵从来不规避快乐，哪怕走到生命的尽头，它也乐于享受当下的美好生活。

［10.146］21. 有些人知道生活的限度，因此，他也知道由缺乏带来的痛苦很容易消除，也很容易实现生活的完满。因此，他不再殚精竭虑地追求某些东西。

22. 我们应该仔细思考那些清楚无疑的事物及其背后的目的，要将它们作为所有观念的标准，如若不然，所有一切都会陷入混乱，充满不确定性。

23. 如果你排斥所有感觉，那么，面对错误和过失，你就失去了用来判断的准绳。

［10.147］24. 如果你一味地拒绝感觉，不对尚未证实的事物、已经被感受、感觉证实的事物，还有已经被心灵把握的现象进行区分，那么，你愚蠢的见解将让所有感觉都陷入混乱之中，从而抛弃了所有准则。面对那些从意见中得到的观念，你如果把所有有待证实的东西和无须证实的东西混为一谈，你仍然会不可避免地犯下错误，因为你对错误或正确的任何判断都是模糊的。

［10.148］25. 如果你不能每时每刻把你做的每件事都与自然的目的联系在一起，而是在规避或选择其他目的，那你的言行就会相悖。

26. 有的欲望即使没有得到满足也不会带来痛苦，这是不必要的欲望；当这类欲望很难获得满足，或者获得满足后会带来某种危害时，就很容易消除掉内心对它们的渴望。

27. 为了幸福的生活，智慧准备了很多东西，其中最重要的是友谊的获取。

28. 有一个信念是，任何痛苦都不会永远持续下去，或者长时间地持续下去，同时，这个信念也让我们确信，友谊是人生中最能予以我们安全感的事物。

［10.149］29. 综观各种欲望，有的是自然而必要的；有的是自然而不必要的；有的是不自然也不必要的，它们来自于虚幻意见。在伊壁鸠鲁看来，

所谓自然而必要的欲望，指的是能消除痛苦的欲望，比如，口渴了就会想要喝水；所谓自然而不必要的欲望，指的是那些只会让快乐呈现出多样化，却无法消除痛苦的欲望，比如各种山珍海味；而为自己树立一尊雕像，头上佩戴冠冕等，则是不自然且不必要的欲望。

30. 在自然的欲望之中，有的即使没有被满足也不会带来痛苦，虽然人们总是狂热地追求着它们，但那只是因为受到了虚幻的意见的支配；即使不能消除它们，也不是它们的本性使然，而是受到人们虚幻意见的影响。

［10.150］31. 所谓自然的正义，乃是人与人之间的一种约定——不伤害他人，亦不被他人伤害。

32. 对那些不能约定不伤害彼此的动物来说，正义或不正义并不存在；同理，对于那些不可能或不愿意签订不伤害彼此约定的民族来说也是这样。

33. 没有任何事物就其本身来说是正义的，而是在相处的过程中，为了彼此不受伤害而在一定的时间、地点或条件下有所约定。

［10.151］34. 不正义的恶并不是就其自身来说，之所以说它是恶的，是因为无法逃避奉命前来惩罚他的人而担惊受怕。

35. 无论是谁，当他偷偷破坏了互不伤害的约定后，都不能确信其他人不发现自己的所作所为，即使他已经这么做了上千次并且取得了成功。即使在临死之前，他也不能确定他不被其他人发现。

36. 通常来说，正义对每个人都是一样的，因为它是交往过程中的互惠互利。但是，在特定的时间或场合下，它并不是对每一个人都一样。

［10.152］37. 当法律肯定某件事对人们的互相交往有益时，那么，不管它是不是对所有人都一样，它都被视为正义。当法律肯定了某件事，但这件事不能确保对人们的互相交往有益，那就说明它不具有正义的本性。即使被法律所肯定的益处后来有所变化，然而，它只要在某一段时间内与正义保持一致，那么，它在那段时间就是正义的，或者说，对那些敢于面对事情本身，而不纠结于空洞言论的人来说，是这样的。

［10.153］38. 如果没有任何新的情况发生，而认为是正义的事物却有悖于正义的观念，那么就应当认定它是不正义的。如果有新的情况发生，而曾经被认为是正义的事物不再有益于人们，那么当它对人们的互相交往还有益时，它是正义的；当它后来不再有益于人们的互相交往时，它就不再是正义的。

［10.154］39. 那些知道如何规避外界威胁的人，总是能结识很多朋友。如果不能做到这一点，那么，至少不要轻易成为其他人的敌人；如果就连这一点也无法做到，那么就要学会独处，尽量与其他人保持适当的距离。

40.最不会遭到周围人威胁的人，就是那些信任他人并且与他人和谐相处的人；虽然这些人能够与他人保持一段亲密的关系，但是，其中某个人去世了，他们也不会因此而深感悲痛。